# GRANDES TEMAS BÍBLICOS

**52 doctrinas clave de la Biblia sintetizadas y explicadas**

# GRANDES TEMAS BÍBLICOS

## 52 doctrinas clave de la Biblia sintetizadas y explicadas

Lewis Sperry Chafer

Edición revisada por

John F. Walvoord

EDITORIAL PORTAVOZ

Título del original: *Major Bible Themes* de Lewis Sperry Chafer. © 1926, 1953 por Dallas Theological Seminary. Edición revisada por Dr. John F. Walvoord, © 1974 por Dallas Theological Seminary y publicado por Zondervan Publishing House, Grand Rapids, Michigan EE.UU.A.



Traducción: Dr. Emilio A. Núñez y Nancy Fernández
Diseño de la portada: Alan G. Hartman

EDITORIAL PORTAVOZ
Kregel Publications
P. O. Box 2607
Grand Rapids, Michigan 49501

ISBN 0-8254-1121-1

6 7 8 9 10 impresión / año 00 99 98 97 96

*Printed in the United States of America*

# INDICE

# Prefacio

*Durante más de medio siglo, el libro GRANDES TEMAS BIBLICOS ha sido realmente una especial bendición para sus lectores en todo el mundo. Para llevar a cabo el propósito de su autor, Lewis Sperry Chafer, el libro ha sido redactado en términos sencillos y concisos en relación con los grandes temas de la revelación bíblica. Así concebido y llevado a cabo, el libro ha abierto y transportado su mensaje de las verdades comprensivas de la Palabra de Dios a incontables estudiosos de la Sagrada Escritura.*

*Un cuarto de siglo después de haberse producido GRANDES TEMAS BIBLICOS, Lewis Sperry Chafer escribió su monumental* Teología Sistemática,* *obra grandiosa de ocho volúmenes, que ha sido presentada en un extenso tratado bíblico, de comprensible doctrina en forma sistemática. Parece, pues, completamente adecuado que los frutos de los estudios de toda una vida, de la Escritura, llevados a cabo por Lewis Sperry Chafer, deban ser incorporados, en cierta extensión, a su obra GRANDES TEMAS BIBLICOS.*

*En su forma revisada, se ha hecho un gran uso de los últimos escritos de Lewis Sperry Chafer. Se han combinado algunos capítulos y, de otra parte, han sido añadidos un cierto número de ellos. En esta nueva edición, GRANDES TEMAS BIBLICOS presenta, en forma simplificada, las maduras conclusiones del estudio concienzudo de toda una vida, por parte de su autor.*

---

* Editado en dos tomos en castellano por Publicaciones Españolas, Dalton, Georgia.

*Aunque en la revisión algunos capítulos son similares por completo a la publicación original, aproximadamente un setenta y cinco por ciento de la obra es algo nuevo. Se han añadido muchos pasajes adicionales escriturísticos, y algunos temas omitidos en el trabajo original se incluyen nuevamente ahora.*

*El propósito de la edición revisada es el presentar, en una forma comprensiva y simplificada, los más importantes temas de la Biblia. El trabajo está concebido y llevado a cabo para un estudio íntimo, con las preguntas adecuadas al final de cada capítulo. La nueva edición proporciona, así, cincuenta y dos capítulos, uno por cada semana del año. Como tal, es un adecuado texto para el estudio privado, para clases hogareñas de la Biblia, y el estudio por grupos en las iglesias. Igualmente, está diseñado para que sirva eficazmente como estudio introductorio de la verdad bíblica en Institutos y Colegios Bíblicos. Esta edición revisada se publica con la esperanza de que servirá para incrementar y extender la utilidad de este volumen para una nueva generación de estudiosos de la Biblia.*

JOHN F. WALVOORD

# Introducción

Este libro no es, de ningún modo, un tratado de Teología Sistemática. En su preparación se ha elegido un limitado número de los más vitales y prácticos temas doctrinales, realizando con ello un intento para adaptar estas breves discusiones a las necesidades del cristiano no entrenado debidamente.

Para cada capítulo se ha añadido una lista de preguntas, con las cuales se espera que pueda resultar el estudio más útil, tanto para uso individual como de grupos. El estudiante que esté versado ya en tales cuestiones deberá examinar cada pasaje de los citados y continuar el estudio de cada tema hasta que todas las preguntas puedan ser contestadas de memoria.

Las doctrinas de la Biblia son la médula de la revelación, y el estudiante atento de la Biblia tiene que quedar impresionado con el énfasis del Nuevo Testamento sobre la «sana doctrina» (Mt. 7:28; Jn. 7:16-17; Hch. 2:42; Ro. 6:17; Ef. 4:14; 1 Ti. 1:3; 4:6, 16; 6:1; 2 Ti. 3:10, 16; 4:2-3; 2 Jn. 9-10).* No conociendo las doctrinas de la Biblia, el hijo de Dios estará, incluso siendo sincero, «llevado de un lado a otro, arrastrado por todo viento de doctrina, por artimañas de los hombres, y la maliciosa astucia, con las cuales engañan en espera de seducir y llevar a la mentira», siendo de ello suficiente prueba los muchos creyentes de buena fe que son

* Los libros de la Biblia se abrevian de acuerdo a como aparecen en la versión Reina-Valera de 1960.

arrastrados a modernos cultos y herejías. Por otra parte, el propósito divino es que el siervo de Cristo deba estar plenamente equipado para «predicar la palabra, a tiempo y fuera de tiempo, y para redargüir, reprender y exhortar con toda paciencia y doctrina».

Estos capítulos se publican con la pura y cristiana intención de que sirvan para honrarle a El, cuya gloria y gracia son supremas e infinitas, y que algunos de entre los hijos de Dios reciban una ayuda precisa y adecuada «para hablar de las cosas que constituyen la sana doctrina».

LEWIS SPERRY CHAFER

# 1

# La Biblia: La Palabra de Dios

Incluso para un lector ocasional de la Biblia, pronto se pone de manifiesto que está leyendo un libro fuera de lo usual. Aunque cubre miles de años de la historia humana y está escrita por más de cuarenta escritores humanos, la Biblia no es una simple colección de escritos, sino todo un Libro que posee una fascinante continuidad. Se le llama «La Biblia», de la palabra griega *biblos,* que significa «un libro». Su extraordinaria característica es debida al hecho de que es ciertamente la Palabra de Dios, aunque haya sido escrita por autores humanos.

Se ofrecen dos líneas de evidencia que apoyan la conclusión de que la Biblia es la Palabra de Dios: 1) la evidencia interna; los hechos hallados en la propia Biblia y la propia afirmación de la Biblia concerniente a su origen divino; 2) la evidencia externa; la naturaleza de los hechos dados en la Escritura, que apoyan su carácter sobrenatural.

## A. EVIDENCIA INTERNA

En cientos de pasajes, la Biblia declara o afirma por sí misma ser la Palabra de Dios (Dt. 6:6-9, 17-18; Jos. 1:8; 8:32-35; 2 S. 22:31; Sal. 1:2; 12:6; 19:7-11; 93:5; 119:9, 11, 18,

89-93, 97-100, 104-105, 130; Pr. 30:5-6; Is. 55:10-11; Jer. 15:16; 23:29; Dn. 10:21; Mt. 5:17-19; 22:29; Mr. 13:31; Lc. 16:17; Jn. 2:22; 5:24; 10:35; Hch. 17:11; Ro. 10:17; 1 Co. 2:13; Col. 3:16; 1 Ts. 2:13; 2 Ti. 2:15; 3:15-17; 1 P. 1:23-25; 2 P. 3: 15-16; Ap. 1:2; 22:18). Las Escrituras declaran, de muchas formas diversas, que la Biblia es la Palabra de Dios y que su afirmación es clara e inteligible para cualquiera. La afirmación constante de los escritores del Antiguo Testamento, los del Nuevo y del propio Jesucristo, es que la Biblia es la inspirada Palabra de Dios. Por ejemplo, el Salmo 19:7-11 declara que la Biblia es ciertamente la Palabra del Señor, y nombra seis perfecciones, con sus seis correspondientes transformaciones de carácter humano, que la Palabra cumple. Jesucristo declaró que la Ley tiene que ser cumplida (Mt. 5: 17-18). En Hebreos 1:1-2, no solamente se afirma que Dios habló en el Antiguo Testamento a los profetas con palabra de Dios, sino que también lo hizo Su Hijo en el Nuevo. La Biblia sólo puede ser rechazada si se rechazan sus constantes afirmaciones de ser la Palabra de Dios.

## B. EVIDENCIA EXTERNA

La Biblia no sólo afirma y reclama para sí el ser la Palabra de Dios, sino que apoya estas afirmaciones por abundantes evidencias que han convencido con frecuencia incluso a los lectores más escépticos.

1. *La continuidad de la Biblia.* Uno de los más sorprendentes y extraordinarios hechos respecto a las Escrituras es que, aunque fueron escritas por más de cuarenta autores que vivieron a lo largo de un período de más de 1.600 años, la Biblia es, no obstante, un Libro y no una simple colección de 66 libros. Sus autores proceden de los más diversos lugares y situaciones de la vida; hay reyes, campesinos, filósofos, hombres de Estado, pescadores, médicos, eruditos, poetas y agricultores. Vivieron en diferentes culturas, en diferentes experiencias existenciales, y con frecuencia fueron completamente distintos en carácter. La Biblia tiene una continuidad que puede ser observada desde el Génesis hasta el Apocalipsis.

La continuidad de la Biblia puede ser constatada en su secuencia histórica que comienza con la creación del mundo presente hasta la de los nuevos cielos y la nueva tierra. El Antiguo Testamento revela temas doctrinales tales como la naturaleza del propio Dios, la doctrina del pecado, la de la salvación y el programa y propósito de Dios para el mundo como un todo, para Israel y para la Iglesia. La doctrina está progresivamente presentada desde sus principios en forma de introducción, hasta su más completo desarrollo. El tipo está seguido por el antitipo, la profecía por su cumplimiento. Uno de los temas continuados de la Biblia es la anticipación, presentación, realización y exaltación de la persona más perfecta de la tierra y los cielos, nuestro Señor Jesucristo. El relato de tan fascinante Libro, con su continuidad de desarrollo, exige un milagro mucho mayor que la inspiración en sí misma. De acuerdo con esto, los creyentes de la Escritura, si bien reconocen la factura humana de varios de sus libros, su continuidad y su guía es debida a la inspiración del Espíritu Santo.

2. *La extensión de la revelación bíblica.* En su manifestación de la Verdad, la Biblia es inextinguible. Al igual que un telescopio, se adentra en el universo desde las infinitas alturas y profundidades de los cielos, hasta la tremenda hondura del infierno y capta las obras de Dios desde el principio hasta el fin. Como un microscopio, revela los más diminutos detalles del plan y el propósito de Dios y la perfectísima obra de la creación. Al igual que un estereoscopio, sitúa a todos los seres y objetos, tanto si están en los cielos como en la tierra, en correcta relación, los unos con los otros. Aunque muchos de los libros de la Biblia fueron escritos en los comienzos del conocimiento humano, en una época en que sus autores ignoraban por completo los modernos descubrimientos, lo que ellos escribieron, sin embargo, no ha sido nunca contradicho por posteriores descubrimientos, y los antiguos escritos de la Escritura se hallan sorprendentemente adaptados a modernas situaciones. En el amplísimo contexto de su revelación, la verdad bíblica alcanza horizontes insospechados que van más allá del descubrimiento humano, alcanzando, como de hecho lo hace, desde la eternidad del pasado, a la eternidad del futuro, revelando hechos que sólo Dios puede conocer. No existe otro libro en todo el mundo que haya intentado siquiera presentar la Verdad de un modo comprensible como lo hace la Biblia.

3. *La influencia y publicación de la Biblia.* Ningún otro libro ha sido jamás publicado en tantas lenguas e idiomas, por y para tan diferentes pueblos y culturas, como la propia Biblia. Sus páginas están entre las primeras que fueron impresas cuando se inventaron las prensas de la moderna imprenta. Millones de copias de la Escritura han sido publicadas en todas las principales lenguas del mundo, y no hay una sola lengua escrita que no tenga, al menos, una porción impresa de la Biblia. Aunque los escépticos, como el francés Voltaire, infiel y herético, han predicho con frecuencia que la Biblia quedaría relegada al olvido en el paso de una generación, e incluso autores del siglo xx han pronosticado que la Biblia pronto sería un libro olvidado, lo cierto es que la Biblia continúa publicándose en número creciente y en mayor número de lenguas que antes. Otras religiones han sobrepasado a la Cristiandad en número de seguidores, pero no han sido capaces de ofrecer ninguna revelación escrita comparable a la Escritura. En nuestra época moderna, la influencia de la Biblia continúa su ritmo de difusión incesante. Para los no salvos es la «espada del Espíritu» (Ef. 6:17) y para los salvos es un poder efectivo, santificante y que limpia de toda mancha (Jn. 17:17; 2 Co. 3:17, 18; Ef. 5:25, 26). La Biblia continúa siendo la única base divina para la ley y la moralidad.

4. *El contenido de la Biblia.* El carácter sobrenatural de la Biblia se aprecia en el hecho de que trata tan libremente con lo desconocido y, desde luego, incognoscible, como con lo que es conocido. Describe la eternidad en el pasado, incluyendo la creación antes de que el hombre existiese. Se revelan la naturaleza y las obras de Dios. En las profecías bíblicas se manifiesta la totalidad del programa divino para el mundo, para Israel y para la iglesia, culminando en esta última, que es eterna. En cada materia presentada y descrita, sus declaraciones son decisivas, concretas y están al margen del tiempo. Su naturaleza comprensiva ha hecho a sus lectores sabios en la verdad que se relata tanto en el tiempo como en la eternidad.

5. *La Biblia como literatura.* Considerada como obra literaria, la Biblia es también algo supremo. No solamente contiene la historia gráfica, sino la profecía en detalle, la más bella poesía y el drama, relatos de amor y de guerra,

las especulaciones de la filosofía y cuanto se relaciona con la verdad bíblica. La variedad de la producción de sus autores está contrastada por la multiplicidad de sus materias. Ningún otro libro de literatura tiene tantos lectores apasionados de todas las edades y de todos los grados de inteligencia y erudición.

6. *La autoridad sin prejuicios de la Biblia.* El carácter humano de los autores de la Biblia, carece de prejuicios en favor del hombre. La Biblia registra y señala, sin vacilar, el pecado y la debilidad de los mejores hombres, y advierte gráficamente a aquellos que confían en sus propias virtudes de su condenación final. Aunque escrito por humanos, es un mensaje de Dios hacia el hombre, más bien que un mensaje del hombre para el hombre. Aunque algunas veces habla de cosas terrenales y de experiencias humanas, también describe con claridad y autoridad cosas tanto de los cielos como de la tierra, visibles o invisibles; revelando hechos acerca de Dios, de los ángeles, los hombres, del tiempo y de la eternidad; de la vida y la muerte, del pecado y la salvación, del cielo y del infierno. Semejante libro no podría haber sido escrito por el hombre —si hubiese tenido que elegir hacerlo, y aun de haber podido, nunca habría querido hacerlo— al margen de la divina dirección. Por tanto, la Biblia, aunque escrita por hombres, es un mensaje que procede de Dios, con la certeza, la seguridad y la paz que sólo Dios puede proporcionar.

7. *El carácter supremo de la Biblia.* Por encima de todo lo dicho anteriormente, la Biblia es un libro sobrenatural que revela la persona y la gloria de Dios manifestada en Su Hijo. Tal persona, Jesucristo, jamás pudo haber sido la invención de un hombre mortal, ya que Sus perfecciones nunca podrían haber sido comprendidas ni por los hombres más sabios y santos de esta tierra. El supremo carácter de la Biblia está apoyado por su revelación del carácter supremo en la persona de Jesucristo.

Como consecuencia de la combinación de las cualidades sobrenaturales y procedentes del hombre que entran en la composición de la Biblia, puede observarse una similitud entre la Biblia como la Palabra escrita y el Señor Jesucristo como el Verbo viviente. Ambas son sobrenaturales en origen, presentando una mezcla inescrutable y perfecta de lo que es divino y de lo que es humano. Ambas también ejercen un poder de transformación sobre aquellos que creen, e igualmente permitido por Dios como algo negativo y rechazado por los que no creen. Las perfecciones divinas, impolutas y en toda su grandeza que no sufre la menor disminución, están inmersas en ambos aspectos. Las revelaciones que muestra son igualmente tan simples como la capacidad mental de un niño, y tan complejas como los infinitos tesoros de la divina sabiduría y el divino conocimiento, sostenidas por el Dios que las ha revelado.

## PREGUNTAS

1. ¿Qué significa la palabra «Biblia»?
2. ¿En qué consisten las dos líneas generales de evidencia de que la Biblia es la Palabra de Dios?
3. Mencionar cinco pasajes del Antiguo Testamento y otros cinco del Nuevo en que la Biblia declare o asuma por sí misma el ser la Palabra de Dios.
4. Mencionar seis perfecciones, con sus seis correspondientes transformaciones, del carácter humano que la Palabra cumpla de acuerdo con el Salmo 19:7-11.
5. ¿Por qué es la continuidad de la Biblia una evidencia de su inspiración?
6. ¿Cuáles son algunas de las evidencias de la continuidad de la Biblia?
7. ¿En qué difiere la Biblia de otros libros respecto a la expresión de su revelación de la verdad?
8. ¿De qué forma tiene relación la extensiva publicación de la Biblia con su poder transformador?
9. Describir y relatar el carácter sobrenatural de la Biblia con relación a su contenido.
10. Evaluar la Biblia en su carácter literario.
11. ¿Cómo puede ser relacionada la cualidad humana de su confección con la autoridad exenta de prejuicios de la Biblia?
12. Relacionar la Biblia como libro sobrenatural con Jesucristo como persona sobrenatural.

# 2

# La Biblia: Inspirada por Dios

La Biblia es el único libro escrito por inspiración de Dios, en el sentido de que Dios ha guiado personalmente a sus escritores. La inspiración de la Biblia se define como una enseñanza que Dios ha impartido directamente a sus autores y que, sin destruir ni anular su propia individualidad, su estilo literario o intereses personales, Dios ha transmitido en la misma Su completo e íntimo pensamiento, y así ha quedado registrado por sus autores humanos. Al formar las Escrituras, es cierto que Dios empleó a escritores humanos; pero esos hombres, aunque no pudieran haber comprendido todo lo que estaban escribiendo, sin embargo, bajo la guía de Dios y su mano directriz, produjeron los 66 libros que forman la Biblia, en la cual se halla una fascinante continuidad y una constante evidencia de la obra del Espíritu Santo dirigiendo sus plumas.

Por tanto, aunque escrita por medios humanos, la Biblia es el mensaje de Dios al hombre, más bien que un mensaje del hombre para su prójimo. Sin importar si las palabras registradas son las que Dios dictó literalmente, las copias halladas de antiguos códices y los resultados de la investigación acerca de los autores humanos, o de sus pensamientos, aspiraciones y temores, demuestran que en cada detalle Dios guió a esos hombres de tal forma que lo que ellos escribieron fue precisamente lo que Dios intentó que escribieran, con el resultado, pues, de que la Biblia es, ciertamente, la Palabra de Dios. Aunque ciertos pasajes de la Biblia puedan diferir notablemente en su carácter, todas y cada una de las palabras de la Escritura son igualmente inspiradas por Dios.

La doctrina de la inspiración, precisamente por ser sobrenatural, presenta algunos problemas para la comprensión humana. ¿Cómo puede un autor humano, registrando sus propios pensamientos y sus conocimientos, ser guiado para escribir exactamente lo que Dios desea que escriba? Precisamente por existir preguntas como ésta, se han aventurado algunas opiniones, como la de la extensión del control divino sobre los autores humanos. Existen diversas «teorías de la inspiración», y todos los intérpretes de la Biblia siguen alguna de tales teorías. La perspectiva de la inspiración aceptada por el comentarista es el fundamento sobre el cual están construidas todas las interpretaciones de la Biblia, y por tal motivo es preciso prestar una cuidadosa atención a la verdadera perspectiva de la inspiración.

## A. TEORIAS DE LA INSPIRACION

1. *Inspiración verbal y plenaria.* En la historia de la iglesia, la visión ortodoxa de la inspiración ha sido descrita como verbal y plenaria. Por inspiración verbal se quiere significar que el Espíritu de Dios fue quien guió la elección de las palabras usadas en los escritos originales. Sin embargo, la Escritura indica la factura humana. Varios libros de la Biblia reflejan las características personales del escritor, en estilo y vocabulario, y con frecuencia sus personalidades están expresadas en sus pensamientos, opiniones, plegarias o temores. No obstante, aunque son evidentes los elementos humanos en la Biblia, la doctrina de la inspiración plenaria sostiene y afirma que Dios lo dirigió, de tal forma que todas las palabras que fueron usadas, lo fueron igualmente por Dios, e inspiradas por El. Esto se pone de relieve por el uso de la palabra «plenaria», que significa «completa inspiración», como término opuesto a los puntos de vista que afirman que sólo hay una parcial inspiración en la Biblia.

Otras palabras descriptivas adicionales se añaden con frecuencia para aclarar lo que es la doctrina ortodoxa. Se declara que la Escritura es infalible en el sentido de ser precisa e inmune a todo error. También se declara que la Escritura es inerrable, significando con ello que la Biblia no contiene ningún error, como declaración de hecho. Aunque la Biblia puede registrar en ocasiones declaraciones de los hombres que no son ciertas, o incluso palabras de Satanás, como en Génesis 3:4, en todos esos casos, aunque la declaración atribuida a Satanás o a los hombres está fielmente registrada, está claro que Dios no afirma la verdad de tales declaraciones. Al afirmar que la Biblia está verbal y totalmente inspirada, además de ser inerrable e infalible en sus declaraciones de la verdad, se sostiene que la guía perfecta y sobrenatural de Dios es suministrada a toda palabra de la Escritura, de tal forma que la Biblia pueda ser considerada como una precisa y exacta declaración de la verdad divina.

La seguridad de la inspiración se aplica, por supuesto, a los escritos originales solamente y no a las copias, traducciones o anotaciones. Como no existe ningún manuscrito original, los eruditos se han extendido en gran medida para determinar la precisión del texto de la Biblia de que ahora disponemos. Para el propósito de enseñar la verdad, puede presumirse y tenerse por cierto de que nuestras presentes copias de la Biblia son exactas reproducciones de los escritos originales. Si bien existen pequeñas variantes en el texto, tales variaciones apenas afectan cualquier enseñanza de la Biblia y los hallazgos posteriores de manuscritos tienden a confirmar esta conclusión.

Para todos los propósitos prácticos, el Antiguo Testamento, escrito en hebreo, y el Nuevo, redactado en griego, pueden ser aceptados como la verdadera Palabra de Dios y una auténtica declaración de lo que Dios intentó comunicar al hombre.

2. *Teoría mecánica o del dictado.* En contraste con la verdadera doctrina de la inspiración, que permitió a los autores humanos, con su personalidad, redactar los escritos bajo la dirección de Dios, algunos han sostenido que Dios realmente dictó la Escritura y que los escritores de la Biblia actuaron sólo como taquígrafos. Pero si Dios hubiese dictado la Biblia, el estilo de la redacción y el vocabulario de

la Biblia sería el mismo en toda su extensión. En muchos casos los autores de la Escritura expresaron sus propios temores y sentimientos, o sus plegarias para la salvación divina, y de diversas maneras dejaron la impronta de su personalidad en el registro divino. La oración surgida del corazón de Pablo por Israel, en Romanos 9:1-3, por ejemplo, habría perdido su significado de haber sido dictada por Dios.

De acuerdo, pues, con lo anteriormente expresado, mientras que la inspiración se extiende a toda palabra de la Escritura, no se desestima la personalidad humana, el estilo literario o el interés personal. La Biblia afirma la realización humana, al igual que lo hace con la autoridad divina del Libro. Dios cumplió con exactitud lo que El quiso al dirigir a los autores humanos que la escribieron, pero sin el proceso mecánico del dictado. Algunas porciones de la Biblia fueron dictadas por Dios y así está indicado en el mismo texto sagrado, pero la mayor parte de la Biblia fue escrita por autores humanos sin evidencia de un dictado directo.

3. *La teoría del concepto.* Algunos han intentado debilitar la completa inspiración de la Biblia y hacen concesiones a la autoridad humana, diciendo que Dios inspiró el concepto, pero no las palabras precisas. Esta opinión, no obstante, presenta graves problemas si se piensa en que los autores humanos sólo entendieron parcialmente lo que Dios les hubo revelado y, al hacerlo con sus propias palabras, pudieron muy bien haber introducido errores de consideración en sus escritos.

La Biblia contradice expresamente la idea de que sólo les fue suministrado el concepto a sus autores humanos. Una y otra vez se pone énfasis en el sentido de que las palabras de la Sagrada Escritura han sido inspiradas. La importancia de las palabras se menciona frecuentemente (Ex. 20:1; Jn. 6:63; 17:8; 1 Co. 2:13). En anotaciones del Antiguo Testamento se afirma repetidamente también que las palabras, en sí mismas, están inspiradas por Dios, como sucede en Jn. 10:34-35; Gá. 3:16; y la frecuente mención de la Biblia como la Palabra de Dios, en Ef. 6:17; Stg. 1:21-23; y 1 P. 2:2. Se pronuncia una solemne condenación sobre cualquiera que suprima la Palabra de Dios (Ap. 22:18-19). La teoría del concepto, pues, no tiene consistencia respecto a que la Escritura haya sido redactada así; falla enteramente a la luz de lo que la misma Biblia afirma acerca de la verdadera doctrina de la inspiración.

4. *Inspiración parcial.* Se han aventurado también otras teorías en el sentido de que sólo parte de la Biblia es inspirada. Por ejemplo, algunos han afirmado que las porciones reveladas de la Biblia que se refieren a la verdad divina son precisas y ciertas, pero que no pueden aceptarse las declaraciones de tipo histórico, geográfico o científico. Emparejada con la inspiración parcial está la idea de que algunos fragmentos de la Escritura están más inspirados que otros, y así la verdad y el error se convierten en cuestión de grado. Esto se aplica, a veces, a lo que es conocido como la «inspiración mística» o la idea de que Dios ayudó en diversos grados a los autores en lo que ellos escribieron, pero no dándoles por completo la capacidad de escribir la Escritura sin error. Todas las formas de inspiración parcial dejan la inspiración a juicio del lector y, en consecuencia, la autoridad de la Escritura se convierte en la autoridad de la persona que lee la Escritura, no existiendo de tal forma dos lectores que estén de acuerdo con exactitud respecto a lo que hay de verdad y lo que no lo es.

5. *La opinión neo-ortodoxa de la inspiración.* En el siglo XX se ha aventurado una nueva opinión o punto de vista sobre la inspiración divina, que comienza con Karl Barth, y que se denomina neo-ortodoxa. Aunque sin negar necesariamente que existen elementos sobrenaturales en los escritos de la Escritura, esta opinión reconoce que hay errores en la Biblia, y de esta forma la Biblia no puede ser tomada literalmente como verdadera. La neo-ortodoxia sostiene que Dios habla mediante las Escrituras y las utiliza como un medio para comunicarse con nosotros. De acuerdo con este punto de vista, la Biblia se convierte en un canal de la revelación divina, de forma muy parecida al concepto de que una bella flor o un encantador crepúsculo suministra el concepto de que Dios es el Creador. La Biblia, considerada bajo semejante teoría, se hace verdadera sólo cuando es comprendida, y la evidencia de verdad queda igualmente a juicio del lector individual. La historia de este punto de vista demuestra que no hay dos personas que estén exactamente de acuerdo respecto a lo que la Biblia enseña realmente y, al igual que la

inspiración parcial, deja al individuo como autoridad final por lo que concierne a lo que es verdad y lo que es falso.

6. *Inspiración naturalista.* Esta es la opinión más extrema de incredulidad y sostiene que la Biblia es igual que otro libro cualquiera. Aunque Dios haya podido otorgar a sus autores una capacidad fuera de lo común para expresar conceptos, es, después de todo, una producción humana sin ninguna guía divina y sobrenatural. La Biblia, sujeta a este concepto, se convierte simplemente en cualquier otro libro de religión, que expresa antiguos conceptos y opiniones de experiencia espiritual que han tenido los hombres en el pasado. Esta opinión destruye cualquier distintiva afirmación respecto a la autoridad divina de la Biblia y deja sin explicación la maravillosa y real precisión de la Biblia.

En última instancia el lector de la Escritura tiene que tomar una postura y hacer una elección. O bien la Biblia es lo que afirma ser —la Palabra inspirada de Dios— y un libro en que confiar, como si Dios lo hubiese escrito por Sí Mismo, sin autores humanos, o tiene que ser considerada como un libro que no sustancia sus afirmaciones y no es, ciertamente, la Palabra de Dios. Mientras que pueden sumarse muchas pruebas en apoyo de la inspiración de la Biblia, la mejor evidencia se encuentra en el hecho de que la acción del Libro en la Historia apoya sus propias afirmaciones. Su poder se ha manifestado en las vidas transformadas de millones de personas que han puesto su confianza en las palabras y las promesas de la Escritura.

## B. EL TESTIMONIO DE CRISTO

El hecho de que la Biblia está inspirada por el Espíritu Santo está apoyado por muchas evidencias internas de que es, ciertamente, la Palabra de Dios, y está confirmado por el poder de la Palabra de Dios para influenciar y transformar a los hombres. De todas las evidencias, sin embargo, una de las más importantes es el testimonio de nuestro Señor Jesucristo mismo de que, efectivamente, la Biblia está inspirada por Dios. Dondequiera que Jesucristo cita la Escritura —y El lo hizo con frecuencia— lo hizo como teniendo la autoridad y el completo reconocimiento de que había llegado a manos de los hombres por la inspiración del Espíritu Santo.

De acuerdo con Mateo 5:18, Cristo afirma que ni una jota ni una tilde de la Ley quedará sin cumplimiento. Con esto El expresaba que ni una jota (la letra más pequeña del alfabeto hebreo) o una tilde (la parte más pequeña de una letra que pudiese cambiar su significado) habrían de quedar incumplidas. Si la precisión y la inspiración se extienden a cada una de sus letras, Cristo estaba obviamente afirmando la inspiración de la totalidad del Antiguo Testamento.

En Juan 10:35 Cristo afirmó que «la Escritura no puede ser quebrantada», no puede fallar. Una y otra vez el Nuevo Testamento afirma un exacto cumplimiento del Antiguo Testamento, como en Mateo 1:22, 23 (cf. Mt. 4:14; 8:17; 12:17; 15:7-8; 21:4-5; 42; 22:29; 26:31, 56; 27:9, 10, 35). Estas referencias procedentes del Evangelio de Mateo son típicas de lo que se difunde por todo el Nuevo Testamento en su totalidad. Incluso cuando afirma un cambio dispensacional o una modificación de una regla de vida, la autoridad y la inspiración de las declaraciones originales de la Escritura no se discuten en absoluto (Mt. 19:7-12).

Las anotaciones procedentes del Antiguo Testamento se extienden a cualquier sección importante y con frecuencia son de libros que son los más discutidos por los críticos liberales, tales como el Deuteronomio, Jonás, y Daniel (Dt. 6:16; cf. Mt. 12:40; Dn. 9:27; 12:11; cf. Mt. 24:15). Es imposible poner en tela de juicio la inspiración del Antiguo Testamento sin dudar del carácter y veracidad de Jesucristo. Es por esta razón que la negación de la inspirada Palabra de Dios conduce a la negación del Verbo encarnado de Dios.

Jesucristo no sólo afirmó la inspiración y la infalible exactitud del Antiguo Testamento, sino que El predijo la escritura del Nuevo. De acuerdo con Juan 16:12-13, los discípulos iban a recibir la verdad procedente del Espíritu Santo después que Cristo hubiese ascendido a los cielos. Cristo estableció que los discípulos serían los testigos de la verdad (Mt. 28:19; Lc. 10:22-23; Jn. 15:27; Hch. 1:8). Jesús otorgó a los discípulos autoridad en su pronunciamiento y difusión de la verdad (Lc. 10:16; Jn. 13:19; 17:14, 18; He. 2:3-4).

Conforme fue escribiéndose el Nuevo Testamento, sus autores se hallaban conscientes de que eran guiados por el Espíritu de Dios y libremente afirmaron que el Nuevo Testamento estaba inspirado al igual que el Antiguo. De la misma forma que David escribió por el Espíritu (Mt. 22:43), y como el salmista fue inspirado (He. 3:7-11; cf. Sal. 95:7-11), el Nuevo Testamento, en igual forma, afirma su inspiración. En 1 Timoteo 5:18; Deuteronomio 25:4 y Lucas 10:7 se cita la Escritura como igualmente inspirada. En 2 Pedro 3:15-16 las Epístolas de Pablo están clasificadas como Escritura que tiene que ser recibida como Palabra de Dios, al igual que toda la demás Escritura. El Nuevo Testamento obviamente afirma tener la misma inspiración que el Antiguo.

## C. PASAJES IMPORTANTES SOBRE LA INSPIRACION

Uno de los pasajes fundamentales sobre la inspiración de la Biblia se encuentra en 2 Timoteo 3:16, donde se afirma: «Toda la Escritura es inspirada por Dios, y útil para enseñar, para redargüir, para corregir, para instruir en justicia.» Por «Escritura» el apóstol se refiere a las «Sagradas Escrituras» mencionadas en 2 Timoteo 3:15, incluyendo tanto el Antiguo como el Nuevo Testamento. La expresión «inspirada por Dios» es una palabra que se halla en el Nuevo Testamento griego, *theopneustos,* que significa «el aliento de Dios». Con esto se quiere significar definitivamente que la Escritura procede de Dios y por este hecho tiene la misma perfección que caracteriza al propio Dios. Sería absolutamente imposible para Dios el ser el autor del error. La inspiración se extiende no tanto a los autores como a la Palabra de Dios en sí misma. En tanto que los autores eran falibles y sujetos a error, el aliento de Dios insufló a tales autores Su infalible Palabra, dirigiéndoles con Su divino poder, y lo que está escrito por ellos fue ciertamente la infalible Palabra de Dios. Y porque es la Palabra de Dios, es provechosa para la doctrina o la enseñanza, y para reprobación, corrección e instrucción en la justicia.

Una de las importantes cuestiones que surge con frecuencia es: ¿Cómo pudo Dios inspirar la Escritura siendo así que, de una parte, permite su factura humana y, de otra, se produce la inspirada Palabra de Dios sin error? La cuestión de cómo Dios lleva a cabo un acto sobrenatural es siempre inescrutable; sin embargo, se puede captar alguna luz sobre el particular en 2 Pedro 1:21, donde, en relación con una profecía de la Escritura, se declara: «Porque nunca la profecía fue traída por voluntad humana, sino que los santos hombres de Dios hablaron siendo inspirados por el Espíritu Santo.» Tanto si se trataba de profetas verbales o de profetas que lo pusieron por escrito, la explicación es que ellos fueron «movidos e impulsados por el Espíritu Santo». La traducción de la palabra «movido» es la que corresponde a llevar un peso, un cometido. En esta declaración, pues, los autores humanos son llevados hacia un destino y un objetivo deseado por Dios, de la misma forma que un barco lleva a sus pasajeros hacia su destino final. Aunque los pasajeros que viajan en un barco tienen una cierta libertad humana y pueden moverse libremente dentro de la nave, no pueden evitar que, de una forma segura y decidida, la nave vaya a su destino marcado de antemano.

Si bien esta explicación no es completa para ilustrar la inspiración, pues su clarificación está más allá de la comprensión humana, se hace patente que los autores humanos no quedaron en libertad de cumplir sus propios designios, ni ejercieron, por tanto, su personal propósito. Dios actuaba dentro de ellos, insuflándolos Sus pensamientos y utilizándoles como canales adecuados para la consecución de tal obra. Es indudable que alguna parte de la Escritura estuvo dictada expresamente por Dios, como, por ejemplo, la entrega de la Ley en Exodo 20:1-17. Una y otra vez el Antiguo Testamento declara que «Dios dijo» (Gn. 1:3). Otra expresión frecuente es que «llegó la palabra del Señor» a uno de los profetas (cf. Jer. 1:2; Os. 1:1; Jon. 1:1; Mi. 1:1; Sof. 1:1; Hag. 1:1; Zac. 1:1). En otras situaciones Dios habló mediante visiones o sueños (Dn. 2:1), o apareció en forma de visión (Dn. 7:1). Aunque pudieran variar las formas y las circunstancias de la divina revelación, en todas ellas Dios habla con una perfecta autoridad, una absoluta precisión y de forma inerrable. Por todo esto, la Palabra de Dios participa de la misma cualidad de verdad absoluta, propia de la persona y el carácter del propio Dios.

## D. CONSIDERACIONES CUALIFICATIVAS

Al declarar que la totalidad de la Biblia es la verdad y que está inspirada por Dios, es preciso señalar que a veces la Biblia registra una mentira como tal mentira; tal es el caso de la mentira de Satanás en Génesis 3:4. La Biblia también registra las experiencias y razonamientos de los hombres, conforme queda ilustrado en el Libro de Job y en el Eclesiastés. En ellos, lo que la Escritura transcribe como palabras de sus personajes tiene que ser comprobado por las claras afirmaciones de la verdad que se hallan extendidas por toda la Biblia. De acuerdo con esto, algunas de las declaraciones de los amigos de Job no son ciertas, y algunos de los pensamientos filosóficos del Eclesiastés no van más allá de la sabiduría humana. Siempre que la Biblia establece un hecho como cierto, es, desde luego, cierto, tanto si procede del propio Dios como de revelación, sean principios morales o un programa profético, o bien cuestiones de historia, geografía o hechos que tienen relación con la ciencia. Es un fascinante testimonio de la exactitud de la Palabra de Dios el que, aunque los autores no pudiesen anticipar los descubrimientos científicos modernos ni utilizaron un lenguaje técnico, no contradicen, sin embargo, cualquier descubrimiento que el hombre haya hecho y que sea auténticamente cierto.

Existen problemas en la Biblia que hacen surgir ciertas cuestiones. A veces, por falta de información, la Biblia parece contradecirse a sí misma, como, por ejemplo, en el relato de la curación de los ciegos de Jericó, donde diversos relatos indican dos o un ciego (Mt. 20:30; Mr. 10:46; Lc. 18:35) y donde el incidente parece haber ocurrido en otra parte fuera de Jericó (Mr. 10:46; Lc. 19:1). Problemas de esta clase, no obstante, invitan a un paciente estudio y la dificultad puede ser resuelta si todos los hechos nos fuesen conocidos. Por ejemplo, existieron dos ciudades en Jericó: una antigua, la otra moderna. Cristo pudo muy bien haber dejado una para entrar en la otra. Muchos supuestos errores de la Biblia han sido perfectamente aclarados por descubrimientos y hallazgos arqueológicos.

Realmente nadie sabe lo suficiente como para contradecir los hechos registrados y las declaraciones expuestas en la Biblia, tanto si se refieren a la creación del mundo, el origen del hombre o si se extiende en determinados detalles de orden narrativo. Adecuadamente comprendida, la Biblia permanece como el monumento de la propia veracidad de Dios y de la verdad, y puede ser creída como si el propio Dios hubiese hablado directamente al individuo que lee la Escritura. Aunque se han realizado intentos para minar y destruir la Biblia, para aquellos que buscan la verdad respecto a Dios continúa siendo la sola fuente de autoridad inerrable de la revelación divina.

## PREGUNTAS

1. Definir lo que significa la inspiración de la Biblia.
2. ¿Hasta qué punto la Biblia está inspirada?
3. ¿Qué quiere significarse por inspiración verbal y plenaria?
4. ¿Hasta qué punto es infalible e inmune al error y qué significan estos términos?
5. ¿Cómo se puede explicar que la Biblia refiere declaraciones falsas de los hombres?
6. ¿Hasta qué punto se extiende la inspiración a las copias y traducciones de la Biblia?
7. Definir la teoría de la inspiración mecánica e indicar por qué es inadecuada.
8. ¿Cuáles son los problemas de la teoría del concepto de la inspiración?
9. ¿Cuáles son los problemas de la teoría de la inspiración parcial o grados de inspiración?
10. ¿En qué difiere el punto de vista neo-ortodoxo de la inspiración, del ortodoxo?
11. ¿Por qué el punto de vista naturalista de la Biblia tiene que ser rechazado?
12. ¿Qué enseñó Cristo concerniente a la inspiración de la Biblia?
13. ¿En qué forma apoyan las anotaciones del Antiguo Testamento la inspiración de dicha parte de la Biblia?
14. ¿Qué indicaciones se dan en el Nuevo Testamento de que también está inspirado por Dios?
15. Discutir la declaración de 2 Timoteo 3:16.
16. ¿En qué forma contribuye 2 Pedro 1:21 al método de la inspiración?

17. Indicar el alcance en el cual la Biblia afirma su propia inspiración.
18. ¿Cómo se relaciona la inspiración con la verdad de las experiencias humanas y sus razonamientos según se halla ilustrado en el Libro de Job y en el Eclesiastés?
19. ¿Cuál debería ser nuestra respuesta a las aparentes contradicciones de la Biblia?
20. ¿Por qué es tan importante considerar el tema de la inspiración como un todo?

# 3

# La Biblia: Su tema y propósito

## A. JESUCRISTO COMO TEMA

Nuestro Señor Jesucristo es el supremo tema de la Biblia. Leyendo la Escritura, sin embargo, las perfecciones de Cristo en Su Persona y Su obra se hallan presentadas en diversos aspectos.

1. *Jesucristo como Creador*. Los primeros capítulos del Génesis describen la creación del mundo como llevada a cabo por Dios, utilizando la palabra *Elohim,* la cual incluye a Dios el Padre, Dios el Hijo y Dios el Espíritu Santo. Sólo cuando se llega al Nuevo Testamento es cuando queda revelado claramente que todas las cosas fueron hechas por Cristo (Jn. 1:3). De acuerdo con Colosenses 1:16-17: «Porque en él fueron creadas todas las cosas, las que hay en los cielos y las que hay en la tierra, visibles e invisibles; sean tronos, sean dominios, sean principados, sean potestades; todo fue creado por medio de él y para él. Y él es antes de todas las cosas, y todas las cosas en él subsisten.» Esto no quiere decir que Dios Padre y Dios Espíritu Santo no tuviesen parte en la creación, pero se da a Cristo el lugar principal como autor de la creación del universo. De acuerdo con esto, las perfecciones del universo reflejan la obra de Sus manos.

2. *Jesucristo como el supremo gobernante del mundo.* Puesto que El es el Creador, Jesucristo ocupa también el lugar de supremo gobernante del universo. Puesto que la Escritura atribuye la completa soberanía al Dios Padre, está claro que es Su propósito el que Cristo debería gobernar el mundo (Sal. 2:8-9). Es propósito de Dios que toda lengua tenga que confesar que Cristo es el Señor y que toda rodilla se inclinará ante El (Is. 45:23; Ro. 14:11; Fil. 2:9-11). La historia del hombre, aunque registra su rebelión contra Dios (Sal. 2:1-2), revela que Cristo está esperando el día en que su completa soberanía queda expresada sobre la totalidad del mundo (Sal. 110:1). El día llegará en que Cristo será el Señor de todas las cosas; será juzgado el pecado y la soberanía de Jesucristo revelada (Ap. 19:15-16).

En el cumplimiento de su propósito Dios ha permitido que los gobernantes terrenales hayan ocupado sus tronos. Grandes naciones e imperios se han levantado y han caído, tales como Egipto, Asiria, Babilonia, el imperio Medopersa, Grecia y Roma; pero el reino final será el reino procedente de los cielos, sobre el cual Cristo ha de reinar (Dn. 7:13-14).

No solamente es Cristo el Rey que gobernará todas las naciones, sino que gobernará en el trono de David como el Hijo de David, y especialmente será el Rey de Israel (Lc. 1:31-33). Esto, en particular, se hará evidente cuando El vuelva y reine sobre la totalidad del mundo, incluyendo el Reino de Israel.

Su soberanía está también expresada en su relación con la iglesia, de la cual El es la cabeza (Ef. 1:22-23). Como supremo gobernador del mundo, de Israel y de la Iglesia (Ef. 1:20-21), Cristo es el Juez Supremo de todos los hombres (Jn. 5:27; cf. Is. 9:6-7; Sal. 72:1-2, 8, 11).

3. *Jesucristo como el Verbo Encarnado.* En el Nuevo Testamento especialmente, Jesucristo se revela como el Verbo Encarnado, la personificación física de lo que es el propio Dios, y una revelación de la naturaleza y el ser de Dios. En Cristo quedan revelados todos los atributos que pertenecen a Dios, especialmente su sabiduría, poder, santidad y amor. Mediante Jesucristo, los hombres pueden conocer a Dios en una forma más precisa y detallada que en cualquier otra forma de la revelación divina. Jesucristo es el Verbo (Jn. 1:1). De acuerdo con lo que se dice en Hebreos 1:3, Cristo, «siendo

el resplandor de su gloria, y la imagen misma de su sustancia, y quien sustenta todas las cosas con la palabra de su poder, habiendo efectuado la purificación de nuestros pecados, por medio de sí mismo, se sentó a la diestra de la Majestad en las alturas». Es un propósito fundamental de Dios revelarse a sí mismo a sus criaturas, mediante Jesucristo.

4. *Jesucristo como Salvador*. En el drama de la historia, comenzando con la creación del hombre, la caída y el fin con los nuevos cielos y la nueva tierra, la obra de Jesucristo como Salvador es un tema prominente de la Escritura. Cristo es la simiente prometida que conquistará a Satanás (Gn. 3:15). En el Antiguo Testamento, Cristo aparece descrito como el siervo de Jehová, quien echará sobre sí los pecados de la totalidad del mundo (Is. 53:4-6; cf. Jn. 1:29). Como sacrificio por el pecado, El tiene que morir sobre la cruz y sufrir el juicio del pecado de todo el mundo (1 Co. 15: 3-4; 2 Co. 5:19-21; 1 P. 1:18-19; 1 Jn. 2:2; Ap. 1:5). Como Salvador, El no solamente es el sacrificio por el pecado, sino también nuestro Sumo Sacerdote (He. 7:25-27).

Uno de los propósitos centrales de Dios, como se revela en la Escritura, es el de proveer la salvación mediante Jesucristo para una raza que está perdida. De acuerdo con esto, desde el Génesis hasta el Apocalipsis, Jesucristo es presentado en forma suprema, como el único Salvador (Hch. 4:12).

## B. LA HISTORIA DEL HOMBRE EN LA BIBLIA

Aunque la Biblia está fundamentalmente producida y diseñada para la glorificación de Dios, también registra la historia del hombre, en estrecha relación con tal propósito. La narrativa en la creación, en los primeros capítulos del Génesis culmina en la creación de Adán y Eva. La Escritura, considerada como un todo, contiene un plan de Dios y un propósito para la raza humana.

Conforme van mostrándose los posteriores capítulos, los soberanos designios de Dios están majestuosamente manifestados en la historia de la raza. Los inmediatos descendientes de Adán y Eva son borrados de la faz de la tierra en el Diluvio, acaecido en tiempos de Noé. En Génesis 10 se relata que los descendientes de Noé forman las tres importantes divisiones de la raza humana. Después, los descendientes de Noé también fallaron y fueron juzgados en la Torre de Babel, y Dios eligió a Abraham para llevar a cabo su propósito de revelarse a sí mismo mediante el pueblo de Israel. Comenzando en Génesis 12, el tema dominante de la Biblia es la aparición y la historia de la nación de Israel. La mayor parte del Antiguo Testamento se ocupa de esta pequeña nación, en relación con la masa de los gentiles que existen respecto a ella. En los propósitos de Dios esto culmina en el Nuevo Testamento con la llegada de Jesucristo, quien de forma suprema cumplió la promesa dada originalmente a Abraham de que mediante su simiente todas las naciones del mundo serían bendecidas.

En el Nuevo Testamento emerge otra importante división de la Humanidad, esto es, la iglesia como el cuerpo de Cristo, comprendiendo tanto a judíos como a gentiles, quienes creen en Jesucristo como su Salvador.

De esta forma, el Nuevo Testamento se ocupa, en especial mediante los Hechos y las Epístolas, de los procedimientos de Dios con la Iglesia. El libro del Apocalipsis es el gran clímax de todo el contexto. La sucesión de los grandes imperios —comenzando con Egipto y Asiria y continuando con Babilonia, el imperio Medopersa, Grecia y Roma— tiene como culminación el Reino que viene de los cielos en la segunda venida de Cristo. Los judíos y los gentiles, igualmente, se encuentran en el reino milenario con Israel que ve las profecías cumplidas poseyendo la tierra bajo su Rey el Mesías, y las naciones del mundo gozando también de las bendiciones del reino milenial.

Mientras que el tema de la Escritura se centra en Jesucristo y relata la historia del mundo para el propósito de Dios y su glorificación, las acciones más importantes de Dios pueden, de acuerdo con ella, ser vistas en la demostración de su soberanía en relación con las naciones, su confianza y fe en relación con Israel y su gracia con respecto a la iglesia. La consumación de todo ello se encuentra en los nuevos cielos y la nueva tierra, y la nueva Jerusalén. Y así la historia retrocede y empieza la Eternidad.

## C. EL PROPOSITO DE LA BIBLIA

De acuerdo con la Palabra de Dios escrita, un propósito supremo se revela en todo lo que Dios ha hecho o hará, desde el comienzo de la creación hasta la más lejana eternidad. Este supremo propósito es la manifestación de la gloria de Dios. Para este propósito fueron creados los ángeles, fue diseñado el universo material que es como un reflejo de su gloria, y el hombre creado a la imagen y semejanza de Dios. En la inescrutable sabiduría de Dios, incluso el pecado fue permitido y provista la redención como una perspectiva hacia la realización de tal supremo propósito.

El que Dios manifieste su gloria está de acuerdo con sus infinitas perfecciones. Cuando el hombre intenta glorificarse a sí mismo es siempre una cuestión discutible, dada su imperfección. Para Dios, el manifestar su gloria es expresar y revelar la verdad, que tiene una infinita capacidad de bendición para la criatura. Puesto que Dios es infinito en su ser y absoluto en su perfección, El merece la gloria infinita, y sería una injusticia de infinitas proporciones si se le escatimara la completa expresión de tal honor y gloria que son totalmente suyas. Al manifestar su gloria, Dios no está buscándose a sí mismo, sino más bien expresando su gloria para el beneficio de la creación, obra suya. La revelación de Dios a sus criaturas les ha proporcionado un objeto valiosísimo para el amor y la devoción, ha proporcionado asimismo materia para la fe, y la paz de la mente, y ha dado al hombre la seguridad de la salvación en el tiempo y en la eternidad. Cuanto más comprenda el hombre la gloria de Dios, mayor será la bendición que enriquezca su existencia y que se proporcione a sí mismo.

Puesto que la Biblia es el mensaje de Dios hacia el hombre, su propósito supremo es que El pueda ser glorificado.

La Biblia refiere:

1. Que «todas las cosas, las que hay en los cielos y las que hay en la tierra, visibles e invisibles; sean tronos, sean dominios, sean potestades, sean poderes; todo fue creado por medio de él y para él» (para su gloria —Col. 1:16). *Angeles y hombres, el universo material y toda criatura, todo ha sido creado para su gloria.* «Los cielos declaran la gloria de Dios» (Sal. 19:1).

2. *La nación de Israel es para la gloria de Dios* (Is. 43:7, 21, 25; 60:1, 3, 21; Jer. 13:11).

3. *Que la Salvación es para la gloria de Dios* (Ro. 9:23), ya que será una manifestación de la gracia de Dios (Ef. 2:7) y es ahora una manifestación de la sabiduría de Dios (Ef. 3:10).

4. *Que todo servicio tiene que ser para la gloria de Dios* (Mt. 5:16; Jn. 15:8; 1 Co. 10:31; 1 P. 2:12; 4:11, 14). La Biblia, en sí misma, es el instrumento de Dios mediante el cual El prepara al hombre de Dios para toda buena obra (2 Ti. 3: 16-17).

5. *Que la nueva pasión del cristiano es que Dios pueda ser glorificado* (Ro. 5:2).

6. *Incluso la muerte del creyente se dice que es para este fin* (Jn. 21:19; Fil. 1:20).

7. *El que sea salvo está destinado a compartir la gloria de Cristo* (Jn. 17:22; Col. 3:4).

Tomada como un todo, la Biblia difiere en su tema y propósito de cualquier otro libro existente en el mundo. Se alza como algo glorioso, reflejando el lugar del hombre en la vida y su oportunidad de salvación, el supremo carácter y la obra de Jesucristo como Salvador, y proporciona, en detalle, las infinitas glorias que pertenecen al propio Dios. Es el único libro que revela la criatura de parte de su Creador, el plan mediante el cual el hombre, con todas sus imperfecciones, puede ser reconciliado en una eterna coexistencia filial con el eterno Dios.

## PREGUNTAS

1. ¿Qué evidencia se encuentra de que Cristo ha participado en la creación?
2. ¿En qué sentido es Cristo el supremo gobernante del mundo y cómo está expresado?
3. Explicar cómo Cristo es la suprema revelación de Dios.
4. Determinar la temática de la Escritura que trata a Cristo como Salvador, incluyendo la mención de los pasajes del Nuevo Testamento.

5. ¿De qué forma registra la Biblia lo concerniente a la historia del hombre en el Génesis 1:1?
6. ¿Para qué propósito escogió Dios a Abraham?
7. ¿En qué manera culmina la historia de Israel en Cristo?
8. ¿Qué nuevo propósito se revela en el Nuevo Testamento?
9. ¿Qué grandes naciones caracterizan la historia?
10. Distinguir los propósitos de Dios en su relación con las naciones, Israel y la iglesia.
11. ¿En qué medida revela la Biblia la gloria de Dios como su propósito supremo?

# 4

# La Biblia como revelación divina

## A. FORMAS DE LA REVELACION DIVINA

La Biblia tiene como objetivo y propósito el ser la revelación del ser, las obras y el programa de Dios. Que un Dios infinito buscase el revelarse a sí mismo a sus criaturas, es razonable y esencial para el cumplimiento de los propósitos de Dios en la creación. Es, por otra parte, natural que los seres racionales intenten saber algo respecto al Creador que les ha dado vida. Si el hombre es el más alto orden de las criaturas, que tiene la capacidad de reconocer y tener una íntima comunión con el Creador, es, por tanto, también razonable esperar que el Creador se comunicase con sus criaturas, revelándoles su propósito y su voluntad. Hay tres vías de máxima importancia y que han sido utilizadas por Dios para revelarse a sí mismo.

1. *La revelación de Dios en la creación.* El poder eterno y el carácter de Dios se revelan por las cosas que han sido creadas (Ro. 1:20). El mundo de las cosas naturales, siendo una obra de Dios, muestra que Dios es un Dios infinito en poder y sabiduría y que ha diseñado y creado el mundo físico para un propósito inteligente. La revelación de Dios mediante la Naturaleza, sin embargo, tiene sus limitaciones,

al no aparecer claramente manifestado el amor y la santidad de Dios. Mientras que la revelación en la Naturaleza es suficiente para que Dios pueda juzgar al mundo pagano por no adorarle como su Creador, no revela un camino de salvación mediante el cual los pecadores puedan ser reconciliados con un Dios santo, sagrado.

2. *Revelación en Cristo.* Una suprema revelación de Dios fue suministrada en la persona y la obra de Cristo, que nació en su debido tiempo (Gá. 4:4). El Hijo de Dios vino al mundo para revelar a Dios a los hombres en términos que pudiesen comprender. Por su llegada como hombre mediante el acto de la encarnación, los hechos relacionados con Dios, que de otra forma hubiesen sido muy difíciles para la comprensión humana, se trasladan al limitado alcance de la comprensión y el entendimiento humanos. Así pues, en Cristo, no sólo se revela el poder y la sabiduría de Dios, sino también su amor, la bondad divina, su santidad y su gracia. Cristo declaró: «El que me ha visto a mí, ha visto al Padre» (Jn. 14:9). En consecuencia, el que conoce a Jesucristo, también conoce al Dios Padre.

3. *La revelación en la Palabra escrita.* La Palabra escrita de Dios es capaz, sin embargo, de revelar a Dios en términos incluso más explícitos de los que puedan ser observados en la persona y obra de Cristo. Como previamente se ha demostrado, es la Biblia la que nos presenta a Jesucristo tanto como el objeto de las profecías, como en su cumplimiento. Con todo, la Biblia va aún más allá; dando detalles respecto a Cristo, muestra el programa de Dios para Israel, para las naciones, así como para la iglesia, y trata de muchos otros temas de la historia del género humano y del universo. La Biblia no sólo presenta a Dios como su tema fundamental, sino que también nos muestra sus propósitos. La revelación escrita lo incluye todo en sí misma. Expone de la forma más clara y convincente todos los hechos que conciernen a Dios y que están revelados en la Naturaleza, y proporciona el único registro que atañe a la manifestación de Dios en Cristo. También se extiende la divina revelación en grandes detalles que se relacionan con Dios Padre, Hijo y Espíritu Santo, los ángeles, los demonios, el hombre, el pecado, la salvación, la gracia y la gloria. La Biblia, pues, puede ser considerada como el complemento perfecto de la

divina revelación de Dios, parcialmente revelada en la Naturaleza, y más plenamente revelada en Cristo, y revelada completamente en la Palabra escrita.

## B. REVELACION ESPECIAL

A través de toda la historia del hombre, Dios ha suministrado una revelación especial. Se registran muchas ocasiones en la Palabra de Dios en que habla directamente al hombre, como El lo hizo en el jardín del Edén, o a los profetas del Antiguo Testamento, o a los apóstoles en el Nuevo. Algunas de estas revelaciones especiales fueron registradas en la Biblia y forman el único y autorizado registro inspirado que tenemos de tal revelación especial.

Una vez completos los 66 libros de la Biblia, la revelación especial en el sentido ordinario de la expresión parece haber cesado. Nadie ha sido capaz de añadir con éxito un solo versículo a las Escrituras como declaración verdadera. Las añadiduras apócrifas son claramente inferiores y sin la inspiración propiamente dicha que caracteriza siempre todo escrito de la Escritura.

En lugar de la revelación especial, sin embargo, una obra del Espíritu Santo ha caracterizado especialmente la edad presente. Así como el Espíritu de Dios ilumina o arroja luz sobre las Escrituras, hay una forma legítima de tiempo presente en la revelación procedente de Dios, en la cual las enseñanzas de la Biblia se aclaran y se aplican a la vida de los individuos y las circunstancias. Emparejada con la obra de iluminación está la obra del Espíritu como guía, cuando las verdades generales escriturísticas se aplican a las necesidades particulares de un individuo. Aunque ambas cosas —la guía y la iluminación— son obras genuinas de Dios, no garantizan que un individuo comprenda perfectamente la Biblia, o en todos los casos la comprenda adecuadamente con la guía de Dios. Así, mientras que la iluminación y la guía son una obra del Espíritu, no poseen la infalibilidad de la Escritura, puesto que los receptores son seres humanos de por sí falibles.

Aparte de esta obra del Espíritu de Dios, no obstante, al revelar lo que significa la Escritura, no hay comprensión real de la verdad, como se declara en 1 Corintios 2:10. La verdad de la Palabra de Dios necesita ser revelada a nosotros por el Espíritu de Dios, y necesitamos ser enseñados por el Espíritu (1 Co. 2:13). Según 1 Corintios 2:14, «... el hombre natural no percibe las cosas que son del Espíritu de Dios, porque para él son locura y no las puede entender, porque se han de discernir espiritualmente». En consecuencia, la Biblia es un libro cerrado, por lo que respecta a su verdadero significado, para quien no sea cristiano y no esté enseñado por el Espíritu. Ello requiere, además, por parte del individuo estudioso de la Escritura, una íntima proximidad con Dios en la cual el Espíritu de Dios sea capaz de revelar su verdad.

## C. INTERPRETACION

Al recibir la revelación que proviene a través del Espíritu Santo, en la forma en que El enseña la Palabra de Dios a un creyente en Cristo, los problemas de interpretación de la Biblia se hacen evidentes. Son necesarias ciertas reglas básicas si se tiene que comprender la ciencia de la interpretación, llamada «hermenéutica». Aunque existe confianza y seguridad en el Espíritu Santo para la instrucción en la Palabra de Dios, hay ciertos principios que tienen que ser enumerados.

1. *El propósito de la Biblia como un todo.* Al interpretar la Biblia, cada texto tiene que ser tomado a la luz del contenido total de la Escritura, para que la Biblia no se contradiga a sí misma.

2. *El mensaje particular de cada libro de la Biblia.* La interpretación de la Escritura necesita siempre tomar en consideración el propósito del libro, del cual forma parte. Un estudio del Eclesiastés es, según esto, completamente diferente del de un libro como el Apocalipsis, o los Salmos, y la interpretación tiene que estar en relación con el propósito del libro.

3. *A quién va dirigido.* Mientras que toda la Escritura ha recibido por igual la inspiración de Dios, no toda Escritura es igualmente aplicable. Muchas falsas doctrinas se han producido mediante una errónea aplicación de la Escritura. De esta forma, la cuestión se plantea en lo concerniente a quién se considera en un pasaje particular. Es preciso dis-

tinguir la aplicación primaria y secundaria. La aplicación primaria puede extenderse sólo al individuo o grupo a quien va dirigida la Escritura, como, por ejemplo, la Epístola a los Gálatas o un salmo escrito por David. Hay casi siempre una segunda aplicación, cómo las verdades particulares se producen el texto escriturístico y que se descubre que tienen una aplicación general más allá de aquel a quien están realmente dirigidas. Así, mientras la ley en el Antiguo Testamento está dirigida a Israel, los cristianos pueden estudiarla con provecho como una revelación de la santidad de Dios, cambiando algunos particulares en su aplicación a nosotros.

4. *El contexto.* Una de las importantes consideraciones en la exposición de cualquier texto es considerar el contexto inmediato. Con frecuencia esto proporciona la pista para lo que fue escrito intencionadamente en esa declaración particular. La Escritura que precede y sigue cualquier versículo dado ayuda al lector a comprender tal versículo en sí mismo.

5. *Las enseñanzas similares en otra parte de la Palabra de Dios.* Ya que la Biblia no puede contradecirse a sí misma, cuando se hace una declaración teológica en un versículo ha de estar armonizada con cualquier otra declaración teológica similar en otra parte. Esta es la tarea particular de la teología sistemática, la cual intenta tomar toda la revelación divina y exponer de forma clara y convincente su contenido en una forma doctrinal que no sea contradictoria de cualquier porción o parte de la Sagrada Escritura. Con frecuencia, unos libros se complementan recíprocamente con otros. Por ejemplo, el libro del Apocalipsis repetidamente depende para su interpretación del libro de Daniel u otro del Antiguo Testamento, en sus profecías. Si el Espíritu Santo es el autor de la totalidad de la Palabra de Dios, lo que se dice en un lugar, debe ayudarnos a comprender lo que se dice en otro, en la Escritura.

6. *Exégesis precisa de las palabras en un texto particular.* La Biblia fue escrita originalmente en hebreo y en griego, y con frecuencia se presenta la dificultad de su correcta traducción. Por tanto, el conocimiento del lenguaje original es muy necesario para determinar con exactitud lo que dice el texto. Los estudiosos de la Escritura que no disponen de esos recursos técnicos, pueden ayudarse frecuentemente por comentarios y exposiciones hechos por autores capacitados

para arrojar luz sobre un texto particular. Aunque para la mayor parte de los propósitos una buena traducción es suficiente, un estudioso que ponga cuidado en su esfuerzo se ayudará a veces consultando trabajos de autoridades competentes, capaces de aclarar un texto específico.

Por añadidura, para determinar el significado real de las palabras, la adecuada interpretación asume que cada palabra tiene su significado literal normal, a menos que haya buenas razones para considerarla como una figura del discurso. Por ejemplo, la tierra prometida a Israel no debe ser considerada como una referencia al cielo, sino más bien como una referencia literal a la Tierra Santa. Por la misma razón, las promesas dadas a Israel no deberían ser espiritualizadas para aplicarlas a los creyentes gentiles en Cristo. La regla de interpretación es que las palabras deben tener su significado normal, a menos que el contexto indique claramente que se intenta emplear una figura de dicción en el discurso.

7. *Precauciones contra los prejuicios.* Si bien es adecuado para cualquier intérprete de la Escritura el aproximarse a un pasaje con la convicción teológica que surge del estudio de la totalidad de la Biblia, hay que tener cuidado en no retorcer el texto respecto a lo que no dice, con objeto de armonizarlo con ideas preconcebidas. Cada texto debe hablar por sí mismo, y ello hay que permitirlo incluso si deja temporalmente sin resolver algunos problemas de armonización con otra parte de la Escritura.

Al interpretar la Biblia, es importante considerar a la Escritura como una comprensiva revelación que tiene como fin el ser comprendida por todos los que son enseñados por el Espíritu. La Biblia tiene la intención de comunicar la verdad, y cuando está adecuadamente interpretada, contiene en sí un sistema de doctrina que es armonioso y no contradictorio.

## PREGUNTAS

1. ¿Por qué es razonable asumir que Dios haya deseado revelarse a sí mismo al hombre?
2. ¿Cuál es la extensión y la limitación de la revelación en la Naturaleza?

3. ¿Hasta qué extremo es Cristo una revelación de Dios?
4. ¿Por qué ha sido la Palabra escrita necesaria para revelar a Dios completamente?
5. ¿Cuáles son algunos de los temas más importantes de la revelación divina y que no pueden ser aprendidos en la Naturaleza?
6. ¿Qué quiere significarse por revelación especial?
7. ¿Qué obra del Espíritu ha reemplazado hoy la revelación especial y por qué es ello necesario?
8. ¿Por qué es preciso tomar en consideración a la Biblia como un todo, al igual que el mensaje particular de cada libro de los que componen la Escritura?
9. ¿Cuáles son los peligros de aplicar mal la Escritura, y por qué es preciso distinguir la aplicación primaria y secundaria?
10. ¿A qué se contribuye con el contexto de cualquier pasaje?
11. ¿Por qué es preciso que la interpretación de un texto esté en armonía con otros pasajes bíblicos?
12. ¿Hasta qué extremo se requiere que la exégesis sea precisa?
13. ¿Hasta qué extremo debería el significado normal de las palabras determinar el significado de un pasaje?
14. ¿Cuál es el peligro de los prejuicios al interpretar la Escritura?

# 5

# La Trinidad de Dios

## A. EL CREER EN LA EXISTENCIA DE DIOS

La creencia de que existe un ser divino mucho más grande que el hombre, ha sido común en todas las culturas y civilizaciones. Esto se debe, en parte, al hecho de que el hombre razona que tiene que existir una explicación para nuestro mundo y para la experiencia humana y que sólo un ser superior al hombre serviría para poder explicarlo. El hombre, intuitivamente, por su propia naturaleza religiosa, propende a buscar un ser que de algún modo es mucho más alto y superior a él. Esto también puede ser explicado, en parte, por la obra del Espíritu Santo en el mundo y que se extiende a toda criatura, una obra que se designa en Teología como gracia común, en contraste con la obra especial del Espíritu relacionada con la salvación del hombre. El moderno fenómeno de muchos que afirman ser ateos surge de la perversión de la mente humana y la negación de que es posible cualquier explicación racional del universo. De acuerdo con esto, la Biblia declara que un ateo es un loco estúpido (Sal. 14:1).

Ordinariamente, el hombre no busca pruebas de su propia existencia, ni de la existencia de las cosas materiales, que reconoce por sus sentidos. Aunque Dios es invisible en su persona, su existencia es tan evidente que los hombres por lo general no requieren pruebas para el hecho de Dios. La duda de la existencia de Dios es debida evidentemente a la perversidad del propio hombre, a su ceguera y a la influencia satánica. La evidencia de la existencia de Dios en la creación es tan clara que el rechazarla es el fundamento de la condenación del mundo pagano, que no ha escuchado el Evangelio. Según Romanos 1:19-20, es «porque lo que de Dios se conoce les es manifiesto, pues Dios se lo manifestó, porque las cosas invisibles de él, su eterno poder y deidad, se hacen claramente visibles desde la creación del mundo, siendo entendidas».

La revelación de Dios mediante los profetas, antes de que la Escritura fuese escrita, y la revelación procedente de la Escritura, ha penetrado, en cierto grado, la conciencia total del hombre hoy día. Aunque el mundo, en general, está ignorante de la revelación escriturística, algunos conceptos de Dios han penetrado en el pensamiento de todo el mundo, de tal forma que la creencia en una especie de Ser superior es generalmente cierta incluso entre hombres a quienes no ha llegado directamente la Escritura.

Aunque los antiguos filósofos griegos ignoraron la revelación bíblica, no habiéndoles sido familiar, hicieron, sin embargo, algunos intentos para explicar nuestro universo sobre la base de un Ser superior. Varios sistemas de pensamiento han evolucionado: 1) el politeísmo; es decir, la creencia en muchos dioses; 2) hilozoísmo, que identifica el principio de la vida encontrado en toda la creación como siendo Dios mismo; 3) materialismo, que arguye que la materia funciona por sí misma de acuerdo con una ley natural y no es preciso ningún dios para su funcionamiento, teoría que apoya el moderno evolucionismo; y 4) panteísmo, que sostiene que Dios es impersonal e idéntico con la propia Naturaleza, y que Dios es inmanente, pero no trascendente. Existen, así, muchas variantes de tales conceptos respecto a Dios.

Argumentando en favor de la existencia de Dios, procediendo de los hechos de la creación, aparte de la revelación de la Escritura, pueden observarse cuatro clases generales o líneas de razón: 1) El argumento ontológico; sostiene que Dios tiene que existir, porque el hombre universalmente cree que El existe. Esto, a veces, es llamado un argumento *a priori*. 2) El argumento cosmológico; mantiene que todo efecto necesita tener una causa suficiente, y, por tanto, el universo, que es un efecto, tiene que haber tenido un Creador como causa. Implicada en este argumento está la complejidad de un universo ordenado, que no pudo haber tenido existencia accidente. 3) El argumento teológico; resalta que cada diseño tiene que haber tenido un diseñador, y como la totalidad de la creación está intrincadamente diseñada e interrelacionada, tuvo, por tanto, que haber tenido un gran diseñador. El hecho de que todas las cosas funcionen juntas, indica que este diseñador ha tenido necesariamente que haber sido uno de infinito poder y sabiduría. 4) El argumento antropológico; arguye que la naturaleza y existencia del hombre resulta absolutamente inexplicable de no ser por la creación de Dios, quien tiene una naturaleza similar, pero mucho mayor que la del hombre. Implicado en este argumento está el hecho de que el hombre tiene intelecto (capacidad para pensar), sensibilidad (capacidad para sentir) y voluntad (capacidad para realizar la elección moral). Tal extraordinaria capacidad apunta hacia el Uno que tiene similares pero mucho mayores capacidades y que ha creado al hombre.

Aunque estos argumentos en favor de la existencia de Dios tienen considerable validez y el hombre puede ser justamente condenado por rechazarlos (Ro. 1:18-20), no han sido suficientes para llevar al hombre en la apropiada relación con Dios o producir una fe real en Dios, sin la asistencia de la completa revelación de Dios, confirmando todos los hechos encontrados en la Naturaleza, pero añadiendo a la revelación natural muchas verdades que ésta no hubiera desvelado por sí.

## B. LA UNIDAD DE LA DIVINA TRINIDAD

En general, el Antiguo Testamento recalca el énfasis de la unidad de Dios (Ex. 20:3; Dt. 6:4; Is. 44:6), un hecho que también se enseña en el Nuevo Testamento (Jn. 10:30; 14:9; 17:11, 22, 23; Col. 1:15). Tanto en el Antiguo como en una gran parte del Nuevo Testamento también se indica que Dios existe como una Trinidad: Dios Padre, Dios Hijo y Dios Espíritu Santo. Muchos creen que la doctrina de la Trinidad está implícita en el uso de la palabra *Elohim,* como un nombre para Dios, y que está en una forma plural y parece referirse al Dios trino y uno.

En los principios del Génesis hay referencias al Espíritu de Dios, y los pronombres personales en plural se usan para Dios como en el Génesis 1:26; 3:22; 11:7. Frecuentemente, en el Antiguo Testamento hay distinción dentro de la naturaleza de Dios, en términos de Padre, el Hijo y el Espíritu Santo. Isaías, en 7:14, habla del Hijo como Emanuel, «Dios con nosotros», que tiene que ser distinto del Dios Padre y del Espíritu. Este Hijo es llamado, en Isaías 9:6, «Dios fuerte, Padre eterno, Príncipe de Paz».

En el Salmo 2:7, Dios Padre, referido como «Yo», indica que es su propósito tener a su Hijo como el supremo soberano sobre la tierra. Por lo mismo que el Padre y el Hijo quedan distinguidos, así Dios también se distingue del Espíritu Santo, como en el Salmo 104:30, donde el Señor envía a su Espíritu. A estas evidencias hay que añadir todas las referencias del Angel de Jehová, que señala las apariciones del Hijo de Dios en el Antiguo Testamento como uno enviado por el Padre, y referencias al Espíritu del Señor, como el Espíritu Santo, distinto del Padre y del Hijo.

A esas evidencias del Antiguo Testamento el Nuevo añade una revelación adicional. Aquí, en la persona de Jesucristo, está el Dios Encarnado, concebido por el Espíritu Santo, y, con todo, Hijo de Dios, el Padre. En el bautismo de Jesús, la distinción de la Trinidad se hace evidente con Dios Padre hablando desde los cielos, el Espíritu Santo descendiendo como una paloma y esparciendo luz sobre El, y el propio Jesucristo bautizado (Mt. 3:16-17). Esas distinciones de la Trinidad se observan también en pasajes tales como Juan 14:16, donde el Padre y el Consolador quedan distinguidos del propio Cristo, y en Mateo 28:19, donde los discípulos son instruidos para bautizar a los creyentes «en el nombre del Padre, y del Hijo, y del Espíritu Santo».

Las muchas indicaciones que hay, tanto en el Antiguo como en el Nuevo Testamento, de que Dios existe o subsiste como trino y uno, han conformado la doctrina de la Trinidad como un hecho central de todas las creencias ortodoxas, desde los principios de la iglesia hasta los tiempos más modernos. Cualquier desviación de esto se considera como un apartamiento de la verdad escriturística. Aunque la palabra «trinidad» no se da en la Biblia, los hechos de la revelación escriturística no permiten otra explicación.

Aunque la doctrina de la Trinidad es un hecho central, el núcleo de la fe cristiana está más allá de la comprensión humana y no tiene paralelo en la experiencia del hombre. La mejor definición es el sostener que, aunque Dios es uno, El existe en tres personas. Estas personas son iguales, tienen los mismos atributos y son igualmente dignas de adoración, culto y fe. Con todo, la doctrina de la unidad de la Divinidad está clara en el sentido de que no hay tres dioses separados, como tres seres humanos separados, tales como Pedro, Santiago y Juan. De acuerdo con esto, la verdadera fe cristiana no es un triteísmo, como creencia en tres dioses. Por otra parte, la Trinidad no tiene que ser explicada como tres modalidades de existencia, es decir, que un solo Dios se manifiesta a sí mismo en tres formas. La Trinidad es esencial para el ser de Dios y es más que una forma de la revelación divina.

Las personas de la Trinidad, aunque tengan iguales atributos, difieren en ciertas propiedades. De aquí que la Primera Persona de la Trinidad sea llamada Padre. La Segunda Persona es llamada el Hijo, como enviada por el Padre. La Tercera Persona es el Espíritu Santo, que procede del Padre y del Hijo. Esto es llamado en teología la doctrina de la procesión, y el orden no es nunca invertido, es decir, el Hijo nunca envía al Padre, y el Espíritu Santo nunca envía al Hijo. De la naturaleza de la unicidad de la Divinidad no existe ilustración o paralelo en la experiencia humana. Así pues, esta doctrina tiene que ser aceptada por la fe sobre la base de la revelación escriturística, incluso aunque esté más allá de toda comprensión y definición humanas.

## C. LOS NOMBRES DE DIOS

En el Antiguo Testamento hay tres nombres atribuidos a Dios. El primer nombre, «Jehová» o «Yavé», es el nombre de Dios aplicado sólo al verdadero Dios. El primer nombre aparece en conexión con la creación en el Génesis 2:4, y el significado del nombre se define en el Exodo 3:13-14 como «Yo soy el que soy», es decir, el existente por sí mismo, el eterno Dios.

El nombre más común para Dios en el Antiguo Testamento es *Elohim,* una palabra que es utilizada tanto para el verdadero Dios como para los dioses del mundo pagano. Este nombre aparece en el Génesis 1:1. Se ha debatido mucho este nombre, pero parece incluir la idea de ser el «Uno y Fuerte», el Ser que tiene que ser temido y reverenciado. A causa de estar en una forma plural parece incluir a la Trinidad, aunque pueda ser usado también en las Personas individuales de la Trinidad.

El tercer nombre de Dios en el Antiguo Testamento es *Adonai,* que comúnmente significa «dueño o señor», y es utilizado, no solamente de Dios como nuestro Dueño, sino también de los hombres que son amos sobre sus siervos. Con frecuencia se une a *Elohim,* como en Génesis 15:2; y cuando es usado así, recarga el énfasis del hecho de que Dios es nuestro Amo o Señor. Muchas combinaciones de estos nombres de Dios se encuentran a lo largo del Antiguo Testamento. El más frecuente es Jehová Elohim, o Adonai Elohim.

A estas combinaciones de los tres primitivos nombres de Dios hay que añadir muchos otros compuestos y que se encuentran en el Antiguo Testamento, tales como Jehová-jiré, que significa «el Señor proveerá» (Gn. 22:13-14); Jehová-rafah, «el Señor que sana» (Ex. 15:26); Jehová-nissi, «el Señor es nuestra bandera» (Ex. 17:8-15); Jehová-salom, «el Señor es nuestra paz» (Jue. 6:24); Jehová-sidkenu, «el Señor es nuestra justicia» (Jer. 23:6); Jehová-sama, «el Señor está presente» (Ez. 48:35).

En el Nuevo Testamento se encuentran títulos adicionales en donde la Primera Persona se distingue por «el Padre», la Segunda como «el Hijo» y la Tercera como «el Espíritu Santo». Estos títulos, por supuesto, se encuentran también en el Antiguo Testamento, pero son más comunes en el Nuevo. La discusión respecto a estos términos seguirá en los capítulos que tratan de las tres Personas de la Trinidad.

## D. LOS ATRIBUTOS DE DIOS

En el Ser esencial de Dios hay ciertos atributos inherentes o cualidades esenciales de Dios. Tales atributos están eternamente mantenidos por el Dios Trino y Uno y son iguales para cada persona de la Divinidad. Incluido en dichos atributos está el hecho de que Dios es Espíritu (Jn. 4:24), Dios es vida (Jn. 5:26), Dios existe por sí mismo (Ex. 3:14), Dios es infinito (Sal. 145:3), Dios es inmutable o sin cambios (Sal. 102: 27; Mal. 3:6; Stg. 1:17), Dios es la verdad (Dt. 32:4; Jn. 17:3), Dios es amor (1 Jn. 4:8), Dios es eterno (Sal. 90:2; Jer. 23: 23-24), Dios es omnisciente (Sal. 147:4-5) y Dios es omnipotente (Mt. 19:26).

Otras variantes de tales atributos pueden verse en el hecho de que Dios es bueno, Dios es misericordioso y Dios es soberano. Todas las perfecciones están atribuidas a Dios de forma infinita, y sus obras, así como su Ser, son perfectos. El gran diseño y los detalles del universo son evidencia de su infinita grandeza y soberanía, su poder, su sabiduría. Su plan de Salvación, según está revelado en las Escrituras, es otra evidencia de su amor, su justicia y su gracia. Ningún aspecto de la creación es demasiado grande para que El tenga sobre todo lo existente un completo control, y ni siquiera el más pequeño detalle, incluso la caída de un gorrión, es demasiado pequeño para no quedar incluido en su plan soberano.

## E. LA SOBERANIA DE DIOS

Los atributos de Dios ponen de manifiesto que Dios es lo supremo sobre todo lo existente. No queda nada sujeto a otro poder, autoridad o gloria y no está sujeto a ninguna entidad que sea superior a El. El representa la perfección hasta un grado infinito en cualquier aspecto de su Ser. El no puede jamás ser sorprendido, derrotado o disminuido. No obstante, sin sacrificar su autoridad o comprometer la realización final de su perfecta voluntad, Dios se ha complacido en dar a los hombres una medida de libertad y de elección, y para el ejercicio de esta elección Dios mantiene al hombre responsable.

A causa de estar el hombre, en su depravado estado, ciego e insensible a la obra de Dios, aparece claro en la Escritura que los hombres no deben apartarse de Dios, suprimiendo al Espíritu de sus corazones (Jn. 6:44; 16:7-11). Del lado humano, sin embargo, el hombre es responsable de su incredulidad y se le ordena que crea en el Señor Jesucristo con el objeto de que pueda ser salvado (Hch. 16:31). Es también verdad que en los asuntos de los hombres, especialmente de los cristianos, Dios actúa para que se cumpla su voluntad (Fil. 2:13). Con todo, El no fuerza a los hombres a que se entreguen a Dios, sino más bien les exhorta a que lo hagan (Ro. 12:1, 2).

El hecho de que Dios haya otorgado una cierta libertad al hombre no introduce un factor de incertidumbre en el universo, puesto que Dios se anticipa y conoce hasta el infinito todo lo que los hombres harán en respuesta a las influencias divinas y humanas y que se producen en sus vidas. Su soberanía, por tanto, se extiende infinitamente a todo acto, incluso si temporalmente ha de ser en el mal, por permitirlo, y que en última instancia todo redunda en que Dios pueda ser glorificado.

## F. EL MANDATO DE DIOS

El propósito soberano de Dios se define teológicamente como el mandato de Dios, refiriéndose al plan general que incluye todos los acontecimientos de cualquier clase que puedan ocurrir. El mandato de Dios incluye esos acontecimientos que Dios hace por sí mismo, y también incluye todo lo que Dios lleva a cabo mediante la ley natural, sobre la cual El es absoluto soberano. Más difícil de comprender es el hecho de que su mandato soberano también se extiende a todos los actos de los hombres, los cuales están incluidos en su plan eterno.

Aunque sea incomprensible para nosotros, es evidente que el Dios omnisciente, teniendo un completo conocimiento de lo que el hombre hará en su libertad, al decidir conceder al hombre la libertad de elección, no introduce ningún elemento de incertidumbre. El plan divino, de acuerdo con esto, incluyó el permitir el pecado como Adán y Eva lo cometieron, con todos los resultados de esta comisión del pecado. Ello incluye el divino remedio de Cristo, muriendo en la cruz, y toda la obra del Espíritu Santo en llevar a los hombres el arrepentimiento y la fe.

Aunque la obra de Dios en el corazón humano es inescrutable, la Biblia determina claramente que si bien, de una parte, lo que el hombre hace fue incluido en el mandato eterno de Dios, de otra, el hombre opera con libertad de elegir y es responsable de sus libres actos de elección. El mandato de Dios no es el fatalismo —un control de todos los acontecimientos ciego y mecánico—, sino que es el plan inteligente, amoroso y sabio, en el cual el hombre, responsable de sus actos, se mantiene responsable por lo que hace, siendo, por lo demás, recompensado por sus buenas obras.

El mandato de Dios puede ser dividido en subdivisiones tales como su mandato de crear, su mandato de preservar el mundo, su mandato de Providencia y su sabio gobierno del universo. Su mandato incluye las promesas o alianzas de Dios, sus propósitos en la Divina Providencia y su gracia, supremamente manifestada hacia el hombre. Ante semejante Dios, el hombre sólo puede inclinarse en sumisión, en amor y en adoración.

## PREGUNTAS

1. ¿Cómo podemos estimar la creencia común en la existencia de Dios?
2. ¿Por qué el ateísmo es irrazonable?
3. ¿Con qué claridad se manifiesta la revelación de Dios en la Naturaleza?
4. Definir cuatro sistemas de pensamiento que intenten explicar el universo sobre la base de un Ser superior.
5. ¿Cuál es el argumento ontológico para la existencia de Dios?
6. ¿Cuál es el argumento cosmológico para la existencia de Dios?
7. ¿Cuál el argumento teológico?
8. ¿En qué consiste el argumento antropológico para la existencia de Dios?
9. ¿Hasta qué extremo recarga el énfasis el Antiguo Testamento la unidad de Dios?
10. ¿En qué medida enseña el Antiguo Testamento la doctrina de la Trinidad?
11. ¿Y en cuál medida, también, lo hace el Nuevo Testamento?

12. Distinguir la doctrina de la Trinidad del triteísmo.
13. ¿Por qué no puede explicarse la Trinidad como tres modos de la existencia de Dios?
14. Explicar cómo la Trinidad se distingue por determinadas propiedades.
15. Establecer y definir los tres nombres más importantes de Dios en el Antiguo Testamento.
16. ¿Cuáles son algunos de los nombres compuestos que se mencionan para Dios en el Antiguo Testamento?
17. ¿Cuáles son los nombres distintivos de las tres personas de la Trinidad en el Nuevo Testamento?
18. Designar algunos de los atributos importantes de Dios según está revelado en la Escritura.
19. ¿Qué es lo que quiere significarse por soberanía de Dios?
20. ¿Qué quiere significarse por el mandato de Dios?
21. ¿En qué forma puede ser subdividido el mandato de Dios?
22. ¿De qué manera se distingue el mandato de Dios del fatalismo?
23. ¿Por qué la revelación bíblica pide nuestra sumisión, nuestro amor y la adoración en relación con Dios?

# 6

# Dios el Padre

## A. EL PADRE COMO LA PRIMERA PERSONA

Se indica que hay tres Personas en la Trinidad —el Padre, el Hijo y el Espíritu Santo— y que ellas son un solo Dios. La Primera Persona es designada como el Padre. Por lo tanto, el Padre no es la Trinidad, el Hijo no es la Trinidad y el Espíritu tampoco es la Trinidad. La Trinidad incluye las tres Personas. Aunque la doctrina del Padre, el Hijo y el Espíritu Santo está presentada en el Antiguo Testamento y estos términos se dan a las Personas de la Trinidad, el Nuevo Testamento define y revela la doctrina total. Y en esta revelación neotestamentaria el Padre aparece eligiendo, amando y dando; el Hijo se revela sufriendo, redimiendo y sustentando; mientras que el Espíritu se manifiesta regenerando, impartiendo poder y santificando. La revelación del Nuevo Testamente se centraliza en revelar a Jesucristo, pero a la vez, presentando a Cristo como el Hijo de Dios, la verdad de Dios el Padre es de esta manera revelada. Dado el orden irreversible del Padre mandando y comisionando al Hijo, y el Hijo mandando y comisionando al Espíritu Santo, el Padre se designa correctamente en teología como la Primera Persona, sin rebajar en ninguna manera la inefable deidad de la Segunda o la Tercera Persona.

En la revelación concerniente a la paternidad de Dios pueden observarse cuatro aspectos diferentes: 1) Dios como el Padre de toda la creación; 2) Dios el Padre por relación íntima; 3) Dios como el Padre de nuestro Señor Jesucristo, y 4) Dios como el Padre de todos los que creen en Jesucristo como Salvador y Señor.

## B. LA PATERNIDAD SOBRE LA CREACION

Aunque las tres Personas participaron en la creación y sostenimiento del universo físico y de las criaturas que existen en él, la Primera Persona, o sea Dios el Padre, en una manera especial es el Padre de toda la creación. De acuerdo a Efesios 3:14-15, Pablo escribe: «Por esta causa doblo mis rodillas ante el Padre de nuestro Señor Jesucristo, de quien toma nombre toda familia en los cielos y en la tierra.» Aquí toda la familia de criaturas morales, incluyendo ángeles y hombres, son declaradas para constituir una familia de la cual Dios es el Padre. De una manera similar, en Hebreos 12:9 la Primera Persona es nombrada como «el Padre de los espíritus», lo que parece otra vez incluir todos los seres morales tales como ángeles y hombres.

De acuerdo a Santiago 1:17, la Primera Persona es el «Padre de las luces», una expresión peculiar que parece indicar que El es el originador de toda luz espiritual. En Job 38:7 los ángeles se describen como hijos de Dios (Job 1:6; 2:1). A Adán se le refiere como de Dios por creación en Lucas 3:38, por implicación, un hijo de Dios. Malaquías 2:10 hace la pregunta: «¿No tenemos todos un mismo Padre? ¿No nos ha creado un mismo Dios?»

Pablo, dirigiéndose a los atenienses en la colina de Marte, lo incluyó en este argumento: «Siendo, pues, linaje de Dios» (Hch. 17:29). En 1 Corintios 8:6 se hace la declaración: «Para nosotros, sin embargo, sólo hay un Dios, el Padre, del cual proceden todas las cosas.»

En las bases de estos textos hay suficiente campo para concluir que la Primera Persona de la Trinidad, como el Creador, es el Padre de toda la creación, y que todas las criaturas que tienen vida física deben su origen a El. Solamente en este sentido es correcto referirse a la paternidad universal de Dios. Todas las criaturas participan en este sentido en la hermandad universal de la creación. Esto no justifica, sin embargo, el mal uso de esta doctrina por los teólogos liberales para enseñar la salvación universal, o que cada hombre tiene a Dios como su Padre en un sentido espiritual.

## C. LA PATERNIDAD POR UNA INTIMA RELACION

El concepto y relación del padre y el hijo se usan en el Antiguo Testamento en muchas instancias para relacionar a Dios con Israel. De acuerdo a Exodo 4:22, Moisés instruyó al Faraón: «Jehová ha dicho así: Israel es mi hijo, mi primogénito.» Esto era más que ser meramente su Creador y era menos que decir que ellos eran regenerados, pues no todo Israel tenía vida espiritual. Afirma una relación especial de cuidado divino y solicitud para con Israel similar a la de un padre hacia un hijo.

Prediciendo el favor especial sobre la casa de David, Dios reveló a David que su relación hacia Salomón sería como de un padre hacia un hijo. El dijo a David: «Yo le seré a él padre, y él me será a mí hijo» (2 S. 7:14). En general, Dios declara que su cuidado como un Padre será sobre todos quienes confían en El como su Dios. De acuerdo al Salmo 103:13, la declaración se hace: «Como el padre se compadece de sus hijos, se compadece Jehová de los que le temen.»

## D. EL PADRE DE NUESTRO SEÑOR JESUCRISTO

La revelación más importante y extensa con respecto a la paternidad de Dios se relaciona con la vinculación de la Primera Persona a la Segunda Persona. La Primera Persona se describe como «el Dios y Padre de Nuestro Señor Jesucristo» (Ef. 1:3). La revelación teológica más comprensiva del Nuevo Testamento es que Dios el Padre, la Primera Persona, es el Padre del Señor Jesucristo, la Segunda Persona.

El hecho de que Jesucristo en el Nuevo Testamento se refiere frecuentemente como el Hijo de Dios, y que los atributos y obras de Dios le son constantemente asignados, constituye de una vez la prueba de la deidad de Jesucristo y la doctrina de la Trinidad como un todo, con Cristo como la

Segunda Persona en relación a la Primera Persona, como un hijo está relacionado a un padre.

Los teólogos, desde el siglo I han luchado con una definición precisa de cómo Dios es el Padre de la Segunda Persona. Obviamente los términos «padre» e «hijo» son usados de parte de Dios para describir la íntima relación de la Primera y Segunda Personas, sin cumplir necesariamente todos los aspectos que serían verdaderos en una relación humana de padre e hijo. Esto es especialmente evidente en el hecho de que ambos —el Padre y el Hijo— son eternos. El error de Arrio en el siglo IV, que el Hijo fue el primero de todos los seres creados, fue denunciado por la Iglesia temprana como una herejía, en vista del hecho de que la Segunda Persona es tan eterna como la Primera Persona.

Algunos teólogos, mientras que afirmaban la preexistencia de la Segunda Persona, han intentado empezar el papel de la Segunda Persona como un *Hijo* en algún tiempo en la creación, en la Encarnación, o en algún punto subsiguiente de especial reconocimiento hacia la Segunda Persona, como su bautismo, su muerte, su resurrección o su ascensión. Todos estos puntos de vista, sin embargo, son falsos, ya que la Escritura parece indicar que la Segunda Persona ha sido un Hijo en relación a la Primera Persona desde toda la eternidad.

La relación de Padre e Hijo, por lo tanto, se refiere a la deidad y unidad de la Santa Trinidad desde toda la eternidad, en contraste a la Encarnación, en la cual el Padre estaba relacionado a la humanidad de Cristo, la cual empezó en un tiempo. Dentro de la ortodoxia, y en conformidad a ella, las palabras del Credo de Nicena (325 d.C.) —en respuesta a la herejía arriana del siglo IV— declaran: «el Unigénito Hijo de Dios, engendrado del Padre antes que todos los mundos; Dios de dioses, Luz de luz, Dios absoluto, engendrado, no hecho, siendo de una sustancia con el Padre». En igual manera, el Credo de Atanasio declara: «El Hijo es del Padre solamente; no hecho ni creado, sino engendrado... desde la eternidad de la sustancia del Padre.»

Usando los términos «Padre» e «Hijo» para describir la Primera y Segunda Personas, los términos son elevados a su más alto nivel, indicando unidad de vida, unidad de carácter y atributos, y aun una relación en la cual el Padre pudiera dar y enviar al Hijo, aun cuando esto se relaciona esencialmente con la obediencia del Hijo muriendo en la cruz. La obediencia de Cristo está basada sobre su calidad de Hijo, no en ninguna desigualdad con Dios el Padre en la unidad de la Trinidad.

Mientras que la relación entre la Primera y la Segunda Personas de la Trinidad es en realidad como la de un padre con su hijo y la de un hijo con su padre (2 Co. 1:3; Gá. 4:4; He. 1:2), el hecho en sí de esta relación ilustra una verdad vital que para hacerse accesible a nosotros condesciende a expresarse en la forma de pensamiento que corresponde a una mente finita.

Aunque brevemente mencionada en el Antiguo Testamento (Sal. 2:7; Is. 7:14; 9:6-7), es una de las enseñanzas más amplias del Nuevo Testamento, como puede verse en los puntos que señalamos a continuación:

1. *Se declara que el Hijo de Dios ha sido engendrado por el Padre* (Sal. 2:7; Jn. 1:14, 18; 3:16, 18; 1 Jn. 4:9).
2. *El Padre reconoce como su Hijo al Señor Jesucristo* (Mt. 3:17; 17:5; Lc. 9:35).
3. *El Señor Jesucristo reconoce a la Primera Persona de la Trinidad como su Padre* (Mt. 11:27; 26:63-64; Lc. 22:29; Jn. 8:16-29, 33-44; 17:1).
4. *Los hombres reconocen que Dios el Padre es el Padre del Señor Jesucristo* (Mt. 16:16; Mr. 15:39; Jn. 1:34, 49; Hch. 3:13).
5. *El Hijo manifiesta su reconocimiento del Padre sometiéndose a El* (Jn. 8:29, 49).
6. *Aun los demonios reconocen la relación que existe entre el Padre y el Hijo* (Mt. 8:29).

## E. EL PADRE DE TODOS LOS QUE CREEN EN CRISTO

En contraste al concepto de Dios el Padre como el Creador, el cual se extiende a todas las criaturas, está la verdad de que Dios es el Padre, en una manera especial, de aquellos que creen en Cristo y han recibido la vida eterna.

El hecho de que Dios es el Padre de toda la creación no asegura la salvación de todos los hombres ni tampoco les da a todos vida eterna. La Escritura declara que hay salvación sólo para aquellos que han recibido a Cristo por la fe como su Salvador. La afirmación de que Dios el Padre es el Padre de toda la Humanidad, y que hay, por lo tanto, una hermandad universal entre los hombres, no significa que todos son salvos e irán al cielo. La Escritura enseña, en lugar de lo anterior, que sólo aquellos quienes creen en Cristo para salvación son hijos de Dios en un sentido espiritual. Esto no es en el terreno de su nacimiento natural dentro de la raza humana, ni en el terreno en el cual Dios es su Creador, sino más bien está basado sobre su nacimiento segundo, o espiritual, nacimiento dentro de la familia de Dios (Jn. 1:12; Gá. 3:26; Ef. 2:19; 3:15; 5:1).

Por medio de la obra de regeneración que efectúa el Espíritu Santo, el creyente es hecho un hijo legítimo de Dios. Y siendo Dios su Padre en verdad, el redimido es impulsado por el Espíritu a exclamar: «Abba, Padre.» Por haber nacido de Dios, es ya un participante de la naturaleza divina y, sobre la base de ese nacimiento, ha llegado a ser un heredero de Dios y coheredero con Cristo (Jn. 1:12-13; 3:3-6; Ro. 8:16-17; Tit. 3:4-7; 1 P. 1:4). El acto de impartir la naturaleza divina es una operación tan profunda efectuada en el creyente, que nunca se dice que la naturaleza así impartida pueda removerse por alguna causa.

Al llegar a la consideración de lo que las Escrituras enseñan tocante al poder y autoridad de Satanás en la actualidad, se darán más pruebas de que todos los hombres no son, por su nacimiento natural, hijos de Dios. Sobre este particular tenemos la evidencia de las más claras y directas enseñanzas del Señor Jesucristo. Refiriéndose a los que persisten en su incredulidad, El dice: «Vosotros sois de vuestro padre el diablo» (Jn. 8:44). Y de manera semejante se expresa cuando, al describir a los no regenerados, dice: «La cizaña son los hijos del malo» (Mt. 13:38). El apóstol Pablo dice que los no salvos son «hijos de desobediencia» e «hijos de ira» (Ef. 2:2-3).

Debe siempre recalcarse que ningún ser humano puede por su propia fuerza convertirse en un hijo de Dios. Esta es una transformación que sólo Dios es capaz de hacer, y El la efectúa únicamente a base de la sola condición que El mismo ha establecido, es decir, que Cristo sea creído y recibido en su carácter de único y suficiente Salvador (Jn. 1:12).

La paternidad de Dios es una doctrina importante del Nuevo Testamento (Jn. 20:17; 1 Co. 15:24; Ef. 1:3; 2:18; 4:6; Col. 1:12-13; 1 P. 1:3; 1 Jn. 1:3; 2:1, 22; 3:1). La seguridad del amor y el cuidado de nuestro Padre Celestial es un gran consuelo para los cristianos y un estímulo a la fe y la oración.

## PREGUNTAS

1. ¿Cómo son contrastadas las obras del Padre, el Hijo y el Espíritu Santo en el Nuevo Testamento?
2. ¿Cuáles son los cuatro aspectos distintos de la paternidad de Dios?
3. Resumir la evidencia de que Dios es el Padre de toda la creación.
4. ¿Qué significa la paternidad de Dios por relación íntima?
5. Tratar la pregunta de la eternidad de la relación de padre e hijo entre Dios el Padre y Jesucristo.
6. ¿Cuáles son algunas de las evidencias que sostienen el concepto de Dios el Padre en relación a Jesucristo el Hijo?
7. ¿Qué quiere decir que Dios es el Padre de todos los que creen en Cristo?
8. ¿Cómo un hombre se convierte en un hijo de Dios?
9. ¿Cuáles son algunos de los resultados de convertirse en un hijo de Dios?
10. ¿En qué error se incurre cuando se dice que todos los hombres son hijos de Dios?
11. ¿Cómo la paternidad de Dios provee de confortamiento a un creyente en Cristo?

# 7

# Dios el Hijo: Su preexistencia

Siendo al mismo tiempo perfectamente humano y perfectamente divino, el Señor Jesucristo es semejante y a la vez distinto a los hijos de los hombres. Las Escrituras son muy claras respecto a la semejanza de El con los humanos (Jn. 1:14; 1 Ti. 3:16; He. 2:14-17), y lo presentan como a un hombre que nació, vivió, sufrió y murió entre los hombres. Pero de igual manera la Biblia enseña que El es diferente a nosotros, no solamente en el carácter impecable de su vida terrenal, en su muerte vicaria y en su gloriosa resurrección y ascensión, sino también en el hecho maravilloso de su preexistencia eterna.

En cuanto a su humanidad, El tuvo principio, pues fue concebido por el poder del Espíritu Santo y nació de una virgen. En cuanto a su divinidad, El no tuvo principio, pues ha existido desde la eternidad. En Isaías 9:6 leemos: «Porque un niño nos es nacido, hijo nos es dado.» La distinción es obvia entre el niño que *nació* y el Hijo que nos *es dado*.

Así también en Gálatas 4:4 se declara: «Cuando vino el cumplimiento del tiempo, Dios envió a su Hijo, nacido de mujer y nacido bajo la ley.» El que existía desde la eternidad, llegó a ser, en la plenitud del tiempo, «nacido (la descendencia) de mujer». Declarando que Cristo fue preexistente, meramente se afirma que El existió antes de que se hubiera encarnado, puesto que todos los propósitos también afirman que El existía desde toda la eternidad pasada. La idea de que El era preexistente sólo en el sentido de ser el primero de todos los seres creados (la así llamada herejía arriana del siglo IV) no es una enseñanza moderna. Así las pruebas de su preexistencia y las pruebas para su eternidad pueden ser agrupadas juntas. Es también evidente que si Cristo es Dios, El es eterno, y si El es eterno, El es Dios, y las pruebas para la deidad de Cristo y su eternidad se sostienen unas a otras.

La eternidad y deidad de Jesús es establecida por dos líneas de revelación: 1) declaraciones directas, y 2) implicaciones de la Escritura.

## A. DECLARACIONES DIRECTAS DE LA ETERNIDAD Y DEIDAD DEL HIJO DE DIOS

La eternidad y deidad de Jesucristo están sostenidas en una vasta área de la Escritura, la cual afirma su infinita Persona y su existencia eterna igual con las otras Personas de la Trinidad. Este hecho no es afectado por su encarnación.

La Escritura declara en Juan 1:1-2: «En el principio era el Verbo, y el Verbo era con Dios, y el Verbo era Dios. Este era en el principio con Dios.» De acuerdo a Miqueas 5:2: «Pero tú, Belén Efrata, pequeño para estar entre las familias de Judá, de ti me saldrá el que será Señor en Israel; y sus salidas son desde el principio, desde los días de la eternidad.»

Isaías 7:14 afirma su nacimiento virginal y le da el nombre de Emanuel, lo cual significa «Dios con nosotros». De acuerdo a Isaías 9:6-7, aunque Jesús fue un niño nacido, El fue también dado como un Hijo y es llamado específicamente «el Dios fuerte». Cuando Cristo declaró en Juan 8:58: «De cierto, de cierto os digo: Antes que Abraham fuese, yo soy», los judíos entendieron que esto era una afirmación de la deidad y la eternidad (cf. Ex. 3:14; Is. 43:13). En Juan 17:5, Cristo, en su oración, declaró: «Ahora, pues, Padre, glorifícame tú para contigo, con aquella gloria que tuve contigo antes que el mundo fuese» (cf. Jn. 13:3). Filipenses 2:6-7 dice que Cristo fue «en forma de Dios» antes de su encarnación. Una declaración más explícita se hace en Colosenses 1:15-19, donde se declara que Jesucristo es, antes de toda la creación, el Creador mismo, y la imagen exacta del Dios invisible. En 1 Timoteo 3:16 se declara a Jesucristo como «Dios... manifestado en carne». En Hebreos 1:2-3 el hecho de que el Hijo es el Creador y la exacta imagen de Dios se declara nuevamente, y su eternidad se afirma en 13:8 (cf. Ef. 1:4; Ap. 1:11). La Escritura declara muy a menudo que Cristo es eterno y que El es Dios. La educación contemporánea, la cual acepta la Biblia como la autoridad irresistible —con excepción de algunas sectas—, afirma la eternidad y deidad de Cristo.

## B. IMPLICACIONES DE QUE EL HIJO DE DIOS ES ETERNO

La Palabra de Dios constante y consistentemente implica la preexistencia y eternidad del Señor Jesucristo. Entre las pruebas obvias de este hecho pueden resaltarse varias:

1. *Las obras de la creación son adjudicadas a Cristo* (Jn. 1:3; Col. 1:16; He. 1:10). Por lo tanto, El antecede a toda la creación.

2. *El Angel de Jehová, cuya apariencia se recuerda a menudo en el Antiguo Testamento, no es otro que el Señor Jesucristo.* Aunque El aparece algunas veces como un ángel o aun como un hombre, El lleva las marcas de la deidad. El apareció a Agar (Gn. 16:7), a Abraham (Gn. 18:1; 22:11-12; véase Jn. 8:58), a Jacob (Gn. 48:15-16; véase también Gn. 31: 11-13; 32:24-32), a Moisés (Ex. 3:2, 14), a Josué (Jos. 5:13-14) y a Manoa (Jue. 13:19-22). El es quien lucha por los suyos y los defiende (2 R. 19:35; 1 Cr. 21:15-16; Sal. 34:7; Zac. 14:1-4).

3. *Los títulos adjudicados al Señor Jesucristo indican la eternidad de su Ser.* El es precisamente lo que sus nombres sugieren. El es «el Alfa y Omega», «el Cristo», «Admirable», «Consejero», «Dios fuerte», «Padre eterno», «Dios», «Dios con nosotros», el «gran Dios y Salvador» y «Dios bendito para siempre». Estos títulos identifican al Señor Jesucristo con la revelación del Antiguo Testamento acerca de Jehová-Dios (compárese Mt. 1:23 con Is. 7:14; Mt. 4:7 con Dt. 6:16; Mr. 5:19 con Sal. 66:16, y Sal. 110:1 con Mt. 22:42-45).

Además, los nombres que el Nuevo Testamento le da al Hijo de Dios se hallan íntimamente relacionados con los títulos del Padre y del Espíritu, lo que indica que Cristo está en un plano de igualdad con la Primera y la Tercera Personas de la Trinidad (Mt. 28:19; Hch. 2:38; 1 Co. 1:3; 2 Co. 13:14; Jn. 14:1; 17:3; Ef. 6:23; Ap. 20:6; 22:3), y explícitamente El es llamado Dios (Ro. 9:5; Jn. 1:1; Tit. 2:13; He. 1:8).

4. *La preexistencia del Hijo de Dios se sobreentiende en el hecho de que El tiene los atributos de la Deidad:* Vida (Jn. 1:4), Existencia en sí mismo (Jn. 5:26), Inmutabilidad (He. 13:8), Verdad (Jn. 14:6), Amor (1 Jn. 3:16), Santidad (He. 7:26), Eternidad (Col. 1:17; He. 1:11), Omnipresencia (Mt. 28:20), Omnisciencia (1 Co. 4:5; Col. 2:3) y Omnipotencia (Mt. 28:18; Ap. 1:8).

5. *De igual manera, la preexistencia de Cristo se sobreentiende en el hecho de que El es adorado como Dios* (Jn. 20:28; Hch. 7:59-60; He. 1:6). Por lo tanto, se concluye que siendo el Señor Jesucristo Dios, El existe de eternidad a eternidad. Este capítulo, que recalca la Deidad de Cristo, debe estar inseparablemente relacionado con el que sigue, en el cual se da énfasis a la humanidad del Hijo de Dios, realizada a través de la encarnación.

## PREGUNTAS

1. Contrastar la evidencia para las naturalezas humana y divina de Cristo.
2. ¿Cuáles son algunas de las evidencias para la eternidad del Hijo de Dios?
3. ¿Cómo la eternidad de Dios prueba su deidad?
4. ¿Qué implicaciones adicionales hay de sus obras que el Hijo de Dios es eterno?
5. ¿Cómo las obras del Hijo de Dios prueban su deidad?
6. ¿Cómo está sostenida la eternidad de Cristo por sus títulos?
7. ¿Cómo está la eternidad de Cristo sostenida por sus otros atributos?
8. ¿Cómo los atributos de Cristo prueban su deidad?
9. ¿Cuán importante es para nuestra fe cristiana la doctrina de la deidad y eternidad de Jesucristo?

# 8

# Dios el Hijo: Su encarnación

Al considerar la encarnación deben de admitirse dos verdades importantes: 1) Cristo fue al mismo tiempo, y en un sentido absoluto, verdadero Dios y verdadero hombre; y 2) al hacerse El carne, aunque dejó a un lado su Gloria, en ningún sentido dejó a un lado su deidad. En su encarnación El retuvo cada atributo esencial de su deidad. Su total deidad y completa humanidad son esenciales para su obra en la cruz. Si El no hubiera sido hombre, no podría haber muerto; si El no hubiera sido Dios, su muerte no hubiera tenido tan infinito valor.

Juan declara (Jn. 1:1) que Cristo, quien era uno con Dios y era Dios desde toda la eternidad, se hizo carne y habitó entre nosotros (1:14). Pablo, asimismo, declara que Cristo, quien era en forma de Dios, tomó sobre sí mismo la semejanza de hombres (Fil. 2:6-7); «Dios fue manifestado en carne» (1 Ti. 3:16); y El, quien fue la total revelación de la gloria de Dios, fue la exacta imagen de su persona (He. 1:3). Lucas, en más amplios detalles, presenta el hecho histórico de su encarnación, así como ambos su concepción y su nacimiento (Lc. 1:26-38; 2:5-7).

La Biblia presenta muchos contrastes, pero ninguno más sorprendente que aquel que Cristo en su persona debería ser al mismo tiempo verdadero Dios y verdadero hombre. Las ilustraciones de estos contrastes en las Escrituras son muchas: El estuvo cansado (Jn. 4:6), y El ofreció descanso a los que estaban trabajados y cargados (Mt. 11:28); El tuvo hambre (Mt. 4:2), y El era «el pan de vida» (Jn. 6:35); El tuvo sed (Jn. 19:28), y El era el agua de vida (Jn. 7:37). El estuvo en agonía (Lc. 22:44), y curó toda clase de enfermedades y alivió todo dolor. Aunque había existido desde la eternidad (Jn. 8:58), El creció «en edad» como crecen todos los hombres (Lc. 2:40). Sufrió la tentación (Mt. 4:1) y, como Dios, no podía ser tentado. Se limitó a sí mismo en su conocimiento (Lc. 2:52), aun cuando El era la sabiduría de Dios.

Refiriéndose a su humillación, por la cual fue hecho un poco menor que los ángeles (He. 2:6-7), El dice: «Mi Padre es mayor que yo» (Jn. 14:28); y «Yo y el Padre uno somos» (Jn. 10:30), y «El que me ha visto a mí, ha visto al Padre» (Jn. 14:9). El oraba (Lc. 6:12), y El contestaba las oraciones (Hch. 10:31). Lloró ante la tumba de Lázaro (Jn. 11:35), y resucitó a los muertos (Jn. 11:43). El preguntó: «¿Quién dicen los hombres que es el Hijo del Hombre?» (Mt. 16:13), y «no tenía necesidad de que nadie le diese testimonio del hombre, pues él sabía lo que había en el hombre» (Jn. 2:25). Cuando estaba en la cruz exclamó: «Dios mío, Dios mío, ¿por qué me has desamparado?» (Mr. 15:34). Pero el mismo Dios quien así clamó estaba en aquel momento «en Cristo reconciliando al mundo a sí» (2 Co. 5:19). El es la vida eterna; sin embargo, murió por nosotros. El es el hombre ideal para Dios y el Dios ideal para el hombre. De todo esto se desprende que el Señor Jesucristo vivió a veces su vida terrenal en la esfera de lo que es perfectamente humano, y en otras ocasiones en la esfera de lo que es perfectamente divino. Y es necesario tener presente que el hecho de su humanidad nunca puso límite, de ningún modo, a su Ser divino, ni le impulsó a echar mano de sus recursos divinos para suplir sus necesidades humanas. El tenía el poder de convertir las piedras en pan a fin de saciar su hambre; pero jamás lo hizo.

## A. EL HECHO DE LA HUMANIDAD DE CRISTO

1. *La humanidad de Cristo fue determinada desde antes de la fundación del mundo* (Ef. 1:4-7; 3:11; Ap. 13:8). El prin-

cipal significado del tipo del Cordero está en el cuerpo físico que se ofrece en sacrificio cruento a Dios.

2. *Cada tipo y profecía del Antiguo Testamento concerniente a Cristo, anticipa el advenimiento del Hijo de Dios en su encarnación.*

3. *El hecho de la humanidad de Cristo se ve en la anunciación del ángel a María y en el nacimiento del Niño Jesús* (Lc. 1:31-35).

4. *La vida terrenal de Cristo revela su humanidad:* 1) Por sus nombres: «el Hijo del hombre», «el Hijo de David», u otros semejantes; 2) por su ascendencia terrenal: Se le menciona como «el primogénito de María» (Lc. 2:7), «la descendencia de David» (Hch. 2:30; 13:23), «la descendencia de Abraham» (He. 2:16), «nacido de mujer» (Gá. 4:4), «vástago de Judá» (Is. 11:1); 3) por el hecho de que El poseía cuerpo, y alma, y espíritu humanos (Mt. 26:38; Jn. 13:21; 1 Jn. 4:2, 9); y 4) por las limitaciones humanas que El mismo se impuso.

5. *La humanidad de Cristo se manifiesta en su muerte y resurreción.* Fue un cuerpo humano el que sufrió la muerte en la cruz, y fue ese mismo cuerpo el que surgió de la tumba en gloriosa resurrección.

6. *La realidad de la humanidad de Cristo se ve también en su ascensión a los cielos y en el hecho de que El está allí, en su cuerpo humano glorificado, intercediendo por los suyos.*

7. *Y en su segunda venida será «el mismo cuerpo» —aunque ya glorificado— que adoptó en el milagro de la encarnación.*

## B. LAS RAZONES BIBLICAS DE LA ENCARNACION

1. *Cristo vino al mundo para revelar a Dios ante los hombres* (Mt. 11:27; Jn. 1:18; 14:9; Ro. 5:8; 1 Jn. 3:16). Por medio de la encarnación, el Dios, a quien los hombres no podían comprender, se revela en términos que son accesibles al entendimiento humano.

2. *Cristo vino a revelar al hombre.* El es el Hombre ideal para Dios, y como tal, se presenta como un ejemplo para los que creen en El (1 P. 2:21), aunque no para los inconversos, pues el objetivo de Dios en cuanto a ellos no es meramente reformarlos, sino salvarlos.

3. *Cristo vino a ofrecer un sacrificio por el pecado.* Por esta causa, El da alabanza por su cuerpo a Dios, y esto lo hace en relación con el verdadero sacrificio que por nuestro pecado El ofreció en la cruz (He. 10:1-10).

4. *Cristo se hizo carne a fin de destruir las obras del diablo* (Jn. 12:31; 16:11; Col. 2:13-15; He. 2:14; 1 Jn. 3:8).

5. *Cristo vino al mundo para ser «misericordioso y fiel sumo sacerdote en lo que a Dios se refiere»* (He. 2:16-17; 8:1; 9:11-12, 24).

6. *Cristo se hizo carne para poder cumplir el pacto davídico* (2 S. 7:16; Lc. 1:31-33; Hch. 2:30-31, 36; Ro. 15:8). El aparecerá en su cuerpo humano glorificado y reinará como «Rey de reyes y Señor de señores», y se sentará en el trono de David su padre (Lc. 1:32; Ap. 19:16).

7. *Por medio de su encarnación, Cristo llegó a ser «Cabeza sobre todas las cosas y de la iglesia», la cual es la Nueva Creación, o sea, la nueva raza humana* (Ef. 1:22). En la encarnación, el Hijo de Dios tomó para sí, no solamente un cuerpo humano, sino también un alma y un espíritu humanos. Y poseyendo de este modo tanto la parte material como la inmaterial de la existencia humana, llegó a ser un hombre en todo el sentido que esta palabra encierra, y a identificarse tan estrecha y permanentemente con los hijos de los hombres, que El es correctamente llamado «el postrer Adán»; y «el cuerpo de la gloria suya» (Fil. 3:21) es ahora una realidad que permanece para siempre.

El Cristo que es el Hijo Eterno, Jehová Dios, fue también el Hijo de María, el Niño de Nazaret, el Maestro de Judea, el Huésped de Betania, el Cordero del Calvario. Y un día se manifestará como el Rey de gloria, así como ahora es el Salvador de los hombres, el Sumo Sacerdote que está en los cielos, el Esposo que viene por su Iglesia, y el Señor.

## PREGUNTAS

1. ¿Qué dos verdades importantes deben destacarse en el estudio de la encarnación del Hijo de Dios?
2. ¿Por qué es importante sostener ambas cosas: la completa deidad y la completa humanidad de Cristo?

3. ¿Qué evidencia hay de que Cristo tenía una total humanidad?
4. ¿Qué evidencia hay de que Cristo tuvo experiencias humanas normales?
5. ¿Cómo se sostiene el hecho de su deidad aun cuando Cristo estuvo en la tierra?
6. ¿Cómo está relacionada la encarnación con la revelación de Dios al hombre?
7. ¿Cómo está relacionada la encarnación con el sacrificio de Cristo por el pecado?
8. ¿Cuál es la relación de la encarnación con respecto a destruir las obras del diablo?
9. ¿Cómo se relaciona la encarnación de Cristo con su oficio de Sumo Sacerdote?
10. ¿Cuál es la relación del pacto davídico con la encarnación?
11. ¿Cómo se relaciona la posición de Cristo como Cabeza sobre la iglesia con respecto a la encarnación?

# 9

# Dios el Hijo: Su muerte vicaria

En la Escritura se revela la muerte de Cristo como un sacrificio por los pecados de todo el mundo. De acuerdo a ello, Juan el Bautista presentó a Jesús con las palabras: «He aquí el Cordero de Dios, que quita el pecado del mundo» (Jn. 1:29). Jesús, en su muerte, fue el sustituto muriendo en el lugar de todos los hombres. Aunque «sustituto» no es específicamente un término bíblico, la idea de que Cristo es el sustituto para los pecadores se afirma constantemente en las Escrituras. Por medio de la muerte vicaria los juicios justos e inconmensurables de Dios contra el pecador fueron llevados por Cristo. El resultado de esta sustitución es en sí mismo tan simple y definitivo como la misma transacción. El Salvador ya ha cargado con los judíos divinos contra el pecador a total satisfacción de Dios. Para recibir la salvación que Dios ofrece, se les pide a los hombres que crean estas buenas nuevas, reconociendo que Cristo murió por sus pecados y por este medio reclamar a Jesucristo como su Salvador personal.

La palabra «sustitución» expresa sólo parcialmente todo lo que se llevó a cabo en la muerte de Cristo. En realidad, no hay un término que pudiéramos decir que incluye el todo de esa obra incomparable. El uso popular ha tratado de introducir para este propósito la palabra *expiación;* pero este vocablo no aparece ni una sola vez en el Nuevo Testamento, y, de acuerdo a su uso en el Antiguo Testamento, significa solamente cubrir el pecado. Esto proveía una base para un perdón temporal «a causa de haber pasado por alto, en su paciencia, los pecados pasados» (Ro. 3:25). Aunque en los tiempos del Antiguo Testamento se requería nada más que el sacrificio de un animal para el *remitir* (literalmente «tolerar», «pasar por alto», Ro. 3:25) y el *disimular* (literalmente «pasar por alto» sin castigo, Hch. 17:30) de los pecados, Dios estaba, no obstante, actuando en perfecta justicia al hacer este requerimiento, puesto que El miraba hacia la manifestación de su Cordero, el cual vendría no solamente a pasar por alto o cubrir el pecado, sino a quitarlo de una vez y para siempre (Jn. 1:29).

## A. LO QUE IMPLICA LA MUERTE DEL HIJO

Al considerar el valor total de la muerte de Cristo deben distinguirse los siguientes hechos:

1. *La muerte de Cristo nos da seguridad del amor de Dios hacia el pecador* (Jn. 3:16; Ro. 5:8; 1 Jn. 3:16; 4:9); y en adición a esto hay, naturalmente, una acción refleja o requerimiento moral que se proyecta, a través de esta verdad tocante al amor divino, sobre la vida de los redimidos (2 Co. 5:15; 1 P. 2:11-25); pero no debe olvidarse que toda demanda referente a la conducta diaria no se dirige nunca a los inconversos sino a los que ya son salvos en Cristo.

2. *La muerte de Cristo es una redención o rescate pagado a las demandas santas de Dios para el pecador y para liberar al pecador de la justa condenación.* Es significativo que la palabra discriminadora «por» significa «en lugar de» o «en favor de», y es usada en cada pasaje en el Nuevo Testamento donde se menciona la muerte de Cristo como un rescate (Mt. 20:28; Mr. 10:45; 1 Ti. 2:6). La muerte de Cristo fue un castigo necesario, el cual El cargó por el pecador (Ro. 4:25; 2 Co. 5:21; Gá. 1:4; He. 9:28). Al pagar el precio de nuestro rescate Cristo nos redimió. En el Nuevo Testamento se usan tres importantes palabras griegas para expresar esta idea: 1) *agorazo,* que quiere decir «comprar en un

mercado» (*agora* significa «mercado»). El hombre, en su pecado, es considerado bajo la sentencia de muerte (Jn. 3:18-19; Ro. 6:23), un esclavo «vendido bajo pecado» (Ro. 7:14), pero en el acto de la redención es comprado por Cristo a través del derramamiento de su sangre (1 Co. 6:20; 7:23; 2 P. 2:1; Ap. 5:9; 14:3-4); 2) *exagorazo,* que significa «comprar y sacar del mercado de la venta», lo que agrega el pensamiento no sólo de la compra, sino también de que nunca más estará expuesto a la venta (Gá. 3:13; 4:5; Ef. 5:16; Col. 4:5), indicando que la redención es una vez y para siempre; 3) *lutroo,* «dejar libre» (Lc. 24:21; Tit. 2:14; 1 P. 1:18). La misma idea se encuentra en el vocablo *lutrosis* (Lc. 2:38; He. 9:12), y otra expresión similar, *epoiesen lutrosin* (Lc. 1:68), y otra forma usada frecuentemente, *apolutrosis,* indicando que se libera a un esclavo (Lc. 21:28; Ro. 3:24; 8:23; 1 Co. 1:30; Ef. 1:7, 14; 4:30; Col. 1:14; He. 9:15; 11:35). El concepto de la redención incluye la compra, el quitar de la venta, y la completa libertad del rescate individual a través de la muerte de Cristo y la aplicación de la redención por medio del Espíritu Santo.

Así, también, la muerte de Cristo fue una ofrenda por el pecado, no semejante a las ofrendas de animales presentadas en tiempos del A.T., las cuales podían solamente cubrir el pecado, en el sentido de dilatar el tiempo del justo y merecido juicio contra el pecado. En su sacrificio Cristo llevó sobre «su cuerpo en el madero» nuestros pecados, quitándolos de una vez y para siempre (Is. 53:7-12; Jn. 1:29; 1 Cor. 5:7; Ef. 5:2; He. 9:22, 26; 10:14).

3. *La muerte de Cristo está representada en su parte como un acto de obediencia a la ley que los pecadores han quebrantado, cuyo hecho constituye una propiciación o satisfacción de todas las justas demandas de Dios sobre el pecador.* La palabra griega *hilasterion* se usa para el «propiciatorio» (He. 9:5), el cual era la tapa del arca en el lugar Santísimo, y que cubría la ley en el arca. En el Día de la Expiación (Lv. 16:14) el propiciatorio era rociado con sangre desde el altar y esto cambiaba el lugar de juicio en un lugar de misericordia (He. 9:11-15). De manera similar, el trono de Dios se convierte en un trono de gracia (He. 4:14-16) a través de la propiciación de la muerte de Cristo. Una palabra griega similar, *hilasmos,* se refiere al acto de propiciación (1 Jn. 2:2; 4:10); el significado es que Cristo, muriendo

en la cruz, satisfizo completamente todas las demandas justas de Dios en cuanto al juicio para el pecado de la Humanidad. En Romanos 3:25-26 Dios declara, por tanto, que El perdona en su justicia los pecados antes de la cruz, sobre la base de que Cristo moriría y satisfaría completamente la ley de la justicia. En todo esto Dios no está descrito como un Dios que se deleita en la venganza sobre el pecador, sino más bien un Dios el cual a causa de su amor se deleita en misericordia para el pecador. En la redención y propiciación, por lo tanto, el creyente en Cristo está seguro de que el precio ha sido pagado en su totalidad, que él ha sido puesto libre como pecador y que todas las demandas justas de Dios para el juicio sobre él debido a sus pecados han sido satisfechas.

4. *La muerte de Cristo no sólo satisfizo a un Dios Santo, sino que proveyó las bases por medio de las cuales el mundo fue reconciliado para con Dios.* La palabra griega *katallasso,* que significa «reconciliar», tiene en sí el pensamiento de traer a Dios y al hombre juntos por medio de un cambio cabal en el hombre. Aparece frecuentemente en varias formas en el Nuevo Testamento (Ro. 5:10-11; 11:15; 1 Co. 7:11; 2 Co. 5:18-20; Ef. 2:16; Col. 1:20-21). El concepto en cuanto a reconciliación no significa que Dios cambie, sino que su relación hacia el hombre cambia debido a la obra redentora de Cristo. El hombre es perdonado, justificado y resucitado espiritualmente al nivel donde es reconciliado con Dios. El pensamiento no es que Dios sea reconciliado con el pecador, esto es, ajustado a un estado pecaminoso, sino más bien que el pecador es ajustado al carácter santo de Dios. La reconciliación es para todo el mundo, puesto que Dios redimió al mundo y es la propiciación para los pecados de todo el mundo (2 Co. 5:19; 2 P. 2:1; 1 Jn. 2:1-2). Tan completa y de largo alcance es esta maravillosa provisión de Dios en la redención, propiciación y reconciliación, que las Escrituras declaran que Dios no está ahora imputando el pecado al mundo (2 Co. 5:18-19; Ef. 2:16; Col. 2:20).

5. *La muerte de Cristo quitó todos los impedimentos morales en la mente de Dios para salvar a los pecadores en los que el pecado ha sido redimido por medio de la muerte de Cristo, Dios ha sido satisfecho y el hombre ha sido reconciliado con Dios.* No hay más obstáculo para Dios en aceptar libremente y justificar a cualquiera que cree en Jesucristo

como su Salvador (Ro. 3:26). A partir de la muerte de Cristo el infinito amor y poder de Dios se ven libres de toda restricción para salvar, por haberse cumplido en ella todos los juicios que la justicia Divina podría demandar contra el pecador. No hay nadie en todo el universo que haya obtenido más beneficio que Dios mismo en la muerte de su amado Hijo.

6. *En su muerte, Cristo llegó a ser el Sustituto que sufrió la pena o castigo que merecía el pecador* (Lv. 16:21; Is. 53:6; Lc. 22:37; Mt. 20:28; Jn. 10:11; Ro. 5:6-8; 1 P. 3:18). Esta verdad es el fundamento de certidumbre para todo aquel que se acerque a Dios en busca de salvación. Además, éste es un hecho que cada individuo debe creer concerniente a su propia relación con Dios en lo que toca al problema del pecado. Creer en forma general que Cristo murió por el mundo no es suficiente; se demanda en las Escrituras una convicción personal de que el pecado de uno mismo fue el que Cristo, nuestro Sustituto, llevó completamente en la cruz. Esta es la fe que resulta en una sensación de descanso interior, en un gozo inexplicable y gratitud profunda hacia El (Ro. 15:13; He. 9:14; 10:2). La salvación es una obra poderosa de Dios, que se realiza instantáneamente en aquel que *cree* en Cristo Jesús.

## B. FALACIAS CONCERNIENTES A LA MUERTE DEL HIJO

La muerte de Cristo es a menudo mal interpretada. Cada cristiano hará bien en entender completamente la falacia de las enseñanzas erróneas que sobre este particular se están propagando extensamente en el día de hoy:

1. *Se afirma que la doctrina de la sustitución es inmoral porque, según se dice, Dios no podía, actuando en estricta justicia, colocar sobre una víctima inocente los pecados del culpable.* Esta enseñanza podría merecer más seria consideración si se pudiera probar que Cristo fue una víctima involuntaria; pero, por el contrario, la Biblia revela que El estaba en completa afinidad con la voluntad de su Padre y era impulsado por el mismo infinito amor (Jn. 13:1; He. 10:7). De la misma manera, en el inescrutable misterio de la Divinidad, era Dios quien «estaba en Cristo reconciliando consigo

al mundo» (2 Co. 5:19). Lejos de ser la muerte de Cristo una imposición moral, era Dios mismo, el Juez justo, quien en un acto de amor y sacrificio de sí mismo sufrió todo el castigo que su propia santidad demandaba para el pecador.

2. *Se asegura que Cristo murió como un mártir y que el valor de su muerte consiste en su ejemplo de valor y lealtad a sus convicciones.* Basta contestar a esta afirmación errónea que, siendo Cristo el Cordero ofrecido en sacrificio por Dios, su vida no fue arrebatada por hombre alguno, sino que El la puso de sí mismo para volverla a tomar (Jn. 10:18; Hch. 2:23).

3. *Se dice que Cristo murió para ejercer cierta influencia de carácter moral.* Es decir, que los hombres que contemplan el hecho extraordinario del Calvario serán constreñidos a dejar su vida pecaminosa, porque en la cruz se revela con singular intensidad lo que es el concepto divino acerca del pecado. Esta teoría, que no tiene ningún fundamento en las Escrituras, da por establecido que Dios está buscando actualmente la *reformación* de los hombres, cuando en realidad la cruz es la base para su *regeneración.*

## PREGUNTAS

1. ¿Qué se quiere decir con la afirmación de que Cristo es el sustituto de los pecadores?
2. ¿Cuál es la doctrina del Antiguo Testamento sobre la expiación?
3. ¿Cómo se relaciona la muerte de Cristo con el amor de Dios?
4. ¿Cuáles son los tres conceptos básicos incluidos en la doctrina de la redención?
5. Definir la doctrina de la propiciación y explicar qué es lo que está consumado por medio de ella.
6. Definir la doctrina de la reconciliación y explicar qué es consumado por medio de ella.

7. Si el mundo entero está reconciliado con Dios, ¿por qué hay algunos que se pierden?
8. ¿Cómo la redención, la propiciación y la reconciliación liberan de toda restricción a Dios para salvar al pecador?
9. ¿Por qué el Nuevo Testamento enfatiza que la salvación es solamente por medio de la fe?
10. Nombrar algunas de las interpretaciones erróneas de la muerte de Cristo y explicar por qué ellas están erradas.

# 10

# Dios el Hijo: Su resurrección

## A. LA RESURRECCION EN EL ANTIGUO TESTAMENTO

La doctrina de la resurrección de todos los hombres, así como la resurrección de Cristo, se enseña en el Antiguo Testamento. La doctrina aparece tan tempranamente como en el tiempo de Job, probablemente un contemporáneo de Abrahma, y se expresa en su declaración de fe en Job 19:25-27: «Yo sé que mi Redentor vive, y al fin se levantará sobre el polvo; y después de deshecha ésta mi piel, en mi carne he de ver a Dios; al cual veré por mí mismo, y mis ojos lo verán, y no otro, aunque mi corazón desfallece dentro de mí.» Aquí Job afirma no solamente su propia resurrección personal, sino la verdad de que su Redentor ya vive y más tarde estará sobre la tierra. Que todos los hombres serán al fin resucitados se enseña en Juan 5:28-29 y en Apocalipsis 20:4-6, 12-13.

Profecías específicas en el Antiguo Testamento anticipan la resurrección del cuerpo humano (Job 14:13-15; Sal. 16:9-10; 17:15; 49:15; Is. 26:19; Dn. 12:2; Os. 13:14; He. 11:17-19). La resurrección de Cristo se enseña específicamente en el Salmo 16:9-10, donde el salmista David declara: «Se alegró, por tanto, mi corazón, y se gozó mi alma; mi carne también reposará confiadamente; porque no dejarás mi alma en el Seol, ni permitirás que tu santo vea corrupción.» Aquí David no sólo afirma que él espera personalmente la resurrección, sino también que Jesucristo, a quien se describe como el «Unico Santo», no vería corrupción, esto es, no estar en la tumba el tiempo suficiente para que su cuerpo se corrompiera. Este pasaje está citado por Pedro en Hechos 2:24-31 y por Pablo en Hechos 13:34-37 señalando la resurrección de Cristo.

La resurrección de Cristo se menciona también en el Salmo 22:22, donde seguidamente a su muerte Cristo declara que El anunciará su nombre a sus «hermanos». En el Salmo 118:22-24 la exaltación de Cristo de convertirse en la piedra angular se define en Hechos 4:10-11 significando la resurrección de Cristo. La resurrección de Cristo parece también estar anticipada en la tipología del Antiguo Testamento en el sacerdocio de Melquisedec (Gn. 14:18; He. 7:15-17, 23-25).

En forma similar, la tipología de las dos aves (Lv. 14:4-7), donde el ave viva es soltada, la fiesta de las primicias (Lv. 23:10-11), indicando que Cristo es las primicias de la cosecha de resurrección, y la vara de Aarón que floreció (Nm. 17:8) habla de la resurrección. La doctrina de la resurrección de todos los hombres, tanto como la resurrección de Cristo, se establece así en el Antiguo Testamento.

## B. LAS PREDICCIONES DE CRISTO DE SU PROPIA RESURRECCION

Frecuentemente, en los Evangelios, Cristo predice ambas cosas, su propia muerte y su resurrección (Mt. 16:21; 17:23; 20:17-19; 26:12, 28-29, 31-32; Mr. 9:30-32; 14:28; Lc. 9:22; 18:31-34; Jn. 2:19-22; 10:17-18). Las predicciones son tan frecuentes, tan explícitas y dadas en tan numerosos y diferentes contextos que no puede haber duda alguna de que Cristo predijo su propia muerte y resurrección, y el cumplimiento de estas predicciones verifica la exactitud de la profecía.

## C. PRUEBAS DE LA RESURRECCION DE CRISTO

El Nuevo Testamento presenta una prueba avasallante de la resurrección de Cristo. Al menos diecisiete apariciones de Cristo ocurrieron después de su resurrección. Estas son las siguientes: 1) Aparición a María Magdalena (Jn. 20:11-17; cf. Mr. 16:9-11); 2) aparición a las mujeres (Mt. 28:9-10); 3) aparición a Pedro (Lc. 24:34; 1 Co. 15:5); 4) aparición de Cristo a los diez discípulos, que se refiere colectivamente como «los once», estando Tomás ausente (Mr. 16:14; Lc. 24: 36-43; Jn. 20:19-24); 6) aparición a los once discípulos una semana después de su resurrección (Jn. 20:26-29); 7) aparición a siete de los discípulos en el Mar de Galilea (Jn. 21: 1-23); 8) aparición a los cinco mil (1 Co. 15:6); 9) aparición a Santiago el hermano del Señor (1 Co. 15:7); 10) aparición a los once discípulos en la montaña en Galilea (Mt. 28:16-20; 1 Co. 15:7); 11) aparición a sus discípulos con ocasión de su ascensión desde el Monte de los Olivos (Lc. 24:44-53; Hch. 1:3-9); 12) aparición del Cristo resucitado a Esteban momentos antes de su martirio (Hch. 7:55-56); 13) aparición a Pablo en el camino a Damasco (Hch. 9:3-6; cf. Hch. 22: 6-11; 26:13-18; 1 Co. 15:8); 14) aparición a Pablo en Arabia (Hch. 20:24; 26:17; Gá. 1:12, 17); 15) aparición de Cristo a Pablo en el templo (Hch. 22:17-21; cf. 9:26-30; Gá. 1:18); 16) aparición de Cristo a Pablo en la prisión en Cesarea (Hch. 23:11); 17) aparición de Cristo al apóstol Juan (Ap. 1: 12-20). El número de estas apariciones, la gran variedad de circunstancias y las evidencias que confirman todo lo que rodea a estas apariciones, constituyen la más poderosa calidad de evidencia histórica de que Cristo se levantó de los muertos.

En adición a las pruebas que nos dan sus apariciones, puede aún citarse más evidencia que sostiene este hecho. La tumba estaba vacía después de su resurrección (Mt. 28:6; Mr. 16:6; Lc. 24:3, 6, 12; Jn. 20:2, 5-8). Es evidente que los testigos de la resurrección de Cristo no eran gente tonta ni fácil de engañar. De hecho, ellos eran lentos para comprender la evidencia (Jn. 20:9, 11-15, 25). Una vez convencidos de la realidad de su resurrección, deseaban morir por su fe en Cristo. Es también evidente que hubo un gran cambio en los discípulos después de la resurrección. Su pena fue reemplazada con gozo y fe.

Más adelante, el libro de los Hechos testifica del poder divino del Espíritu Santo en los discípulos después de la resurrección de Cristo, el poder del Evangelio el cual ellos proclamaron, y las evidencias que sostienen los milagros. El día de Pentecostés es otra prueba importante, ya que hubiera sido imposible haber convencido a tres mil personas de la resurrección de Cristo, quienes habían tenido oportunidad de examinar la evidencia si hubiera sido una mera ficción.

La costumbre de la Iglesia primitiva de observar el primer día de la semana, el momento de celebrar la Cena del Señor y traer sus ofrendas, es otra evidencia histórica (Hch. 20:7; 1 Co. 16:2). El mismo hecho de que la Iglesia primitiva nació a pesar de la persecución y muerte de los apóstoles, sería dejado sin explicación si Cristo no se hubiera levantado de la muerte. Fue una resurrección literal y corporal, la cual transformó el cuerpo de Cristo conforme para su función celestial.

## D. RAZONES PARA LA RESURRECCION DE CRISTO

Por lo menos pueden citarse siete razones importantes para la resurrección de Cristo.

1. *Cristo resucitó debido a quien es El* (Hch. 2:24).
2. *Cristo resucitó para cumplir con el pacto davídico* (2 S. 7:12-16; Sal. 89:20-37; Is. 9:6-7; Lc. 1:31-33; Hch. 2: 25-31).
3. *Cristo resucitó para ser el dador de la vida resucitada* (Jn. 10:10-11; 11:25-26; Ef. 2:6; Col. 3:1-4; 1 Jn. 5:11-12).
4. *Cristo resucitó de modo que El sea la fuente del poder de la resurrección* (Mt. 28:18; Ef. 1:19-21; Fil. 4:13).
5. *Cristo resucitó para ser la Cabeza sobre la Iglesia* (Ef. 1:20-23).
6. *Cristo resucitó para que nuestra justificación sea cumplida* (Ro. 4:25).
7. *Cristo resucitó para ser las primicias de la resurrección* (1 Co. 15:20-23).

## E. EL SIGNIFICADO DE LA RESURRECCION DE CRISTO

La resurrección de Cristo, a causa de su carácter histórico, constituye la prueba más importante de la deidad de Jesucristo. Porque fue una gran victoria sobre el pecado y la muerte, es también el valor presente del poder divino, como está declarado en Efesios 1:19-21. Dado que la resurrección es una doctrina tan sobresaliente, el primer día de la semana en esta dispensación ha sido apartado para la conmemoración de la resurrección de Jesucristo, y, de acuerdo a ello, toma el lugar en la ley del sábado, la cual ponía aparte el séptimo día para Israel. La resurrección es, por lo tanto, la piedra angular de nuestra fe cristiana, y como Pablo lo expresa en 1 Corintios 15:17: «Y si Cristo no resucitó, vuestra fe es vana; aún estáis en vuestros pecados.» Por haber resucitado Cristo, nuestra fe cristiana está segura, la victoria final de Cristo es cierta y nuestra fe cristiana está completamente justificada.

## PREGUNTAS

1. ¿Enseña la Biblia que todos los hombres que mueren serán resucitados?
2. Hacer un sumario de las enseñanzas del Antiguo Testamento que enseñan acerca de la resurrección del cuerpo humano.
3. ¿En qué grado el Antiguo Testamento anticipa la resurrección de Jesucristo?
4. ¿En qué grado Cristo predijo su propia resurrección?
5. ¿Cuántas apariciones de Cristo ocurrieron entre su resurrección y ascensión?
6. ¿Qué apariciones de Cristo ocurrieron después de su ascensión?
7. ¿Por qué son una poderosa confirmación del hecho de su resurrección las apariciones de Cristo y las circunstancias que las rodearon?
8. ¿Cómo contribuyen la tumba vacía, el carácter de los testigos de su resurrección y el grado de sus convicciones a la doctrina de su resurrección?
9. ¿Qué cambios tuvieron lugar en los discípulos después de la resurrección de Cristo, y cómo fueron usados como testigos de la resurrección?
10. ¿Qué evidencia puede encontrarse en el día de Pentecostés para la resurrección de Cristo?

11. ¿Cómo la costumbre de la Iglesia primitiva en observar el primer día de la semana y su continua existencia a pesar de la persecución sostienen la teoría de la resurrección?
12. Nombrar por lo menos siete razones por las cuales Cristo se levantó de los muertos.
13. ¿Por qué es importante para la fe cristiana la resurrección de Cristo?
14. ¿Cómo se relaciona la resurrección de Cristo con la norma presente del poder divino?

# 11

# Dios el Hijo: Su ascensión y ministerio sacerdotal

## A. EL HECHO DE LA ASCENSION DE CRISTO

Puesto que la resurrección de Cristo es la primera en una serie de exaltaciones de Cristo, su ascensión a los cielos puede ser considerada como el segundo paso importante. Esto está registrado en Marcos 16:19; Lucas 24:50-51 y Hechos 1:9-11.

La pregunta que se ha levantado es si Cristo ascendió a los cielos antes de su ascensión formal. Se citan a menudo las palabras de Cristo a María Magdalena en Juan 20:17, donde Cristo dijo: «Subo a mi Padre y a vuestro Padre, a mi Dios y a vuestro Dios.» También se cita la tipología del Antiguo Testamento donde el sacerdote, después del sacrificio, traía la sangre dentro del lugar Santísimo (He. 9:12, 23-24). Aunque los expositores han diferido en sus opiniones, la mayoría de los evangélicos interpretan el tiempo presente de Juan 20:17 «subo» como un futuro vívido. Las expresiones en Hebreos de que Cristo entró al cielo con su sangre se traducen más correctamente «por medio de su sangre» o «a través de su sangre». La aplicación física de la sangre sólo ocurrió en la cruz. Los beneficios de la obra acabada continúan para ser aplicados a los creyentes hoy día (1 Jn. 1:7).

Una última pregunta se ha levantado con respecto a si la ascensión en Hechos 1 fue literalmente un acto. Todo el pasaje sostiene completamente el hecho de que Cristo literalmente fue al cielo, tanto como El vino literalmente a la tierra cuando fue concebido y nacido. Hechos 1 usa cuatro palabras griegas para describir la ascensión: «Fue alzado» (v. 9); «le recibió una nube que le ocultó de sus ojos» (v. 9); «El se iba» (v. 10); y «ha sido tomado de vosotros al cielo» (v. 11), mejor traducido como «recibido arriba» (cf. 9). Estas cuatro declaraciones son significativas porque en el versículo 11 está predicho que su segunda venida será en igual manera; esto es, su ascensión y su segunda venida serán graduales, visibles, corporales y con nubes (Hch. 1:9-11). Esto se refiere a su venida para establecer su reino, más que al rapto de la iglesia.

## B. EVIDENCIA PARA LA LLEGADA DE CRISTO AL CIELO

Aunque la evidencia para su ascensión desde la tierra al cielo es completa, el hecho de que se afirme que Cristo haya llegado al cielo confirma el hecho de su ascensión (Hch. 2:33-36; 3:21; 7:55-56; 9:3-6; 22:6-8; 26:13-15; Ro. 8:34; Ef. 1:20-22; 4:8-10; Fil. 2:6-11; 3:20; 1 Ts. 1:10; 4:16; 1 Ti. 3:16; He. 1:3, 13; 2:7; 4:14; 6:20; 7:26; 8:1; 9:24; 10:12-13; 12:2; 1 Jn. 2:1; Ap. 1:7, 13-18; 5:5-12; 6:9-17; 7:9-17; 14:1-5; 19:11-16).

## C. EL SIGNIFICADO DE LA ASCENSION

La ascensión señaló el fin de su ministerio terrenal. Así como Cristo había venido, nacido en Belén, también ahora El había retornado al Padre. También marcó el retorno a su gloria manifiesta, la cual estaba oculta en su vida terrena aun después de su resurrección. Su entrada en los cielos fue un gran triunfo, significando el acabamiento de su obra en la tierra y una entrada dentro de su nueva esfera de trabajo a la diestra del Padre.

La posición de Cristo en los cielos es de señorío universal mientras espera su último triunfo y su segunda venida, y se presenta frecuentemente a Cristo a la diestra del Padre

(Sal. 110:1; Mt. 22:44; Mr. 12:36; 16:19; Lc. 20:42-43; 22:69; Ro. 8:34; Ef. 1:20; Col. 3:1; He. 1:3-13; 8:1; 10:12; 12:2; 1 P. 3:22). El trono que Cristo ocupa en los cielos es el trono del Padre; no debe confundirse con el trono davídico, el cual es terrenal. La tierra aún espera el tiempo cuando será hecho el estrado de sus pies y su trono será establecido sobre la tierra (Mt. 25:31). Su posición presente es, por supuesto, de honor y autoridad, y manteniéndose siempre como Cabeza de la Iglesia.

## D. LA OBRA PRESENTE DE CRISTO EN LOS CIELOS

En su posición a la diestra del Padre, Cristo cumple las siete figuras que lo relacionan con la iglesia: 1) Cristo como el último Adán y cabeza de una nueva creación; 2) Cristo como la Cabeza del cuerpo de Cristo; 3) Cristo como el Gran Pastor de sus ovejas; 4) Cristo como la Vida Verdadera en relación a las ramas; 5) Cristo como la principal Piedra de Angulo en relación a la iglesia como piedras de un edificio; 6) Cristo como nuestro Sumo Sacerdote en relación a la iglesia como sacerdocio real; 7) Cristo como el Esposo en relación a la iglesia como su novia. Todas estas figuras están llenas de significado en describir su obra presente. Su ministerio principal, sin embargo, es como Sumo Sacerdote representando a la Iglesia ante el trono de Dios.

Se revelan cuatro importantes verdades en su obra como Sumo Sacerdote:

1. *Como Sumo Sacerdote sobre el verdadero tabernáculo en lo alto, el Señor Jesucristo ha entrado en el mismo cielo para ministrar como Sacerdote en favor de aquellos quienes son su propiedad en el mundo* (He. 8:1-2). El hecho de que El, cuando ascendió, fue recibido por su Padre en los cielos es una evidencia que su ministerio terrenal fue aceptado. El que se sentara indicó que su obra a favor del mundo estaba completada.

El que se sentara en el trono de su Padre y no en su propio trono revela la verdad, tan constante y consistentemente enseñada en las Escrituras, que El no estableció un reino en la tierra en su primera venida al mundo, pero que El está ahora «esperando» hasta el tiempo cuando aquel reino vendrá en la tierra y lo divino será hecho en la tierra así como en el cielo. «Los reinos del mundo han venido a ser de nuestro Señor y de su Cristo; y él reinará por los siglos de los siglos» (Ap. 11:15); el Hijo —Rey aún— pedirá de su Padre, el cual le dará «por herencia las naciones y como posesión suya los confines de la tierra» (Sal. 2:8).

Sin embargo, la Escritura claramente indica que El no está estableciendo ahora esta legislación del reino en la tierra (Mt. 25:31-46), sino que más bien está llamando de ambos, judíos y gentiles, un pueblo celestial el cual está relacionado con El como su cuerpo y novia. Después de que el propósito presente sea cumplido El retornará y «reedificaré el tabernáculo de David, que está caído» (Hch. 15:16; cf. vs. 13-18). Aunque El es un Rey-Sacerdote de acuerdo al tipo de Melquisedec (He. 5:10; 7:1), El está ahora sirviendo como Sacerdote y no como Rey. El que viene otra vez y será entonces el Rey de reyes, está ahora ascendido para ser «cabeza sobre todas las cosas» (Ef. 1:22-23).

2. *Como nuestro Sumo Sacerdote Cristo es el dador de los dones espirituales*. De acuerdo al Nuevo Testamento, un don es una capacitación divina traída al creyente y a través del creyente por medio del Espíritu que mora en él. Es el Espíritu trabajando para cumplir ciertos propósitos divinos y usar a quien El habita para este fin. El mora con ese fin. No es de ninguna manera una obra humana ayudada por el Espíritu.

Aunque ciertos dones generales están mencionados en las Escrituras (Ro. 12:3-8; 1 Co. 12:4-11), la variedad posible es innumerable, puesto que nunca se viven dos vidas exactamente bajo las mismas condiciones. Sin embargo, a cada creyente le es dado algún don; pero la bendición y el poder del don será experimentado solamente cuando la vida está totalmente rendida a Dios (cf. Ro. 12:1-2, 6-8). Habrá poca necesidad de exhortación para un servicio honrado por Dios para aquel que está lleno con el Espíritu; porque el Espíritu estará trabajando en él en ambos sentidos, tanto para querer como para hacer su buena voluntad (Fil. 2:13).

De igual manera, ciertos hombres que son llamados de «entre los hombres» son provistos y colocados localmente en su servicio por el Cristo ascendido (Ef. 4:7-11). El Señor no dejó su obra al juicio incierto e insuficiente de los hombres (1 Co. 12:11, 18).

3. *El Cristo ascendido como Sacerdote vive siempre para hacer intercesión por los suyos.* Este ministerio comenzó antes de que El dejara la tierra (Jn. 17:1-26), y es para los salvos más bien que para los no salvos (Jn. 17:9), y continuará en los cielos tanto tiempo como los suyos estén en el mundo. Su obra de intercesión tiene que ver con la debilidad, necesidad de ayuda y la inmadurez de los santos que están sobre la tierra —cosas en las cuales ellos no son en ninguna manera culpables—. El, quien conoce las limitaciones de los suyos, y el poder y la estrategia del enemigo con quien ellos tienen que luchar, les es a ellos un Pastor y Obispo para sus almas. Su cuidado de Pedro es una ilustración de esta verdad (Lc. 22:31-32).

La intercesión sacerdotal de Cristo no es sólo eficaz, sino que también sin fin. Los sacerdotes de la antigüedad fallaron a causa de la muerte; pero Cristo, puesto que vive para siempre, tiene un sacerdocio inmutable. «Por lo cual puede también salvar perpetuamente a los que por él se acercan a Dios, viviendo siempre para interceder por ellos» (He. 7:25). David reconoce el mismo cuidado pastoral y su garantía de seguridad eterna (Sal. 23:1).

4. *Cristo se presenta actualmente por los suyos en la presencia de Dios.* A menudo el hijo de Dios es culpable de algún pecado que le separaría completamente de Dios si no estuviera de por medio la *abogacía* de Cristo y la obra que El efectuó por su muerte en la cruz. El efecto del pecado sobre el cristiano es la pérdida de gozo, paz y poder espirituales. Por otra parte, estas bendiciones se restauran según la gracia infinita de Dios sobre la sola base de la *confesión* del pecado (1 Jn. 1:9); pero más importante es considerar el pecado del cristiano en relación con el carácter santo de Dios.

Por medio de la presente abogacía sacerdotal de Cristo en los cielos, hay absoluta seguridad de salvación para los hijos del Padre Celestial aun mientras ellos están pecando. Un abogado es aquel que expone y defiende la causa de otro ante los tribunales públicos. En el desempeño de sus funciones de Abogado, Cristo está ahora en el cielo interviniendo a favor de los suyos (He. 9:24) cuando ellos pecan (1 Jn. 2:1). Se revela que su defensa la hace ante el Padre, y que Satanás está allí también acusando sin cesar día y noche a los hermanos, en la presencia de Dios (Ap. 12:10). Es posible que al cristiano le parezca que el pecado que ha cometido es insignificante; pero no es así para el Dios santo, quien no podría nunca tratar con ligereza lo que representa una ofensa a su divina justicia. Aun el pecado que es secreto en la tierra es un gran escándalo en el cielo. En la gracia maravillosa de Dios, y sin necesidad de que intervenga solicitud alguna de parte de los hombres, el Abogado defiende la causa del cristiano culpable. Y lo que el Abogado hace para garantizar así la seguridad del creyente está tan de acuerdo con la *justicia* divina, que El es llamado, en relación con este ministerio de abogar por los suyos, «Jesucristo el justo». El defiende a los hijos de Dios a base de la sangre que fue derramada en la cruz, y en esta forma el Padre tiene completa libertad para defenderles contra toda acusación proveniente de Satanás o de los hombres y contra todo juicio que en otras circunstancias el pecado impondría sobre el pecador; y todo esto se hace posible porque Cristo, a través de su muerte, llegó a ser la «propiciación por nuestros pecados» (los pecados de los cristianos) (1 Jn. 2:2).

La verdad referente al ministerio sacerdotal de Cristo en los cielos no está de ninguna manera facilitando para los verdaderos cristianos la práctica del pecado. Al contrario, estas mismas cosas son escritas *para que no pequemos* (1 Jn. 2:1); porque ninguno puede pecar con ligereza o descuido cuando considera la enorme tarea de defensa que a causa del pecado del cristiano tiene que realizar necesariamente el Abogado Cristo Jesús.

Puede decirse, en conclusión, que Cristo cumple su ministerio de Intercesor y Abogado para la eterna seguridad de aquellos que ya son salvos en El (Ro. 8:34).

## E. LA OBRA PRESENTE DE CRISTO SOBRE LA TIERRA

Cristo está también obrando en su iglesia sobre la tierra al mismo tiempo que está a la diestra del Padre en el cielo. En numerosos pasajes se dice que Cristo habita en su iglesia y está con su iglesia (Mt. 28:18-20; Jn. 14:18, 20; Col. 1:27). El está en su iglesia en el sentido de que es El quien da vida a su iglesia (Jn. 1:4; 10:10; 11:25; 14:6; Col. 3:4; 1 Jn. 5:12).

Se puede concluir que la obra presente de Cristo es la clave para entender la presente tarea de Dios de llamar a un pueblo para formar el cuerpo de Cristo, y el poder y la santificación de este pueblo para ser testigos de Cristo hasta lo último de la tierra. Su obra presente es preliminar y a ella seguirán los eventos que tienen relación con su segunda venida.

## PREGUNTAS

1. ¿Cómo se relaciona la ascensión de Cristo con su exaltación?
2. Tratar el punto sobre si Cristo ascendió en el día de su resurrección.
3. ¿Qué evidencia puede ofrecerse para probar que la ascensión relatada en Hechos fue una ascensión literal?
4. ¿Hasta qué grado la Escritura testifica la llegada de Cristo al cielo después de su ascensión?
5. ¿Cómo se relaciona la ascensión de Cristo con su ministerio terrenal?
6. ¿En qué sentido la ascensión de Cristo fue un triunfo?
7. Distinguir el trono de Cristo en los cielos del trono davídico.
8. Nombrar las siete figuras relativas a Cristo con su Iglesia.
9. ¿Cuál es el significado de Cristo ahora sentado en el trono del Padre?
10. ¿Cómo se relaciona Cristo como nuestro Sumo Sacerdote y el dador de los dones espirituales a los hombres?
11. Contrastar la intercesión sacerdotal de Cristo con los sacerdotes del Antiguo Testamento.
12. Describir la obra de Cristo como nuestro Abogado en los cielos.
13. ¿Hasta qué grado está Cristo también trabajando en la tierra durante esta edad presente?

# 12

# Dios el Hijo: Su venida por sus santos

## A. PROFECIA QUE AUN NO SE HA CUMPLIDO

La doctrina seleccionada para su desarrollo en este capítulo es uno de los temas más importantes de la profecía que todavía no se ha cumplido. El estudiante no debe olvidar que la profecía es la historia escrita de antemano por el Señor, y que ella es, por lo tanto, tan digna de ser creída como lo son otras partes de las Escrituras. Casi una cuarta parte de la Biblia estaba en forma de profecía cuando las sagradas páginas fueron escritas. Mucho de la profecía bíblica se ha cumplido ya, y en cada caso el cumplimiento ha sido la más literal realización de todo lo que se había profetizado. Tal como fue anunciado muchos siglos antes del advenimiento de Cristo, El vino en su humanidad como un hijo de Abraham, descendió de la tribu de Judá y de la casa de David y nació de una virgen en Belén. De igual manera, los detalles explícitos concernientes a su muerte, revelados en el Salmo 22, unos mil años antes de la venida de El al mundo, se cumplieron con admirable precisión.

La Palabra de Dios contiene mucha profecía que al presente está todavía en espera de cumplirse, y es razonable, así como honroso para Dios, que nosotros creamos que dicha profecía se cumplirá con la misma fidelidad que ha sido la característica de todas las obras y todos los actos de El hasta el día de hoy. La enseñanza de que Cristo volverá a esta tierra tal como El era cuando ascendió a la diestra de Dios —«Este mismo Jesús, en su cuerpo de resurrección y en las nubes del cielo» (Hch. 1:11)— es tan clara y extensamente presentada en las Escrituras proféticas, que ella ha sido incluida en todos los grandes credos de la cristiandad. Sin embargo, es una doctrina que debemos estudiar cuidadosamente y con espíritu de claro discernimiento.

En consideración con la profecía como se relaciona con la futura venida de Jesucristo, muchos estudiantes bíblicos distinguen la venida de Cristo *por* su Iglesia, refiriéndose al arrebatamiento (el tomar a los santos hacia el cielo), de su venida *con* sus santos para establecer su reino (su segunda venida formal a la tierra) para reinar por mil años. Entre estos dos acontecimientos se predicen varios eventos importantes tales como una iglesia mundial, la formación de un gobierno mundial con un dictador, y una gigantesca guerra mundial, la cual tendrá lugar cuando Cristo venga a establecer su reino. La venida de Cristo por su iglesia es el primer acontecimiento en estas series, si se interpretan literalmente las profecías.

Aunque los acontecimientos de los últimos tiempos, que ocurren después del arrebatamiento de la iglesia, son dados en muchas profecías en el Antiguo y Nuevo Testamento, la verdad de que Cristo vendría primero por su iglesia no fue revelada en el Antiguo Testamento y es específicamente una revelación del Nuevo Testamento.

## B. PROFECIAS DEL ARREBATAMIENTO

La primera revelación de que Cristo vendría por sus santos antes de que los acontecimientos de los últimos tiempos se cumplieran fue dada a los discípulos en el aposento alto la noche antes de la crucifixión de Cristo. De acuerdo a Juan 14:2-3, Cristo anunció a sus discípulos: «En la casa de mi Padre muchas moradas hay; si así no fuera yo os lo hubiera dicho; voy, pues, a preparar lugar para vosotros. Y si me fuere y os preparare lugar, vendré otra vez, y os tomaré a mí mismo, para que donde yo estoy, vosotros también estéis.» Los discípulos no estaban de ninguna manera preparados para esta profecía. Habían sido instruidos, de acuerdo a Mateo 24:26-31, con respecto al glorioso retorno de Cristo para establecer su reino. Hasta este tiempo ellos no habían tenido indicios de que Cristo vendría primero para tomarlos de la tierra al cielo y por este medio quitarles de la tierra durante el tiempo de la tribulación que caracteriza el fin de la era. En Juan 14 está claro que la casa del Padre se refiere al cielo, que Cristo les iba a dejar para prepararles un lugar allí. El promete que, habiendo preparado un lugar, El vendría otra vez para recibirles allí. Esto significa que su propósito es tomarles de la tierra a la casa del Padre en los cielos. El apóstol Pablo amplía luego con amplios detalles este anuncio preliminar.

Escribiendo a los Tesalonicenses con respecto a estas preguntas en cuanto a la relación de la resurrección de los santos y la venida de Cristo por sus santos viviendo en la tierra, Pablo da los detalles de este importante acontecimiento (1 Ts. 4:13-18). El declara en los vs. 16-17: «Porque el Señor mismo con voz de mando, con voz de arcángel, y con trompeta de Dios, descenderá del cielo; y los muertos en Cristo resucitarán primero. Luego nosotros los que vivimos, los que hayamos quedado, seremos arrebatados juntamente con ellos en las nubes para recibir al Señor en el aire, y así estaremos siempre con el Señor.» El orden de los acontecimientos de la venida de Cristo por sus santos comienza con el dejar su trono en los cielos y descender en el aire sobre la tierra. El dará una exclamación —literalmente «una voz de mando»—. Esto será acompañado por la triunfante voz del arcángel Miguel y el sonido de la trompeta de Dios. En obediencia al mandamiento de Cristo (Jn. 5:28-29), los cristianos que han muerto serán levantados de la muerte. Las almas de los muertos han acompañado a Cristo desde los cielos, como se indica en 1 Tesalonicenses 4:14 —«Porque si creemos que Jesús murió y resucitó, así también traerá Dios con Jesús a los que durmieron en él»—, y entrarán en sus cuerpos resucitados. Un momento después de que los muertos en Cristo sean levantados, los cristianos que viven serán «arrebatados juntamente con ellos en las nubes para recibir al Señor en el aire».

En esta manera toda la iglesia será sacada del escenario de la tierra y cumplirá la promesa de Juan 14 de estar con Cristo en la casa del Padre en los cielos.

Se dan más detalles de ello en 1 Corintios 15:51-58. Aquí la venida de Cristo por su iglesia se declara como «un misterio», esto es, una verdad no revelada en el Antiguo Testamento pero revelada en el Nuevo Testamento (cf. Ro. 16:25-26; Col. 1:26). En contraste a la verdad de la venida de Cristo a la tierra para establecer su reino, lo cual está revelado en el Antiguo Testamento, el arrebatamiento está revelado solamente en el Nuevo Testamento. Pablo, en 1 Corintios 15, indica que el acontecimiento tendrá lugar en un momento de tiempo, «en un abrir y cerrar de ojos», que los cuerpos resucitados de los muertos los cuales serán levantados con incorruptibilidad, esto es, no envejecerán y serán inmortales, sin estar sujetos a muerte (1 Co. 15:53).

En la Escritura está claro que nuestros nuevos cuerpos también serán sin pecado (Ef. 5:27; cf. Fil. 3:20-21). Los cuerpos de aquellos en las tumbas, así como aquellos vivos en la tierra, no son aptos para el cielo. Este es el motivo por el cual Pablo declara «todos seremos transformados» (1 Co. 15:51).

En contraste con la resurrección y al arrebatamiento de la iglesia, la resurrección de los santos que murieron antes de Pentecostés, o que murieron después del arrebatamiento, está aparentemente demorada hasta el tiempo de la venida de Cristo para establecer su reino (Dn. 12:1-2; Ap. 20:4). Los muertos impíos, sin embargo, no son resucitados hasta después de los mil años de reinado de Cristo (Ap. 20:5-6; 12-13).

## C. CONTRASTES ENTRE CRISTO VINIENDO POR SUS SANTOS Y SU VENIDA CON SUS SANTOS

La teoría de que el arrebatamiento sucede antes del fin de los tiempos se llama teoría pre-tribulación, en contraste con la teoría post-tribulación, la cual hace de la venida de Cristo por sus santos y con sus santos un solo evento. La pregunta de cuál de estas teorías es la correcta depende de cuán literalmente se interprete la profecía.

Pueden verse un número de diferencias entre ambos acontecimientos:

1. *La venida de Cristo por sus santos para tomarlos hacia la casa del Padre en los cielos es obviamente un movimiento desde la tierra al cielo,* mientras que su venida con sus santos es *un movimiento desde el cielo a la tierra* cuando Cristo retorna del Monte de los Olivos y establece su reino.

2. *En el arrebatamiento, los santos que viven son arrebatados,* mientras que ningún santo es trasladado en conexión con la segunda venida de Cristo a la tierra.

3. *En el arrebatamiento, los santos van al cielo,* mientras que en la segunda venida los santos quedan en la tierra sin ser arrebatados.

4. *En el arrebatamiento, el mundo queda sin cambiar y sin juzgar y continúa en pecado,* mientras que en la segunda venida el mundo es juzgado y se establece la justicia en la tierra.

5. *El arrebatamiento de la iglesia es una liberación del día de la maldición que sigue,* mientras que la segunda venida es una liberación de aquellos que han creído en Cristo durante el tiempo de la tribulación y han sobrevivido.

6. *El arrebatamiento siempre se describe como un acontecimiento que es inminente, esto es, que puede ocurrir en cualquier momento,* mientras que la segunda venida de Cristo a la tierra es precedida por muchos signos y eventos.

7. *El arrebatamiento de los santos es una verdad revelada sólo en el Nuevo Testamento,* mientras que la segunda venida de Cristo a la tierra con eventos que le anteceden y siguen es una doctrina prominente en ambos Testamentos.

8. *El arrebatamiento se relaciona solamente con aquellos que son salvos,* mientras que la segunda venida de Cristo a la tierra trata con ambos, salvos y los que no lo son.

9. *En el arrebatamiento Satanás no es atado, sino que está muy activo en el período que sigue,* mientras que en la segunda venida Satanás está atado y vuelto inactivo.

10. *Como se presenta en el Nuevo Testamento, la profecía no cumplida se da ubicándola entre la iglesia y el tiempo de su arrebatamiento, el cual se presenta como un evento inminente,* mientras que deben de cumplirse muchas señales antes de la segunda venida de Cristo para establecer su reino.

11. *En cuanto a la resurrección de los santos en relación a la venida de Cristo para establecer su Reino, en el Antiguo y Nuevo Testamento nunca se menciona el arrebatamiento de los santos vivos al mismo tiempo.* Por consiguiente, tal doctrina sería imposible, puesto que los santos que viven necesitan mantener sus cuerpos naturales con el propósito de funcionar en el reino milenial.

12. *En la serie de acontecimientos que describen la segunda venida de Cristo a la tierra no hay lugar adecuado para un acontecimiento como el arrebatamiento.* De acuerdo a Mateo 25:31-46, los creyentes y no creyentes están mezclados todavía en el tiempo de este juicio, el cual viene después de la venida de Cristo a la tierra, y es obvio que no ha tenido lugar ni el arrebatamiento ni la separación de los salvos con respecto a los no salvos en el descenso de Cristo del cielo a la tierra.

13. *Un estudio de la doctrina de la venida de Cristo para establecer su reino con los acontecimientos que preceden y siguen deja claro que estos acontecimientos no se relacionan a la iglesia sino más bien a Israel y los gentiles creyentes y no creyentes.* Esto será explicado en el capítulo siguiente. La verdad de la inminente venida de Cristo por su iglesia es una verdad muy práctica. Los cristianos tesalonicenses fueron instruidos en 1 Tesalonicenses 1:10 a «esperar de los cielos a su Hijo, al cual resucitó de los muertos, a Jesús, que nos libra de la ira venidera». Su esperanza no era la de sobrevivir a través de la tribulación, sino la liberación de la ira de Dios que sería esparcida sobre la tierra (cf. 1 Ts. 5:9 y Ap. 6:17). Como se presenta en el Nuevo Testamento, el arrebatamiento es una esperanza reconfortante (Jn. 14:1-3; 1 Ts. 4:18, una esperanza purificadora (1 Jn. 3:1-3) y una expectativa bendita o feliz (Tit. 2:13). Mientras que el mundo no verá a Cristo hasta su segunda venida para establecer su reino, los cristianos verán a Cristo en su gloria en el momento del arrebatamiento y será para ellos «la manifestación gloriosa de nuestro gran Dios y Salvador Jesucristo» (Tit. 2:13). Para un detallado estudio de la doctrina del arrebatamiento ver *The Rapture Question,* por Walvoord (Grand Rapids: Zondervan, 1957).

## PREGUNTAS

1. ¿Qué proporción de la Biblia era profecía cuando fue escrita?
2. ¿Cuál es el significado del hecho de que muchas profecías han sido ya cumplidas literalmente?
3. ¿Cuál es la diferencia entre la venida de Cristo por sus santos y la venida de Cristo con sus santos?
4. ¿Qué acontecimientos importantes ocurrirán entre ambos eventos?
5. ¿Cuándo anunció Cristo por primera vez el arrebatamiento de la iglesia y qué reveló El acerca de esto?
6. ¿Por qué los discípulos tuvieron dificultad en entender la primera mención del arrebatamiento?
7. Describir el orden de los acontecimientos para la venida de Cristo por sus santos como se dan en 1 Ts. 4:13-18.
8. ¿Por qué Cristo trae con El desde el cielo las almas de los cristianos que han muerto en el momento del arrebatamiento?
9. ¿Por qué la venida de Cristo por su Iglesia se califica como un misterio en 1 Co. 15:51-52?
10. ¿Qué hechos adicionales concernientes al arrebatamiento son sacados a luz en 1 Co. 15:51-58?
11. ¿Qué clase de cuerpos recibirán aquellos arrebatados o levantados de la muerte?
12. Si los santos del Antiguo Testamento no serán resucitados en el arrebatamiento, ¿cuándo lo serán?
13. ¿Cuándo serán levantados los impíos?
14. En vista de la enseñanza de la Escritura sobre el tema del arrebatamiento y la resurrección, ¿por qué la teoría de que toda la gente que será resucitada al mismo tiempo debe ser rechazada?
15. Nombrar alguno de los contrastes importantes entre el arrebatamiento de la Iglesia y la segunda venida de Cristo a la tierra para establecer su reino.
16. A la luz de estos contrastes, ¿qué argumentos pueden presentarse a favor del arrebatamiento pre-tribulación, opuesto al arrebatamiento post-tribulación?
17. ¿Qué aplicación práctica se hace en la Escritura de la verdad del arrebatamiento en cuanto a nuestras vidas?

# 13

# Dios el Hijo: Su venida con sus santos

Puesto que el tema de este capítulo se confunde tan comúnmente con la venida de Cristo por sus santos, es importante que los dos acontecimientos sean estudiados juntos con el propósito de que puedan ser vistos los contrastes que aparecen en casi cada punto.

## A. ACONTECIMIENTOS IMPORTANTES QUE PRECEDEN A LA SEGUNDA VENIDA DE CRISTO

Como será discutido más tarde en conexión con las profecías de los últimos tiempos, el período entre el arrebatamiento de la iglesia y la segunda venida de Cristo para establecer su reino se dividen en tres períodos bien definidos.

1. *Seguirá al arrebatamiento un período de preparación en el cual diez naciones entrarán a formar una confederación en un resurgimiento del antiguo imperio romano.*

2. *Sobrevendrá un período de paz traído por un dictador en el área del Mediterráneo, comenzando con un pacto con Israel planeado para siete años* (Dn. 9:27).

3. *Sobrevendrá un tiempo de persecución para Israel y*

*todos los creyentes en Cristo cuando el dictador rompa su pacto después de los tres años y medio.* Al mismo tiempo él se convierte en el dictador mundial, abole todas las religiones del mundo en favor de la adoración de sí mismo, y toma control de todos los negocios en el mundo de manera que ninguno puede comprar o vender sin su permiso. Este período de tres años y medio se llama la gran tribulación (Dn. 12:1; Mt. 24:21; Ap. 7:14). En este período Dios derramará sus grandes juicios (descritos en Ap. 6:1 - 18:24). La gran tribulación culminará en una gran guerra mundial (Ap. 16:14-16). En el momento culminante de esta guerra, Cristo volverá para liberar a los santos, los cuales aún no han sido martirizados, para traer juicio sobre la tierra y para traer su reino de justicia. De los muchos pasajes que describen este período, es evidente que estos grandes movimientos de conmoción deben preceder la segunda venida de Cristo, y sería imposible contemplar la segunda venida a la tierra como inminente en vista de que estos acontecimientos aún no han tenido lugar.

## B. FACTORES VITALES RELACIONADOS A LA SEGUNDA VENIDA

1. *La Biblia enseña que el Señor Jesucristo retornará a la tierra* (Zac. 14:4), *personalmente* (Mt. 25:31; Ap. 19:11-16), *y en las nubes del cielo* (Mt. 24:30; Hch. 1:11; Ap. 1:7). De acuerdo con todos los pasajes bíblicos, será un acontecimiento glorioso al cual todo el mundo verá (Ap. 1:7).

2. *De acuerdo a la revelación dada por Cristo mismo registrada en Mateo 24:26-29, su gloriosa aparición será como un relámpago brillando de este a oeste.* En los días que preceden, descritos como «la tribulación de aquellos días», habrá conmoción en el cielo, el sol se oscurecerá, la luna no dará su luz, y las estrellas caerán del cielo, y los mismos cielos serán conmovidos. En Apocalipsis 6:12-17 y 16:1-21 se dan más detalles. El retorno de Cristo será visto por todos en la tierra (Mt. 24:30; Ap. 1:7) «y entonces lamentarán todas las tribus de la tierra» (Mt. 24:30), porque la gran mayoría de ellos son incrédulos que están esperando juicio.

3. *En su segunda venida a la tierra, Cristo es acompañado por santos y ángeles en dramática procesión.* Esto se

describe en detalle en Apocalipsis 19:11-16. Aquí Juan escribe: «Entonces vi el cielo abierto; y he aquí un caballo blanco, y el que lo montaba se llamaba Fiel y Verdadero, y con justicia juzga y pelea. Sus ojos eran como llama de fuego, y había en su cabeza muchas diademas; y tenía un nombre escrito que ninguno conocía sino él mismo. Estaba vestido de una ropa teñida en sangre; y su nombre es: EL VERBO DE DIOS. Y los ejércitos celestiales, vestidos de lino finísimo, blanco y limpio, le seguían en caballos blancos. De su boca sale una espada aguda, para herir con ella a las naciones, y El las regirá con vara de hierro; y El pisa el lagar del vino del furor y de la ira del Dios Todopoderoso. Y en su vestidura y en su muslo tiene escrito este nombre: REY DE REYES Y SEÑOR DE SEÑORES.»

El hecho de que ésta es una procesión en la cual Cristo es acompañado por todos los santos y ángeles santos indica que es gradual y puede llevar varias horas. Durante este período la tierra rotará, permitiendo al mundo entero ver tal evento. La segunda venida culminará en el Monte de los Olivos, el mismo lugar desde el cual Cristo ascendió a los cielos (Zac. 14:1-4; Hch. 1:9-12). En el momento que sus pies toquen el Monte de los Olivos, se partirá en dos y formará un gran valle extendiéndose desde Jerusalén en el este hasta el valle del Jordán.

4. *En su venida, Cristo juzgará primeramente a los ejércitos del mundo desplegados en la batalla* (Ap. 19:15-21). Al establecer El su reino, congregará a Israel y les juzgará (Ez. 20:34-38) en cuanto a su dignidad para entrar en el reino milenial. En una forma similar El reunirá a los gentiles o «las naciones» y las juzgará (Mt. 25:31-46). El les traerá entonces en su reino de justicia y paz sobre la tierra, con Satanás atado y toda rebelión abierta juzgada. Más amplios detalles se darán en los últimos capítulos.

## C. LA SEGUNDA VENIDA CONTRASTADA CON EL ARREBATAMIENTO

Como vimos en el capítulo anterior, existen muchos contrastes entre la venida de Cristo por sus santos y su venida con sus santos.

Los dos acontecimientos —la venida de Cristo *por* sus santos y su venida *con* sus santos— pueden distinguirse así (para abreviar, el primer acontecimiento será indicado por *a*, y el segundo acontecimiento por *b*):

*a*) «Nuestra reunión con él»; *b*) «La venida de nuestro Señor Jesucristo» (2 Ts. 2:1).

*a*) El viene como «la estrella de la mañana» (Ap. 2:28; 22:16; 2 P. 1:19); *b*) como «el Sol de Justicia» (Mal. 4:2).

*a*) «El día de nuestro Señor Jesucristo» (1 Co. 1:8; 2 Co. 1:14; Fil. 1:6, 10; 2:16); *b*) el «Día del Señor» (2 P. 3:10).

*a*) Un acontecimiento sin señales; *b*) deben atenderse las señales de su proximidad (1 Ts. 5:4; He. 10:25).

*a*) Un acontecimiento repentino, en cualquier momento; *b*) cumplimiento de la profecía que le precede (2 Ts. 2:2, 3).

*a*) No hay referencia a la maldad; *b*) la maldad terminada, Satanás juzgado, el Hombre de Pecado destruido (2 Ts. 2:8; Ap. 19:20; 20:1-4).

*a*) Israel sin cambios; *b*) todos sus pactos cumplidos (Jer. 23:5-8; 30:3-11; 31:27-37).

*a*) La iglesia quitada de la tierra; *b*) volviendo con Cristo (1 Ts. 4:17; Jud. 14-15; Ap. 19:14).

*a*) Las naciones sin cambios; *b*) liberadas de la atadura de la corrupción (Is. 35; 65:17-25).

*a*) La creación no cambiada; *b*) librada de la esclavitud de corrupción (Is. 35; 65:17-25).

*a*) Un «misterio» nunca antes revelado; *b*) visto a través del Antiguo y Nuevo Testamentos (Dn. 7:13-14; Mt. 24:27-30; 1 Co. 15:51-52).

*a*) La esperanza centrada en Cristo: «El Señor está cerca» (Fil. 4:5); *b*) el reino está próximo (Mt. 6:10).

*a*) Cristo aparece como el Esposo, Señor y Cabeza de la iglesia (Ef. 5:25-27; Tit. 2:13); *b*) El aparece como Rey, Mesías y Emanuel para Israel (Is. 7:14; 9:6-7; 11:1-2).

*a*) Su venida no vista por el mundo; *b*) viniendo en poder y en gran gloria (Mt. 24:27, 30; Ap. 1:7).

*a*) Los cristianos juzgados en cuanto a recompensas; *b*) las naciones juzgadas como para el reino (2 Co. 5:10-11; Mt. 25:31-46).

Escrituras importantes: *a*) Jn. 14:1-3; 1 Co. 15:51-52; 1 Ts. 4:13-18; Fil. 3:20-21; 2 Co. 5:10; *b*) Dt. 30:1-10; Sal. 72. Notar todos los profetas; Mt. 25:1-46; Hch. 1:11; 15:13-18; 2 Ts. 2: 1-12; 2 P. 2:1 - 3:18; Ap. 19:11 - 20:6.

## PREGUNTAS

1. Describir el período de preparación que seguirá al arrebatamiento de la iglesia.
2. ¿Cuál es el grado del período de paz que seguirá al período de preparación, y cómo sobrevendrá?
3. ¿Cuáles son las principales características del tiempo de persecución para Israel, el cual seguirá al tiempo de paz?
4. ¿Cuál es el significado exacto del tiempo de la gran tribulación, y qué acarreará este período al fin?
5. ¿Por qué sería imposible para el Señor Jesucristo venir y establecer su reino en la tierra hoy?
6. Describir la apariencia de la segunda venida de Cristo tal como será vista por el mundo.
7. ¿Cuál será la situación en la tierra y en los cielos en el tiempo de la segunda venida de Cristo?
8. ¿Por qué se lamentarán todas las tribus de la tierra en el tiempo de la segunda venida?
9. ¿Quién acompaña a Cristo en su segunda venida?
10. ¿Cómo se puede afirmar que todo el mundo verá la segunda venida?
11. ¿A qué lugar de la tierra retornará Cristo en su segunda venida, y que ocurrirá cuando sus pies toquen la tierra?
12. ¿Cuál es el primer acto de juicio de Cristo en su retorno?
13. ¿Qué hará Cristo con relación a Israel en su retorno?
14. ¿Qué hará Cristo con relación a los gentiles en su retorno?
15. ¿Qué contraste entre el arrebatamiento y la segunda venida aclara que éstos son dos acontecimientos diferentes?
16. Nombrar algunos de los pasajes importantes de las Escrituras que se relacionan con el arrebatamiento y la segunda venida de Cristo a la tierra.
17. ¿Por qué la interpretación literal de la profecía hace que sea imposible hacer del arrebatamiento de la iglesia y la venida de Cristo para establecer su reino un mismo acontecimiento?

# 14

# Dios el Espíritu Santo: Su personalidad

## A. LA IMPORTANCIA DE SU PERSONALIDAD

En la enseñanza de las verdades fundamentales relativas al Espíritu Santo debería hacerse un énfasis especial sobre el hecho de su personalidad. Esto es porque el Espíritu no habla ahora de sí mismo; más bien, El habla lo que El oye (Jn. 16:13; Hch. 13:2), y El dice que ha venido al mundo para glorificar a Cristo (Jn. 16:14). En contraste a esto, la Escritura representa a ambos, el Padre y el Hijo, como hablando de sí mismos; y esto, no sólo con autoridad final y por medio del uso del pronombre personal *Yo,* sino que también presentándoles como en una inmediata comunión, cooperación, conversión, el uno con el otro. Todo esto tiende a hacer menos real la personalidad del Espíritu Santo, quien no habla desde sí o de sí. Como consecuencia, en la historia de la iglesia, la personalidad del Espíritu fue descuidada por algunos siglos; sólo cuando la doctrina del Padre y del Hijo fue definida, como sucedió en el Credo de Nicea (325 d.C.), el Espíritu fue reconocido como una personalidad en los credos de la iglesia.

La forma como fue definida más tarde la doctrina ortodoxa, la verdad escritural de que Dios el Padre subsiste o existe en tres Personas —el Padre, el Hijo y el Espíritu Santo—, fue generalmente reconocida. La Escritura es completamente clara cuando dice que el Espíritu Santo es una Persona tanto como Dios el Padre y Dios el Hijo, y aun así, como se ve en el estudio de la doctrina de la Trinidad, las tres Personas forman un Dios y no tres.

## B. LA PERSONALIDAD DEL ESPIRITU SANTO EN LAS ESCRITURAS

1. *El Espíritu hace aquello que sólo una persona puede hacer.*

*a*) El convence al mundo: «Y cuando El venga, convencerá al mundo de pecado, de justicia y de juicio» (Jn. 16:8).

*b*) El enseña: «El os enseñará todas las cosas» (Jn. 14:26; ver también Neh. 9:20; Jn. 16:13-15; 1 Jn. 2:27).

*c*) El Espíritu habla: «Y por cuanto sois hijos, Dios envió a vuestros corazones al Espíritu de su Hijo, el cual clama: ¡Abba, Padre!» (Gá. 4:6).

*d*) El Espíritu intercede: «Pero el Espíritu mismo intercede por nosotros con gemidos indecibles» (Ro. 8:26).

*e*) El Espíritu guía: «Guiados por el Espíritu» (Gá. 5:18; cf. Hch. 8:29; 10:19; 13:2; 16:6-7; 20:23; Ro. 8:14).

*f*) El Espíritu señala a los hombres para el servicio específico: «dijo el Espíritu Santo: Apartadme a Bernabé y a Saulo para la obra a que los he llamado» (Hch. 13:2; cf. Hch. 20:28).

*g*) El Espíritu está El mismo sujeto a un plan (Jn. 15:26).

*h*) El Espíritu ministra: El regenera (Jn. 3:6), El sella (Ef. 4:30), El bautiza (1 Co. 12:13), El llena (Ef. 5:18).

2. *El, como una persona, es afectado por otros seres.*

*a*) El Padre le envía al mundo (Jn. 14:16, 26), y el Hijo le envía al mundo (Jn. 16:7).

*b*) Los hombres pueden hacer enojar al Espíritu (Is. 63:10), pueden contristarle (Ef. 4:30), pueden resistirle (1 Ts. 5:19), pueden blasfemarle (Mt. 12:31), pueden mentirle (Hch. 5:3), pueden hacerle afrenta (He. 10:29), pueden hablar en contra de El (Mt. 12:32).

3. *Todos los términos bíblicos relativos al Espíritu implican su personalidad.*

*a*) El es llamado «otro Consolador» (Abogado), lo cual indica que El es una persona tanto como lo es Cristo (Jn. 14: 16-17; 26; 16:7; 1 Jn. 2:1-2).

*b*) A El se le llama Espíritu en el mismo sentido personal que Dios es llamado Espíritu (Jn. 4:24).

*c*) Los pronombres usados para el Espíritu implican su personalidad. En el idioma griego la palabra «espíritu» es un nombre neutro, el cual, naturalmente, requiere un pronombre neutro, y en unas pocas oportunidades es usado (Ro. 8:16, 26); pero a menudo se usa la forma masculina del pronombre, enfatizando el hecho de la personalidad del Espíritu (Jn. 14:16-17; 16:7-15).

## C. COMO UNA PERSONA DE LA TRINIDAD, EL ESPIRITU SANTO ES CO-IGUAL CON EL PADRE Y EL HIJO

1. *El es llamado Dios.* Este hecho se verá comparando Isaías 6:8-9 con Hechos 28:25-26; Jeremías 31:31-34 con Hebreos 10:15-17. (Notar también 2 Co. 3:18 y Hch. 5:3, 4. «¿Por qué llenó Satanás tu corazón para que mintieses al Espíritu Santo?... No has mentido a los hombres sino a Dios».) A pesar de que los juicios de Dios han caído tan drásticamente sobre algunos que han mentido contra el Espíritu (Hch. 5:3), y aunque a los hombres evidentemente no se les permite jurar en el nombre del Espíritu Santo, y aunque El es llamado *el Espíritu Santo,* es cierto que El no es más santo que el Padre o el Hijo; la absoluta santidad es el primer atributo del Trino Dios.

2. *El tiene los atributos de Dios* (Gn. 1:2; Job 26:13; 1 Co. 2:9-11; He. 9:14).

3. *El Espíritu Santo ejecuta las obras de Dios* (Job 33:4; Sal. 104:30; Lc. 12:11-12; Hch. 1:5; 20:28; 1 Co. 6:11; 2:8-11; 2 P. 1:21).

4. *Como se indica arriba, el uso de los pronombres personales afirma su personalidad.*

5. *Se presenta al Espíritu Santo en la Escritura como un objeto personal de fe* (Sal. 51:11; Mt. 28:19; Hch. 10:19-21). Como un objeto de fe, El es también Alguien a quien se le debe de obedecer. El creyente en Cristo, caminando en com-

pañerismo con el Espíritu, experimenta su poder, su guía, su instrucción y su suficiencia, y confirma experimentalmente las grandes doctrinas concernientes a la personalidad del Espíritu, la cual es revelada en la Escritura.

## PREGUNTAS

1. ¿Por qué es necesario enfatizar la personalidad del Espíritu Santo?
2. ¿Cuáles son algunas de las obras importantes del Espíritu las cuales demuestran su personalidad?
3. ¿Hasta qué punto la Escritura indica que el Espíritu Santo es afectado como una persona por otros seres?
4. ¿Qué términos bíblicos implican la personalidad del Espíritu Santo?
5. ¿Cómo el hecho de que el Espíritu Santo es llamado Dios demuestra su igualdad con el Padre y el Hijo?
6. ¿Qué evidencia sostiene la conclusión de que el Espíritu Santo tiene los atributos de Dios?
7. ¿Cómo las obras del Espíritu Santo demuestran su deidad?
8. ¿Cómo los pronombres personales usados para el Espíritu Santo confirman su personalidad?
9. ¿Hasta qué punto la experiencia cristiana, en la cual el Espíritu Santo es el objeto de la fe y obediencia, sostiene su igualdad con el Padre y el Hijo?

# 15

# Dios el Espíritu Santo: Su advenimiento

La venida del Espíritu al mundo en el día de Pentecostés debe verse en relación a su obra en dispensaciones previas. En el Antiguo Testamento el Espíritu Santo estaba en el mundo como el Dios omnipresente; sin embargo, se dice que El vino al mundo en el día de Pentecostés. Durante la edad presente se dice que El permanece en el mundo, pero que partirá fuera del mundo —en el mismo sentido como vino en el día de Pentecostés— cuando ocurra el arrebatamiento de la iglesia. Con el propósito de entender esta verdad del Espíritu Santo, deben ser considerados varios aspectos de la relación del Espíritu con el mundo.

## A. EL ESPIRITU SANTO EN EL ANTIGUO TESTAMENTO

A través del extenso período antes de la primera venida de Cristo, el Espíritu estaba presente en el mundo en el mismo sentido en el cual está presente en cualquier parte, y El obraba en y a través del pueblo de Dios de acuerdo a su divina voluntad (Gn. 41:38; Ex. 31:3; 35:31; Nm. 27:18; Job 33:4; Sal. 139:7; Hag. 2:4-5; Zac. 4:6). En el Antiguo Testamento el Espíritu de Dios se ve teniendo una relación con respecto a la creación del mundo. El tuvo parte en la revelación de la verdad divina a los santos profetas. El inspiró las Escrituras que están escritas, y tiene un ministerio en general hacia el mundo restringiendo el pecado, capacitando a los creyentes para el servicio y ejecutando milagros. Todas estas actividades indican que el Espíritu era muy activo en el Antiguo Testamento; sin embargo, no hay evidencia en el Antiguo Testamento de que el Espíritu morara en cada creyente.

Como indica Juan 14:17, El estaba «con» ellos pero no «en» ellos. De la misma manera, no hay mención de la obra de sellar del Espíritu o acerca del bautismo del Espíritu Santo antes del día de Pentecostés. De acuerdo a ello, podía anticiparse que después de Pentecostés habría una obra mucho mayor del Espíritu que en las edades precedentes.

## B. EL ESPIRITU SANTO DURANTE LA VIDA DE CRISTO EN LA TIERRA

Es razonable suponer que la presencia encarnada y activa de la Segunda Persona de la Trinidad en el mundo afectaría los ministerios del Espíritu, y encontramos que esto es cierto.

1. *En relación a Cristo, el Espíritu era el poder generador por medio del cual el Dios-hombre fue formado en la matriz virginal.* El Espíritu también es visto descendiendo, en la forma de una paloma, sobre Cristo en el momento de su bautismo. Y otra vez se revela que era solamente a través del Espíritu eterno que Cristo se ofreció a sí mismo a Dios (He. 9:14).

2. *La relación del Espíritu para con los hombres durante el ministerio terrenal de Cristo era progresiva.* Cristo les dio primeramente a sus discípulos la seguridad de que ellos podrían recibir el Espíritu pidiéndolo (Lc. 11:13). Aunque el Espíritu había venido previamente sobre los hombres de acuerdo a la soberana voluntad de Dios, su presencia en el corazón humano nunca había estado antes condicionada a la petición, y este nuevo privilegio nunca fue reclamado por ninguno en aquel tiempo, con respecto a lo que las Escrituras muestran. Al término de su ministerio y justamente antes de su muerte, Cristo dijo: «Y yo rogaré al Padre, y os dará

otro Consolador, para que esté con vosotros para siempre: El Espíritu de verdad (Jn. 14:16-17). De igual manera, después de su resurrección el Señor sopló sobre ellos y dijo: «Recibid el Espíritu Santo» (Jn. 20:22); pero, a pesar de este don temporal del Espíritu, ellos deberían de permanecer en Jerusalén hasta que fueran investidos permanentemente con poder de lo alto (Lc. 24:49; Hch. 1:4).

## C. LA VENIDA DEL ESPIRITU SANTO EN PENTECOSTES

Como fue prometido por el Padre (Jn. 14:16-17, 26) y por el Hijo (Jn. 16:7), el Espíritu —quien como el único Omnipresente había estado siempre en el mundo— vino al mundo en el día de Pentecostés. La fuerza de esta repetición aparente de ideas se ve cuando queda comprendido que su venida en el día de Pentecostés era para que El pudiera hacer su morada en el mundo. Dios el Padre, aunque omnipresente (Ef. 4:6), es, en cuanto a su morada, «Padre nuestro que estás en los cielos» (Mt. 6:9). De la misma manera, Dios el Hijo, aunque omnipresente (Mt. 18:20; Col. 1:27), en cuanto a su morada ahora está sentado a la diestra de Dios (He. 1:3; 10:12). Del mismo modo, el Espíritu, aunque omnipresente, está ahora aquí en la tierra en lo que respecta a su morada. El ocupar su morada en la tierra era el sentido en el cual el Espíritu vino en el día de Pentecostés. Su lugar de habitación fue cambiado del cielo a la tierra. Fue por esta venida del Espíritu al mundo que se dijo a los discípulos que esperaran. El nuevo ministerio de esta edad de gracia no podría comenzar aparte de la venida del Espíritu.

En los capítulos que siguen será presentada la obra del Espíritu en la edad presente. El Espíritu de Dios primeramente tiene un ministerio hacia el mundo, como se indica en Juan 16:7-11. Aquí El está revelado convenciendo al mundo de pecado, de justicia y de juicio. Esta obra que prepara a un individuo para recibir a Cristo inteligentemente es una obra especial del Espíritu, una obra de gracia, la cual ilumina a las mentes de los hombres incrédulos, cegados por Satanás, respecto a tres grandes doctrinas.

1. *Al incrédulo se le hace entender que el pecado de la incredulidad en Jesucristo como su Salvador personal es el*

*único pecado que permanece entre él y su salvación.* No es cuestión de su justicia, sus sentimientos o cualquier otro factor. El pecado de la incredulidad es el pecado que impide su salvación (Jn. 3:18).

2. *El incrédulo es informado en lo que concierne a la justicia de Dios.* Mientras que en la tierra Cristo fue la viva ilustración de la justicia de Dios, luego de su partida el Espíritu es enviado para revelar la justicia de Dios hacia el mundo. Esto incluye el hecho de que Dios es un Dios justo, quien demanda mucho más de lo que cualquier hombre puede hacer por sí mismo, y esto elimina cualquier posibilidad de obras humanas como base para la salvación. Más importante, el Espíritu de Dios revela que hay una justicia obtenible por la fe en Cristo, y que cuando uno cree en Jesucristo puede ser declarado justo, justificado por la fe y aceptado por su fe en Cristo, quien es justo en ambas cosas, su persona y su obra en la cruz (Ro. 1:16-17; 3:22; 4:5).

3. *Se revela el hecho de que el príncipe de este mundo, esto es, el mismo Satanás, ha sido juzgado en la cruz y está sentenciado al castigo eterno.* Esto revela el hecho de que la obra en la cruz está terminada, que ese juicio ha tenido lugar, que Satanás ha sido vencido y que la salvación es obtenible para aquellos quienes ponen su confianza en Cristo. Mientras que no es necesario para un incrédulo comprender completamente todos estos hechos para ser salvado, el Espíritu Santo debe revelar lo suficiente de manera que, a medida que él cree, inteligentemente recibe a Cristo en su persona y su obra.

Hay un sentido en el cual esto fue parcialmente cierto en las edades pasadas, ya que incluso en el Antiguo Testamento era imposible para una persona creer y ser salvada sin una obra del Espíritu. Sin embargo, en la edad presente, siguiendo a la muerte y la resurrección de Cristo, estos hechos se vuelven ahora mucho más claros, y la obra del Espíritu, al revelarlos a los incrédulos, es parte de la razón importante para su venida a la esfera del mundo y hacer de ella su residencia.

En su venida al mundo en el día de Pentecostés, la obra del Espíritu en la iglesia tomó lugar en muchos aspectos nuevos. Esto será considerado en los últimos capítulos. Se dice que el Espíritu Santo regenera a cada creyente (Jn. 3:3-7; 36).

El Espíritu Santo mora en cada creyente (Jn. 7:37-39; Hch. 11:15-17; Ro. 5:5; 8:9-11; 1 Co. 6:19-20). Habitando en el creyente, el Espíritu Santo es nuestro sello hasta el día de la redención (Ef. 4:30). Luego, cada hijo de Dios es bautizado dentro del cuerpo de Cristo por el Espíritu (1 Co. 12:13). Todos estos ministerios se aplican igualmente a cada creyente verdadero en esta edad presente. En adición a estas obras que están relacionadas a la salvación del creyente, está la posibilidad del ser lleno del Espíritu y el andar por el Espíritu, lo cual abre la puerta a todo el ministerio del Espíritu en cuanto al creyente en esta edad presente. Estas grandes obras del Espíritu son la llave no solamente de la salvación sino que también para una vida cristiana efectiva en la edad presente.

Cuando el propósito de Dios en esta edad sea completado por el arrebatamiento de la iglesia, el Espíritu Santo habrá cumplido el propósito de su especial advenimiento al mundo y partirá del mundo en el mismo sentido de que El vino en el día de Pentecostés. Puede verse un paralelo entre la venida de Cristo a la tierra para cumplir su obra y su partida hacia el cielo. Como Cristo, sin embargo, el Espíritu Santo continuará siendo omnipresente y seguirá una obra después del arrebatamiento similar a aquella que fue verdadera antes del día de Pentecostés.

La época presente es, de acuerdo a esto, en muchos aspectos, la edad del Espíritu, una edad en la cual el Espíritu de Dios está obrando en una manera especial para llamar a una compañía de creyentes de los judíos y los gentiles a formar el cuerpo de Cristo. El Espíritu Santo continuará trabajando después del arrebatamiento, como lo hará también en la edad del reino, la cual tendrá sus propias características y probablemente incluirá todos los ministerios del Espíritu Santo en la edad presente excepto aquel del bautismo del Espíritu.

La venida del Espíritu debería ser vista como un acontecimiento importante, esencial para la obra de Dios en la edad presente, así como la venida de Cristo es esencial para la salvación y el propósito elemental de Dios para proveer salvación para todo el mundo y especialmente para aquellos que creerían.

## PREGUNTAS

1. ¿En qué sentido el Espíritu Santo estaba en el mundo antes de Pentecostés?
2. ¿Qué obras importantes del Espíritu Santo se encuentran en el Antiguo Testamento?
3. Distinguir el significado de que el Espíritu Santo estuvo «con» los santos del Antiguo Testamento, en contraste a la edad presente, en la que el Espíritu Santo está «en» ellos.
4. ¿Cómo se relaciona el Espíritu Santo con la concepción y el nacimiento de Cristo?
5. ¿Qué ministerio tuvo el Espíritu Santo en el período de los Evangelios?
6. ¿Por qué tuvieron que esperar los discípulos hasta Pentecostés para la venida del Espíritu Santo aun cuando el Señor había soplado sobre ellos? (Jn. 20:22).
7. ¿En qué sentido la promesa de Cristo de dar otro Consolador, quien habitaría con sus discípulos para siempre, prometió un nuevo ministerio del Espíritu?
8. ¿En qué sentido el Espíritu Santo vino en el día de Pentecostés, y cómo se relaciona esto con su omnipresencia?
9. ¿Qué tres doctrinas son enseñadas por el Espíritu en lo que se refiere a convencer al mundo?
10. En su venida en el día de Pentecostés, ¿qué obras importantes del Espíritu pueden contemplarse?
11. ¿Dónde está el hogar del Padre y el Hijo durante la era presente?
12. ¿Dónde está el sitio de morada del Espíritu Santo durante esta edad presente?
13. ¿Qué cambio en el ministerio del Espíritu Santo tendrá lugar en el tiempo del arrebatamiento?
14. ¿Continuará obrando el Espíritu Santo en la tierra después del arrebatamiento?
15. ¿Qué puede esperarse del ministerio del Espíritu en el milenio?
16. ¿Cuán importante es el ministerio del Espíritu para el propósito presente de Dios?

# 16

# Dios el Espíritu Santo: Su regeneración

Dado que la vida cristiana de fe comienza con el nuevo nacimiento, la regeneración es una de las doctrinas fundamentales en relación a la salvación. Una definición exacta de esta obra del Espíritu y un entendimiento de su relación con toda la vida cristiana son importantes para un evangelismo efectivo tanto como para la madurez espiritual.

## A. DEFINICION DE REGENERACION

En la Biblia la palabra «regeneración» se encuentra solamente dos veces. En Mateo 19:28 se usa en la renovación de la tierra en el reino milenial y no se aplica a la salvación cristiana. En Tito 3:5, sin embargo, se hace la declaración: «No por obras de justicia que nosotros hubiéramos hecho, sino por su misericordia, por el lavamiento de la regeneración y por la renovación en el Espíritu Santo.» Sobre la base de este texto, la palabra «regeneración» ha sido elegida por los teólogos para expresar el concepto de nueva vida, nuevo nacimiento, resurrección espiritual, la nueva creación y, en general, una referencia de la nueva vida sobrenatural que los creyentes reciben como hijos de Dios. En la historia de la iglesia, el término no ha tenido siempre un uso exacto, pero entendido correctamente significa el origen de la vida eterna, el cual se introduce en el creyente en Cristo en el momento de su fe, el cambio instantáneo de un estado de muerte espiritual a la vida espiritual.

## B. REGENERACION POR EL ESPIRITU SANTO

Por su naturaleza, la regeneración es una obra de Dios y los aspectos de su veracidad se declaran en muchos pasajes (Jn. 1:13; 3:3-7; 5:21; Ro. 6:13; 2 Co. 5:17; Ef. 2:5, 10; 4:24; Tit. 3:5; Stg. 1:18; 1 P. 2:9). De acuerdo a Juan 1:13, «no son engendrados de sangre, ni de voluntad de carne, ni de voluntad de varón, sino de Dios». En muchos pasajes se le compara a la resurrección espiritual (Jn. 5:21; Ro. 6:13; Ef. 2:5). También se le compara a la creación, por cuanto es un acto creativo de Dios (2 Co. 5:17; Ef. 2:10; 4:24).

Las tres Personas de la Trinidad están involucradas en la regeneración del creyente. El Padre está relacionado con la regeneración en Santiago 1:17-18. Al Señor Jesucristo se le revela frecuentemente involucrado en la regeneración (Jn. 5:21; 2 Co. 5:18; 1 Jn. 5:12). Parece, sin embargo, que, como en otras obras de Dios donde las tres personas están involucradas, el Espíritu Santo es específicamente el Regenerador, como se declara en Juan 3:3-7 y Tito 3:5. Puede observarse un paralelo en el nacimiento de Cristo, en el cual Dios fue su Padre, la vida del Hijo estaba en Cristo y aun así fue concebido del Espíritu Santo.

## C. VIDA ETERNA IMPARTIDA POR LA REGENERACION

El concepto central de la regeneración es que un creyente el cual en un principio estaba muerto espiritualmente ahora ha recibido vida eterna. Para describir esto se usan tres figuras. Una es la idea de nacer de nuevo, o la figura de renacer. En la conversación de Cristo con Nicodemo El dijo: «Os es necesario nacer de nuevo.» Aparece en contraste con el nacimiento humano en Juan 1:13. En una segunda figura, la de la resurrección espiritual, se declara a un creyente en Cristo como «vivo de entre los muertos» (Ro. 6:13). En Efesios 2:5

se declara que Dios, «aun estando nosotros muertos en pecados, nos dio vida juntamente con Cristo», literalmente «nos hizo vivos junto con Cristo». En la tercera figura, la de la nueva creación, el creyente es exhortado a «y vestíos del nuevo hombre, creado según Dios en la justicia y santidad de la verdad» (Ef. 4:24). En 2 Corintios 5:17 el pensamiento se hace claro: «De modo que si alguno está en Cristo, nueva criatura es; las cosas viejas pasaron; he aquí todas son hechas nuevas.» Las tres figuras hablan de la nueva vida, la cual se recibe por fe en Cristo.

Dada la naturaleza del acto del nuevo nacimiento, la resurrección espiritual y la creación, está claro que la regeneración no es llevada a cabo por ninguna buena obra del hombre. No es un acto de la voluntad humana en sí misma, y no es producida por ninguna ordenanza de la iglesia tal como el bautismo por agua. Es enteramente un acto sobrenatural de Dios en respuesta a la fe del hombre.

De igual manera, la regeneración debe distinguirse de la experiencia que le sigue. La regeneración es instantánea y es inseparable de la salvación. Una persona salvada en forma genuina tendrá una experiencia espiritual subsiguiente, pero la experiencia es la evidencia de la regeneración, no la regeneración misma. En un sentido es posible decir que experimentamos el nuevo nacimiento, pero lo que queremos significar con esto es que experimentamos los resultados del nuevo nacimiento.

## D. LOS RESULTADOS DE LA REGENERACION

En muchos aspectos, la regeneración es el fundamento sobre el cual está edificada nuestra total salvación. Sin nueva vida en Cristo no hay posibilidad de recibir los otros aspectos de la salvación tales como la morada del Espíritu, la justificación, o todos los otros resultados ulteriores. Sin embargo, hay algunas características que son inmediatamente evidentes en el mismo hecho de la regeneración.

Cuando un creyente recibe a Cristo por la fe, es nacido de nuevo y en el acto del nuevo nacimiento recibe una nueva naturaleza. Esto es a lo que la Biblia hace referencia como al «nuevo hombre» (Ef. 4:24), del cual se nos exhorta a que «nos vistamos», en el sentido de que deberíamos aprovecharnos de su contribución a nuestra nueva personalidad. A causa de la nueva naturaleza, un creyente en Cristo puede experimentar a menudo un cambio drástico en su vida, en su actitud hacia Dios y en su capacidad de tener victoria sobre el pecado. La nueva naturaleza está modelada en conformidad con la naturaleza de Dios mismo y es algo diferente de la naturaleza humana de Adán antes de pecar, la cual era completamente humana, aunque sin pecado. La nueva naturaleza tiene cualidades divinas y anhela las cosas de Dios. Aunque en sí misma no tiene el poder de cumplir sus deseos aparte del Espíritu Santo, da una nueva dirección a la vida y una nueva aspiración para alcanzar la voluntad de Dios.

Mientras que la regeneración en sí misma no es una experiencia, la nueva vida recibida en la regeneración da al creyente nueva capacidad para la experiencia. Antes fue ciego, y ahora puede ver. Antes estaba muerto, ahora está vivo a las cosas espirituales. Antes era extraño de Dios y fuera de la comunión; ahora tiene una base para la comunión con Dios y puede recibir el ministerio del Espíritu Santo. En la proporción que el cristiano se entrega a sí mismo a Dios y obtiene la provisión de Dios, su experiencia será maravillosa, una demostración sobrenatural de lo que Dios puede hacer con una vida que está rendida a El.

Otro aspecto importante de tener la vida eterna es que es el terreno para la seguridad eterna. Aunque algunos han enseñado que la vida eterna puede perderse y que una persona que ha sido una vez salva puede perderse si se aparta de la fe, la misma naturaleza de la vida eterna y del nuevo nacimiento impiden una vuelta atrás en esta obra de Dios. Es primeramente una obra de Dios, no de hombre, que no depende de ninguna dignidad humana. Si bien la fe es necesaria, no es considerada una buena obra la cual merece la salvación, sino más bien abre el canal a través del cual Dios puede obrar en la vida individual. Así como el nacimiento natural no puede ser invertido, de la misma manera el nacimiento espiritual tampoco puede serlo; una vez efectuado, asegura al creyente que Dios siempre será su Padre Celestial.

De igual manera, la resurrección no puede ser revocada, puesto que somos elevados a una nueva orden de seres por un acto de Dios.

El nuevo nacimiento como un acto de la creación es otra evidencia que una vez que se realiza continúa para siempre. El hombre no puede en sí mismo anular esta creación. La doctrina de la seguridad eterna, de acuerdo a esto, descansa sobre la pregunta de si la salvación es una obra de Dios o del hombre, si es enteramente por gracia o basada en los méritos humanos. Aunque el nuevo creyente en Cristo puede fallar en lo que él debería ser como un hijo de Dios, así como se da en el caso del parentesco humano, esto no altera el hecho de que él ha recibido una vida que es eterna. También es cierto que la vida eterna que tenemos ahora se expresa sólo parcialmente en la experiencia espiritual. Tendrá su gozo final en la presencia de Dios en los cielos.

## PREGUNTAS

1. ¿Qué significa regeneración?
2. ¿Qué pasajes importantes sobre la regeneración se encuentran en el Nuevo Testamento, y qué enseñan en general?
3. ¿Cómo están involucradas las tres personas de la Trinidad en la regeneración del creyente?
4. Describir la regeneración como está revelada en la figura del re-nacimiento.
5. ¿Por qué se le llama al nuevo nacimiento la resurrección espiritual?
6. ¿Cómo el hecho de que un creyente en Cristo es una nueva criatura es un resultado de la regeneración?
7. ¿Por qué es imposible para la voluntad humana en sí misma producir el nuevo nacimiento?
8. ¿En qué sentido la regeneración no es una experiencia?
9. ¿Cómo se relaciona la experiencia con la regeneración?
10. ¿De qué manera es la nueva naturaleza un resultado de la regeneración?
11. ¿Qué nuevas experiencias vendrán a un creyente regenerado?
12. ¿Cómo se relaciona la regeneración con la seguridad eterna?

# 17

# Dios el Espíritu Santo: Su morada y sellamiento

## A. UNA NUEVA CARACTERISTICA DE LA EDAD PRESENTE

Aunque el Espíritu de Dios estaba con los hombres en el Antiguo Testamento y era la fuente de sus nuevas vidas y los significados de la victoria espiritual, no hay evidencia de que todos los creyentes en el Antiguo Testamento tenían al Espíritu morando en ellos.

Esto se explica por el silencio en el Antiguo Testamento sobre esta doctrina y por la enseñanza expresa de Jesucristo, cuando contrasta la situación del Antiguo Testamento con la edad presente en las palabras «porque mora con vosotros, y estará en vosotros» (Jn. 14:17). El creyente como morada del Espíritu es una característica de la edad presente que se repetirá en el reino milenial, pero que no se encuentra en otro período.

## B. LA MORADA UNIVERSAL DEL ESPIRITU SANTO EN LOS CREYENTES

Aunque los cristianos pueden variar grandemente en poder espiritual y en la manifestación de frutos del Espíritu, la

Escritura enseña plenamente que cada cristiano tiene al Espíritu de Dios morando en él desde el día de Pentecostés. Algunas demoras temporales de esta experiencia que se ven en algunas ocasiones en Hechos (8:14-17; 19:1-6) fueron circunstancias excepcionales, no normales, y debidas al carácter transitorio del libro de los Hechos. El hecho de su morada está mencionado en tantos pasajes en la Biblia que no debería ser cuestionado por nadie que reconozca la autoridad de la Escritura (Jn. 7:37-39; Hch. 11:17; Ro. 5:5; 8:9, 11; 1 Co. 2:12; 6:19-20; 12:13; 2 Co. 5:5; Gá. 3:2; 4:6; 1 Jn. 3:24; 4:13). Estos pasajes dejan en claro que antes del día de Pentecostés la dispensación del Antiguo Testamento —en la cual solamente algunos tenían ese privilegio— estaba en vigencia, pero después de Pentecostés la obra normal del Espíritu ha sido el morar en cada cristiano.

Romanos 8:9 sostiene la morada universal del Espíritu declarando que en la era presente «si alguno no tiene el Espíritu de Cristo, no es de El». De igual manera, en Judas 19 a los no creyentes se les describe como «no teniendo el Espíritu». Aun los cristianos que están viviendo fuera de la voluntad de Dios y están sujetos al castigo de Dios, sin embargo tienen cuerpos, los cuales son los templos del Espíritu Santo. Pablo usa este argumento en 1 Corintios 6:19 para exhortar a los corintios carnales a que eviten los pecados contra Dios, porque sus cuerpos son hechos santos por la presencia del Espíritu Santo.

Se declara repetidamente que el Espíritu Santo es un don de Dios, y un don, por su naturaleza, es algo sin mérito de parte del que lo recibe (Jn. 7:37-39 Hch. 11:17; Ro. 5:5; 1 Co. 2:12; 2 Co. 5:5). De igual manera, el alto nivel de vida que se requiere de los cristianos que quieren caminar con el Señor presupone la presencia interna del Espíritu Santo para proveer la capacitación divina necesaria. Así como los reyes y sacerdotes eran ungidos y puestos aparte para sus tareas sagradas, de igual forma el cristiano es ungido por el Espíritu Santo en el momento de la salvación, y por la presencia interna del Espíritu Santo es puesto aparte para su nueva vida en Cristo (2 Co. 1:21; 1 Jn. 2:20, 27). El ungimiento es universal, ocurre en el momento de la salvación, y doctrinalmente es lo mismo que el morar del Espíritu.

La enseñanza de que uno es ungido en forma subsiguiente a la salvación y que es una segunda obra de gracia, o que sólo es posible cuando se está lleno del Espíritu Santo, no es la enseñanza de la Escritura.

## C. PROBLEMAS EN LA DOCTRINA DEL MORAR DEL ESPIRITU

El hecho de que cada creyente es morada del Espíritu ha sido a veces desafiado sobre la base de pasajes problemáticos. De acuerdo a tres pasajes en el Antiguo Testamento y los evangelios (1 S. 16:14; Sal. 51:11; Lc. 11:13), algunos han creído que uno que posea el Espíritu puede perderlo. La oración de David (Sal. 51:11) para que no le fuera quitado el Espíritu de Dios, como fue la experiencia de Saúl (1 S. 16:14), está basada en la vigencia del Antiguo Testamento. Entonces no era normal que todos le tuvieran consigo morando, y, de acuerdo a ello, lo que les había sido dado en forma soberana, de la misma manera podría serle quitado.

Tres pasajes en los Hechos parecen también implicar un problema en la morada universal del Espíritu. En Hechos 5:32 se describe al Espíritu Santo como Uno «el cual ha dado Dios a los que le obedecen». Sin embargo, la obediencia, aquí, es la obediencia al Evangelio, puesto que la Escritura indica claramente que algunos quienes son parcialmente desobedientes aún poseen el Espíritu. La demora en administrar el Espíritu a aquellos quienes oyeron el evangelio a través de Felipe en Samaria fue ocasionada por la necesidad de conectar esta nueva obra del Espíritu con la de los apóstoles en Jerusalén. De acuerdo a esto, el dar el Espíritu fue demorado hasta que les impusieron las manos (Hch. 8:17), pero ésta no era la situación normal, como se ilustra en la conversión de Cornelio, quien recibió el Espíritu sin la imposición de manos. La situación en Hechos 19:1-6 parece referirse a aquellos quienes habían creído en Juan el Bautista, pero que nunca habían creído en Cristo. Ellos recibieron el Espíritu cuando Pablo impuso sus manos sobre ellos, pero otra vez ésta es más bien una situación anormal que normal y no se ha vuelto a repetir. El ungimiento en 1 Juan 2:20 (referido como «unción») y en 1 Juan 2:27, si se interpreta correctamente, se relaciona al acto inicial de morar, más que a una obra subsiguiente del Espíritu. En cada ocasión de ungimiento en el Nuevo Testamento, ya sea que se refiera al período antes o después de Pentecostés, el ungimiento del Espíritu es un acto inicial (Lc. 4:18; Hch. 4:27; 10:38; 2 Co. 1:21; 1 Jn. 2: 20, 27). Así las dificultades en esta doctrina desaparecen con un estudio cuidadoso de los pasajes en los cuales se plantean los problemas.

## D. EL MORAR DEL ESPIRITU EN CONTRASTE CON OTROS MINISTERIOS

Dado que algunas obras del Espíritu acontecen simultáneamente en el creyente en el momento de su nuevo nacimiento, debe hacerse una cuidadosa distinción entre estas obras del Espíritu. Por consiguiente, el morar del Espíritu no es lo mismo que la regeneración del Espíritu, aunque acontecen al mismo tiempo. De igual manera, la regeneración y el morar del Espíritu Santo no son lo mismo que el bautismo del Espíritu, el cual será tratado próximamente. El morar del Espíritu no es lo mismo que la plenitud del Espíritu, puesto que todos los cristianos son morada del Espíritu pero no todos están llenos del Espíritu. Además, el morar del Espíritu sucede una vez y para siempre, mientras que la plenitud del Espíritu puede ocurrir muchas veces en la experiencia cristiana. El morar del Espíritu es, sin embargo, lo mismo que la unción del Espíritu y el sellamiento del Espíritu.

El hecho del morar del Espíritu o de su unción es un rasgo característico de esta era (Jn. 14:17; Ro. 7:6; 8:9; 1 Co. 6: 19-20; 2 Co. 1:21; 3:6; 1 Jn. 2:20, 27). Por medio del morar del Espíritu el individuo es santificado o apartado para Dios. En el Antiguo Testamento el aceite de la unción tipifica a la unción presente por medio del Espíritu, siendo el aceite uno de los siete símbolos del Espíritu.

1. Cualquier cosa tocada con el aceite de la unción era, por lo tanto, santificada (Ex. 40:9-15). De igual manera, el Espíritu ahora santifica (Ro. 15:16; 1 Co. 6:11; 2 Ts. 2:13; 1 P. 1:2).

2. El profeta era santificado con aceite (1 R. 9:16), de igual forma Cristo era un profeta por el Espíritu (Is. 61:1; Lc. 4:18), y el creyente es un testigo por el Espíritu (Hch. 1:8).

3. El sacerdote era santificado con aceite (Ex. 40:15), igualmente lo fue Cristo en su sacrificio por medio del Espíritu (He. 9:14), y el creyente por medio del Espíritu (Ro. 8:26; 12:1; Ef. 5:18-20).

4. El rey era santificado con aceite (1 S. 16:12-13), de la misma manera lo fue Cristo por medio del Espíritu (Sal. 45:7), y el creyente está llamado a reinar por medio del Espíritu.

5. El aceite de la unción era para sanidades (Lc. 10:34), sugiriendo la sanidad del alma en la salvación por el Espíritu.

6. El aceite hace que la cara brille, lo cual era el aceite del gozo (Sal. 45:7), y se requería el aceite fresco (Sal. 92:10). El fruto del Espíritu es gozo (Gá. 5:22).

7. En el mobiliario para el tabernáculo se especifica el aceite para las lámparas (Ex. 25:6). El aceite sugiere el Espíritu, el pábilo al creyente como un canal, y la luz el brillo visible de Cristo. El pábilo debe descansar en el aceite; así el creyente debe caminar en el Espíritu (Gá. 5:16). El pábilo debe estar libre de obstrucción; así el creyente no debe resistir el Espíritu (1 Ts. 5:19). El pábilo debe estar arreglado; así el creyente debe ser limpiado por la confesión del pecado (1 Jn. 1:9).

El aceite de la santa unción (Ex. 30:22-25) estaba compuesto por cuatro especias añadidas al aceite como base. Estas especias representan virtudes peculiares que se encuentran en Cristo. Así, este compuesto simboliza al Espíritu tomando la misma vida y carácter de Cristo y aplicándola al creyente. Este aceite en ninguna manera podía ser aplicado a la carne humana (Jn. 3:6; Gá. 5:17). No podía ser imitado, lo cual indica que Dios no puede aceptar nada sino la manifestación de la vida, la cual es Cristo (Fil. 1:21). Cada artículo del mobiliario en el tabernáculo debía de ser ungido y, por consiguiente, apartado para Dios, lo que sugiere que la dedicación del creyente debe ser completa (Ro. 12:1-2).

## E. EL SELLAMIENTO DEL ESPIRITU

El morar del Espíritu Santo se representa como el sello de Dios en tres pasajes en el Nuevo Testamento (2 Co. 1:22; Ef. 1:13; 4:30). En cada consideración importante el sellamiento del Espíritu es enteramente una obra de Dios. A los cristianos nunca se les exhorta a buscar el sellamiento del

Espíritu, puesto que cada cristiano ya ha sido sellado. El sellamiento del Espíritu Santo, por lo tanto, es tan universal como la morada del Espíritu Santo y ocurre en el momento de la salvación.

Efesios 1:13 dice: «Habiendo creído en El, fuisteis sellados con el Espíritu Santo de la promesa.» En otras palabras, el creer y el recibir ocurren al mismo tiempo. No es, por lo tanto, ni un trabajo subsiguiente de la gracia ni una recompensa por la espiritualidad. Los cristianos efesios fueron exhortados: «Y no contristéis al Espíritu Santo de Dios, con el cual estáis sellados para el día de la redención» (Ef. 4:30). Aun cuando ellos pecaran y contristaran al Espíritu, sin embargo estaban sellados para el día de la redención, esto es, hasta el día de la resurrección o transformación, cuando recibieran nuevos cuerpos y ya no pecaran más.

Como el morar del Espíritu, el sellamiento del Espíritu no es una experiencia, sino un hecho para ser aceptado por la fe. El sellamiento del Espíritu es una parte tremendamente significativa de la salvación del cristiano e indica su seguridad, y que es propiedad de Dios. En adición a lo anterior, es el símbolo de una transacción terminada. El cristiano está sellado hasta el día de la redención de su cuerpo y su presentación en gloria. Tomado como un todo, la doctrina de la presencia moradora del Espíritu Santo como nuestro sello trae gran seguridad y confortamiento al corazón de cada creyente que entienda esta gran verdad.

## PREGUNTAS

1. ¿Qué evidencias sostienen la conclusión de que el morar del Espíritu en cada creyente es una característica distintiva de la edad presente?
2. ¿Qué pasajes importantes en el Nuevo Testamento enseñan en forma incuestionable la morada universal del Espíritu Santo en los creyentes?
3. ¿Por qué la morada del Espíritu Santo es necesaria para el alto nivel de vida espiritual del creyente?

4. ¿Cómo puede definirse la unción del Espíritu?
5. ¿Qué problemas en la doctrina del morar del Espíritu se levantan por medio de tales pasajes como 1 Samuel 16:14; Salmo 51:11; Lucas 11:13?
6. ¿Cuál es la explicación de Hechos 5:32 en relación a la morada universal del Espíritu?
7. ¿Por qué el dar del Espíritu Santo fue demorado de acuerdo a Hechos 8:17?
8. ¿Cómo puede ser explicado el problema de Hechos 19:1-6 en relación a la morada universal del Espíritu?
9. ¿Cómo puede contrastarse el morar del Espíritu Santo con la regeneración?
10. ¿Cómo puede contrastarse el morar del Espíritu Santo con el bautismo del Espíritu?
11. ¿Cómo puede contrastarse el morar del Espíritu con la plenitud del Espíritu Santo?
12. ¿Cómo el aceite de la unción usado en el Antiguo Testamento tipifica la obra del Espíritu Santo?
13. ¿Cuál es el significado de las cuatro especias añadidas al aceite santo de la unción en el Antiguo Testamento?
14. ¿Cuál es la relación entre el morar y el sellar del Espíritu?
15. Explicar el verdadero significado de Efesios 1:13.
16. ¿Cómo se relaciona el sellamiento del Espíritu con la experiencia espiritual?
17. ¿Cómo se relaciona el sellamiento del Espíritu con la seguridad eterna?

# 18

# Dios el Espíritu Santo: Su bautismo

## A. EL SIGNIFICADO DEL BAUTISMO DEL ESPIRITU SANTO

Probablemente ninguna otra doctrina del Espíritu Santo ha creado más confusión que el bautismo del Espíritu. Mucho de esto se deriva del hecho de que el bautismo del Espíritu comenzó al mismo tiempo en que ocurrían otras grandes obras del Espíritu, tales como la regeneración, la morada y el sellamiento. También en algunas ocasiones el bautismo del Espíritu y la plenitud del Espíritu ocurren al mismo tiempo. Esto ha guiado a algunos expositores a hacer sinónimos de estos dos acontecimientos. El conflicto en la interpretación, sin embargo, se resuelve si uno examina cuidadosamente lo que la Escritura dice con relación al bautismo del Espíritu. En total hay once referencias específicas al bautismo del Espíritu en el Nuevo Testamento (Mt. 3:11; Mr. 1:8; Lc. 3:16; Jn. 1:33; Hch. 1:5; 11:16; Ro. 6:1-4; 1 Co. 12:13; Gá. 3:27; Ef. 4:5; Col. 2:12).

## B. EL BAUTISMO DEL ESPIRITU SANTO ANTES DE PENTECOSTES

Al examinar las referencias en los cuatro evangelios y en Hechos 1:5, se aclara que el bautismo del Espíritu es considerado en cada caso como un acontecimiento futuro, el cual nunca había ocurrido previamente. No hay mención del bautismo del Espíritu en el Antiguo Testamento, y los cuatro evangelios se unen con Hechos 1:5 en anticipar el bautismo del Espíritu como un evento futuro. En los evangelios, el bautismo del Espíritu se presenta como una obra la cual Cristo hará por medio del Espíritu Santo como su agente, como, por ejemplo, en Mateo 3:11, donde Juan el Bautista predice que Cristo «os bautizará en Espíritu Santo y fuego». La referencia al bautismo por fuego parece hacer alusión a la segunda venida de Cristo y los juicios que ocurrirán en ese tiempo, y también se menciona en Lucas 3:16, pero no en Marcos 1:8 o en Juan 1:33. A veces la intervención del Espíritu Santo se expresa por el uso de la preposición griega *en*, como en Mateo 3:11, Lucas 3:16 y Juan 1:33. Ya sea que la preposición se use o no, el pensamiento es claro en cuanto a que Cristo bautizó por el Espíritu Santo. Algunos han tomado esto como algo diferente del bautismo del Espíritu del que se habla en Hechos y en las Epístolas, pero el punto de vista preferible es que el bautismo del Espíritu es el mismo en todo el Nuevo Testamento.

El bautismo en cualquier caso es por medio del Espíritu Santo.

La norma de la doctrina es expresada por Cristo mismo cuando El contrastó su bautismo, administrado por Juan, con el futuro bautismo de los creyentes por medio del Espíritu Santo, lo cual ocurriría después de su ascensión. Cristo dijo: «Porque Juan ciertamente bautizó con agua, mas vosotros seréis bautizados con el Espíritu Santo dentro de no muchos días» (Hch. 1:5).

## C. TODOS LOS CRISTIANOS SON BAUTIZADOS POR EL ESPIRITU EN LA EDAD PRESENTE

A causa de la confusión en cuanto a la naturaleza y tiempo del bautismo del Espíritu, no siempre ha sido reconocido que cada cristiano es bautizado por el Espíritu dentro del cuerpo de Cristo en el momento de su salvación. Este hecho es destacado en el pasaje central sobre el bautismo del Espíritu en el Nuevo Testamento en 1 Corintios 12:13. Allí se declara: «Porque por un solo Espíritu fuimos todos bautizados en un cuerpo, sean judíos o griegos, sean esclavos o libres; y a todos se nos dio a beber de un mismo Espíritu.» En este pasaje la preposición griega *en* es traducida correctamente «por», en lo que se llama el uso instrumental de esta preposición. Este uso instrumental es ilustrado por medio de la misma preposición en Lucas 4:1, donde se dice que Cristo fue «llevado por el Espíritu al desierto», y por la expresión «por vosotros» en 1 Corintios 6:2, por la expresión «por medio de El» en Colosenses 1:16 y por la frase «en Dios Padre» en Judas 1. El argumento de que la preposición no es usada con respecto a personas en la Escritura está errado. De acuerdo a ello, si bien es verdad, como se indica en 1 Corintios 12:13, que por el bautismo del Espíritu entramos en una nueva relación del Espíritu, la enseñanza no es tanto que seamos traídos dentro del Espíritu como que por medio del Espíritu somos traídos dentro del cuerpo de Cristo.

La expresión «todos nosotros» se refiere claramente a todos los cristianos, no a todos los hombres, y no debería estar limitada a algún grupo de cristianos en particular. La verdad es más bien que cada cristiano desde el momento en que es salvo es bautizado por el Espíritu dentro del cuerpo de Cristo. Así, Efesios 4:5 se refiere a «un Señor, una fe, un bautismo». Mientras que los rituales del bautismo por agua varían, hay un solo bautismo del Espíritu.

La universalidad de este ministerio se destaca también por el hecho de que en la Escritura el cristiano nunca es exhortado a que sea bautizado por el Espíritu, mientras que sí se le exhorta a ser lleno del Espíritu (Ef. 5:18).

## D. EL BAUTISMO DEL ESPIRITU DENTRO DEL CUERPO DE CRISTO

Por medio del bautismo del Espíritu se cumplen dos resultados importantes. El primero, que el creyente es bautizado o ubicado dentro del cuerpo de Cristo; relacionado a esto es la segunda figura del bautismo en Cristo mismo. Estos dos resultados simultáneos del bautismo del Espíritu son tremendamente significativos. Por medio del bautismo del Espíritu el creyente es colocado dentro del cuerpo de Cristo en la unión viviente de todos los creyentes verdaderos en la edad presente. Aquí el bautismo tiene su significado primario en el hecho de ser ubicado, iniciado, y en que nos ha sido dada una relación nueva y permanente. Por consiguiente, el bautismo del Espíritu relaciona a los creyentes con todo el cuerpo de la verdad que se revela en la Escritura concerniente al cuerpo de Cristo. El cuerpo de los creyentes, formado así por el bautismo del Espíritu y aumentado a medida que los miembros adicionales son añadidos, se menciona frecuentemente en las Escrituras (Hch. 2:47; 1 Co. 6:15; 12:12-14; Ef. 2:16; 4:4-5, 16; 5:30-32; Col. 1:24; 2:19). Cristo es la Cabeza de su cuerpo y el Unico que dirige sus actividades (1 Co. 11:3; Ef. 1:22-23; 5:23-24; Col. 1:18). El cuerpo así formado y dirigido por Cristo también es nutrido y cuidado por Cristo (Ef. 5:29; Fil. 4:13; Col. 2:19). Una de las obras de Cristo es la de santificar el cuerpo de Cristo en preparación para su presentación en gloria (Ef. 5:25-27).

Como miembro del cuerpo de Cristo, al creyente se le dan también dones o funciones especiales en el cuerpo de Cristo (Ro. 12:3-8; 1 Co. 12:27-28; Ef. 4:7-16). Siendo colocado dentro del cuerpo de Cristo por medio del Espíritu Santo, no sólo es segura la unidad del cuerpo, sin distinción de raza, cultura o fondo social, sino que también es seguro que cada creyente tiene su lugar y función particulares y su oportunidad para servir a Dios sin el armazón de su propia personalidad y dones. El cuerpo como un todo es «unido entre sí» (Ef. 4:16); esto es, aunque los miembros difieran, el cuerpo como un todo está bien planeado y organizado.

## E. EL BAUTISMO DEL ESPIRITU EN CRISTO

En adición a su relación con respecto a los otros creyentes en el cuerpo de Cristo, el que es bautizado por el Espíritu tiene una nueva posición en cuanto a estar en Cristo. Esto fue anticipado en la predicción de Juan 14:20, donde Cristo dijo la noche antes de su crucifixión: «En aquel día vosotros conoceréis que yo estoy en mi Padre, y vosotros en mí, y yo en vosotros.» La expresión «vosotros en mí» anticipaba el futuro bautismo del Espíritu.

Como consecuencia de que el creyente está en Cristo, es identificado en lo que Cristo hizo en su muerte, resurrección y glorificación. Esto se presenta en Romanos 6:1-4, donde se declara que el creyente es bautizado en Jesucristo y en su muerte, y si lo es en su muerte, está sepultado y resucitado con Cristo. Esto ha sido tomado a menudo para representar el rito del bautismo por agua, pero en cualquier caso también representa la obra del Espíritu Santo, sin la cual el rito sería carente de significado. Un pasaje similar se encuentra en Colosenses 2:12. Nuestra identificación con Cristo a través del Espíritu es una base importante para todo lo que Dios hace por el creyente en el tiempo y la eternidad.

Dado que un creyente está en Cristo, él también tiene la vida de Cristo, la cual es compartida por la cabeza con el cuerpo. La relación de Cristo con el cuerpo como su Cabeza también se relaciona con la dirección soberana de Cristo de su cuerpo, del mismo modo como la mente dirige al cuerpo en el cuerpo humano de los creyentes.

## F. EL BAUTISMO DEL ESPIRITU EN RELACION CON LA EXPERIENCIA ESPIRITUAL

En vista del hecho de que cada cristiano es bautizado por el Espíritu en el momento de su salvación, está claro que el bautismo es una obra de Dios para ser comprendida y recibida por la fe. Aunque la experiencia espiritual subsiguiente puede confirmar el bautismo del Espíritu, el bautismo no es una experiencia en sí mismo. Por ser universal y relacionado con nuestra posición en Cristo, el bautismo es un acto instantáneo de Dios y no es una obra para ser buscada después de haber nacido de nuevo.

Se ha originado mucha confusión por la afirmación de que los cristianos deberían buscar el bautismo del Espíritu especialmente como se manifestaba en el hablar en lenguas en la Iglesia primitiva. Mientras que en los tres ejemplos en Hechos (caps. 2, 10 y 19) los creyentes hablaron en lenguas en el tiempo de su bautismo por el Espíritu, queda claro que esto fue excepcional y relacionado al carácter transitorio del libro.

En todos los otros ejemplos donde figura la salvación no hay mención del hablar en lenguas como algo que acompañe al bautismo del Espíritu.

Más adelante, es bastante claro que mientras que todos los cristianos son bautizados por el Espíritu, no todos los cristianos hablaron en lenguas en la Iglesia primitiva. Por lo tanto, el concepto de buscar el bautismo del Espíritu como un medio de una obra excepcional de Dios en la vida del cristiano es sin fundamento escritural. Aun la plenitud del Espíritu no se manifiesta en hablar en lenguas, sino más bien en el fruto del Espíritu, como se menciona en Gálatas 5: 22-23. El hecho es que los cristianos corintios hablaron en lenguas sin estar llenos del Espíritu.

A veces se alega un error similar, el cual sostiene que hay dos bautismos del Espíritu, uno en Hechos 2 y el otro en 1 Corintios 12:13.

Una comparación de la conversión de Cornelio en Hechos 10-11 con Hechos 2 aclara que lo que le ocurrió a Cornelio, un gentil, fue exactamente lo mismo que lo que les había ocurrido a los discípulos en el día de Pentecostés. Pedro dice en Hechos 11:15-17: «Y cuando comencé a hablar, cayó el Espíritu Santo sobre ellos también, como sobre nosotros al principio. Entonces me acordé de lo dicho por el Señor, cuando dijo: «Juan ciertamente bautizó con agua, mas vosotros seréis bautizados con el Espíritu Santo. Si Dios, pues, les concedió también el mismo don que a nosotros que hemos creído en el Señor Jesucristo, ¿quién era yo que pudiese estorbar a Dios?» Considerando que el bautismo del Espíritu coloca al creyente dentro del cuerpo de Cristo, es, pues, la misma obra de Hechos 2 a través de la presente dispensación.

El bautismo del Espíritu Santo es, por lo tanto, importante, puesto que es la obra del Espíritu que nos coloca en una nueva unión con Cristo y nuestros hermanos creyentes, una nueva posición en Cristo. Es la base para la justificación y para toda la obra de Dios, la cual presenta al final al creyente perfecto en gloria.

## PREGUNTAS

1. ¿Cómo distinguiría el bautismo del Espíritu, de la obra del Espíritu en la regeneración, morada y sellamiento?
2. ¿Cómo distinguiría el bautismo del Espíritu de la plenitud del Espíritu?
3. ¿Por qué ha habido confusión entre el bautismo del Espíritu y otras obras del Espíritu?

4. ¿Cuál es el significado del hecho de que el bautismo del Espíritu en los cuatro evangelios y en Hechos 1 se mencione como una obra futura?
5. ¿Qué evidencia puede alegarse respecto a que todos los cristianos son bautizados por el Espíritu en la edad presente?
6. ¿Por qué nunca se exhorta a los cristianos que sean bautizados por el Espíritu?
7. ¿Cuál es el significado de ser bautizado dentro del cuerpo de Cristo?
8. ¿Cómo indica la figura del cuerpo de Cristo que Cristo dirige la Iglesia?
9. ¿Cómo presenta la figura del cuerpo de Cristo dones especiales dados a los creyentes?
10. ¿Qué verdades especiales son presentadas por el bautismo del Espíritu en Cristo?
11. ¿Cómo se relaciona el bautismo en Cristo a nuestra identificación con El en su muerte, resurrección y glorificación?
12. ¿Cómo el bautismo en Cristo sostiene la idea de que compartimos la vida eterna?
13. ¿Por qué el bautismo del Espíritu no es en sí mismo una experiencia espiritual?
14. ¿Es necesario el hablar en lenguas para ser bautizado por el Espíritu?
15. ¿Es necesario hablar en lenguas para ser llenado por el Espíritu?
16. ¿Qué es lo que está incorrecto en la enseñanza que el bautismo del Espíritu en Hechos 2 difiere del bautismo del Espíritu en 1 Corintios 12:13?
17. Resumir la importancia del bautismo del Espíritu como una obra relacionada con nuestra salvación.

# 19

# Dios el Espíritu: Su plenitud

## A. DEFINICION DE LA PLENITUD DEL ESPIRITU SANTO

En contraste con la obra del Espíritu Santo en la salvación tales como la regeneración, el morar, el sellamiento y el bautismo, la plenitud del Espíritu se relaciona a la experiencia cristiana, al poder y al servicio. Las obras del Espíritu en relación a la salvación son de una vez y para siempre, pero la plenitud del Espíritu es una experiencia repetida y se menciona frecuentemente en la Biblia.

En una escala limitada, se puede observar la plenitud del Espíritu en ciertos individuos antes de Pentecostés (Ex. 28:3; 31:3; 35:31; Lc. 1:15, 41, 67; 4:1). Sin lugar a dudas, hay muchos otros ejemplos donde el Espíritu de Dios vino sobre individuos y los capacitó en poder para el servicio. En el total, sin embargo, unos pocos fueron llenos del Espíritu antes del día de Pentecostés, y la obra del Espíritu parece estar relacionada al soberano propósito de Dios de cumplir alguna obra especial en los individuos. No hay indicación de que la plenitud del Espíritu hubiera estado abierta a cada uno que rindiera su vida al Señor antes de Pentecostés.

Comenzando con el día de Pentecostés, amaneció una nueva edad en la cual el Espíritu Santo obraría en cada creyente. Entonces todos fueron hechos morada del Espíritu y podrían ser llenados si El encontraba las condiciones propicias. Esta conclusión está confirmada por numerosas ilustraciones en el Nuevo Testamento (Hch. 2:4; 4:8, 31; 6:3, 5; 7:55; 9:17; 11:24; 13:9, 52; Ef. 5:18).

La plenitud del Espíritu puede definirse como un estado espiritual donde el Espíritu Santo está cumpliendo todo lo que El vino a hacer en el corazón y vida del creyente individual. No es un asunto de adquirir más del Espíritu, sino más bien que el Espíritu de Dios vaya tomando posesión del individuo. En lugar de ser una situación anormal y poco frecuente, como lo era antes de Pentecostés, el ser llenado por el Espíritu en la edad presente es normal, si bien no es lo usual, en la experiencia del cristiano. A cada cristiano se le ordena ser lleno del Espíritu (Ef. 5:18), y el no estar llenos del Espíritu es estar en un estado de desobediencia parcial.

Hay una diferencia apreciable en el carácter y calidad en la vida diaria de los cristianos. Pocos pueden caracterizarse por estar llenos del Espíritu. Esta falta, sin embargo, no se debe a una falla de parte de Dios en su provisión, sino más bien es falla de la parte del individuo en apropiarse de esta provisión y permitir al Espíritu Santo llenar su vida. El estado de estar lleno del Espíritu debería de contrastarse con la madurez espiritual. Un cristiano nuevo quien haya sido salvo recientemente puede ser lleno con el Espíritu y manifestar el poder del Espíritu Santo en su vida. Sin embargo, la madurez viene sólo a través de experiencias espirituales, las cuales pueden extenderse toda una vida y abarcan un crecimiento en conocimiento, la continua experiencia de ser llenado con el Espíritu, y una madurez en juicio sobre cosas espirituales. Así como un niño recién nacido puede ser vehemente, de la misma manera un cristiano puede ser lleno con el Espíritu; pero, al igual que un recién nacido, sólo la vida y la experiencia pueden sacar a relucir las cualidades espirituales que pertenecen a la madurez. Este es el porqué de que numerosos pasajes de la Biblia hablen del crecimiento. El trigo crece hasta la cosecha (Mt. 13:30). Dios obra en su iglesia a través de hombres dotados con dones personales para perfeccionar a los santos para la obra del ministerio y para edificar el cuerpo de Cristo de manera que los cristianos puedan crecer en la fe y en estatura espiritual (Ef. 4: 11-16). Pedro habla de los bebés espirituales, que necesitan la leche espiritual para crecer (1 P. 2:2), y exhorta «crecer en la gracia y el conocimiento de nuestro Señor y Salvador Jesucristo» (2 P. 3:18).

Hay una relación obvia entre la plenitud del Espíritu y la madurez espiritual, y un cristiano lleno del Espíritu madurará más rápidamente que uno que no lo está. La plenitud del Espíritu y la madurez espiritual como resultado son los dos factores más importantes en la ejecución de la voluntad de Dios en la vida de un cristiano y también en el propósito de Dios de crearle para buenas obras (Ef. 2:10).

Por consiguiente, la plenitud del Espíritu se cumple en cada creyente cuando él está completamente rendido al Espíritu Santo, el cual mora en él, resultando en una condición espiritual en la cual el Espíritu Santo controla y dota de poder al individuo. Mientras que puede haber varios grados en la manifestación de la plenitud del Espíritu y grados en el poder divino, el pensamiento central en la plenitud es que el Espíritu de Dios es capaz de operar en y a través del individuo sin obstáculo, cumpliendo la voluntad perfecta de Dios para aquella persona.

El concepto de la plenitud del Espíritu es sacado a luz en un número de referencias en el Nuevo Testamento. Es ilustrado preeminentemente en Jesucristo, quien, de acuerdo a Lucas 4:1, era continuamente «lleno del Espíritu Santo». Juan el Bautista tuvo la experiencia excepcional de ser llenado con el Espíritu desde que estaba en la matriz de su madre (Lc. 1:15), y ambos, su madre Elisabet y su padre Zacarías, fueron temporalmente llenos del Espíritu (Lc. 1:41, 67). Estos ejemplos están aún dentro del molde del Antiguo Testamento, en el cual la plenitud del Espíritu era una obra soberana de Dios que no estaba al alcance de cada individuo.

Comenzando con el día de Pentecostés, sin embargo toda la multitud fue llena con el Espíritu. En la Iglesia primitiva el Espíritu de Dios llenaba repetidamente a aquellos que buscaban la voluntad de Dios, como en el caso de Pedro (Hch. 4:8), el grupo de cristianos quienes oraban por valor y el poder de Dios (Hch. 4:31), y Pablo después de su conversión (Hch. 9:17). Algunos se caracterizan por estar en un continuo estado de plenitud del Espíritu, como se ilustra en los primeros diáconos (Hch. 6:3) y Esteban el mártir (Hch. 7:55) y Bernabé (Hch. 11:24). Pablo fue lleno con el Espíritu repetidas veces (Hch. 13:9), y así lo fueron otros discípulos (Hch. 13:52). En cada caso solamente los cristianos rendidos a Dios fueron llenados con el Espíritu.

A los creyentes del Antiguo Testamento nunca se les ordenaba ser llenados con el Espíritu, aunque en algunas ocasiones fueron amonestados, como Zorobabel, que la obra del Señor se cumple, «no con ejército, ni con fuerza, sino con mi Espíritu, ha dicho Jehová de los ejércitos» (Zac. 4:6). En la era presente a cada cristiano se le ordena ser llenado con el Espíritu, como en Efesios 5:18: «No os embriaguéis con vino, en lo cual hay disolución; antes bien sed llenos del Espíritu.» El ser llenados con el Espíritu, así como el recibir la salvación por fe, no se cumple, sin embargo, por esfuerzo humano, más bien es por permitir a Dios que cumpla su obra en la vida del individuo. En la Escritura está claro que un cristiano puede ser genuinamente salvo sin ser llenado con el Espíritu, y, por lo tanto, la plenitud del Espíritu no es una parte de la salvación misma. La plenitud del Espíritu también puede ser contrastada con la obra hecha de una vez y para siempre que es cumplida en el creyente cuando éste es salvo. La plenitud del Espíritu, si bien puede ocurrir en el momento de la salvación, ocurre una y otra vez en la vida de un cristiano consagrado, y debería ser una experiencia normal de que los cristianos tuviesen esta constante plenitud del Espíritu.

El hecho de que la plenitud del Espíritu es una experiencia repetida, se hace notorio en el tiempo presente del mandamiento en Efesios 5:18: «sed llenos del Espíritu». Traducido literalmente es «manteneos siendo llenados por el Espíritu». En el texto se compara con un estado de intoxicación en el cual el vino afecta al cuerpo entero, incluyendo a la actividad mental y a la actividad física del cuerpo. La plenitud del Espíritu no es, por lo tanto, una experiencia que sucede una vez y para siempre. No está correcto llamarla una segunda obra de gracia, puesto que ocurre una y otra vez. Indudablemente, la experiencia de ser llenado con el Espíritu por primera vez es muy fuerte en la vida del cristiano y puede ser un hito que eleve la experiencia cristiana a un nuevo nivel. Sin embargo, el cristiano depende de Dios para la continua plenitud del Espíritu, y ningún cristiano puede vivir en el poder espiritual de ayer.

De la naturaleza de la plenitud del Espíritu puede concluirse que la amplia diferencia en la experiencia espiritual observada en cristianos y los varios grados de conformidad a la mente y voluntad de Dios pueden ser atribuidos a la presencia o ausencia de la plenitud del Espíritu. El que desea hacer la voluntad de Dios debe, por consiguiente, entrar por completo en el privilegio que Dios le ha dado al ser morada del Espíritu y tener la capacidad de rendir completamente su vida al Espíritu de Dios.

## B. CONDICIONES PARA LA PLENITUD DEL ESPIRITU

Frecuentemente se han señalado tres sencillos mandamientos como la condición para ser llenados con el Espíritu. En 1 Tesalonicenses 5:19 se da el mandamiento: «No apaguéis al Espíritu.» En Efesios 4:30 se instruye a los cristianos: «Y no contristéis al Espíritu Santo de Dios, con el cual fuisteis sellados para el día de la redención.» Un tercero, como instrucción más positiva, se da en Gálatas 5:16: «Digo, pues: Andad en el Espíritu, y no satisfagáis los deseos de la carne.» Aunque otros pasajes arrojan luz sobre estas básicas condiciones para ser llenados con el Espíritu, estos tres pasajes resumen la idea principal.

1. *El mandamiento de «no apaguéis el Espíritu», en 1 Tesalonicenses 5:19, aunque no se explique en su contexto, está usando en forma obvia la figura del fuego como un símbolo del Espíritu Santo.* En la forma en que se hace mención de apagar el fuego en Mateo 12:20 y Hebreos 11:34 se ilustra lo que se quiere decir.

De acuerdo a Efesios 6:16, «el escudo de la fe» es capaz de «apagar los dardos de fuego del maligno». Por consiguiente, apagar el Espíritu es ahogar o reprimir al Espíritu y no permitirle que cumpla su obra en el creyente. Puede definirse simplemente como el decir «No», o de no tener la voluntad de dejar al Espíritu conducirse a su manera.

El pecado original de Satanás fue la rebelión contra Dios (Is. 14:14), y cuando un creyente dice «yo quiero» en lugar de decir como Cristo dijo en Getsemaní: «No se haga mi voluntad, sino la tuya» (Lc. 22:42), entonces está apagando al Espíritu.

Para que pueda experimentarse la plenitud del Espíritu es necesario para un cristiano que rinda su vida al Señor. Cristo observó que un hombre no puede servir a dos señores (Mt. 6:24), y a los cristianos se les exhorta constantemente a que se rindan a sí mismos a Dios. Al hablar de la rendición a la voluntad de Dios en la vida de un cristiano, Pablo escribió en Romanos 6:13: «Ni tampoco presentéis vuestros miembros al pecado como instrumentos de iniquidad, sino presentaos vosotros mismos a Dios como vivos de entre los muertos, y vuestros miembros a Dios como instrumentos de justicia.» Aquí se declara claramente la opción ante cada cristiano: él puede rendirse a sí mismo tanto a Dios como al pecado.

Un pasaje similar se encuentra en Romanos 12:1-2. Al presentar la obra de salvación y santificación en la vida del creyente, Pablo encarece a los romanos: «Así que, hermanos, os ruego por las misericordias de Dios, que presentéis vuestros cuerpos en sacrificio vivo, santo, agradable a Dios, que es vuestro culto racional. No os conforméis a este siglo, sino transformaos por medio de la renovación de vuestro entendimiento, para que comprobéis cuál sea la buena voluntad de Dios, agradable y perfecta.» En ambos pasajes —Romanos 6:13 y 12:1— se usa la misma palabra griega. El tiempo del verbo está en aoristo, lo cual significa «rendirse a Dios de una vez y para siempre». De acuerdo a esto, la experiencia de ser llenado con el Espíritu sólo puede ser llevada a cabo cuando un cristiano toma el paso inicial de presentar su cuerpo en sacrificio vivo. El cristiano ha sido preparado para esto por medio de la salvación, lo cual hace al sacrificio santo y aceptable delante de Dios. Es razonable de parte de Dios esperar esto habiendo muerto Cristo por este individuo.

Al presentar su cuerpo, el cristiano debe enfrentar el hecho de que no debe de conformarse exteriormente al mundo, sino que interiormente debe de ser transformado por el Espíritu Santo con el resultado de que su mente sea renovada para reconocer los valores espirituales.

El es capaz de distinguir lo que no es la voluntad de Dios, de lo que es la «buena, agradable y perfecta voluntad de Dios» (Ro. 12:2).

La rendición no se hace en referencia a algún punto en particular, sino que más bien discierne la voluntad de Dios para la vida en cada asunto particular. Es, por lo tanto, una actitud de estar deseoso de hacer cualquier cosa que Dios quiera que el creyente haga. Es el hacer la voluntad final de Dios en su vida y estar dispuesto a hacer cualquier cosa cuando sea, donde sea y como Dios pueda dirigirla. El hecho de que la exhortación «no apaguéis el Espíritu» está en tiempo presente indica que ésta debería ser una experiencia continua iniciada por el acto de la rendición.

Un cristiano que desea estar continuamente rendido a Dios encuentra que esta rendición se relaciona con varios aspectos. Es, en primer lugar, una rendición a la Palabra de Dios en sus exhortaciones y su verdad. El Espíritu Santo es el supuesto Maestro, y a medida que va conociendo la verdad, un creyente debe rendirse a ésta a medida que la va comprendiendo. El rehusar someterse a la Palabra de Dios hace que la plenitud del Espíritu sea imposible.

La rendición también se relaciona con la guía. En muchos casos la Palabra de Dios no es explícita en cuanto a decisiones que un cristiano tiene que enfrentar. Aquí el creyente debe de ser guiado por los principios de la Palabra de Dios, y el Espíritu de Dios puede darle la guía sobre las bases de lo que la Escritura revela. De acuerdo a ello, la obediencia a la guía del Espíritu es necesaria para la plenitud del Espíritu (Ro. 8:14). En algunos casos el Espíritu puede ordenar a un cristiano que haga algo y en otras ocasiones puede prohibirle que siga el curso de una acción. Una ilustración es la experiencia de Pablo, quien fue impedido de predicar el evangelio en Asia y Bitinia en las primeras etapas de su ministerio y más tarde se le instruyó que fuera a estas mismas áreas a predicar (Hch. 16:6-7; 19:10). La plenitud del Espíritu incluye el seguir la guía del Señor.

Un cristiano también debe de estar rendido a los hechos providenciales de Dios, los cuales a menudo acarrean situaciones o experiencias que no son deseadas por el individuo. De acuerdo a ello, un creyente debe de entender lo que es ser sumiso a la voluntad de Dios aun cuando ello implique el sufrimiento y sendas que en sí mismas no son placenteras.

La suprema ilustración de lo que significa ser llenado con el Espíritu y rendido a Dios es el Señor Jesucristo mismo. En Filipenses 2:5-11 se revela que Jesús, al venir a la tierra y morir por los pecados del mundo, estaba deseando ser lo que Dios había escogido, deseando ir donde Dios había escogido y deseando hacer lo que Dios había escogido.

Un creyente que desea ser llenado con el Espíritu debe tener una actitud similar en cuanto a rendición y obediencia.

2. *En conexión con la plenitud del Espíritu, se le exhorta también a «no contristar al Espíritu»* (Ef. 4:30). Aquí se presume que el pecado ha entrado en la vida de un cristiano y como un hecho de su experiencia ha sobrevenido la falta de rendición. Para poder entrar en un estado en el que pueda ser llenado con el Espíritu, o para volver a tal estado, se le exhorta a que no continúe en su pecado, el cual contrista al Espíritu Santo. Cuando en el creyente el Espíritu de Dios es contristado, la comunión, guía, instrucción y poder del Espíritu son estorbados; el Espíritu Santo, aunque está morando, no está libre para cumplir su obra en la vida del creyente.

La experiencia de la plenitud del Espíritu puede ser afectada por las condiciones físicas. Un cristiano que físicamente está cansado, hambriento o enfermo puede no experimentar el gozo normal y la paz, los cuales son frutos del Espíritu. El mismo apóstol que exhorta a ser llenados con el Espíritu confiesa en 2 Corintios 1:8-9 que ellos estuvieron «abrumados sobremanera más allá de nuestras fuerzas, de tal modo que aun perdimos la esperanza de conservar la vida». De acuerdo a ello, aun un cristiano lleno con el Espíritu puede experimentar algún trastorno interior. Sin embargo, cuanto más grande sea la necesidad en las circunstancias del creyente, mayor es la necesidad de la plenitud del Espíritu y la rendición a la voluntad de Dios para que el poder del Espíritu pueda ser manifestado en la vida individual. Cuando un cristiano toma conciencia del hecho de que ha contristado al Espíritu Santo, el remedio está en cesar de contristar al Espíritu, como se expresa en Efesios 4:30 traducido literalmente. Esto puede cumplirse obedeciendo 1 Juan 1:9, donde se instruye al hijo de Dios: «Si confesamos nuestros pecados, El es fiel y justo para perdonar nuestros pecados, y limpiarnos de toda maldad.» Este pasaje se refiere a un hijo de Dios que ha pecado contra su Padre Celestial. La vía de restauración está abierta porque la muerte de Cristo es suficiente para todos sus pecados (1 Juan 2:1-2).

Así, la manera de volver a la comunión con Dios para un creyente es confesar sus pecados a Dios, reconociendo nuevamente las bases para el perdón en la muerte de Cristo y deseando la restauración a una comunión íntima con Dios el Padre, así como también con el Espíritu Santo. No es un asunto de justicia en una corte legal, sino más bien una relación restaurada entre padre e hijo que se había descarriado. El pasaje asegura que Dios es fiel y justo para perdonar el pecado y quitarlo como una barrera que se interpone en la comunión cuando un cristiano confiesa sinceramente su iniquidad a Dios. Mientras que en algunas situaciones la confesión del pecado puede requerir que se vaya a los individuos que han sido ofendidos y corregir las dificultades, la idea principal es establecer una nueva relación íntima con Dios mismo.

Confesando sus pecados, el cristiano debe de estar seguro de que del lado divino el perdón es inmediato. Cristo, como el intercesor del creyente y como el que murió en la cruz, ha hecho ya todos los ajustes necesarios del lado celestial. La restauración a la comunión está sujeta, por lo tanto, sólo a la actitud humana de confesión y rendición.

La Biblia también advierte al creyente contra los serios resultados de estar contristando continuamente al Espíritu. Esto, a veces, resulta en el castigo de Dios para con el creyente con el propósito de restaurarle, como se menciona en Hebreos 12:5-6. Al cristiano se le advierte que, si él no se juzga a sí mismo, Dios necesitará intervenir con la disciplina divina (1 Co. 11:31-32). En cualquier caso, hay una pérdida inmediata cuando un cristiano está caminando fuera de la comunión con Dios, y existe el constante peligro del juicio severo de Dios como un padre fiel que trata con su hijo errado.

3. *El andar en el Espíritu es un mandamiento positivo, en contraste a los mandamientos previos, los cuales son negativos.* Caminar en el Espíritu (Gá. 5:16) es un mandamiento para apropiarse del poder y la bendición que es provista por el Espíritu que mora en el creyente. El andar en el Espíritu

es un mandamiento en el tiempo presente, esto es, un cristiano debe de mantenerse andando por medio del Espíritu.

El nivel cristiano de la vida espiritual es alto, y él no es capaz de cumplir la voluntad de Dios aparte del poder de Dios. De acuerdo a ello, la provisión del Espíritu que mora hace posible para el cristiano el estar andando por medio del poder y la guía del Espíritu que vive en él.

El andar en el Espíritu es un acto de fe. Está dependiendo del Espíritu el hacer lo que sólo el Espíritu puede hacer. Las altas normas de la era presente —donde se nos ordena amar como Cristo ama (Jn. 13:34; 15:12) y donde se ordena que cada pensamiento sea traído a la obediencia en Cristo (2 Co. 10:5)— son imposibles aparte del poder del Espíritu. De igual manera, las otras manifestaciones de vida espiritual —tales como el fruto del Espíritu (Gá. 5:22-23) y tales mandamientos como «estad siempre gozosos. Orad sin cesar» (1 Ts. 5: 16-17) y «dad gracias en todo, porque ésta es la voluntad de Dios para con vosotros en Cristo Jesús» (1 Ts. 5:18)— son imposibles a menos que uno esté andando en el Espíritu.

Obtener una norma alta de vida espiritual es de lo más difícil porque el cristiano está viviendo en un mundo pecador y está bajo constante influencia maligna (Jn. 17:15; Ro. 12:2; 2 Co. 6:14; Gá. 6:14; 1 Jn. 2:15). De igual manera, el cristiano tiene oposición por el poder de Satanás y está comprometido en una lucha incesante con este enemigo de Dios (2 Co. 4:4; 11:14; Ef. 6:12).

Además del conflicto con el sistema mundial y con Satanás, el cristiano tiene un enemigo de dentro, su antigua naturaleza, la cual desea conducirle de vuelta a la vida de obediencia a la carne pecaminosa (Ro. 5:21; 6:6; 1 Co. 5:5; 2 Co. 7:1; 10:2-3; Gá. 5:16-24; 6:8; Ef. 2:3). Por estar la antigua naturaleza constantemente en guerra con la nueva naturaleza en el cristiano, sólo la continua dependencia en el Espíritu de Dios puede traer victoria. Así es que, aunque algunos han llegado a la conclusión errónea de que un cristiano puede alcanzar una perfección sin pecado, existe la necesidad de caminar constantemente en el Espíritu para que este poder pueda llevar a cabo la voluntad de Dios en la vida de un creyente. Al creyente le espera la perfección final del cuerpo y el espíritu en el cielo, pero la lucha espiritual continúa sin disminuir hasta la muerte o el traslado espiritual.

Todas estas verdades enfatizan la importancia de apropiarse del Espíritu andando en su poder y guía y dejando que el Espíritu tenga control y dirección de una vida cristiana.

## C. LOS RESULTADOS DE LA PLENITUD DEL ESPIRITU

Cuando uno está rendido a Dios y lleno con el Espíritu vienen imprevisibles resultados.

1. *Un cristiano que camina en el poder del Espíritu experimenta una santificación progresiva, una santidad de vida en la cual el fruto del Espíritu* (Gá. 5:22-23) *está cumplido.* Esta es la suprema manifestación del poder del Espíritu y es la preparación terrenal para el tiempo cuando el creyente en los cielos será completamente transformado a la imagen de Cristo.

2. *Uno de los importantes ministerios del Espíritu es el de enseñar al creyente las verdades espirituales.* Sólo mediante la guía e iluminación del Espíritu un creyente puede comprender la infinita verdad de la Palabra de Dios. Así como el Espíritu de Dios es necesario para revelar la verdad concerniente a la salvación (Jn. 16:7-11) antes de que una persona pueda ser salva, así el Espíritu de Dios guía también al cristiano a toda verdad (Jn. 16:12-14).

Las cosas profundas de Dios, verdades que sólo pueden ser comprendidas por un hombre enseñado por el Espíritu, son reveladas a uno que está andando por el Espíritu (1 Co. 2:9 - 3:2).

3. *El Espíritu Santo es capaz de guiar a un cristiano y aplicar las verdades generales de la Palabra de Dios a la situación particular del cristiano.* Esto es lo que se expresa en Romanos 12:2, demostrando «cuál es la buena voluntad de Dios, agradable y perfecta». Como el siervo de Abraham, un cristiano puede experimentar la declaración «guiándome Jehová en el camino» (Gn. 24:27). Una guía tal es la experiencia normal de los cristianos que están en una relación correcta con el Espíritu de Dios (Ro. 8:14; Gá. 5:18).

4. *La seguridad de la salvación es otro resultado importante de la comunión con el Espíritu.* De acuerdo a Romanos 8:16, «el Espíritu mismo da testimonio a nuestro espíritu, de que somos hijos de Dios» (cf. Gá. 4:6; 1 Jn. 3:24; 4:13). Es

normal para un cristiano el tener la seguridad de su salvación, como lo es para un individuo el saber que está físicamente vivo.

5. *Toda la adoración y el amor de Dios son posibles solamente cuando uno está andando por el Espíritu.* En el contexto de la exhortación de Efesios 5:18 los versículos siguientes describen la vida normal de adoración y comunión con Dios. Una persona fuera de la comunión no puede adorar verdaderamente a Dios aun cuando asista a los servicios de la iglesia en bellas catedrales y cumpla con el ritual de la adoración. La adoración es un asunto del corazón, y como Cristo le dijo a la mujer samaritana: «Dios es Espíritu; y los que le adoran, en espíritu y en verdad es necesario que adoren» (Jn. 4:24).

6. *Uno de los aspectos más importantes de la vida de un creyente es su oración de comunión con el Señor.* Aquí nuevamente el Espíritu de Dios debe guiar y dirigir si la oración ha de ser inteligente. Aquí también debe de comprenderse la Palabra de Dios si la oración ha de ser de acuerdo a la Palabra de Dios: La verdadera alabanza y acción de gracias son imposibles aparte de la capacitación del Espíritu. Además de la oración del creyente mismo, Romanos 8:26 revela que el Espíritu intercede por el creyente. De acuerdo a ello, una vida de oración efectiva depende del andar en el Espíritu.

7. *Además de todas las cualidades ya mencionadas, toda la vida de servicio de un creyente y el ejercicio de sus dones naturales y espirituales están dependiendo del poder del Espíritu.* Cristo se refirió a esto en Juan 7:38-39, donde El describió la obra del Espíritu como un río de agua viva fluyendo del corazón del hombre. De acuerdo a esto, un cristiano puede tener grandes dones espirituales y no usarlos por no estar andando en el poder del Espíritu. En contraste, otros con relativamente pocos dones espirituales pueden ser usados grandemente por Dios porque están andando en el poder del Espíritu. La enseñanza de la Escritura sobre la plenitud del Espíritu es, por lo tanto, una de las líneas de verdad más importantes que un cristiano debe comprender, aplicar y apropiarse de ella.

## PREGUNTAS

1. ¿Cómo contrastaría la plenitud del Espíritu con la obra del Espíritu Santo en la salvación?
2. ¿Qué ejemplos de plenitud del Espíritu pueden observarse antes del día de Pentecostés?
3. ¿Estaba la plenitud del Espíritu al alcance de todo aquel que se rindiera a Dios antes de Pentecostés?
4. ¿Cómo la venida del Espíritu en el día de Pentecostés cambió la posibilidad de ser llenados con el Espíritu?
5. Definir la plenitud del Espíritu.
6. Contrastar el ser llenado con el Espíritu con la madurez espiritual.
7. ¿Cualquier cristiano puede ser lleno del Espíritu?
8. ¿Cuál es la relación entre la plenitud del Espíritu y la madurez espiritual?
9. ¿En qué sentido hay tres grados de manifestación de la plenitud del Espíritu?
10. ¿Qué ilustraciones destacables de ser llenados con el Espíritu se encuentran en el libro de los Hechos?
11. ¿Cuál es el significado de la comparación de ser llenado con vino y ser llenado con el Espíritu?
12. ¿Por qué es inexacto referirse a la plenitud del Espíritu como una segunda obra de gracia?
13. ¿Qué es lo que quiere decirse por el mandamiento de «no apaguéis el Espíritu»?
14. ¿Por qué es necesario rendirse a Dios para ser lleno con el Espíritu?
15. Contrastar el paso inicial de presentar el cuerpo como un sacrificio vivo con la vida de continua rendición.
16. Nombrar los varios aspectos de la rendición de un cristiano a Dios.
17. ¿En qué sentido Cristo es el ejemplo supremo de la rendición a Dios?
18. ¿Cuál es el significado del mandamiento «no contristéis al Espíritu»?
19. ¿Cómo las circunstancias de un cristiano afectan su experiencia de ser llenado con el Espíritu?
20. ¿Cuál es el remedio al haber contristado al Espíritu?
21. ¿Por qué un cristiano confiesa su pecado confiando que será perdonado?

22. ¿Cuáles son algunos de los serios resultados de continuar en un estado de contristar al Espíritu?
23. Definir lo que significa andar en el Espíritu?
24. ¿Cómo la elevada norma de vida espiritual en el cristiano hace que el andar en el Espíritu sea necesario?
25. ¿Por qué es necesario andar en el Espíritu a la luz del hecho de que los cristianos viven en un mundo pecador?
26. ¿Por qué el andar en el Espíritu es necesario en vista de la naturaleza pecaminosa del cristiano?
27. ¿Por qué la necesidad de andar en el Espíritu demuestra que es imposible para un cristiano alcanzar la perfección sin pecado en esta vida?
28. Nombrar y definir brevemente siete resultados de la plenitud del Espíritu.
29. Nombrar las razones importantes para que un cristiano sea lleno del Espíritu.

# 20
# Las Dispensaciones

## A. EL SIGNIFICADO DE LAS DISPENSACIONES

En el estudio de las Escrituras es importante entender que la revelación escritural se divide en períodos bien definidos. Estos están claramente separados, y reconocer estas divisiones y sus propósitos divinos constituye uno de los factores más importantes en la verdadera interpretación de las Escrituras. Estas divisiones se conocen como «dispensaciones», y en períodos de tiempo sucesivos se pueden observar diferentes dispensaciones.

Una dispensación puede definirse como una etapa en la revelación progresiva de Dios y constituye una administración o regla de vida distinta. Aunque el concepto de una dispensación y de una época en la Biblia no es precisamente la misma, es obvio que cada período tiene su dispensación. Las épocas se mencionan a menudo en la Biblia (Ef. 2:7; 3:5, 9; He. 1:2). La Biblia también hace distinción de épocas (Jn. 1:17; cf. Mt. 5:21-22; 2 Co. 3:11; He. 7:11-12).

Es probable que el reconocimiento de las dispensaciones arroje más luz sobre el mensaje total de las Escrituras que ningún otro aspecto del estudio bíblico. Muy a menudo sucede que el hecho de tener un claro entendimiento de las dispensaciones y de los propósitos que Dios ha revelado en ellas ha llegado a ser el principio de un valioso conocimiento de las Escrituras y de un interés personal en la Biblia misma. La relación del hombre con su Creador no es la misma en todas las edades. Ha sido necesario someter al hombre caído a ciertas pruebas. Esto es en parte el propósito de Dios a través de las edades, y el resultado de las pruebas afrontadas por el hombre ha sido en cada caso una incuestionable demostración tanto de la pecaminosidad como del absoluto fracaso espiritual y moral del género humano. Y en el día final toda boca se cerrará, porque a través de muchos siglos de experiencia se habrá comprobado la maldad o insensatez de todos los pensamientos del corazón del hombre.

Cada dispensación comienza, por lo tanto, con el hombre divinamente establecido en una nueva posición de privilegio y responsabilidad, y termina con el fracaso humano que trae como consecuencia la manifestación del justo juicio de Dios. Si bien es cierto que existen algunos hechos, tales como el carácter santo de Dios, que permanecen invariables para siempre y que de consiguiente son los mismos en cada edad, hay a la vez diferentes instrucciones y responsabilidades que se limitan en cuanto a su aplicación a determinado período.

En relación con todo esto el estudiante de la Biblia debe reconocer la diferencia entre aplicación primaria y aplicación secundaria de la Palabra de Dios. Solamente aquellas porciones de las Escrituras que son destinadas directamente para el hijo de Dios en este tiempo de gracia deben ser objeto de una aplicación primaria o personal al cristiano. Se demanda que dichas instrucciones reciban detallado cumplimiento. Cuando se trata de aplicación secundaria debe observarse que, mientras es cierto que pueden extraerse lecciones espirituales de cada porción bíblica, esto no significa que el cristiano esté en la obligación ante Dios de cumplir aquellos principios que fueron la expresión de la voluntad divina para la gente de otras dispensaciones. El hijo de Dios en el actual período de gracia no está en la misma situación de Adán o de Abraham, o de los israelitas en el tiempo de la Ley; ni es llamado tampoco a seguir aquella manera peculiar de vida quc según las Escrituras se demandará de los hombres cuando el Rey haya regresado a establecer su reino terrenal.

Siendo que el hijo de Dios depende completamente de la instrucción contenida en las páginas de la Biblia para dirigir sus pasos en la vida diaria, y siendo que los principios revelados en las diferentes dispensaciones son tan diversos y a veces tan contradictorios, es de gran importancia para él reconocer las porciones bíblicas que se aplican directamente a su propio caso, si es que va a vivir de acuerdo a la voluntad divina y para la gloria de Dios. En la consideración del testimonio total de la Biblia, es casi tan importante para el creyente que desea hacer la voluntad divina conocer lo que no le concierne directamente como aquello que tiene directa referencia a él. Es obvio que, aparte del conocimiento de la verdad dispensacional, el creyente no podrá adaptarse inteligentemente al presente propósito de Dios en el mundo. Sólo ese conocimiento le salvará de caer en aquella sujeción a la ley que caracterizó a la dispensación pasada o de querer llevar a cabo en la actualidad el programa de transformación mundial perteneciente a la dispensación por venir.

Debido a la imperfección de las traducciones, algunas verdades importantes se hallan ocultas para el que lee solamente el texto corriente de la Biblia. Por ejemplo, la palabra griega *aion,* que significa una «edad» o dispensación, se traduce «mundo» en unas cuarenta ocasiones. Por ejemplo, cuando se dice en Mateo 28:20 «hasta el fin del mundo», la referencia no es al fin del mundo material, lo que a su debido tiempo tomará lugar (2 P. 3:7; Ap. 20:11; Is. 66:22), sino más bien al fin de esta edad. El fin del mundo no se acerca, sino el fin de la presente edad. Según las Escrituras hay en todo siete grandes dispensaciones, y es evidente que nosotros estamos viviendo cerca del fin de la sexta de ellas. La edad del reino milenial (Ap. 20:4, 6) está todavía por venir.

Una dispensación se caracteriza más o menos por las nuevas responsabilidades que Dios le señala al hombre al principio de ella y por los juicios divinos con que la misma termina. Las siete dispensaciones son las siguientes: 1) Inocencia, 2) conciencia, 3) gobierno, 4) promesa, 5) ley, 6) gracia, 7) reino milenial.

Al estudiar las dispensaciones hay ciertos principios esenciales para entender esta enseñanza. El dispensacionalismo se deriva de una interpretación normal o literal de la Biblia. Es imposible interpretar la Biblia en su sentido normal y literal sin darse cuenta de que hay diferentes eras y diferentes dispensaciones. Un segundo principio es el de la revelación progresiva, esto es, el hecho reconocido por prácticamente todos los estudiantes de la Escritura de que la revelación es dada en etapas. Tercero, todos los expositores de la Biblia necesitarán reconocer que una revelación posterior en cierto grado sustituye a una revelación primaria con un cambio resultante en reglas de vida en las cuales pueden cambiarse o modificarse y añadirse nuevos requisitos. Por ejemplo, mientras que Dios mandó a Moisés a matar un hombre por cortar leña en un sábado (Nm. 15:32-36), ninguno aplicaría este mandamiento hoy porque vivimos en una dispensación diferente.

Aunque se distinguen frecuentemente siete dispensaciones en la Escritura, tres son más importantes que las otras; ellas son: la dispensación de la ley, gobernando a Israel en el Antiguo Testamento desde el tiempo de Moisés; la dispensación de la gracia, la era presente; y la futura dispensación del reino milenial.

## B. DISPENSACION DE LA INOCENCIA: ERA DE LIBERTAD

Esta dispensación comenzó con la creación del hombre (Gn. 1:26-27) y continúa hasta Génesis 3:6. En esta dispensación al hombre le fue dada la responsabilidad humana de ser fructífero, dominar la tierra, tener dominio sobre los animales, usar los vegetales para comer y cuidar del huerto del Edén (Gn. 1:28-29; 2:15).

Sin embargo, fue dada una prohibición; se instruyó al hombre para que no comiese del árbol del conocimiento del bien y del mal (Gn. 2:17). Aunque al hombre se le concedió un estado bendito, un cuerpo, mente y naturaleza perfectos, y todo lo necesario para disfrutar de la vida, Eva sucumbió ante la tentación y comió el fruto prohibido y Adán se unió a ella en su acto de desobediencia (Gn. 3:1-6). Como resultado vino el juicio divino, la muerte espiritual, el conocimiento del pecado, el miedo hacia Dios y la pérdida del compañerismo.

Aun en estas circunstancias Dios introdujo el principio de la gracia con una promesa del Redentor (Gn. 3:15) y proveyó túnicas de pieles, típica provisión de la redención (Gn. 3:21).

Ellos fueron expulsados fuera del huerto, pero se les permitió vivir sus vidas naturalmente (Gn. 3:23-24) y con el juicio de Dios sobre ellos comenzó una nueva dispensación.

En la dispensación de la inocencia Dios reveló la falla del hombre, le dio la promesa de un Redentor que vendría, reveló su soberanía en juzgar a sus criaturas e introdujo el principio de gracia.

## C. DISPENSACION DE LA CONCIENCIA: ERA DE LA DETERMINACION HUMANA

Esta dispensación, que comienza en Génesis 3:7 y se extiende hasta Génesis 8:19, trajo nuevas responsabilidades sobre el hombre, establecidas en el así llamado pacto con Adán y Eva. Se emitió una maldición sobre Satanás (Gn. 3:14-15), pero también cayó una maldición sobre Adán y Eva (Gn. 3: 16-19). Aunque no se revela un código detallado de moral dado al hombre en este tiempo, se le exigió que viviera de acuerdo a su conciencia y guardando el conocimiento de Dios a medida que le fuera dado. Sin embargo, bajo la conciencia, el hombre continuó fallando tanto como lo había hecho siempre. La conciencia podía convencer, pero no traería victoria (Jn. 8:9; Ro. 2:15; 1 Co. 8:7; 1 Ti. 4:2). Los hijos de Adán tenían su naturaleza pecaminosa manifestada en el hecho de rehusarse a traer un sacrificio de sangre (Gn. 4:7) y el asesinato de Abel por Caín (Gn. 4:8). La civilización resultante de Caín fue pecadora (Gn. 4:16-24), y la muerte física se convirtió en algo común (Gn. 5:5-31). La maldad del corazón humano alcanzó a tal estado que otra vez el juicio fue necesario (Gn. 6:5, 11-13). El juicio se manifestó sobre Caín (Gn. 4:10-15), y en la Humanidad en general en la muerte (Gn. 5). Finalmente Dios tuvo que traer el diluvio universal sobre la tierra (Gn. 7: 21-24).

Sin embargo, en este período también fue manifestada la gracia divina, puesto que algunos fueron salvos, como Enoc (Gn. 5:24), y la familia de Noé fue salva por el Arca (Gn. 6: 8-10; He. 11:7). La dispensación terminó con el diluvio en el cual solamente la familia de Noé fue salvada.

El propósito de Dios en esta dispensación fue el de demostrar nuevamente la caída del hombre bajo la nueva situación en la cual éste se desempeñaba bajo su conciencia. Sin embargo, en este período Dios preservó la línea del futuro Redentor, demostrando su soberanía en juzgar al mundo por medio del diluvio y manifestando su gracia a Noé y su familia.

## D. DISPENSACION DEL GOBIERNO HUMANO: PACTO CON NOE

Esta dispensación cubre el período desde Génesis 8:20 a 11:9. A Noé Dios le dio un pacto incondicional (Gn. 8:20 - 9:17), en el cual El prometió que no habría más destrucción por diluvio (Gn. 8:21; 9:11). Dios prometió que las estaciones en el curso de la naturaleza no cambiarían (Gn. 8:22) y le dio nuevamente al hombre el mandamiento de multiplicarse (Gn. 9:1) y de continuar su dominio sobre los animales (Gn. 9:2); el comer carne era permitido ahora, aunque la sangre estaba prohibida (Gn. 9:4). Lo más importante fue el establecimiento de la esencia del gobierno, en el cual se le dio al hombre el derecho de matar a los asesinos (Gn. 9:5-6).

En este pacto, así como en los otros, hay fracaso humano, como lo indica la embriaguez de Noé (Gn. 9:1) y la irreverencia de Cam (Gn. 9:22). Es un período de deterioro moral y religioso (Gn. 11:1-4). El gobierno humano, como la conciencia, fracasaron en reprimir el pecado del hombre, y el resultado fue la torre de Babel (Gn. 11:4). El juicio de Dios fue confundir su lengua (Gn. 11:5-7), y la civilización humana fue dispersada (Gn. 11:8-9).

En este período, sin embargo, la gracia fue evidente en cómo el remanente de Dios fue preservado y en la selección de Abraham (Gn. 11:10 - 12:3). También fue preservada la simiente de la mujer y Dios fue manifestado en forma soberana. La dispensación finalizó con el juicio de la Torre de Babel y los preparativos para la próxima dispensación.

Es importante notar que ambos —la conciencia y el gobierno humano— continúan en dispensaciones posteriores. Sólo Abraham y su simiente entran bajo la dispensación de la promesa. En general, la dispensación del gobierno humano reveló el fracaso del hombre bajo esta nueva regla de vida, el juicio selectivo de Dios, y se continuó manifestando la gracia divina.

## E. DISPENSACION DE LA PROMESA: PACTO CON ABRAHAM

Este pacto, que comienza en Génesis 11:10, se extiende hasta Exodo 19:2. En él la responsabilidad humana fue dada en la forma de confiar en las promesas de Dios reveladas a Abraham. El contenido de su revelación divina incluía la promesa a Abraham (Gn. 12:1-2; 13:16; 15:5; 17:6); la promesa a Israel, la simiente de Abraham, de la que saldría una gran nación y el canal para el cumplimiento de la promesa de Dios (Gn. 12:2-3; 13:16; 15:5, 18-21; 17:7-8; 28:13-14; Jos. 1:2-4); y una promesa de bendición a toda la tierra a través de Abraham (Gn. 12:3). El principio fue también establecido de manera que Dios bendijera a aquellos que bendijeran a Abraham y maldijera a aquellos que maldijeran la simiente de Abraham.

El pacto abrahámico es uno de los pactos importantes de la Biblia e incluye la provisión de que Israel sería una nación para siempre, tendría el título de su tierra para siempre, sería bendecida en cosas espirituales, estaría bajo la protección divina y tendría el signo especial de la circuncisión (Gn. 17:13-14).

El pacto era a la vez de gracia en principios e incondicional, por cuanto no dependía de la fidelidad humana, sino en la fidelidad de Dios. Solamente cumplidas parcialmente en el tiempo en que vivió Abraham, las bendiciones y promesas del pacto abrahámico continúan en su cumplimiento hacia el fin de la historia humana. Algunas de las bendiciones inmediatas del pacto para alguna generación particular estaban condicionadas a la obediencia, pero el pacto en sí era declarado como un pacto eterno (Gn. 17:7, 13, 19 1 Cr. 16:16-17; Sal. 105:10). El pacto con Abraham fue dirigido primeramente a Abraham y sus descendientes hasta donde estaba comprometida la responsabilidad dispensacional. El mundo como un todo continuaba bajo el gobierno humano y la conciencia como su responsabilidad primaria.

Bajo el pacto abrahámico, sin embargo, había un constante patrón de fracaso, el cual fue manifestado en la demora de ir a la Tierra Prometida (Gn. 11:31); en Abraham al ser el padre de Ismael (Gn. 16:1-16); y en descender a Egipto (Gn. 12:10 - 13:1). Es evidente, sin embargo, que Abraham creció en fe y en gracia y finalmente tenía la voluntad de sacrificar aun a su hijo Isaac en obediencia a Dios (Gn. 22).

Siguiendo a Abraham, Isaac fracasó viviendo tan cerca de Egipto como era posible sin violar el mandamiento de Dios (Gn. 26:6-16). De la misma manera, Jacob falló en no creer en la promesa hecha a su madre cuando él nació (Gn. 25:23; 28:13-15, 20); él fue culpable de mentira, engaño y de regatear (Gn. 27:1-29), y eventualmente se movió fuera de la tierra hacia Egipto para evitar el hambre (Gn. 46:1-4).

En Egipto, Israel también le falló a Dios en sus quejas y falta de fe (Ex. 2:23; 4:1-10; 5:21; 14:10-12; 15:24), en su deseo de volver a Egipto (Ex. 14:11-12) y en su constante murmuración (Ex. 15:24; 16:2; Nm. 14:2; 16:11, 41; Jos. 9:18). Su fracaso es evidente tanto en el momento en que fue dada la ley como posteriormente en su falla en cuanto a confiar en las promesas de Dios en Cades Barnea (Nm. 14). El fracaso bajo el período cuando la promesa abrahámica era especialmente su responsabilidad resultó en la pérdida temporal de la tierra, su esclavitud en Egipto, y en su viaje errante por el desierto antes de entrar en la tierra. Su fracaso estableció la etapa para la promulgación de la ley mosaica.

En la dispensación de la promesa había mucha gracia divina ilustrada en el constante cuidado de Dios por su pueblo, su liberación de Egipto y la institución de la fiesta de la Pascua. La dispensación de la promesa termina en el momento en que fue dada la ley (Ex. 19), pero finaliza sólo en el sentido de ser el principio o prueba principal de responsabilidad. La dispensación de la promesa continúa hacia el fin de la historia, y muchas de sus promesas están aún en vigencia como un objeto de fe y esperanza. Las promesas hechas a Abraham son la base para las dispensaciones posteriores de la gracia y del reino. Hasta cierto punto las promesas nunca acaban y son cumplidas en un estado eterno.

La dispensación de la promesa estableció claramente el principio de la soberanía divina, proveyó un canal de revelación divina especial para la nación de Israel, continuó la provisión de la redención y bendición divinas, reveló la gracia de Dios y prometió un testimonio para el mundo. Como las otras dispensaciones, sin embargo terminó en fracaso en lo que se refiere a la conformidad con la voluntad de Dios y preparó el terreno para la introducción de la ley como un ayo para traer a los creyentes a Cristo (Gá. 3:24).

## F. LA DISPENSACION DE LA LEY

La dispensación de la ley comienza en Exodo 19:3 y se extiende a través de todo el período hasta el día de Pentecostés en Hechos 2, aunque la ley finalizó en un sentido en la cruz. Ciertas porciones como el evangelio de Juan y algunos pasajes selectos en los otros evangelios anticiparon, sin embargo, la era presente de la gracia.

La ley mosaica fue dirigida solamente a Israel, y los gentiles no eran juzgados por sus normas. La ley contenía un detallado sistema de obras, incluidas tres principales divisiones: los mandamientos (la voluntad expresada de Dios, Ex. 20:1-26); los juicios (la vida social y civil de Israel, Ex. 21:1 - 24:11); y las ordenanzas (la vida religiosa de Israel, Ex. 24: 12 - 31:18). El sistema de sacrificios y del sacerdocio que fue incluido era tanto legal como de gracia. El gobierno en esta dispensación era una teocracia, un gobierno por medio de Dios a través de sus profetas, sacerdotes y (más tarde) reyes. El pacto mosaico fue también de carácter temporal, en vigencia sólo hasta que Cristo viniese (Gá. 3:24-25). La naturaleza de la dispensación era condicional, esto es, la bendición estaba condicionada a la obediencia.

Por primera vez en la historia la Escritura reveló un completo y detallado sistema religioso bajo la ley, proveyó el terreno para la limpieza y el perdón, la adoración, y oración, y ofreció una esperanza futura.

Bajo la ley hubo constante fracaso. Esto es evidente especialmente en el período de los jueces, pero siguió hasta después de la muerte de Salomón y la división del reino de Israel en dos reinos. Hubo períodos cuando la ley fue completamente olvidada e ignorada y la idolatría reinaba en forma suprema. El Nuevo Testamento continúa el registro de fracasos, que culmina en el rechazo y crucifixión de Cristo, quien en su vida guardó la ley en forma perfecta.

Fueron infringidos muchos juicios durante la dispensación de la ley como se describe en Deuteronomio 28:1 - 30:20. Los mayores juicios fueron el cautiverio bajo Asiria y Babilonia, de los cuales retornaron en el tiempo debido. Los juicios de Israel también vinieron después del término de la dispensación e incluyeron la destrucción de Jerusalén en el año 70 d.C. y la dispersión mundial de Israel. La gran tribulación, otro tiempo de angustia para Jacob, está todavía por delante (Jer. 30:1-11; Dn. 12:1; Mt. 24:22).

Bajo la ley, sin embargo, también era administrada la gracia divina en aquel sistema de sacrificios que fue provisto como una vía de restauración para el pecaminoso Israel, y el Dios paciente se manifiesta en la provisión de profetas, jueces y reyes y en la preservación de la nación. En repetidas ocasiones el arrepentimiento de Israel fue aceptado por Dios, y a través de este período fue escrito el Antiguo Testamento. La bendición coronadora fue la venida de Cristo como el Mesías de Israel, a quien la nación entera rechazó.

En un sentido la dispensación de la ley terminó en la cruz (Ro. 10:4; 2 Co. 3:11-14; Gá. 3:19, 25). Pero en otro sentido no concluyó hasta el día de Pentecostés, cuando comenzó la dispensación de la gracia. Aunque la ley finalizó como una regla específica de vida, continúa siendo una revelación de la justicia de Dios y puede ser estudiada con provecho por los cristianos para determinar el carácter santo de Dios. Los principios morales que resaltan la ley continúan, puesto que Dios no cambia; pero los creyentes hoy día no están obligados a guardar los detalles de la ley, dado que la dispensación ha cambiado y la regla de vida dada a Israel no es la regla de vida para la iglesia. A pesar de ello, pueden hacerse varias aplicaciones de la ley, aunque una interpretación estricta sólo relaciona a la ley mosaica con Israel.

El propósito de la ley era proveer una regla justa de vida y traer el pecado a condenación. La experiencia de Israel bajo la ley demostró que la ley moral, cívica y religiosa no puede salvar o santificar. La ley nunca fue propuesta para proveer la salvación para el hombre, ya sea mientras estaba en vigencia o después, y por medio de su naturaleza era débil, por cuanto no podía justificar (Ro. 3:20; Gá. 2:16); no podía santificar o perfeccionar (He. 7:18-19); estaba limitada en su vigencia y duración (Gá. 3:19); no podía regenerar

(Gá. 3:21-22), y sólo podía hacer manifiesto el pecado (Ro. 7:5-9; 8:3; 1 Co. 15:56). La ley hizo posible que Dios demostrara que todos eran culpables y que toda boca calló (Ro. 3:19), e hizo evidente la necesidad de Cristo (Ro. 7:7-25; Gá. 3:21-27).

## G. DISPENSACION DE LA GRACIA

La dispensación de la gracia comienza justamente en Hechos 2 y continúa a través del Nuevo Testamento, culminando con el arrebatamiento de la iglesia. Algunas enseñanzas concernientes a la dispensación de la gracia fueron introducidas antes, como en Juan 13-17. Las Escrituras que se relacionan con esta dispensación se extienden desde Hechos 1 hasta Apocalipsis 3.

La dispensación de la gracia fue dirigida solamente a la iglesia, puesto que el mundo como un todo continúa bajo la conciencia y el gobierno humanos. En ella, la salvación se revela que es por la fe únicamente, lo cual fue siempre verdad, pero ahora se hace más evidente (Ro. 1:16; 3:22-28; 4:16; 5:15-19). Las altas normas de gracia elevan a esta dispensación por sobre todas las reglas de vida previas (Jn. 13:34-35; Ro. 12:1-2; Fil. 2:5; Col. 1:10-14; 3:1; 1 Ts. 5:23).

Sin embargo, bajo la gracia el fracaso fue también evidente, puesto que la gracia no produjo ni la aceptación universal de Cristo ni una iglesia triunfante. De hecho, la Escritura predijo que habría apostasía dentro de la iglesia profesante (1 Ti. 4:1-3; 2 Ti. 3:1-13; 2 P. 2-3; Jud.). Aunque Dios está cumpliendo sus propósitos en llamar a gentes para su nombre de entre los judíos y gentiles, la porción profesante pero no salva de la iglesia dejada atrás en el arrebatamiento será juzgada en el período entre el arrebatamiento y la venida de Cristo para establecer su reino (Mt. 24:1-26; Ap. 6-19). La iglesia verdadera será juzgada en el cielo en el tribunal de Cristo (2 Co. 5:10-11).

En esta edad presente la gracia divina es especialmente evidente en la venida de Cristo (Jn. 1:17), en la salvación del creyente y en nuestra posición ante Dios (Ro. 3:24; 5:1-2, 15-21; Gá. 1:1 - 2:21; Ef. 2:4-10), y en la naturaleza de la gracia como una regla de vida (Gá. 3:1 - 5:26).

La dispensación de la gracia termina con el arrebatamiento de la iglesia, el cual será seguido por el juicio de la iglesia profesante (Ap. 17:16). La era de la gracia es una dispensación diferente en lo que concierne a abarcar a creyentes judíos y gentiles. Por contraste, la ley de Israel era solamente para Israel, el gobierno humano era para el mundo entero, y la conciencia se extiende a toda la gente.

En la presente dispensación la ley mosaica está completamente cancelada en cuanto a su aplicación inmediata, pero continúa para testificar de la santidad de Dios y provee muchas lecciones espirituales para ser aplicadas. Aunque todas las dispensaciones contienen un elemento de gracia, la dispensación de la gracia es la suprema manifestación de ambas cosas, la totalidad de la salvación recibida y en cuanto a una regla de vida.

## H. DISPENSACION DEL REINO

La dispensación del reino comienza con la segunda venida de Cristo (Mt. 24; Ap. 19) y es precedida por un período de tiempo en el cual se incluye la tribulación, el cual hasta cierto grado es un período transitorio. Las Escrituras que se aplican a ello son todos los pasajes del reino futuro, ya sea en el Antiguo o Nuevo Testamento (siendo las principales Sal. 72; Is. 2:1-5; 9:6-7, 11; Jer. 33:14-17; Dn. 2:44-45; 7:9-14, 18, 27; Os. 3:4-5; Zac. 14:9; Lc. 1:31-33; Ap. 19-20). En el reino, la responsabilidad humana será obedecer al rey, quien regirá con vara de hierro (Is. 11:3-5; Ap. 19:15). El reino será teocrático, esto es, una reglamentación de parte de Dios, y habrá un sistema renovado de sacrificios y sacerdocio (Is. 66:21-23; Ez. 40-48). Un rasgo excepcional de este período es que Satanás será atado y los demonios permanecerán inactivos (Ap. 20:1-3, 7). El reino, sin embargo, también será un período de fracaso (Is. 65:20; Zac. 14:16-19), y habrá rebelión al final del mismo (Ap. 20:7-9).

El juicio divino que sigue incluye la destrucción de los rebeldes por medio del fuego (Ap. 20:9) y la destrucción de la antigua tierra y cielo por fuego (2 P. 3:7, 10-12).

En el reino milenial la gracia divina también se revela en el cumplimiento del nuevo pacto (Jer. 31:31-34), en cuanto a salvación (Is. 12), en prosperidad física y temporal (Is. 35), en abundancia de revelación (Jer. 31:33-34), en perdón de pecado (Jer. 31:34) y en la recolección de Israel (Is. 11:11-12; Jer. 30:1-11; Ez. 39:25-29). El reino milenial termina con la destrucción de la tierra y cielo por fuego y es seguido por el estado eterno (Ap. 21-22).

La dispensación del reino difiere de todas las dispensaciones anteriores en que es la forma final de la prueba moral. Las ventajas de la dispensación incluyen un gobierno perfecto, la presencia inmediata y gloriosa de Cristo, el conocimiento universal de Dios y el término de los tiempos de salvación, y Satanás que permanece inactivo. En muchos puntos la dispensación del reino es suprema y trae a su consumación los tratos de Dios con el hombre. En las dispensaciones Dios ha demostrado cada significado posible de los tratos con el hombre. En cada dispensación el hombre fracasa y la gracia de Dios es suficiente.

En las dispensaciones se cumple el propósito de Dios de manifestar su gloria, en el mundo natural y en la historia humana. A través de la eternidad nadie podrá levantar la pregunta de si Dios podría haber dado al hombre otra oportunidad para alcanzar la salvación o la santidad por medio de su propia habilidad. Un conocimiento de las dispensaciones es, de acuerdo a ello, la clave para el entendimiento del propósito de Dios en la historia y el despliegue de la Escritura, la cual registra los tratos de Dios con el hombre y su revelación divina concerniente a sí mismo.

## PREGUNTAS

1. ¿Cuán importante es la doctrina de las dispensaciones?
2. ¿Cómo puede definirse una dispensación?
3. Contrastar una dispensación y una época en la Biblia.
4. ¿Qué caracteriza en general el comienzo y el fin de cada dispensación?
5. ¿Cómo puede distinguirse una aplicación primaria y secundaria de la Palabra de Dios?
6. ¿Cómo ofrece la interpretación dispensacional una explicación de instrucciones escriturales que parecen contradictorias?

7. ¿Qué siete dispensaciones se reconocen comúnmente en la Escritura?
8. ¿Cómo se relaciona la interpretación normal o literal al dispensacionalismo?
9. ¿Cómo se relaciona la revelación progresiva al dispensacionalismo?
10. ¿Cómo explica el dispensacionalismo los cambios en las reglas de vida?
11. ¿Cuáles dispensaciones son las más importantes?
12. ¿Cuál era el requisito para el hombre bajo la dispensación de la inocencia?
13. ¿Cómo se mostró la gracia en la dispensación de la inocencia?
14. Explique la revelación de Dios en la dispensación de la inocencia.
15. ¿Hasta qué grado la dispensación de la conciencia revela el fracaso humano?
16. ¿Cómo se mostró la gracia en la dispensación de la conciencia?
17. ¿Cuáles fueron algunos de los resultados sobresalientes de la dispensación de la conciencia?
18. ¿Cuál era el requisito para el hombre bajo la dispensación del gobierno humano?
19. ¿Hasta qué punto el hombre fracasó bajo el gobierno humano?
20. ¿Hasta qué punto se mostró la gracia en el gobierno humano?
21. ¿Qué reveló la dispensación del gobierno humano?
22. ¿En qué sentido las dispensaciones de la conciencia y el gobierno humano continúan hoy día?
23. ¿Qué fue provisto en la dispensación de la promesa, y qué se requirió del hombre con respecto a ello?
24. Explicar cómo la dispensación de la promesa no se extendió a toda la raza.
25. Describir el fracaso humano bajo la dispensación de la promesa.
26. ¿Cómo se mostró la gracia divina en la dispensación de la promesa?
27. ¿Quiénes fueron colocados bajo la dispensación de la ley?
28. Nombrar las divisiones principales de la ley.

29. ¿Cuán completa era la ley como un sistema religioso detallado?
30. Describir, en general, el fracaso de Israel bajo la ley.
31. ¿Hasta qué grado se mostró la gracia bajo la ley?
32. ¿Cuándo terminó la ley?
33. Describir la extensión y la limitación del propósito de la ley.
34. ¿A quiénes fue dirigida la dispensación de la gracia?
35. Caracterizar las normas de gracia como una regla de vida.
36. ¿Hasta qué grado fue el fracaso bajo la dispensación de la gracia?
37. ¿Qué hace terminar la dispensación de la gracia?
38. Contrastar la dispensación de la gracia con la dispensación de la ley.
39. ¿Cuándo comienza la dispensación del reino?
40. Nombrar algunos de los pasajes importantes de las Escrituras que se relacionan con el reino.
41. ¿Cuáles son algunos de los rasgos excepcionales de la dispensación del reino?
42. Describir el fracaso y juicio en el final de la dispensación del reino.
43. ¿Qué se revela en el reino milenial concerniente a la gracia?
44. ¿Cómo la dispensación del reino difiere de todas las dispensaciones precedentes?
45. ¿Por qué la dispensación del reino fue un clímax adecuado al programa de Dios?

# 21
# Los Pactos

La Biblia revela que a Dios le ha placido establecer pactos con los hombres. Ocho de estos pactos se hallan mencionados en las sagradas páginas y ellos incorporan los hechos más vitales en la relación que el hombre ha tenido con Dios a través de toda la historia de la raza humana. Cada pacto representa un propósito divino y la mayoría de ellos constituyen una absoluta predicción tanto como una promesa inalterable del cumplimiento de todo lo que Dios ha determinado. Si llevamos nuestra consideración del tema hasta el tiempo cuando los pactos fueron hechos, descubrimos que ellos siempre anticiparon el futuro y tenían el propósito de ser un mensaje de certidumbre para aquellos con quienes el pacto era establecido. Además de los pactos bíblicos, los teólogos han sugerido tres pactos teológicos que tienen que ver con la salvación del hombre.

## A. LOS PACTOS TEOLOGICOS

Para definir el eterno propósito de Dios, los teólogos han sostenido la teoría de que es el propósito central de Dios el salvar a los elegidos, aquellos escogidos para salvación desde la eternidad pasada. De acuerdo a ello, consideran la historia primeramente como la obra exterior para el plan de

Dios en cuanto a la salvación. Desarrollando esta doctrina, ellos han expuesto tres pactos teológicos básicos.

1. *Se dice que con Adán se estableció un pacto de obras.* La provisión del pacto era tal que si Adán obedecía a Dios, él sería guardado seguro en su estado espiritual y recibiría la vida eterna. Se afirma que este pacto es sostenido por la advertencia concerniente al árbol del conocimiento del bien y del mal, «porque el día que de él comieres, morirás» (Gn. 2:17). Se deduce que si él no hubiera comido del árbol, no hubiese muerto y, como los santos ángeles, hubiese sido confirmado en su estado santo. Este pacto está basado casi totalmente en la deducción y no es llamado un pacto en la Biblia, y por esta razón es rechazado por muchos estudiosos de la Escritura por tener poca base.

2. *Otro pacto sugerido es el pacto de la redención, en el cual se insinúa la enseñanza de que fue establecido un pacto entre Dios el Padre y Dios el Hijo en relación a la salvación del hombre en la eternidad pasada.* En este pacto el Hijo de Dios se comprometió en proveer la redención para la salvación de aquellos que creyeran, y Dios prometió aceptar su sacrificio.

Este pacto tiene más sostenimiento en las Escrituras que el pacto de obras en que la Biblia declara claramente que el plan de Dios para la salvación es eterno, y que en aquel plan Cristo tenía que morir como un sacrificio por el pecado y Dios tenía que aceptar aquel sacrificio como una base suficiente para salvar a aquellos que creyeran en Cristo. De acuerdo a Efesios 1:4: «Según nos escogió en él antes de la fundación del mundo, para que fuésemos santos y sin mancha delante de él.» También en referencia a nuestra posición en Cristo, se declara en Efesios 1:11: «En él asimismo tuvimos herencia, habiendo sido predestinados conforme al propósito del que hace todas las cosas según el designio de su voluntad.

De estas y de otras Escrituras está claro que el propósito de Dios para la salvación es eterno. Se sugiere que un pacto formal fue acordado entre Dios el Padre y Dios el Hijo del hecho de que el propósito de Dios es también una promesa.

3. *Aun otra tentativa es el contemplar el eterno propósito de Dios en la salvación como un pacto de gracia.* En este punto de vista Cristo es contemplado como el Mediador del

pacto y el representante de aquellos quienes ponen su confianza en El. Los individuos encuentran las condiciones de este pacto cuando colocan su fe en Jesucristo como Salvador. Aunque este pacto es también una deducción del plan eterno de salvación, tiende a enfatizar el carácter de gracia de la salvación de Dios. El pacto de la redención y el pacto de gracia, en consecuencia, tienen algunas bases escriturales y son más aceptables para la mayoría de los estudiosos de la Biblia que el concepto del pacto de obras, el cual no tiene base escritural.

Sin embargo, se ha levantado el problema de que aquellos que son adeptos a estos pactos teológicos siempre hacen del plan de Dios para la salvación su propósito primordial en la historia humana. Así ellos tienden a ignorar los particulares sobre el plan de Dios para Israel, el plan de Dios para la Iglesia y el plan de Dios para la nación. Mientras que es verdad que el plan de Dios para la salvación es un aspecto importante de su propósito eterno, no es la totalidad del plan de Dios. Un punto de vista mejor es que el plan de Dios para la historia es revelar su gloria, y El no hace esto solamente salvando a los hombres, sino que también por medio del cumplimiento de sus propósitos y revelándose a sí mismo a través de sus tratos con Israel, con la iglesia y con las naciones. De acuerdo a ello, es preferible contemplar la historia a través de ocho pactos bíblicos, los cuales revelan los propósitos esenciales de Dios a lo largo de la historia de la Humanidad y que incluye el plan de Dios para la salvación. Aquellos que enfatizan los pactos teológicos son llamados a menudo «teólogos de los pactos», mientras que, por el contrario, aquellos que enfatizan los pactos bíblicos son llamados «dispensacionalistas», porque los pactos bíblicos revelan las distinciones en las varias etapas en la historia humana, las cuales están manifiestas en las dispensaciones.

## B. LOS PACTOS BIBLICOS

Los pactos de Dios contenidos en la Biblia se clasifican en dos clases, aquellos que son condicionales y los que son incondicionales. Un pacto condicional es uno en el cual la acción de Dios es en respuesta a alguna acción de parte de aquellos a quienes va dirigido el pacto. Un pacto condicional garantiza que Dios hará su parte con absoluta certeza cuando se satisfacen los requisitos humanos, pero si el hombre fracasa, Dios no está obligado a cumplir su pacto.

Un pacto incondicional, mientras que puede incluir ciertas contingencias humanas, es una declaración de cierto propósito de Dios, y las promesas de un pacto incondicional serán ciertamente cumplidas en el tiempo y a la manera de Dios. De los ocho pactos bíblicos sólo el edénico y el mosaico eran condicionales. Sin embargo, aun bajo los pactos incondicionales hay un elemento condicional como si se aplicara a ciertos individuos. Un pacto incondicional se distingue de uno condicional por el hecho de que su cumplimiento esencial es prometido por Dios y depende del poder y la soberanía de Dios.

1. *El pacto edénico fue el primer pacto que Dios hizo con el hombre* (Gn. 1:26-31; 2:16-17), y fue un pacto condicional con Adán en el cual la vida y bendición o la muerte y la maldición dependían de la fidelidad de Adán. El pacto edénico incluía el dar a Adán la responsabilidad de ser el padre de la raza humana, sojuzgar la tierra, tener dominio sobre los animales, cuidar del huerto y no comer del árbol del conocimiento del bien y del mal. Por haber fracasado Adán y Eva al comer de la fruta prohibida, fue impuesta la pena de muerte para la desobediencia. Adán y Eva murieron espiritualmente de inmediato y necesitaron nacer de nuevo para poder ser salvos. Más tarde también murieron físicamente. Su pecado hundió a toda la raza humana en un molde de pecado y muerte.

2. *El pacto adámico fue hecho con el hombre después de la caída* (Gn. 3:16-19). Este es un pacto incondicional en el que Dios declara al hombre lo que será su porción en la vida por causa de su pecado. Aquí no hay lugar para ninguna apelación, ni se implica responsabilidad alguna de parte del hombre.

Como un todo, el pacto provee importantes rasgos, los cuales condicionan la vida humana desde este punto en adelante. Incluido en este pacto está el hecho de que la serpiente usada por Satanás es maldita (Gn. 3:14; Ro. 16:20; 2 Co. 11:3, 14; Ap. 12:9); se da la promesa del Redentor (Gn. 3:15), la cual es luego cumplida en Cristo; se detalla el lugar de la mujer en cuanto a estar sujeta a una concepción múltiple, al dolor y la pena en la maternidad, y en cuanto a la posición del hombre como cabeza (Gn. 1:26-27; 1 Co. 11:7-9; Ef. 5:22-25; 1 Ti. 2:11-14). El hombre debería, en lo sucesivo, de ganar el pan con el sudor de su frente (cf. Gn. 2:15 con 3:17-19); la vida del hombre sería dolorosa y con la muerte por final (Gn. 3:19; Ef. 2:5). Por un período bastante extenso, el hombre continúa desde ese punto en adelante viviendo bajo el pacto adámico.

3. *El pacto de Noé fue hecho con Noé y sus hijos* (Gn. 9: 1-18). Este pacto, mientras que repite algunos de los rasgos del pacto adámico, introdujo un nuevo principio de gobierno humano como un medio de frenar el pecado.

Como el pacto adámico, era incondicional y revelaba el propósito de Dios para la generación subsiguiente a Noé.

Las provisiones del pacto incluían el establecimiento del principio del gobierno humano, en el que se instituyó la pena capital para aquellos que tomaran la vida de otro hombre. Fue reafirmado el orden normal de la Naturaleza (Gn. 8:22; 9:2), y al hombre le fue permitido comer carne fresca de animales (Gn. 9:3-4) en lugar de vivir solamente de vegetales, como parece haberlo hecho antes del diluvio.

El pacto con Noé incluía la profecía concerniente a los descendientes de sus tres hijos (Gn. 9:25-27) y designaba a Sem como el único de quien vendría la línea divina que seguiría hasta que el Mesías viniera. El dominio de las naciones gentiles en la historia del mundo está implicado en la profecía concerniente a Jafet. Así como el pacto adámico introdujo la dispensación de la conciencia, así el pacto con Noé introdujo la dispensación del gobierno humano.

4. *El pacto abrahámico* (Gn. 12:1-4; 13:14-17; 15:1-7; 17: 1-8) *es una de las grandes revelaciones de Dios concernientes a la historia futura, y en él fueron dadas profundas promesas a lo largo de tres líneas.* Primero de todo, fueron dadas promesas a Abraham de que él tendría gran descendencia (Gn. 17:16), que tendría mucha bendición personal (Gn. 13:14-15, 17; 15:6, 18; 24:34-35; Jn. 8:56), que su nombre sería grande (Gn. 12:2) y que él personalmente sería una bendición (Gn. 12:2).

Segundo, a través de Abraham fue hecha la promesa de que emergería una gran nación (Gn. 12:2). En el propósito de Dios esto tiene referencia primeramente a Israel y a los descendientes de Jacob, quienes formaron las doce tribus de

Israel. A esta nación le fue dada la promesa de la tierra (Gn. 12:7; 13:15; 15:18-21; 17:7-8).

Una tercera área principal del pacto fue la promesa de que por medio de Abraham vendría bendición al mundo entero (Gn. 12:3). Esto tendría su cumplimiento en que Israel sería el canal especial de la revelación divina de Dios, la fuente de los profetas quienes revelarían a Dios y proveerían de la Escritura a los escritores humanos. En forma suprema, la bendición a las naciones sería provista a través de Jesucristo, quien sería un descendiente de Abraham. Dada la relación especial de Israel con Dios, Dios pronunció una solemne maldición sobre aquellos que maldijeran a Israel y una bendición sobre aquellos quienes bendijeran a Israel (Gn. 12:3).

El pacto con Abraham, como el adámico y el de Noé, es incondicional. Mientras que cualquier generación particular de Israel podría disfrutar de sus provisiones con sólo ser obedientes, y podrían, por ejemplo, ser guiados hacia la cautividad si ellos eran desobedientes, el propósito esencial de Dios para bendecir a Israel, para revelarse a sí mismo a través de Israel, para proveer redención a través de Israel y para traerle dentro de la Tierra Prometida es absolutamente cierto, porque depende del soberano poder y voluntad de Dios, más que del hombre. A pesar de los muchos fracasos de Israel en el Antiguo Testamento, Dios se reveló a sí mismo y encauzó la escritura de los textos sagrados, y finalmente nació Cristo, vivió y murió y se levantó resucitando exactamente como la Palabra de Dios lo había anticipado. A pesar del fracaso humano, los propósitos de Dios son ciertos en su cumplimiento.

5. *El pacto mosaico fue dado a través de Moisés para los hijos de Israel mientras que estaban viajando desde Egipto hacia la Tierra Prometida* (Ex. 20:1 - 31:18).

En Exodo, y ampliado en muchas otras porciones de las Escrituras, Dios le dio a Moisés la ley que era para gobernar su relación con el pueblo de Israel. Los aproximadamente seiscientos mandamientos específicos están clasificados en tres divisiones principales: *a*) los mandamientos, conteniendo la voluntad expresada de Dios (Ex. 20:1-26); *b*) los juicios, relacionados a la vida social y cívica de Israel (Ex. 21:1 - 24:11), y *c*) las ordenanzas (Ex. 24:12 - 31:18).

La ley mosaica era un pacto condicional e incorporaba el principio de que si Israel era obediente, Dios les bendeciría, pero si Israel era desobediente, Dios les maldeciría y les disciplinaría. Esto es destacado especialmente en Deuteronomio 28. Aunque ya se había anticipado que Israel fracasaría, Dios prometió que El no abandonaría a su pueblo (Jer. 30:11). El pacto mosaico también fue temporal y terminaría en la cruz de Cristo. Aunque contenía elementos de gracia, era básicamente un pacto de obras.

6. *El pacto palestino* (Dt. 30:1-10) *era un pacto incondicional en conexión con la posesión final de la tierra por parte de Israel.*

Este pacto se ilustra como un pacto básicamente incondicional y seguro en su cumplimiento; sin embargo, tiene elementos condicionales para cualquier generación en particular. La promesa dada a Abraham en Génesis 12:7, y reafirmada luego a través del Antiguo Testamento, sería que la simiente de Abraham poseería la tierra. No obstante, a causa de la desobediencia y el fracaso, Jacob y sus descendientes vivieron en Egipto cientos de años antes del Exodo. Así, manteniendo el propósito de Dios, ellos volvieron y poseyeron, por lo menos, una porción de la tierra. Más tarde, a causa de la desobediencia y la negligencia a la ley de Dios, ellos fueron sometidos a los cautiverios asirio y babilónico. Otra vez en la gracia de Dios, les fue permitido volver después de setenta años del cautiverio babilónico y reposeer la tierra hasta que Jerusalén fue destruida en el 70 d.C.

Sin embargo, a pesar de todos los fracasos, a Israel se le promete que volverá a la tierra, vivirá allí en seguridad y con bendición y nunca será dispersada nuevamente (Ez. 39: 25-29; Am. 9:14-15).

El retorno presente de Israel a la tierra es, por lo tanto, altamente significativo porque cumple la primera etapa del regreso de Israel, necesario para establecer el escenario para el fin de los tiempos. La vuelta de Israel será completada hasta el último hombre después de que Jesucristo vuelva y establezca su reino (Ez. 39:25-29). Mientras que cualquier generación pudiera haber sido sacada fuera de la tierra por su desobediencia, el propósito final de Dios de traer a su pueblo dentro de su Tierra Prometida es incondicional y cierto en su cumplimiento.

El pacto palestino, de acuerdo a ello, incluye la dispersión de Israel por la incredulidad y la desobediencia (Gn. 15:13; Dt. 28:63-68), tiempos de arrepentimiento y restauración (Dt. 30:2), la recolección de Israel (Dt. 30:3; Jer. 23:8; 30:3; 31:8; Ez. 39:25-29; Am. 9:9-15; Hch. 15:14-17), la restauración de Israel a su tierra (Is. 11:11-12; Jer. 23:3-8; Ez. 37:21-25; Am. 9:9-15), su conversión espiritual y restauración nacional (Os. 2:14-16; Ro. 11:26-27), su seguridad y prosperidad finales como nación (Am. 9:11-15) y el juicio divino para sus opresores (Is. 14:1-2; Jl. 3:1-8; Mt. 25:31-46).

7. *El pacto davídico* (2 S. 7:4-16; 1 Cr. 17:3-15) *era un pacto incondicional en el cual Dios prometió a David un linaje real sin fin, un trono y un reino, todos ellos para siempre.* En la declaración de este pacto Jehová se reserva el derecho de interrumpir el actual reinado de los hijos de David si era necesario el castigo (2 S. 7:14-15; Sal. 89:20-37); pero la perpetuidad del pacto no podía ser quebrantada.

Como el pacto abrahámico garantizaba a Israel una identidad eterna como nación (Jer. 31:36) y la posesión eterna de la tierra (Gn. 13:15; 1 Cr. 16:15-18; Sal. 105:9-11), así el pacto davídico les garantizaba un trono eterno y un reino eterno (Dn. 7:14). Desde el día en que el pacto fue establecido y confirmado por el juramento de Jehová (Hch. 2:30), hasta el nacimiento de Cristo, a David no le faltó un hijo que se sentase en el trono (Jer. 33:21); y Cristo el eterno Hijo de Dios e Hijo de David, siendo el justo heredero de aquel trono y el Unico que se sentaría en aquel trono (Lc. 1:31-33), completa el cumplimiento de esta promesa hecha a David de que un hijo se sentaría en este trono para siempre.

El pacto davídico es el más importante en asegurar el reino milenial, en el cual Cristo reinará sobre la tierra. David, resucitado, reinará por debajo de Cristo como un príncipe sobre la casa de Israel (Jer. 23:5-6; Ez. 34:23-24; 37:24).

El pacto davídico no es cumplido por Cristo reinando en su trono en los cielos, puesto que David nunca se ha sentado ni se sentará en el trono del Padre. Es más bien un reino terrenal y un trono terrenal (Mt. 25:31). El pacto davídico es, por consiguiente, la clave del programa profético de Dios que aún está por cumplirse.

8. *El nuevo pacto, profetizado en el Antiguo Testamento y que tendrá su cumplimiento primario en el reino milenial, es también un pacto incondicional* (Jer. 31:31-33). Como lo describe Jeremías, es un pacto hecho «con la casa de Israel y con la casa de Judá» (v. 31). Es un nuevo pacto en contraste con el pacto mosaico, el cual fue roto por Israel (v. 32).

En el pacto Dios promete: «Después de aquellos días, dice Jehová: Daré mis leyes en sus corazones, y en sus almas las escribiré; y seré yo a ellos por Dios, y ellos me serán por pueblo» (v. 33). A causa de esta íntima y personal revelación de Dios, y su voluntad para con su gente, continúa en Jeremías 31:34 para declarar: «Y no enseñará más ninguno a su prójimo, ni ninguno a su hermano, diciendo: Conoce a Jehová: porque todos me conocerán, desde el más pequeño de ellos hasta el más grande, dice Jehová: porque perdonaré la maldad de ellos, y no me acordaré más de su pecado.»

Este pasaje anticipa las circunstancias ideales del reino milenial donde Cristo reinará, y todos conocerán los hechos acerca de Jesucristo. De acuerdo a ello, no será necesario para una persona evangelizar a su vecino, porque los hechos acerca del Señor serán universalmente conocidos. También será un período en el cual Dios perdonará el pecado de Israel y les bendecirá abundantemente. Debería estar claro, dada esta descripción de la promesa del pacto como se da en Jeremías, que esto no se está cumpliendo hoy día, puesto que la iglesia ha sido instruida para ir por todo el mundo y predicar el evangelio a causa de que hay una casi universal ignorancia de la verdad.

Sin embargo, dado que el Nuevo Testamento también relaciona a la Iglesia con un nuevo pacto, algunos han enseñado que la iglesia cumple el pacto dado a Israel. Aquellos quienes no creen en un futuro reino milenial y en una restauración de Israel, por tanto encuentran el completo cumplimiento ahora en la iglesia, espiritualizando las provisiones del pacto y haciendo de Israel y de la Iglesia una misma cosa. Otros que reconocen la restauración futura de Israel y el reino milenial consideran que el Nuevo Testamento se refiere al nuevo pacto tanto como para ser una aplicación de las verdades generales del pacto futuro con Israel a la iglesia, o para distinguir dos nuevos pactos (uno para Israel como está dado en Jeremías, y el segundo, un nuevo pacto dado a través de Jesucristo en la era presente de gracia proveyendo salvación para la iglesia). Actualmente el nuevo pacto, ya sea para Israel o para la iglesia, se desprende de la muerte de Cristo y de su derramamiento de sangre.

El nuevo pacto garantiza todo lo que Dios se propone hacer para los hombres en el terreno de la sangre de su Hijo. Esto puede verse en dos aspectos:

*a*) Que El salvará, preservará y presentará en la gloria, conformados a la imagen del Hijo Unigénito, a todos los que creen en el Señor Jesús. El hecho de que sea necesario creer en Cristo para ser salvo, no es una condición en este pacto. El acto de creer no es una parte del pacto, sino más bien la base sobre la cual el creyente es admitido para disfrutar de las bendiciones eternas que el pacto ofrece. El pacto no es hecho con los no redimidos, sino con los que creen, y promete que en favor de ellos estará la fidelidad de Dios. «El que comenzó en vosotros la buena obra, la perfeccionará hasta el día de Jesucristo» (Fil. 1:6), y toda otra promesa semejante a ésta, relacionada con el poder que Dios manifiesta en la salvación y preservación de los suyos, es parte de este pacto de gracia.

En la presente edad no se tiene en vista para el hombre una salvación que no garantice una perfecta preservación aquí en el mundo, y una presentación final allá en la gloria, de todos los que son salvos por la sangre de Cristo Jesús. Es posible que haya en la vida diaria del hijo de Dios algún impedimento para su comunión con el Padre; y como aconteció en el caso de David, el pecado del cristiano puede hacer que Dios levante su mano para castigo del hijo desobediente; pero estos asuntos que son propios de la experiencia cotidiana del creyente, no llegan nunca a *ser determinantes* para el cumplimiento de la promesa de Dios en lo que se refiere a la eterna salvación de los que El ha recibido en su gracia.

Hay quienes recalcan la importancia y el poder de la voluntad humana, y declaran enfáticamente que la salvación y preservación deben tener como *condición* la libre cooperación de la voluntad humana. Esto puede ser razonable para la mente del hombre, pero no está de acuerdo con la revelación que Dios nos ha dado en las Escrituras.

En cada caso Dios ha declarado *incondicionalmente* lo que El hará en favor de todos aquellos que confían en El (Jn. 5:24;

6:37; 10:28). Esta es en verdad una empresa enorme que necesariamente tiene que incluir el dominio absoluto aun de los pensamientos e intentos del corazón humano; pero, por así decirlo, esto no es más irrazonable que el hecho de declarar a Noé que su descendencia seguiría los caminos que Dios había decretado, o que el de prometer a Abraham que él sería el progenitor de una nación grande y que de su simiente nacería el Cristo.

En cada uno de estos casos tenemos la manifestación de la autoridad y del poder soberanos del Creador. Es evidente que Dios ha dejado lugar para el libre ejercicio de la voluntad humana. El ayuda a la voluntad de los hombres, y los ya salvos son conscientes de que tanto su salvación como su servicio están en completa armonía con la elección que ellos mismos han hecho en lo más profundo de su ser. Se nos dice que Dios gobierna la voluntad del hombre (Jn. 6:44; Fil. 2:13); pero al mismo tiempo vemos que El apela a la voluntad humana y hace que en cierto sentido dependa de ella el disfrute de su divina bendición (Jn. 5:40; 7:17; Ro. 12:1; 1 Jn. 1:9).

Las Escrituras hablan en forma incuestionable y enfática de la soberanía de Dios. El ha predestinado perfectamente lo que vendrá, y su determinado propósito tendrá que realizarse; porque es imposible que El sea sorprendido o sufra alguna desilusión. De igual manera, las Escrituras enfatizan que entre estos dos grandes aspectos de la soberanía divina —el propósito eterno y la perfecta realización del mismo— El ha permitido suficiente lugar para cierto ejercicio de la voluntad humana. Y al actuar de esta forma no está poniendo en peligro, de ninguna manera, los fines que El se ha propuesto alcanzar. El tener sólo uno de los dos aspectos de esta verdad puede guiarnos o bien al fatalismo, en el cual no hay lugar para pedir en oración ni motivo alguno para buscar el amor de Dios, ni base para la condenación de los pecadores, ni fundamento para la invitación del Evangelio, ni significado para gran parte de las Escrituras, o bien a la pretensión de querer desalojar a Dios de su trono. Es razonable creer que la voluntad humana está bajo el dominio de Dios; pero sería lo más irrazonable creer que la soberanía de Dios está bajo el dominio de la voluntad humana.

Los que creen son salvos y seguros para siempre, porque así está determinado en el pacto *incondicional* de Dios.

*b*) La salvación futura de Israel es prometida en el nuevo pacto *incondicional* (Is. 27:9; Ez. 37:23; Ro. 11:26-27). Esta salvación se efectuará sobre la base única de la sangre que Cristo derramó en la cruz. Por medio del sacrificio de su Hijo, Dios es tan libre para salvar a una nación como lo es para salvar a un individuo. Israel es representado por Cristo como un tesoro escondido en el campo. El campo es el mundo. Y creemos fielmente que fue Cristo quien vendió todo lo que El tenía, a fin de poder comprar el campo y poseer así el tesoro que allí estaba oculto (Mt. 13:44).

En la consideración de estos ocho grandes pactos nunca podrá decirse que se está dando demasiado énfasis a la soberanía de Dios en relación con los pactos *incondicionales,* o al absoluto fracaso humano en lo que toca a los pactos *condicionales*. Y podemos estar seguros de que todo lo que Dios se ha comprometido a hacer *incondicionalmente* El lo hará con toda la perfección de su infinito Ser.

## PREGUNTAS

1. De acuerdo a los pactos teológicos, ¿cuál es el propósito central de Dios y cómo afecta a la historia?
2. ¿Cuál es el pacto de las obras y cuál es su base escritural?
3. ¿Cuál es el pacto de la redención y cuál es su base escritural?
4. ¿Cuál es el pacto de la gracia y cuál es su base escritural?
5. ¿Cuál es el problema originado por los pactos teológicos en relación al plan de Dios para Israel, para la Iglesia y para las naciones?
6. ¿Por qué es preferible tener una visión de la historia a través de los ocho pactos, más bien que desde el punto de vista de los pactos teológicos?
7. Distinguir los pactos condicionales, de los incondicionales.

8. ¿Qué era el pacto edénico, y cuál fue el resultado del fracaso bajo el mismo?
9. ¿Qué era el pacto adánico, y hasta qué grado condiciona la vida hoy día?
10. ¿Cuáles eran las provisiones importantes del pacto de Noé, y hasta qué grado continúa hoy?
11. ¿Qué promesas se dieron al mundo entero en el pacto abrahámico?
12. ¿Qué promesas se dieron concernientes a la nación de Israel en el pacto abrahámico?
13. ¿Qué promesas se dieron al mundo entero en el pacto abrahámico?
14. ¿En qué sentido el pacto con Abraham era incondicional?
15. ¿Hasta qué punto el pacto mosaico era condicional y temporal?
16. ¿Hasta qué punto el pacto palestino era incondicional?
17. ¿Cómo explica las cautividades asiria y babilónica y la dispersión mundial de Israel a la vista del carácter incondicional del pacto palestino?
18. ¿Cómo podría resumir todas las provisiones del pacto palestino en relación a la desobediencia de Israel, su recolección, restauración y seguridad final en prosperidad como una nación?
19. ¿Qué fue prometido incondicionalmente en el pacto davídico?
20. ¿Cómo se relaciona el pacto davídico con el futuro reino milenial?
21. De acuerdo al Antiguo Testamento, ¿qué se proveyó en el nuevo pacto para Israel?
22. ¿Cuándo será cumplido el nuevo pacto para Israel?
23. ¿Por qué algunos han enseñado que el nuevo pacto tiene una aplicación presente, y cómo puede ser explicado esto?
24. ¿Cómo se relaciona el nuevo pacto con la seguridad de la salvación de los creyentes?
25. ¿Cómo se relaciona el nuevo pacto con la soberanía de Dios?
26. ¿Cómo se relaciona el nuevo pacto con la futura salvación de Israel?

# 22
# Los ángeles

## A. LA NATURALEZA DE LOS ANGELES

De acuerdo con las Escrituras, mucho antes de la creación del hombre Dios creó una innumerable compañía de seres llamados ángeles. Al igual que los hombres, ellos tienen personalidad, inteligencia y responsabilidad moral. La palabra «ángel» significa mensajero, cuando se refiere a una clase especial de seres; el término es usado a veces señalando a otros quiénes son los mensajeros, como sucede con los ángeles de las siete iglesias de Asia (Ap. 2 - 3), de donde se deduce que se refiere a hombres (Ap. 1:20; 2:1, 8, 12, 18; 3:1, 7, 14), y a veces el término se usa para mensajeros humanos (Lc. 7:24; Stg. 2:25). También el término se aplica a los espíritus de los hombres que han muerto (Mt. 18:10; Hch. 12:15), pero cuando se usa de este modo no debe concluirse que los ángeles son los espíritus de los hombres o que los hombres al morir se convierten en ángeles. Hay que entender que el término «mensajero» es un término general. De igual manera, el término «ángel» se aplica al Angel de Jehová refiriéndose a las apariciones de Cristo en el Antiguo Testamento en la forma de un ángel y como un mensajero de Dios a los hombres (Gn. 16:1-13; 21:17-19; 22:11-16).

Cuando no se usa con referencia a los hombres o Dios mismo, el término se refiere a un orden distinto de seres que, como el hombre, tienen responsabilidad moral y son siervos de Dios en la esfera moral. Como el hombre, los ángeles, desde su creación, tienen una existencia eterna y son distintos de todos los otros seres creados. Ellos forman una parte prominente en el programa de Dios para las edades, y son mencionados más de cien veces en el Antiguo Testamento y con más frecuencia aún en el Nuevo Testamento.

Se deduce que los ángeles fueron creados todos simultáneamente y fueron un número considerable (He. 2:22; Ap. 5:11). Ellos tienen todos los elementos esenciales de la personalidad, incluyendo inteligencia, responsabilidad moral, voluntad y sensibilidad o emociones, y son capaces de adorar inteligentemente a Dios (Sal. 148:2). También son responsables de la calidad de su servicio y de sus elecciones morales.

Su naturaleza no incluye el cuerpo, a no ser que entendamos que ellos son cuerpos de un orden espiritual (1 Co. 15:44), aunque a veces ellos pueden ser vistos en cuerpos y aparecer como hombres (Mt. 28:3; Ap. 15:6; 18:1). No experimentan aumento en su número a través del nacimiento ni la experiencia física de la muerte o la cesación de la existencia. De este modo, en tanto que ellos son similares al hombre en personalidad, difieren del hombre en características muy importantes.

## B. LOS ANGELES SANTOS

Los ángeles se dividen generalmente en dos grandes grupos: 1) los ángeles santos, 2) los ángeles caídos. En la primera clasificación están los ángeles que han permanecido santos a través de toda su existencia, y de ahí que reciban el nombre de «ángeles santos» (Mt. 25:31). Generalmente, cuando la Escritura menciona a los ángeles, se refiere a aquellos que no han caído. Los ángeles caídos son aquellos que no han mantenido su santidad.

Los ángeles santos se dividen en varias clases especiales, algunos son mencionados individualmente.

1. *El arcángel Miguel es el jefe de todos los ángeles santos y su nombre significa «quien está como en Dios»* (Dn. 10:21; 12:1; 1 Ts. 4:16; Jud. 9; Ap. 12:7-10).

2. *Gabriel es uno de los principales mensajeros de Dios, su nombre significa «héroe de Dios».* El fue el portador de importantes mensajes; como el entregado a Daniel (Dn. 8:16; 9:21), el mensaje a Zacarías (Lc. 1:18, 19) y el mensaje a la virgen María (Lc. 1:26-38).

3. *A la mayoría de los ángeles no se les da un nombre individual, aunque son mencionados como ángeles elegidos* (1 Ti. 5:21). Esto nos lleva a pensar que, al igual que los hombres salvados son escogidos o elegidos, los ángeles santos fueron divinamente escogidos.

4. *Las expresiones «principados» y «potestades» se usan tanto en relación a los ángeles santos como a los caídos* (Lc. 21:26; Ro. 8:38; Ef. 1:21; 3:10; Col. 1:16; 2:10, 15; 1 P. 3:22). A través de la historia ha existido una lucha constante entre los ángeles santos y los ángeles caídos por el control de los hombres.

5. *Algunos ángeles son designados como «querubines», criaturas vivientes que defienden la santidad de Dios de cualquier muestra de pecado* (Gn. 3:24; Ex. 25:18, 20; Ez. 1:1-18). Satanás, el jefe de los ángeles caídos, fue creado originalmente para este propósito (Ez. 28:14). Figuras angélicas en la forma de querubines de oro y mirando hacia el propiciatorio del arca y del lugar Santísimo había en el tabernáculo y en el templo.

6. *Los serafines son mencionados sólo una vez en la Biblia: en Isaías 6:2-7.* Son descritos como teniendo tres pares de alas; aparentemente tienen la misión de alabar a Dios y ser los mensajeros de Dios a la tierra, aunque su preocupación principal es la santidad de Dios.

7. *El término «ángel de Jehová» se encuentra frecuentemente en el Antiguo Testamento en relación a las apariciones de Cristo en la forma de un ángel.* El término pertenece sólo a Dios y se usa en conexión con las manifestaciones divinas en la tierra y por esto no hay razón para incluirlo en las huestes angélicas (Gn. 18:1 - 19:29; 22:11, 12; 31:11-13; 32:24-32; 48:15, 16; Jos. 5:13-15; Jue. 13:19-22; 2 R. 19:35; 1 Cr. 21:12-30; Sal. 34:7). El gran contraste entre Cristo, quien es el Angel de Jehová, y los seres angélicos se presenta en Hebreos 1:4-14.

## C. LOS ANGELES CAIDOS

En contraste con los ángeles santos, una innumerable cantidad de ángeles se describen como caídos de su primer estado. Dirigidos por Satanás, quien originalmente era un ángel santo, una innumerable cantidad de ángeles cayó, rebelándose contra Dios, y se convirtieron en pecadores en su naturaleza y obras.

Los ángeles caídos se dividen en dos clases: 1) los que están en libertad, y 2) los que están en cadenas. De los ángeles caídos, solamente Satanás es mencionado en forma particular por las Escrituras.

Es probable que cuando Satanás cayó (Jn. 8:44) él llevó tras sí a una multitud de seres que tenían un rango inferior al suyo. De éstos, algunos están reservados para juicio (1 Co. 6:3; 2 P. 2:4; Jud. 6), mientras que los restantes se hallan libres y son los demonios mencionados frecuentemente en las páginas del Nuevo Testamento (Mr. 5:9, 15; Lc. 8:30; 1 Ti. 4:1). Ellos están ayudando a Satanás en todas sus obras y finalmente participarán de su eterna ruina o condenación (Mt. 25:41; Ap. 20:10).

## D. EL MINISTERIO DE LOS ANGELES SANTOS

Muchas de las referencias en las Escrituras acerca de los ángeles se refieren a su ministerio, que cubre un amplio campo de logros. Primeramente adoran a Dios, y, según Apocalipsis 4:8, algunos «no cesaban día y noche de decir: Santo, santo, santo es el Señor Dios Todopoderoso, el que era, el que es y el que ha de venir». También se encuentran referencias a su ministerio en porciones como Salmo 103:20 e Isaías 6:3. En general, el ministerio de los ángeles santos se extiende a muchas distintas formas de servicio a Dios.

1. *Estuvieron presentes en la creación* (Job 38:7), *en la revelación de la ley* (Hch. 7:53; Gá. 3:19; He. 2:2; Ap. 22:16), *en el nacimiento de Cristo* (Lc. 2:13), *en la tentación de Cristo* (Mt. 4:11), *en el huerto de Getsemaní* (Lc. 22:43), *en la resurrección* (Mt. 28:2), *en la ascensión* (Hch. 1:10), *y aparecerán también con Cristo en su segunda venida* (Mt. 24:31; 25:31; 2 Ts. 1:7).

2. *Los ángeles son espíritus ministradores, enviados para servir a favor de los herederos de salvación* (He. 1:14; Sal. 34:7; 91:11). Aunque no tenemos ningún medio de comunicación con los ángeles, ni disfrutamos comunión con ellos, debemos, no obstante, reconocer el hecho de su ministerio, el cual es constante y efectivo.

3. *Los ángeles son espectadores y testigos de las cosas terrenales* (Sal. 103:20; Lc. 12:8-9; 15:10; 1 Co. 11:10; 1 Ti. 3:16; 1 P. 1:12; Ap. 14:10).

4. *Lázaro fue llevado por los ángeles al seno de Abraham* (Lc. 16:22).

5. *Además de su ministerio en la historia, los ángeles están incluidos en la gran multitud que desciende de los cielos a la tierra en la segunda venida, y se dice que están en un estado eterno en la Nueva Jerusalén* (He. 12:22-24; Ap. 19:14; 21:12). Aparentemente, los ángeles santos serán juzgados y recompensados al término del milenio y del comienzo del estado eterno, al mismo tiempo que los ángeles caídos son juzgados y arrojados al lago de fuego.

6. *El ministerio de los ángeles a través de las Escrituras es una doctrina importante y esencial para entender la providencia de Dios y la dirección soberana de su creación en la historia.*

## PREGUNTAS

1. ¿Cuál es el origen de los ángeles?
2. ¿En qué sentido los ángeles son como los hombres?
3. ¿En qué sentido es usada la palabra «ángel» cuando se refiere a otros seres y qué se deriva del significado del nombre?
4. ¿Con qué frecuencia aparecen los ángeles en las Escrituras y cómo explica su aparición cuando toman forma de hombres?
5. ¿Dentro de cuáles dos grandes divisiones pueden clasificarse los ángeles y qué significado tiene ello?
6. ¿Qué ángeles santos son mencionados en la Biblia y cuál es su labor?

7. ¿Cuál es el significado de los términos «ángeles elegidos», «principados» y «poderes» en relación con los ángeles?
8. ¿Qué son los querubines y qué es lo que hacen?
9. ¿Cómo se describe a los serafines en la Biblia y cuál es su misión?
10. ¿Cuál es el significado del término «ángel de Jehová» en el Antiguo Testamento y por qué no se refiere a los ángeles?
11. ¿En qué dos grandes clasificaciones pueden dividirse los ángeles caídos y cuáles son sus funciones respectivas de acuerdo a las Escrituras?
12. Describir algunos de los importantes ministerios de los ángeles santos en las Escrituras.
13. ¿Cómo se relacionan los ángeles con la dirección providencial y soberana de Dios sobre su creación?
14. ¿Qué parte tienen los ángeles en la segunda venida de Cristo y en el estado eterno?

# 23

# Satanás: Su personalidad y poder

Satanás fue creado originalmente como el ser más elevado entre los criaturas morales de Dios, aunque hay un abismo de diferencia inmensurable entre este príncipe de los seres creados por el Señor y las tres Personas de la Deidad, las cuales no fueron creadas y existen en sí mismas para siempre.

## A. LA PERSONALIDAD DE SATANAS

Puesto que Satanás no se manifiesta en forma corpórea, el hecho de su existencia debe aceptarse, como en el caso de la Divinidad y de todas las huestes angélicas, a base de la evidencia ofrecida en las Escrituras. Cuando se considera esta evidencia notamos lo siguiente:

1. *Satanás fue creado como una persona.* En Colosenses 1:16 se declara que la creación se llevó a cabo por Cristo y que «todas las cosas que hay en los cielos y las que hay en la tierra, visibles e invisibles, sean tronos, sean dominios, sean principados, sean potestades», todo fue creado por El y para El. El tiempo de la creación de los ángeles no es revelado más allá del hecho de que este evento precedió probablemente a la creación de todas las cosas materiales y que

a su vez fue precedido el mismo por la existencia eterna de Dios, de la cual se da testimonio en Juan 1:1-2.

Entre todas las huestes celestiales sólo hay un ser cuya creación se menciona en particular: Satanás. Esto indica la supremacía de la que él disfruta respecto a todas las criaturas invisibles de Dios.

En Ezequiel 28:11-19 leemos la lamentación que se dirige al «Rey de Tiro»; pero si bien es cierto que este pasaje podía tener una aplicación inmediata y parcial al rey de esa ciudad, es evidente también que las palabras del profeta tienen en vista al ser que es supremo entre todas las criaturas de Dios, pues del personaje aquí mencionado se dice que «está lleno de sabiduría, y acabado en hermosura»; que había estado «en Edén, en el huerto de Dios» (probablemente el primitivo Edén de la creación original de Dios, y no el Edén de Génesis 3); que fue creado según el plan divino y ungido como el querubín sobre el monte santo, el cual, de acuerdo al simbolismo bíblico, representa el trono o el centro donde Dios ejerce su poder en el gobierno de todas las cosas. Esta descripción, que no podría corresponder a la persona y experiencia de ninguno de los reyes de Tiro, es posible aplicarla solamente a Satanás, tal como él era antes de su pecado y de su correspondiente caída del lugar que había ocupado.

2. *Satanás desempeña todas las funciones de una persona.* De las muchas porciones bíblicas que ponen de relieve la personalidad de Satanás pueden notarse las siguientes:

*a*) Isaías 14:12-17. Contemplando a Satanás como si estuviera ya terminada su carrera y como si hubiera sido ya definitivamente juzgado en el fin de los tiempos, el profeta le da el título de «Lucero, hijo de la mañana», y lo trata como a un ser que ha caído de su estado original y de su primitiva gloria. El que «debilitaba a las naciones» (v. 12) es también culpable de haber opuesto su propia voluntad a la de Dios en cinco particulares aquí revelados; y tanto en este pasaje como en Ezequiel 28:15 se dice que el pecado de Satanás fue un propósito secreto que estaba escondido en lo profundo de su corazón, pero que Dios lo descubrió y lo reveló (cf. 1 Ti. 3:6).

*b*) Génesis 3:1-15. Es por los eventos narrados en este pasaje que Satanás recibió el título de «Serpiente», ya que fue por medio de la serpiente que él se manifestó a Adán y Eva.

Cada palabra por él pronunciada y cada designio que él revela en esta historia de la caída de nuestros primeros padres es una evidencia de la personalidad de Satanás (cf. 2 Co. 11:3, 13-15; Ap. 12:9; 20:2).

*c*) Job 1:6-12; 2:1-13. Una revelación peculiar de estos pasajes es que Satanás tiene acceso a Dios (cf. Lc. 22:31; Ap. 12:10) tanto como a los hombres (Ef. 6:10-12; 1 P. 5:8), y que él manifiesta todas las características de una verdadera personalidad.

*d*) Lucas 4:1-13. La personalidad de Satanás se revela también cuando se enfrenta en el desierto con el Hijo de Dios, quien es el postrer Adán. El que había ambicionado ser «semejante al Altísimo» (Is. 14:14) y que había recomendado este mismo propósito al primer hombre (Gn. 3:5), está ahora ofreciendo todas sus posesiones terrenales a Cristo, con la condición de que El se postre a adorarlo. La autoridad y el poder que Cristo rechaza en esta ocasión serán recibidos y ejercidos en el futuro por el personaje que las Escrituras denominan el Hombre de Pecado (2 Ts. 2:8-10; 1 Jn. 4:3).

*e*) Efesios 6:10-12. La táctica de Satanás y su lucha contra los hijos de Dios se presentan en este pasaje como una prueba positiva de la personalidad de tan poderoso enemigo. Las Escrituras no dicen que Satanás esté guerreando contra los hombres no regenerados; ellos le pertenecen y, por lo tanto, están bajo su autoridad (Jn. 8:44; Ef. 2:2; 1 Jn. 5:19).

## B. **EL PODER DE SATANAS**

Aunque Satanás se encuentra moralmente caído y ya fue juzgado en la cruz (Jn. 12:31; 16:11; Col. 2:15), él mantiene todavía su elevada posición y no ha perdido sino un poco de su poder, el cual, tanto en relación con su persona como con la autoridad que él ejerce, es revelado por las Escrituras de la manera que señalamos a continuación:

1. *Su poder personal no puede ser del todo estimado.* De acuerdo a su propia declaración, que por cierto Cristo no negó, él tiene poder sobre los reinos de este mundo, los cuales, habiendo sido entregados a él, puede darlos según los dictados de su propia voluntad (Lc. 4:6). Se dice que Satanás tenía el poder de la muerte (He. 2:14), pero que este poder ha sido ya entregado a Cristo (Ap. 1:18). Satanás tenía el poder sobre

la enfermedad, como en el caso de Job (Job 2:7), y pudo zarandear a Pedro como a trigo (Lc. 22:31; 1 Co. 5:5). La Biblia también revela que Satanás debilitaba a las gentes, hacía temblar la tierra, trastornaba los reinos, puso el mundo como un desierto, asoló las ciudades y a sus presas nunca abrió la cárcel (Is. 14:12-17). Contra el poder de Satanás ni aun el arcángel Miguel se atrevió a usar juicio de maldición (Jud. 9); pero hay victoria para el Hijo de Dios por medio del poder del Espíritu y de la sangre de Cristo Jesús (Ef. 6: 10-12; 1 Jn. 4:4; Ap. 12:11). Satanás ejerce su autoridad y poder solamente dentro de la voluntad permisiva de Dios.

2. *Satanás es ayudado por demonios.* El poder de Satanás aumenta por la innumerable hueste de demonios, quienes hacen su voluntad y le sirven. Aunque él no es omnipresente, omnipotente u omnisciente, él tiene contacto por todo el mundo a través de los espíritus malignos.

Los demonios juegan un papel muy importante en el control de Satanás sobre la tierra y hacen que su poder esté presente por todas partes (Mr. 5:9). Son capaces de morar y controlar tanto animales como hombres (Mr. 5:2-5, 11-13) y aparentemente desean estar en cuerpos físicos (Mt. 12:43-44; Mr. 5:10-12).

A veces los demonios solamente tienen influencia sobre los hombres, y en otros casos los poseen de manera que sus cuerpos físicos y también su lenguaje está controlado por demonios (Mt. 4:24; 8:16, 28, 33; 9:32; 12:22; Mr. 1:32; 5:15-16, 18; Lc. 8:36; Hch. 8:7; 16:16).

Al igual que Satanás, son totalmente malvados y maliciosos y afectan de esa manera a aquellos a quienes ellos controlan (Mt. 8:28; 10:1; Mr. 1:23; 5:3-5; 9:17-26; Lc. 6:18; 9:39-42). En numerosos casos muestran que saben que Jesucristo es Dios (Mt. 8:28-32; Mr. 1:23-24; Hch. 19:15; Stg. 2:19).

De la misma manera que Satanás, los demonios están completamente enterados de que están destinados al castigo eterno (Mt. 8:29; Lc. 8:31). Son capaces de traer desórdenes físicos (Mt. 12:22; 17:15-18; Lc. 13:16), así como enfermedad mental (Mr. 5:2-13). Si bien algunos desórdenes mentales pueden deberse a causas físicas, no hay duda de que algunas formas de enfermedad mental son debidas a un control demoníaco. La influencia demoníaca puede guiar a una falsa religión, al asceticismo y a la incredulidad (1 Ti. 4:1-3).

El hecho de la influencia de demonios en los cristianos es evidente (Ef. 6:12; 1 Ti. 4:1-3). Parece haber una diferencia entre el poder y la influencia de demonios sobre la gente no salva y aquellos que son nacidos de nuevo, debido al hecho de que el Espíritu Santo mora en el cristiano. Mientras que los demonios pueden tomar posesión de una persona no salva y pueden oprimir a una persona salva, hay una diferencia en la duración y en el poder de la influencia demoníaca sobre aquellos que han nacido de nuevo. La obra de Satanás como un todo sería imposible si no fuera por los innumerables demonios que llevan a cabo sus deseos, y continuamente se entabla una lucha de tremendas proporciones entre los santos ángeles y los demonios.

## PREGUNTAS

1. ¿Qué lugar tenía Satanás originalmente en la creación de Dios?
2. ¿Cuáles son algunas de las evidencias de que Satanás fue creado como una persona, y qué cualidades poseía antes de su caída?
3. ¿Cómo ejercita Satanás la función de una persona? Ilustrar esto de sus tratos con Adán y Eva, Job y Cristo.
4. ¿Cómo se revela la personalidad de Satanás en su conflicto con los cristianos?
5. Explicar la evidencia del gran poder de Satanás.
6. ¿Cómo ayudan los demonios a Satanás?
7. Ilustrar el grado de la influencia demoníaca en los hombres y hasta qué punto puede el hombre estar controlado por demonios.
8. ¿Cómo están relacionados los demonios con los desórdenes físicos y mentales de los hombres?
9. ¿Cómo puede relacionarse la influencia demoníaca con las falsas religiones y las prácticas religiosas?
10. ¿Qué diferencia parece existir entre el poder y la influencia de los demonios sobre la gente no salva contrastada con aquellos que son salvos?
11. ¿Cómo el Espíritu Santo que mora en el cristiano le ayuda en su conflicto con Satanás y los demonios?

# 24

# Satanás: Su obra y destino

## A. CONCEPTOS FALSOS SOBRE SATANAS

Hay dos errores muy corrientes en cuanto a la persona de Satanás; y puesto que solamente él los está aprovechando para la realización de su propósito, es razonable llegar a la conclusión de que ellos son de origen satánico.

1. *Muchos creen que Satanás no existe en realidad y que su supuesta persona no pasa de ser un principio de mal, o influencia, que se manifiesta en el hombre y en el mundo en general.* Lo erróneo de este concepto se demuestra al tomar en cuenta que hay la misma evidencia abundante respecto a la personalidad de Jesucristo como en cuanto a que Satanás es una persona real. Las Escrituras, que son la única palabra de autoridad en esta materia, consideran que tanto Jesucristo como Satanás son seres personales; y si la personalidad de Jesucristo es aceptada en base a lo que la Biblia enseña, la personalidad de Satanás debe aceptarse también sobre el mismo testimonio.

2. *Otros creen que Satanás es la causa directa de los pecados de cada persona.* Pero esta idea no está en armonía con la verdad: *a*) porque, en primer lugar, el propósito principal de Satanás no es promover el pecado en el mundo. El

no tenía en un principio el intento de convertirse en un demonio, sino el de ser «semejante al Altísimo» (Is. 14:14); él no tiene tanto el ánimo de destruir como el de construir y realizar su gran ambición de autoridad sobre este sistema mundial, en cuyo programa se incluye cultura, moralidad y religión (2 Co. 11:13-15). La idea de que Satanás es actualmente la causa directa del pecado es falsa: *b*) porque la Biblia dice que los pecados vienen directamente del corazón depravado del hombre (Gn. 6:5; Mr. 7:18-23; Stg. 1:13-16).

## B. LA OBRA DE SATANAS

Isaías 14:12-17 es uno de los muchos pasajes que dan testimonio acerca de la obra de Satanás. Este pasaje revela el original y supremo propósito de Satanás. El deseaba ascender al cielo, exaltar su trono sobre las estrellas de Dios y ser semejante al Altísimo. En la consecución de este fin él echaría mano de sabiduría y poder inmensurables; debilitaría las gentes; haría temblar la tierra; trastornaría los reinos; convertiría el mundo como un desierto; asolaría las ciudades y rehusaría poner en libertad a sus presos. Aunque cada una de estas declaraciones es en sí aterradora, hay entre ellas dos que merecen especial atención:

1. *«Seré semejante al Altísimo»* (v. 14). *Esta expresión indica el principal motivo que le guía en todas sus actividades después de su caída.* Según lo que tenemos revelado en las Escrituras, el curso de las actividades de Satanás después de su caída moral puede trazarse solamente siguiendo la línea de lo que ha sido su motivo supremo: «ser semejante al Altísimo». Este fue el propósito que con toda seriedad él recomendó a Adán y Eva (Gn. 3:5), y al aceptar el ideal satánico, ellos se independizaron de Dios, quedaron dependiendo de sus propios recursos y el centro de su vida llegó a ser su propio yo. Además, esta actitud de Adán y Eva llegó a ser su misma naturaleza, la cual han transmitido a su posteridad, al grado de que todos sus descendientes son llamados «hijos de ira» (Ef. 2:3; 5:6; Ro. 1:18), y ellos deben nacer otra vez (Jn. 3:3), y cuando ya son salvos, tienen que pasar por grandes conflictos si desean rendir su vida completamente a la voluntad de Dios. También el deseo de Satanás de ser «semejante al Altísimo» se ve en su pasión de ser

adorado por Cristo (Lc. 4:5-7). Cuando por un breve momento el Hombre de Pecado «se asiente en el templo de Dios como Dios, haciéndose parecer Dios» (2 Ts. 2:3-4; Dn. 9:27; Mt. 24:15; Ap. 13:4-8), el propósito supremo de Satanás se habrá realizado bajo la voluntad permisiva del Señor.

2. *«A sus presos nunca abrió la cárcel»* (v. 17). *Esta expresión se refiere al poder presente de Satanás tanto sobre los inconversos como a su incapacidad para ayudarles en su eterno juicio.* Toda la profecía de donde se extrae esta declaración trata de lo que será la obra de Satanás ya consumada, en los días de su juicio final. No puede dudarse de que en esta profecía hay mucho que tendrá su cumplimiento en el futuro; sin embargo, sabemos que actualmente el diablo está haciendo todo lo que puede para impedir que los no salvos sean libertados del poder de las tinieblas y trasladados al reino del amado Hijo de Dios (Col. 1:13). Satanás anima a «los hijos de desobediencia» (Ef. 2:2), ciega la mente de los hombres para que no les resplandezca la luz gloriosa del Evangelio (2 Co. 4:3-4) y mantiene al mundo inconsciente en sus brazos (1 Jn. 5:19, V.M.).

Se revela asimismo que, como parte de su estrategia, Satanás procurará imitar las cosas de Dios, lo cual va muy de acuerdo con su propósito de ser «semejante al Altísimo». Por lo tanto, él promoverá la creación y difusión de muchos sistemas religiosos (1 Ti. 4:1-3; 2 Co. 11:13-15). Y en relación con esto es necesario recordar que Satanás puede promover ciertas formas de religión que estén basadas en ciertos textos extraídos de la Biblia, que exalten a Cristo como un caudillo e incorporen todos los aspectos de la fe cristiana, con la excepción de uno solo: la doctrina de la salvación por la sola gracia de Dios, a base de la sangre derramada por Cristo en la cruz. Tales errores satánicos están presentes en el mundo el día de hoy y multitudes son engañadas por ellos. Debemos poner a prueba esos sistemas religiosos por la actitud que ellos adoptan hacia la gracia divina que salva a través de la sangre eficaz del Cordero de Dios (Ap. 12:11).

Evidentemente la enemistad de Satanás es contra Dios. El no es, de ningún modo, enemigo de los no redimidos; y si dirige sus «dardos de fuego» contra los hijos de Dios, esto se debe solamente a que ellos participan de la naturaleza divina y, de consiguiente, él puede a través de ellos atacar a Dios.

Asimismo debe recordarse que los hijos de Dios no son atacados por «carne» o «sangre», sino que su conflicto se desarrolla en la esfera de su relación celestial con Cristo. Esto significa que posiblemente el creyente no sea conducido a practicar lo que es inmoral, pero él puede fallar completamente en lo que toca a la oración, al testimonio cristiano y la victoria espiritual. Debiéramos tener siempre presente que tal estado de fracaso espiritual es tan deshonroso a la vista de Dios como lo son aquellos pecados espontáneamente condenados por el mundo.

## C. EL DESTINO DE SATANAS

La Palabra de Dios es tan explícita al referirse a la carrera y destino de Satanás como lo es cuando nos habla del origen de este ser extraordinario. Hay contra Satanás cinco juicios progresivos que podemos distinguir en las Escrituras:

1. *La caída moral de Satanás.* Aunque el tiempo de este evento, que aconteció en el remoto pasado, no se nos ha revelado, la caída moral de Satanás y su consecuente separación de Dios se indican claramente en las páginas de la Biblia (Ez. 28:15; 1 Ti. 3:6). Es evidente, no obstante, que él no perdió su posición celestial, ni la mayor parte de su poder, ni su acceso a Dios.

2. *El juicio de Satanás en la cruz.* Por medio de la cruz Satanás fue juzgado de una manera completa (Jn. 12:31; 16:11; Col. 2:14-15); pero la ejecución de la sentencia queda pendiente todavía para el futuro. En el jardín del Edén Dios predijo esta sentencia y su respectiva ejecución (Gn. 3:15).

3. *Satanás será arrojado del cielo.* A mediados de la Gran Tribulación y como resultado de una guerra en el cielo, Satanás será arrojado de las alturas y limitado en sus actividades tan sólo a la tierra. Entonces él actuará con grande ira, sabiendo que no tendrá sino un poco de tiempo para continuar su obra (Ap. 12:7-12; cf. también Is. 14:12; Lc. 10:18).

4. *Satanás será confinado al abismo.* Durante los mil años del reino de Cristo sobre la tierra Satanás estará atado en el abismo; pero después será suelto por «un poco de tiem-

po» (Ap. 20:1-3, 7). El propósito para confinarle al abismo es para hacer imposible que actúe y continúe engañando a las naciones.

5. *La condenación final de Satanás al final del milenio.* Después de haber promovido una rebelión en contra de Dios, durante el «poco de tiempo» que estará en libertad, Satanás será lanzado en el lago de fuego para ser atormentado día y noche para siempre jamás (Ap. 20:10).

## PREGUNTAS

1. ¿Qué evidencia apoya la conclusión de que Satanás existe actualmente como una persona y que es mucho más que un principio o influencia maligna?
2. ¿Qué es lo equivocado en la enseñanza de que Satanás causa el pecado directamente en cada persona?
3. ¿Qué se revela en Isaías 14 con relación al propósito original de Satanás de rebelarse contra Dios?
4. ¿De qué manera el propósito original de Satanás se refleja en la tentación de Adán y Eva?
5. ¿En qué forma se relaciona el propósito de Satanás con su deseo de ser adorado por Cristo?
6. ¿Cuándo realizará Satanás por un breve tiempo su propósito de ser adorado como Dios?
7. ¿Cómo obra Satanás en aquellos que no son salvos?
8. ¿Hasta qué extremo falsifica Satanás las cosas de Dios?
9. ¿Cuál es el objetivo de Satanás al atacar a un hijo de Dios?
10. Describir los cinco juicios progresivos de Satanás.

# 25

# El hombre: Su creación

## A. EL HOMBRE COMO UN SER CREADO

Habiéndose descubierto en el medio de un universo maravilloso y siendo del más alto orden de las criaturas físicas, el hombre, naturalmente, buscaría la forma de entender su propio origen tanto como el origen de todas las cosas existentes. Dado que la Naturaleza no revela la creación del hombre y la tradición no sería una fuente digna de confianza en la información, es razonable esperar que Dios revelaría los hechos esenciales acerca de la creación del hombre en la Biblia. En los primeros capítulos del Génesis, y donde se quiera en la Biblia, la creación del hombre se enseña claramente en la Escritura.

A causa de que el origen del hombre es un asunto natural para la investigación y especulación, aquellos que han tratado de contestar la pregunta aparte de la Escritura han hecho numerosas tentativas para explicar el origen del hombre. Estos hechos conflictivos demuestran que el hombre no tiene información cierta acerca de su origen a no ser la que la Biblia le pueda dar, y sólo en la Escritura uno puede esperar encontrar un relato completo y exacto.

Uno de los puntos de vista más comunes que se han levantado en contradicción con la doctrina de la creación del hombre revelada en la Biblia es la teoría de la evolución. Esta teoría es que de alguna manera llegó a la existencia siendo una célula viviente y de esta célula viviente el hombre evolucionó por un proceso de selección natural. La evolución intenta explicar todas las complicadas formas de vida en este mundo por este proceso natural.

De acuerdo a la teoría de la evolución, todas las plantas, animales y el hombre fueron formados por un proceso de pequeños cambios llevados a cabo por mutaciones, las cuales se creen que explican todas las especies. Sin embargo, las mutaciones son casi invariablemente dañinas más que beneficiosas, y nunca se han observado series de mutaciones que sean beneficiosas o que hayan producido una nueva especie. De acuerdo con esto, mientras que el registro bíblico reconoce que puede haber variaciones dentro de las especies, declara que Dios creó los animales «según su especie» (Gn. 1:21, 24, 25).

En contraste con los animales, el hombre fue hecho a la imagen y semejanza de Dios (1:26-27). Aunque muchos adeptos a la evolución admiten que es sólo una teoría y los fósiles revelan que no ha habido evolución sistemática de las formas más bajas de vida a las formas más altas, la evolución se constituye en la única explicación que el hombre natural ha sido capaz de ofrecer en contradicción a la doctrina bíblica de la creación; está basada claramente en un concepto naturalístico, más bien que en el origen sobrenatural del hombre.

De igual manera, la teoría de la así llamada evolución teísta —que Dios usó la evolución como un método— para ser sostenida depende de una negación del significado literal de la narración de la creación en la Biblia.

La doctrina de la creación del hombre está enseñada claramente en la Escritura (Gn. 1:1 - 2:25; Jn. 1:3; Col. 1:16; He. 11:3). El primer capítulo de Génesis se refiere a Dios como el Creador cerca de diecisiete veces, y se pueden encontrar cerca de cincuenta referencias más en la Biblia. Algunas enseñan directamente sobre la creación, y otros pasajes implican que Dios es el Creador de Adán y Eva (Ex. 20:11; Sal. 8:3-6; Mt. 9:4-5; Mr. 10:6-7; Lc. 3:38; Ro. 5:12-21; 1 Co. 11:9; 15:22, 45; 1 Ti. 2:13-14). El verdadero concepto de la creación es que Dios creó el mundo de la nada, puesto que en Génesis 1:1 no se hace mención de ninguna existencia previa.

Como se presenta en Génesis, el hombre es la máxima obra de Dios en la creación, y se declara que toda la creación tuvo lugar en seis días. Entre aquellos que aceptan la Biblia como la obra inspirada de Dios se han dado diferentes explicaciones a estos días de la creación. Algunos ven la narración de Génesis 1 como una re-creación siguiendo una primera creación, la cual fue juzgada y destruida en conexión con la caída de Satanás y los ángeles caídos. Esto nos daría la evidencia de que el mundo inorgánico existía mucho antes de la creación descrita en los seis días de Génesis 1-2.

Algunos miran los seis días como períodos de tiempo, más cortos o más largos que veinticuatro horas, porque la palabra «día» a veces es usada para períodos más largos, así como en la expresión «el día del Señor». Otros insisten, sin embargo, que, dado que se usan los números con la palabra «día», debe aplicarse a un día de veinticuatro horas. En este caso se presupone que Dios creó el mundo con edad aparente, como lo hizo, por ejemplo, en la creación del hombre mismo y en el caso de los animales. Otros, sin embargo, señalan a la sugerencia de que el tiempo involucrado fue más largo que veinticuatro horas debido a expresiones como las de Génesis 1:11, donde el árbol frutal se presenta creciendo de la tierra. Mientras que Dios podría haber creado un árbol completamente crecido, el hecho de que se diga que crece implica un período más largo que veinticuatro horas. Mientras que los evangélicos han diferido en la interpretación precisa del proceso de la creación, la mayoría de los intérpretes que sostienen la inspiración e infalibilidad de la Biblia atribuyen la presente existencia de los animales y del hombre a la creación inmediata de Dios, y en la Escritura no hay evidencia del desarrollo evolucionario de las especies por leyes naturales.

## B. LA NATURALEZA DEL HOMBRE

De acuerdo al testimonio de la Escritura, el hombre, en su forma humana presente, fue creado por Dios como la conclusión y consumación de toda la creación. Se dice del hombre que fue hecho a la imagen y semejanza de Dios (Gn. 1:26) y que Dios respiró en él el aliento de vida (Gn. 2:7). Estas distinciones califican al hombre por sobre todas las otras formas de vida que están sobre la tierra e indican que el hombre es una criatura moral con intelecto, capacidad para sentir y voluntad.

Hablando en líneas generales, la creación del hombre incluyó aquello que era material («el polvo») e inmaterial («el aliento de vida»). Esta doble distinción tiene referencia al «hombre exterior» y al «hombre interior» (2 Co. 4:16); «el vaso de barro» y «su tesoro» (2 Co. 4:7). Mientras que el alma y el espíritu del hombre se presentan existiendo para siempre, el cuerpo retorna al polvo desde donde fue formado, y el espíritu va a Dios quien lo dio (Ec. 12:7). De acuerdo a ello, la gente puede matar el cuerpo pero no matar el alma (Mt. 10:28).

Cuando la Escritura considera la parte inmaterial del hombre, a veces usa varios términos intercambiables (cf. Gn. 41:8 con Sal. 42:6; Mt. 20:28 con 27:50; Jn. 12:27 con 13:21; He. 12:23 con Ap. 6:9), aun aplicando estos términos a Dios (Is. 42:1; Jer. 9:9; He. 10:38) y a los animales (Ec. 3:21; Ap. 16:3). Algunas veces se distingue el espíritu, del alma del hombre (1 Ts. 5:23; He. 4:12).

A pesar de las altas funciones de la parte inmaterial del hombre, a veces se atribuyen al espíritu y a veces al alma (Mr. 8:36-37; 12:30; Lc. 1:46; He. 6:18-19; Stg. 1:21); el espíritu se menciona usualmente en las Escrituras como aquella parte del hombre la cual es capaz de contemplar a Dios, y el alma es aquella parte del hombre la cual está relacionada al yo y las varias funciones del intelecto, sensibilidades y voluntad del hombre.

Sin embargo, también se usan otros términos de la naturaleza inmaterial del hombre tales como el corazón (Ex. 7:23; Sal. 37:4; Ro. 9:2; 10:9-10; Ef. 3:17; He. 4:7). Otro término usado es aquel en cuanto a la mente del hombre, ya sea en referencia a la pecaminosidad de la mente del hombre no salvo (Ro. 1:28; 2 Co. 4:4; Ef. 4:17-18; Tit. 1:15), o a la mente renovada que posee un cristiano (Mt. 22:37; Ro. 12:2; 1 Co. 14:15; Ef. 5:17). Otras expresiones tales como «voluntad» y «conciencia» también se refieren a la parte inmaterial del hombre.

Dada la variedad de términos que a veces son usados en sentido similar y a veces en contraste el uno con el otro, muchos han considerado la división del hombre en material e inmaterial como la división básica; pero aun aquí expresiones como «alma» y «espíritu» a veces son usadas para la totalidad del hombre incluyendo su cuerpo.

Algunas religiones paganas sostienen que el origen inmaterial de la naturaleza del hombre es preexistente; esto significa que ha existido eternamente y sólo se encarna en el principio de la existencia humana; esto no está sostenido por la Escritura. Otro punto de vista ofrecido por algunos teólogos evangélicos es que el alma es creada por Dios en el principio de la existencia humana individual; esta teoría tiene dificultades en cuanto a la pecaminosidad del hombre. Probablemente el mejor punto de vista, conocido como el traducianismo, es que el alma y el espíritu fueron propagados por generación natural, y por esta razón el hombre recibe un alma y espíritu pecaminosos, porque sus padres son pecadores.

El cuerpo humano del hombre es la habitación del alma y el espíritu del hombre hasta que muera. Aunque acaba con la muerte, está sujeto a resurrección. Esto es verdadero en cuanto a los salvos y los no salvos, aunque las resurrecciones son diferentes. A veces el cuerpo tiene referencia como la «carne» (Col. 2:1, 5), y se usa para el cuerpo de Cristo (1 Ti. 3:16; 1 P. 3:18). Otras veces se refiere a la naturaleza pecaminosa, la cual incluye el alma y el espíritu, como en la declaración de Pablo que él había «crucificado la carne» (Gá. 5:24).

De acuerdo a ello, la carne no debe considerarse sinónimo con el cuerpo en todos los pasajes, puesto que puede implicar todo el hombre no regenerado.

Los cuerpos de las personas salvas son declarados como «templos» (Jn. 2:21; 1 Co. 6:19; Fil. 1:20), aunque al mismo tiempo sus cuerpos son considerados como «vasos de barro» (2 Co. 4:7), cuerpos «viles» (Fil. 3:21), cuerpos para ser mortificados (Ro. 8:13; Col. 3:5) y cuerpos los cuales tienen que ser mantenidos en sujeción (1 Co. 9:27). Los cuerpos de los salvos serán transformados, santificados, salvados y redimidos y finalmente glorificados para siempre en la venida de Cristo por su Iglesia (Ro. 8:11, 17-18, 23; 1 Co. 6:13-20; Fil. 3:

20-21). Jesucristo poseía un cuerpo humano perfecto antes de su muerte, y después de su resurrección tenía un cuerpo de carne y hueso que es el ejemplo del cuerpo de resurrección del creyente. El término «cuerpo» se usa también como una figura de la iglesia como el cuerpo de Cristo y del cual Cristo es la cabeza.

## PREGUNTAS

1. Aparte de la Biblia, ¿tiene el hombre algún tipo de conocimiento con respecto a su origen?
2. ¿De qué manera explica la teoría de la evolución el origen del hombre?
3. ¿Qué sostiene la evolución deísta?
4. ¿En qué manera el hombre difiere de los animales, y qué relación tiene esto con el problema del origen del pecado?
5. ¿Qué evidencia existe en la Escritura de la creación del hombre?
6. ¿Cuáles son varias de las explicaciones que se buscan al relato de las Escrituras del hombre como ser creado en seis días?
7. ¿Por qué crees que la explicación bíblica del origen del hombre como ser creado es superior a la teoría evolucionista?
8. ¿Qué significa la declaración de que el hombre es hecho a la imagen y semejanza de Dios?
9. ¿Qué significado tienen «espíritu» y «alma» cuando se usan en relación al hombre?
10. ¿Qué otros términos se usan para describir la parte inmaterial del hombre además de alma y espíritu?
11. Exponer otras opiniones sobre el origen de la naturaleza del hombre como ser preexistente o ser creado en el nacimiento de cada individuo.

12. ¿Qué es el traducianismo (teoría que explica el origen del alma y espíritu del hombre) y por qué es, probablemente, superior que cualquier otro punto de vista?
13. ¿Qué significado tiene el término «carne», en la Biblia, y en qué sentido se usa?
14. ¿En qué sentido es un templo el cuerpo de una persona salvada?
15. ¿En qué se funda la esperanza de una persona salvada de ser transformada y glorificada?

# 26

# El hombre: Su caída

El problema de cómo el pecado entró en el universo es un asunto en el cual cada sistema encuentra obstáculos. Sin embargo, solamente la Biblia provee una explicación razonable. Como fue visto en el estudio previo de los ángeles, el pecado entró primeramente en el universo en la rebelión de algunos de los santos ángeles guiados por Satanás, lo cual ocurrió bastante antes de que el hombre fuera creado. Los primeros capítulos del Génesis registran la caída en el pecado por Adán y Eva. Las varias interpretaciones de este hecho nos llevan a considerarlo un evento literal que explica la pecaminosidad de la raza humana o al intento de explicarlo como algo no histórico o como un mito. La interpretación ortodoxa, sin embargo, es que el acontecimiento tuvo lugar exactamente como se registra en la Escritura, y ésta es la manera en que se relata en el resto de la Biblia.

La caída del hombre en pecado puede considerarse desde tres aspectos: 1) Adán antes de la caída, 2) Adán después de la caída, y 3) el efecto de la caída de Adán sobre la raza humana.

## A. ADAN ANTES DE LA CAIDA

En palabras de peculiar sencillez, la Biblia introduce en la historia al primer hombre y a la mujer que le fue dada por compañera. Estos dos seres fueron unidos como «una sola carne», y según el concepto divino esto es lo que constituye la verdadera unidad. Aunque tanto el hombre como la mujer pecaron y cayeron, la Biblia se refiere a este fracaso mutuo como a la caída del hombre.

No es posible hacer cálculos en cuanto a la extensión del período durante el cual Adán y Eva permanecieron en su condición original; sin embargo, es evidente que fue un tiempo suficiente como para que pudieran acostumbrarse a la situación en que habían sido colocados, para observar con cuidado y darle nombre a las criaturas vivientes y experimentar la comunión con Dios. Semejante a todas las obras de Dios, el hombre fue creado «bueno en gran manera» (Gn. 1:31), que significa que él era agradable al Creador. Esto implica nada más que Adán era inocente, siendo este último término de carácter negativo y sugiriendo simplemente que el primer hombre no había cometido pecado. La santidad, que es el principal atributo de Dios, es un término positivo e indica que El es incapaz de pecar.

El hombre, dado que fue hecho a la imagen de Dios, tenía una personalidad completa y la capacidad moral de tomar decisiones. En contraste con Dios quien no puede pecar, tanto los hombres como los ángeles podían pecar. Como fue visto en el estudio anterior sobre los ángeles, Satanás pecó (Is. 14: 12-14; Ez. 28:15), y tras él fueron otros ángeles, de quienes se ha escrito que «no guardaron su original estado (Jud. 6, V.M.). Debido al hecho de que Satanás y los ángeles caídos pecaron primero, el hombre no originó el pecado, pero se convirtió en un pecador debido a la influencia satánica (Gn. 3:4-7).

El relato de cómo pecaron Adán y Eva está revelado en Génesis 3:1-6. De acuerdo a esto, Satanás apareció en la forma de una serpiente, una criatura la cual en ese tiempo era un animal muy hermoso y atractivo. Como lo registra la Biblia, Dios había dado a Adán y Eva una prohibición: ellos no deberían comer del árbol del conocimiento del bien y del mal. De acuerdo a Génesis 2:17, Dios dijo: «Mas del árbol de la ciencia del bien y del mal no comerás; porque el día que de él comieres, ciertamente morirás.» Esta prohibición relativamente simple era una prueba para ver si Adán y Eva obedecerían a Dios.

En su conversación con Eva, Satanás introdujo esta prohibición diciéndole a Eva: «¿Conque Dios os ha dicho: No comáis de todo árbol del huerto?» (Gn. 3:1). Lo que quiso implicar era que Dios estaba escondiendo algo que era bueno y que El estaba siendo muy severo innecesariamente en su prohibición. Eva le contestó a la serpiente: «Del fruto de los árboles del huerto podemos comer; pero del fruto del árbol que está en medio del huerto dijo Dios: No comeréis de él, ni le tocaréis, para que no muráis» (Gn. 3:2-3).

En su respuesta Eva cayó en la trampa de Satanás al dejar fuera la palabra «libremente» en el permiso de Dios de comer de los árboles del huerto, y también ella dejó fuera la palabra «seguramente» en la advertencia de Dios. La tendencia natural del hombre de minimizar la bondad de Dios y de magnificar su severidad son, desde entonces, características familiares de la experiencia humana. Satanás inmediatamente se aferró de la omisión de la palabra «seguramente» en cuanto al castigo y le dijo a la mujer: «No moriréis: sino que sabe Dios que el día que comáis de él, serán abiertos vuestros ojos, y seréis como Dios, sabiendo el bien y el mal» (Gn. 3:4-5).

En su conversación con la mujer, Satanás se revela como el engañador. La seguridad del castigo se desafía directamente y se niega así expresamente la Palabra de Dios.

El hecho de que comiendo del fruto sus ojos serían abiertos al conocimiento del bien y del mal era verdad, pero lo que Satanás no reveló fue que ellos tendrían el poder de conocer el bien y el mal sin el poder de hacer el bien.

De acuerdo a Génesis 3:6, la caída de Adán y Eva en el pecado está registrada así: «Y vio la mujer que el árbol era bueno para comer, y que era agradable a los ojos, y árbol codiciable para alcanzar la sabiduría; y tomó de su fruto, y comió; y dio también a su marido, el cual comió así como ella.» Si Satanás le sugirió esto a la mujer o si ella llegó a estas conclusiones por sí misma no lo dice la Escritura.

Sin embargo, se nota aquí el modelo familiar de la tentación en tres líneas indicadas en 1 Juan 2:16: el hecho de que el fruto era bueno para comer apeló a la «concupiscencia de la carne»; el hecho de que era «agradable a los ojos» apeló a la «concupiscencia de los ojos»; y el poder del fruto del árbol de hacerlos sabios apeló a la «vanagloria de la vida». Un ejemplo similar de tentación fue seguido por Satanás en la tentación de Cristo (Mt. 4:1-11; Mr. 1:12-13; Lc. 4:1-13).

Eva fue engañada en tomar del fruto, y Adán siguió su ejemplo aunque él no fue engañado (1 Ti. 2:14).

## B. ADAN DESPUES DE LA CAIDA

Cuando Adán y Eva pecaron perdieron su bendito estado en el cual ambos habían sido creados y vinieron a ser objeto de varios cambios trascendentales.

1. *El hombre cayó bajo el dominio de la muerte espiritual y física.* Dios había dicho: «Porque el día que de él comieres, ciertamente morirás» (Gn. 2:17); y esta divina sentencia se cumplió. Adán y Eva sufrieron inmediatamente la muerte espiritual, que significa separación de Dios. Y a su debido tiempo sufrieron también el castigo de la muerte física, que significa el acto por el cual el alma se separa del cuerpo.

2. *El juicio de Dios también cayó sobre Satanás, y la serpiente fue condenada a arrastrarse en el suelo* (Gn. 3:14). La lucha entre Dios y Satanás se describe en Génesis 3:15 en lo que se relaciona con la raza humana, y Dios dice: «Y pondré enemistad entre ti y la mujer, y entre tu simiente y la simiente suya; ésta te herirá en la cabeza, y tú le herirás en el calcañar.» Esto se refiere al conflicto entre Cristo y Satanás, en el cual Cristo murió en la cruz, pero no pudo ser retenido por la muerte, como se anticipó en la expresión «Tú le herirás en el calcañar».

Sin embargo, la última derrota de Satanás está indicada en el hecho de que la simiente de la mujer le «herirá en la cabeza», esto es, infringirle una herida mortal y permanente. La simiente de la mujer se refiere a Jesucristo, quien en su muerte y resurrección conquistó y venció a Satanás.

3. *Un juicio especial también cayó sobre Eva, la cual experimentaría dolor al dar a luz sus hijos y se debería de someter a su esposo* (Gn. 3:16). El hecho de que se produciría la muerte haría necesario que se produjeran múltiples nacimientos.

4. *Una maldición especial cayó sobre Adán, al cual le fue asignada la dura labor de trabajar la tierra, ahora maldita con espinos y cardos, para obtener la comida necesaria para su continua existencia.* De acuerdo con esto, la misma creación sería cambiada por el pecado del hombre (Ro. 8:22).

Más adelante la Escritura indica cómo los efectos del pecado serían parcialmente aliviados por medio de la salvación en el caso del hombre y por un levantamiento parcial de la maldición en el futuro reino milenial. Adán y Eva, sin embargo, después de la caída fueron conducidos fuera del huerto y comenzaron a experimentar el dolor y la lucha que han caracterizado a la raza humana desde entonces.

## C. EL EFECTO DE LA CAIDA DE ADAN SOBRE TODO EL GENERO HUMANO

El efecto inmediato del pecado sobre Adán y Eva fue que éstos murieron espiritualmente y llegaron a estar sujetos a la muerte espiritual. Su naturaleza se depravó y, por tanto, la raza humana experimentaría la esclavitud del pecado. Además del cambio de la suerte del hombre y su ambiente, la Biblia también revela una profunda doctrina de imputación, que pone de relieve la verdad que Dios ahora acusó a Adán con pecado y, como resultado, acusó a sus descendientes con la responsabilidad del primer pecado de Adán.

Las Escrituras mencionan tres grandes imputaciones: 1) El pecado de Adán es imputado a su posteridad (Ro. 5:12-14); 2) el pecado del hombre es imputado a Cristo (2 Co. 5:21); y 3) la justicia de Dios imputada a los que creen en Cristo (Gn. 15:6; Sal. 32:2; Ro. 3:22; 4:3, 8, 21-25; 2 Co. 5:21; Flm. 17-18).

Es obvio que se efectuó un traspaso de carácter judicial del pecado del hombre a Cristo, quien llevó sobre su cuerpo en el madero el pecado del género humano. «Mas Jehová cargó en El el pecado de todos nosotros» (Is. 53:5; Jn. 1:29; 1 P. 2:24; 3:18). De igual manera hay un traspaso de carácter judicial de la justicia de Dios al creyente (2 Co. 5:21), puesto que no podía haber otro fundamento de justificación o aceptación delante de Dios. Esta imputación pertenece a la nueva relación espiritual que el creyente disfruta con Dios en la esfera de la nueva creación.

Estando unidos al Señor por el bautismo del Espíritu (1 Co. 6:17; 12:13; 2 Co. 5:17; Gá. 3:27), y vitalmente relacionados con Cristo como un miembro de su cuerpo (Ef. 5:30), se sigue que cada virtud de Cristo es comunicada a los que han llegado a ser una parte orgánica de El. El creyente está «en Cristo» y, por consiguiente, participa de todo lo que Cristo es.

Así, también los hechos de la antigua creación son traspasados de manera real a aquellos que por generación natural están «en Adán». Ellos poseen la misma naturaleza de Adán, y se dice, además, que ellos han pecado en él. Esto es un hecho tan real que llega a ser en sí mismo la base suficiente del juicio divino decretado en contra del pecado; al igual que la imputación de la justicia de Dios en Cristo es el fundamento satisfactorio para la justificación. Y el resultado es el juicio de Dios sobre todos los hombres, ya sea que ellos hayan pecado o no según la transgresión de Adán. A pesar de que los hombres sostengan, como generalmente lo hacen, que ellos no son responsables del pecado de Adán, la revelación divina afirma que, debido a los efectos trascendentales de la relación representativa que todos los seres humanos tienen con Adán, el pecado original del primer hombre es inmediata y directamente imputado a todos los miembros de la raza, con la invariable sentencia de muerte descansando sobre todos ellos (Ro. 5:12-14). De igual manera, el pecado original de Adán es transmitido en la forma de naturaleza pecaminosa indirectamente, o sea, por herencia, de padre a hijo, a través de todas las generaciones. El efecto de la caída es universal; así también lo es la oferta de la divina gracia.

La caída de los hombres no se efectúa cuando cometen su primer pecado; ellos han nacido ya en pecado, como criaturas caídas, procedentes de Adán. Los hombres no se convierten en pecadores por medio de la práctica del pecado, sino que ellos pecan debido a que por naturaleza son pecadores. Ningún niño necesita que se le enseñe a pecar, pero cada niño tiene que ser estimulado a realizar el bien.

Debe observarse que, no obstante que la caída de Adán pesa sobre toda la Humanidad, es evidente que hay una provisión divina para los infantes y para todos aquellos que no tienen responsabilidad moral.

Los santos juicios de Dios tienen que caer sobre todos los pecadores no redimidos: 1) por causa del pecado imputado; 2) por causa de la naturaleza pecaminosa que todos han heredado; 3) por causa de que todos están bajo pecado; y 4) por causa de sus propios pecados.

Si bien es cierto que estos juicios divinos no pueden atenuarse, el pecador puede escapar de ellos por medio de Cristo. Estas son las buenas nuevas del Evangelio.

La pena que descansa sobre la antigua creación es: 1) muerte física, por la cual el alma se separa del cuerpo; 2) muerte espiritual, la cual, semejante a la de Adán, es el estado presente de los perdidos y la separación entre el alma y Dios (Ef. 2:1; 4:18-19); y 3) la segunda muerte, o sea, la eterna separación entre el alma y Dios y la expulsión de los perdidos de la presencia de El para siempre (Ap. 2:11; 20:6, 14; 21:8).

## PREGUNTAS

1. ¿Cómo explica la Biblia el origen del pecado en el universo y en el género humano?
2. ¿Cuál era el estado del hombre antes que pecara?
3. ¿Cómo tentó Satanás a Eva?
4. ¿Cómo relató Eva falsamente la prohibición de Dios?
5. ¿Cómo mintió Satanás a Eva y negó expresamente la Palabra de Dios?
6. ¿Cómo Satanás disfrazó lo apetecible del poder del conocimiento del bien y del mal?
7. ¿Cómo indica 1 Juan 2:16 las tres líneas de la tentación?
8. ¿Cuál fue el efecto sobre Adán y Eva después que ellos hubieron pecado?
9. ¿Cuál fue el efecto sobre Satanás y la serpiente después que Adán y Eva pecaron?
10. ¿Cuál fue el efecto sobre los descendientes de Adán y Eva por el pecado de Adán?
11. Mencionar las tres imputaciones presentadas en las Escrituras.
12. ¿Por qué es verdad que el hombre no se vuelve pecador pecando?
13. ¿Por qué los santos juicios de Dios están sobre los hombres que están fuera de Cristo?
14. ¿Cuál es la pena que está sobre la vieja creación?
15. ¿Por qué la salvación en Cristo es la única esperanza para el hombre en su estado caído?

# 27

# El pecado: Su carácter y universalidad

## A. LAS ESPECULACIONES HUMANAS SOBRE EL PECADO

Puesto que el pecado es un factor dominante en la experiencia humana a la vez que el tema principal de la Biblia, ha sido motivo de discusiones sin fin. Aquellos que rechazan la revelación escritural tienen con frecuencia conceptos inadecuados acerca del pecado. Una característica familiar del modo no bíblico de enfocar la cuestión es considerar el pecado hasta cierto punto como una ilusión, es decir, que el pecado es sólo un mal concepto basado sobre la falsa teoría de que existe el bien y el mal en el mundo. Por supuesto, esta teoría fracasa al enfrentarse a los hechos de la vida y a la maldad del pecado y niega la existencia de un Dios y principios morales.

Otro antiguo enfoque del problema del pecado es mirarlo como un principio inherente, lo opuesto de lo que Dios es, y relacionarlo con el mundo físico. Esto se encuentra en la filosofía oriental y también en el gnosticismo griego y es el trasfondo tanto para el ascetismo, la negación de los deseos del cuerpo, como para el epicureísmo, que aboga por la indulgencia del cuerpo. El hecho, sin embargo, es que se niega que el hombre peque realmente y que sea responsable ante Dios. Un concepto común, aunque inadecuado, es que el pecado es nada más que egoísmo. Si bien es cierto que el pecado es a menudo egoísmo, este concepto no es aplicable a todos los casos, porque el hombre peca a veces contra sí mismo.

Todas estas teorías no alcanzan el nivel bíblico y son una negación de la revelación bíblica del carácter y de la universalidad del pecado.

## B. LA DOCTRINA BIBLICA DEL PECADO

Reconociendo que hay varios pecados definidos en la Palabra de Dios, llegamos, a base de las Escrituras, a la conclusión de que el pecado es cualquier falta de conformidad al carácter de Dios, ya sea en obra, disposición o estado. En la Palabra de Dios se definen varios pecados, como se ilustran, por ejemplo, en los Diez Mandamientos que Dios dio a Israel (Ex. 20:3-17). El pecado es tal porque es diferente de lo que Dios es, y Dios es eternamente Santo. El pecado siempre es contra Dios (Sal. 51:4; Lc. 15:18), aun cuando pueda ser dirigido contra seres humanos. Una persona que peca es, de acuerdo a ello, sin semejanza a Dios y sujeta al juicio de Dios. La doctrina del pecado se presenta en cuatro aspectos en la Biblia.

1. *El pecado personal* (Ro. 3:23) *es la forma de pecado que incluye todo lo que en la vida diaria está en contra o fracasa en conformidad con el carácter de Dios.* Los hombres son conscientes con frecuencia de sus pecados personales, y los pecados personales pueden tomar una gran variedad de forma. Hablando en forma general, el pecado personal se relaciona con algún mandamiento particular de Dios en la Biblia. Incluye el aspecto de rebelión o desobediencia. Al menos ocho palabras importantes se usan para el pecado en el Antiguo Testamento y unas doce en el Nuevo Testamento; la idea básica es la falta de conformidad al carácter de Dios y el obrar por medio de actos ya sea de omisión o de comisión. La idea esencial es que el hombre no alcanza a la norma y fracasa en alcanzar el nivel del propio carácter de santidad de Dios.

2. *La naturaleza pecadora del hombre* (Ro. 5:19; Ef. 2:3) *es otro aspecto importante del pecado tal como se revela en la Biblia.* El pecado inicial de Adán le llevó a la caída, y en la caída él se volvió un ser completamente diferente, depravado y degenerado y sólo capaz de engendrar seres caídos como él mismo. Por lo tanto, cada hijo de Adán es nacido con la naturaleza adámica, siempre está predispuesto a pecar, y aunque su naturaleza fue juzgada por Cristo en la cruz (Ro. 6:10), una fuerza vital y activa permanece en cada vida del cristiano. Nunca se dice que será quitada o erradicada en esta vida, pero para el cristiano hay poder vencedor provisto a través del Espíritu que mora en él (Ro. 8:4; Gá. 5:16-17).

Muchos pasajes bíblicos hacen alusión a este importante asunto. De acuerdo con Efesios 2:3, todos los hombres «éramos por naturaleza hijos de ira», y toda la naturaleza del hombre es depravada. El concepto de la total depravación no es que cada hombre es lo más malo posible que él pueda ser, sino más bien que el hombre, a través de su naturaleza, está corrompido por el pecado (Ro. 1:18 - 3:20). De acuerdo a ello. el hombre, en su voluntad (Ro. 1:28), su conciencia (1 Ti. 4:2) y su intelecto (Ro. 1:28; 2 Co. 4:4), está corrompido y depravado, y su corazón y entendimiento están cegados (Ef. 4:18).

Como se ha visto en un estudio previo, la razón por la cual los hombres tienen una naturaleza pecaminosa es porque les fue transmitida por sus padres. Ningún niño nacido en el mundo se ha visto libre de esta naturaleza de pecado excepto en el único caso del nacimiento de Cristo. No es que los hombres pequen y se conviertan en pecadores; más bien es que los hombres pecan porque tienen una naturaleza pecaminosa. El remedio para esto, así como para el pecado personal es, por supuesto, la redención, la cual es provista en la salvación en Cristo.

3. *También se presenta en la Biblia el pecado como imputado o computado en nuestra cuenta* (Ro. 5:12-18). Como se vio en conexión con la caída del hombre en el capítulo anterior, hay tres imputaciones principales presentadas en las Escrituras: *a*) la imputación del pecado de Adán a su descendientes, en cuyo hecho se basa la doctrina del pecado original; *b*) la imputación del pecado del hombre a Cristo,

en cuyo hecho está basada la doctrina de la salvación; y *c*) la imputación de la justicia de Dios en aquellos que creen en Cristo, en cuyo hecho se basa la doctrina de la justificación.

La imputación puede ser tanto *a*) actual, o *b*) judicial. La imputación actual es poner en la cuenta de alguien algo que originalmente ya pertenecía al deudor. Aunque Dios pueda hacer esto en su justicia, por la obra reconciliadora de Cristo Dios no está ahora imputando al hombre el pecado, el cual es suyo desde un principio (2 Co. 5:19).

La imputación judicial es cargar a la cuenta de alguien algo que no pertenece al deudor (Flm. 18).

Aunque ha habido desacuerdo en cuanto a si la imputación del pecado de Adán a cada miembro de la raza es *actual* o *judicial,* Romanos 5:12 declara claramente que la imputación es *actual,* en vista de la cabeza representativa; la posteridad de Adán pecó cuando él pecó.

Los próximos dos versículos (Ro. 5:13-14) se han escrito para probar que no es una referencia a pecados personales (cf. He. 7:9-10). Sin embargo, Romanos 5:17-18 implica que su imputación también es judicial, puesto que se establece que por el pecado de un hombre vino juicio sobre todos los hombres. Sólo el pecado inicial de Adán está en cuestión. Su efecto es la muerte, tanto para Adán, así como de Adán hacia los miembros de la Humanidad. La cura divina provista para el pecado imputado es el don de Dios, lo cual es vida eterna a través de Jesucristo.

4. *El estado judicial resultante de pecado para toda la raza humana también se presenta en la Escritura.* Por consideración divina el mundo entero, incluyendo judíos y gentiles, está ahora «bajo pecado» (Ro. 3:9; 11:32; Gá. 3:22). Estar *bajo pecado* es estar contado desde el punto de vista divino sin ningún mérito que pueda contribuir a la salvación. Puesto que la salvación es solamente por gracia y la gracia excluye todos los méritos humanos, Dios ha decretado, con respecto a la salvación de los hombres, que sea «bajo pecado», o sin ningún mérito. Este estado bajo pecado sólo es remediado cuando el individuo, a través de las riquezas de la gracia, es contado para permanecer en los méritos de Cristo.

Tomado como un todo, la Biblia indica claramente los efectos devastadores del pecado sobre el hombre y la ausencia total de esperanza para el hombre en cuanto a solucionar su propio problema de pecado. El correcto entendimiento de la doctrina de pecado es esencial para entender el remedio de Dios para el mismo.

## PREGUNTAS

1. ¿Cuáles son algunos conceptos inadecuados sobre el pecado que se presentan a veces?
2. ¿Cómo define la Biblia en general al pecado?
3. ¿Cuáles pecados se mencionan específicamente en los Diez Mandamientos?
4. ¿Por qué el pecado es siempre contra Dios?
5. ¿Qué cuatro aspectos del pecado se presentan en la Biblia?
6. ¿Qué quiere decirse por pecado personal?
7. ¿Qué enseña la Biblia en cuanto a la naturaleza pecaminosa del hombre?
8. ¿Hasta qué grado el hombre está depravado?
9. ¿Cómo explica el hecho de que todos los niños nazcan pecadores?
10. ¿Cuáles son las tres imputaciones principales?
11. ¿Qué quiere decirse por imputación actual?
12. ¿Qué quiere decirse por imputación judicial?
13. ¿Hay evidencia escritural de que todo el mundo está en un estado judicial de pecado?
14. ¿Por qué es importante un correcto entendimiento de la doctrina del pecado para comprender la doctrina de la salvación?

# 28

# Salvación de la pena del pecado

## A. EL SIGNIFICADO DE LA SALVACION

La revelación divina en cuanto a la salvación debería ser dominada por cada hijo de Dios: 1) puesto que la salvación personal depende de ello, 2) es el mensaje que Dios ha comisionado al creyente a proclamar al mundo, y 3) descubre la completa medida del amor de Dios.

De acuerdo a su amplio significado como se usa en la Escritura, la palabra «salvación» representa la obra total de Dios por medio de la cual El rescata al hombre de la ruina eterna y la sentencia del pecado y le confiere las riquezas de su gracia, incluyendo la vida eterna ahora y en la gloria eternal en los cielos. «La salvación es de Jehová» (Jon. 2:9). Por lo tanto, en cada aspecto es una obra de Dios en favor del hombre, y no es en ningún sentido una obra del hombre a favor de Dios.

Ciertos detalles de esta empresa divina han variado de edad en edad. Estamos seguros de que, comenzando con Adán y continuando con Cristo, aquellos individuos quienes ponen su confianza en Dios han sido renacidos espiritualmente y hechos herederos de la gloria en los cielos. De igual manera, la nación de Israel renacerá espiritualmente «de una vez» en el tiempo de la venida del Señor (Is. 66:8).

También se dice que las multitudes tanto de judíos como de gentiles que vivan en la tierra durante el reino venidero conocerán al Señor desde el más pequeño hasta el más grande (Jer. 31:34). Sin embargo, la salvación ofrecida a los hombres en la edad presente no solamente está revelada más completamente en la Biblia en cuanto a sus detalles, sino que también excede grandemente cualquier otra obra salvadora de Dios en las maravillas que lleva a cabo, puesto que la salvación que se ofrece en la edad presente incluye cada una de las fases de la obra de gracia de Dios tal como el morar, el sellar y el bautismo del Espíritu.

## B. LA SALVACION COMO EL REMEDIO DE DIOS PARA EL PECADO

Aun cuando se hacen ciertas distinciones en la doctrina bíblica del pecado, hay dos hechos universales que deben considerarse en primer lugar:

1. *El pecado es siempre condenable, ya sea que lo cometa el salvaje o el civilizado, el no regenerado o el regenerado.* Aunque puede haber diferentes grados de castigo para el pecador (Lc. 12:47-48), todo pecado es invariablemente «pecaminoso» en sí mismo, porque constituye una ofensa contra la santidad de Dios.

2. *El único remedio para el pecado está en la sangre derramada del Hijo de Dios.* Esto es tan cierto cuando se trata de los que por medio de sacrificios de animales anticiparon la muerte de Cristo en la cruz, como lo es de aquellos que por fe miran ahora retrospectivamente hacia el sacrificio del Cordero de Dios.

Si la pena del pecado puede ser remitida es porque hubo otro que en su carácter de sustituto satisfizo todas las demandas que la justicia divina tenía contra el pecador. En el antiguo orden, el pecador no era perdonado sino hasta que el sacerdote había presentado el sacrificio cruento para expiación, el cual anticipaba la muerte de Cristo en la cruz (Lv. 4:20, 26, 31, 35; 5:10, 13, 16, 18; 6:7; 19:22; Nm. 15:25-26, 28). Y después que el sacrificio del Hijo de Dios se ha consumado, prevalece la misma verdad tocante a que su sangre derramada en el Calvario es la base del perdón para todo pecador. Este es el testimonio de la Palabra de Dios: «En quien tenemos redención por su sangre, el perdón de pecados según las riquezas de su gracia» (Col. 1:14; Ef. 1:7).

La muerte vicaria de Cristo es infinitamente perfecta en su eficacia redentora, y, por lo tanto, el pecador que confía en El es no solamente perdonado, sino también justificado para siempre (Ro. 3:24). Dios nunca ha tratado el pecado con lenidad. Al pecador no se le impone ninguna carga por el perdón; pero si es perdonado se debe tan sólo a que el castigo divino por el pecado cayó con todo su rigor sobre el Cordero de Dios (1 P. 2:24; 3:18).

## C. EL PECADO ANTES DE LA CRUZ Y DESPUES DE LA CRUZ

1. *Se dice que el método divino de tratar con el pecado antes de la cruz fue la expiación. Según su uso bíblico, la palabra «expiación» significa sencillamente «cubrir».* «La sangre de los toros y de los machos cabríos no puede quitar los pecados» (He. 10:4). La sangre del sacrificio indicaba de parte del que lo ofrecía su reconocimiento de la justa pena de muerte impuesta sobre el pecador (Lv. 1:4); y de parte de Dios era una anticipación de la sangre eficaz que Cristo derramaría en la cruz. Por el hecho de simbolizar la sangre derramada de Cristo, la sangre de la expiación servía para cubrir el pecado como en un pacto de promesa hasta el día cuando Cristo viniera a tratar en forma definitiva con el pecado del mundo.

Hay en el Nuevo Testamento dos pasajes que arrojan luz sobre el significado de la palabra antiguotestamentaria *expiación.*

*a)* En Romanos 3:25 la palabra «remisión» tiene el significado de «pasar por alto», y es en relación con este significado que se declara que Cristo demostró en su muerte que Dios había sido justo en pasar por alto los pecados cometidos antes de la cruz y por los cuales la sangre de los sacrificios se había vertido. Dios había prometido enviar al Cordero que sería capaz de quitar el pecado del mundo, y en base de esta gran promesa había perdonado el pecado antes de la cruz.

Por consiguiente, por medio de la muerte de Cristo quedó plenamente demostrado que Dios ha sido justo en todo lo que El ha prometido.

*b*) En Hechos 17:30 se afirma que Dios «pasó por alto» los tiempos de esta ignorancia.

2. *En Romanos 3:26 se declara cuál ha sido el método divino de tratar con el pecado después de la cruz. Cristo ha muerto.* El valor de su sacrificio no es ya un asunto de expectación que debe tomarse como un pacto de promesa y simbolizarse por la sangre de los animales ofrecidos en el altar; la sangre de Cristo ha sido derramada, y ahora lo único que se demanda de toda persona, sin tomar en cuenta cuál sea su grado de culpabilidad, es que *crea* en lo que la gracia infinita ha consumado para salvación del pecador. El versículo que tenemos delante revela que los juicios que pesaban sobre cada pecador Cristo los llevó completamente en la cruz, a fin de que Dios pudiera permanecer justo, o sea inalterable en su santidad. Aparte de todo castigo, El justificará al pecador que tan sólo *crea* en Jesús.

Como antes se ha dicho, la palabra *expiación,* la cual aparece sólo en el Antiguo Testamento, significa «pasar sobre», «pasar por alto» y «cubrir» el pecado; pero cuando Cristo trató con el pecado en la cruz, El no solamente lo pasó por alto o lo cubrió. De su sacrificio infinitamente eficaz se ha dicho: «He aquí el Cordero de Dios, que quita el pecado del mundo» (Jn. 1:29; Col. 2:14; He. 10:4; 1 Jn. 3:5). «Quien llevó él mismo nuestros pecados en su cuerpo sobre el madero» (1 P. 2:24). Cristo no contemporizó con el pecado, ni lo trató parcialmente en la cruz. El gran problema existente entre Dios y el hombre fue allí solucionado en tal forma que aun la santidad de Dios quedó plenamente satisfecha, y la única pregunta que aún permanece en pie es si el hombre está satisfecho con lo que satisface a Dios. Aceptar la obra que Cristo realizó en el Calvario por nosotros es creer en El para salvación del alma.

## D. LOS TRES TIEMPOS DE LA SALVACION

1. *El tiempo pasado de la salvación está revelado en ciertos pasajes los cuales, cuando hablan de la salvación, se re-*

*fieren a ella siendo completamente en el pasado, o completada para el que ha creído* (Lc. 7:50; 1 Co. 1:18; 2 Co. 2:15; Ef. 2:5, 8). Tan perfecta es esta obra divina que del salvado se dice que está salvado para siempre (Jn. 5:24; 10:28, 29; Ro. 8:1).

2. *El tiempo presente de la salvación, el cual será el tema del próximo capítulo, tiene que ver con la salvación presente del poder del pecado* (Ro. 6:14; 8:2; 2 Co. 3:18; Gá. 2:19-20; Fil. 1:19; 2:12-13; 2 Ts. 2:13).

3. *El tiempo futuro de la salvación contempla que el creyente será aún salvo dentro de total conformidad con Cristo* (Ro. 8:29; 13:11; 1 P. 1:5; 1 Jn. 3:2). El hecho de que algunos aspectos de la salvación están aún por ser cumplidos para el que cree no implica que hay terreno de duda en cuanto a su cumplimiento final; pues en ninguna parte se enseña que ningún rasgo de la salvación depende sobre la fidelidad del hombre. Dios es fiel y, habiendo comenzado una buena obra, la perfeccionará hasta el día de Jesucristo (Fil. 1:6).

## E. LA SALVACION COMO LA OBRA TERMINADA DE CRISTO

Cuando se contempla la obra de Dios para los hombres perdidos, es importante distinguir entre la obra acabada de Cristo por todos, la cual está completa en una perfección infinita, y la obra salvadora de Dios, la cual es aplicada para y en el individuo en el momento en que él cree en Cristo.

«Consumado es» es la última frase registrada de Cristo antes de su muerte (Jn. 19:30). Es evidente que El no se estaba refiriendo a su propia vida, su servicio o su sufrimiento; sino más bien a una obra especial la cual su Padre le había dado para hacer, la cual ni aun había comenzado hasta que El estuvo en la cruz y que fue completada cuando murió.

Esto era definidamente una obra para todo el mundo (Jn. 3:16; He. 2:9), y proveyó redención (1 Ti. 2:6), reconciliación (2 Co. 5:19) y propiciación (1 Jn. 2:2) para cada hombre.

El hecho de que Cristo haya muerto no salva a los hombres, pero provee una base suficiente sobre la cual Dios, en completa armonía con su santidad, es libre para salvar aun al peor de los pecadores. Estas son las buenas nuevas las cuales el cristiano está comisionado a proclamar a todo el mundo. La sangre del Unigénito y amado Hijo de Dios fue lo más precioso delante de sus ojos; sin embargo, fue el pago para el rescate del pecador. La ofensa del pecado había separado al pecador de Dios, pero Dios proveyó a su propio Cordero para quitar el pecado para siempre. Los santos juicios de Dios estaban contra el pecador a causa de su pecado; no obstante, Cristo fue la propiciación para el pecado de todo el mundo.

El hecho de que todo esto esté ya terminado constituye un mensaje el cual se pide al pecador que crea como el testimonio de Dios. Uno apenas puede creer que alguien que haya oído este mensaje no haya experimentado un sentido de alivio de que el problema del pecado ha sido solucionado de esta manera, y que haya respondido en un sentido de gratitud a Dios por esta bendición gratuita.

## F. LA SALVACION COMO OBRA SALVADORA DE DIOS

La obra salvadora de Dios, la cual se cumple en el momento en que uno cree, incluye varias fases de la obra de Dios en la gracia: redención, reconciliación, propiciación, perdón, regeneración, imputación, justificación, santificación, perfección, glorificación. Por medio de ella somos hechos capaces de ser partícipes de la herencia de los santos (Col. 1:12), hechos aceptos en el Amado (Ef. 1:6), hechos hijos de Dios (Jn. 1:12), hechos ciudadanos de los cielos (Fil. 3:20), hechos una nueva creación (2 Co. 5:17), hechos miembros de la familia de Dios (Ef. 2:19; 3:15), hechos justicia de Dios (2 Co. 5:21), hechos cercanos a Dios (Ef. 2:13) y hechos completos en Cristo (Col. 2:10). El hijo de Dios ha sido liberado del poder de las tinieblas y trasladado al reino del amado Hijo de Dios (Col. 1:13), y ahora posee toda bendición espiritual (Ef. 1:3).

Entre las maravillosas obras de Dios mencionadas recientemente, la culpa y la pena del pecado han sido quitadas; puesto que se dice del que es salvo que es perdonado de todas sus transgresiones y justificado para siempre. Dios no podría perdonar y justificar aparte de la cruz de Cristo, pero puesto que Cristo ha muerto, Dios es capaz de salvar hasta lo sumo a todos los que vienen a El por medio de Cristo Jesús.

## G. LA SALVACION EN RELACION AL PECADO DEL SALVO

1. *El perdón de los pecados se cumple para el pecador cuando él cree en Cristo y es una parte de su salvación.* Muchas cosas que constituyen la salvación son forjadas por Dios en el momento que uno cree; pero el perdón nunca se recibe por parte del no salvo aparte de la obra completa de la gracia salvadora sobre la base de creer en Cristo como Salvador.

2. *En el trato divino con los pecados del cristiano, es sólo la cuestión del pecado lo que se tiene en vista, y el pecado del cristiano es perdonado, no sobre la base del creer para salvación, sino sobre la base de la confesión del pecado* (1 Jn. 1:9).

El efecto del pecado del cristiano, entre otras cosas, es la pérdida de la comunión con el Padre y con el Hijo y el contristar al Espíritu que mora en él. El hijo de Dios que ha pecado será restaurado a la comunión, gozo, bendición y poder cuando confiese su pecado.

Mientras que el efecto del pecado sobre el creyente es la pérdida de bendición, la cual puede ser renovada por medio de la confesión, el efecto del pecado creyente sobre Dios es un asunto mucho más serio. Pero si no fuera por el valor de la sangre de Cristo derramada y de la presente abogacía de Cristo en los cielos (Ro. 8:34; He. 9:24; 1 Jn. 3:1-2), el pecado separaría a los cristianos de Dios para siempre. Sin embargo, se nos asegura que la sangre es eficaz (1 Jn. 2:2) y la causa del Abogado es justa (1 Jn. 2:1). El santo que peca no se pierde por su pecado, puesto que, aun cuando ha estado en el momento del pecado, él tiene un Abogado con el Padre. Esta verdad, la cual forma únicamente las bases en las cuales cualquier cristiano siempre ha sido mantenido salvo, lejos de animar a los cristianos a que pequen, se presenta en la Escritura con el fin de que el cristiano «no peque» o «no permanezca en pecado» (1 Jn. 2:1). La gratitud al Salvador abogado por nosotros en los cielos debe encauzarnos a dudar seriamente antes de rendirnos a la tentación.

### H. LA SALVACION ESTA CONDICIONADA SOLAMENTE POR LA FE

En unos 115 pasajes del Nuevo Testamento se declara que la salvación del pecador depende sólo de *creer,* y en aproximadamente 35 pasajes se dice que depende de la *fe,* lo cual es un sinónimo de creer. Creyendo, un individuo ejerce el deseo de confiar en Cristo. Es un acto del hombre en su totalidad, no solamente de su intelecto o su emoción. Mientras que el asentimiento intelectual no proviene de la fe real, y es meramente una motivación de las emociones, por lo tanto escasa en fe, el creer es un acto definido en el cual el individuo desea recibir a Cristo por la fe.

En todas partes la Escritura armoniza con esta abrumadora verdad. Sólo Dios puede salvar un alma, y Dios sólo puede salvar a través del sacrificio de su Hijo. El hombre no puede sostener ninguna otra relación para la salvación que creer en el mensaje de Dios hasta el grado de volverse de sus propias obras para depender solamente en la obra de Dios a través de Cristo. Creer es lo opuesto a hacer cualquier cosa; es, en lugar de ello, confiar en otro. Por lo tanto, se viola la Escritura y toda la doctrina de la gracia se confunde cuando la salvación se hace depender de cualquier otra cosa que no sea *creer.* El mensaje divino no es «cree y ora», «cree y confiesa pecado», «cree y confiesa a Cristo», «cree y sé bautizado», «cree y arrepiéntete» o «cree y haz restitución». Estos seis puntos añadidos se mencionan en la Escritura, y allí tienen su total significado propuesto; pero si fueran tan esenciales para la salvación como creer, nunca hubieran sido omitidos de ningún pasaje donde se declara la manera para ser salvo (notar Jn. 1:12; 3:16, 36; 5:24; 6:29; 20:31; Hch. 16:31; Ro. 1:16; 3:22; 4:5, 24; 5:1; 10:4; Gá. 3:22). La salvación es sólo a través de Cristo y, por lo tanto, los hombres son salvos cuando le reciben como su Salvador.

## PREGUNTAS

1. ¿Por qué un hijo de Dios debe dominar la doctrina de la salvación?

2. ¿Qué se incluye en la salvación en su más amplia dimensión?
3. ¿Hasta qué grado la salvación es la misma en cada edad, y hasta qué grado es más completa en la edad presente?
4. ¿Qué dos hechos universales se muestran en la Escritura concerniente a la relación de la salvación del pecado?
5. ¿Cómo trataba Dios con el pecado en relación con la salvación en el Antiguo Testamento?
6. ¿Cómo difiere el trato de Dios con el pecado después de la cruz del método del Antiguo Testamento?
7. ¿Qué se muestra en los pasajes que tratan con la salvación en el pasado?
8. ¿Cómo se revela la salvación como una obra presente de Dios?
9. ¿Qué se contempla cuando la salvación se ve como futura?
10. Distinguir entre la obra terminada de Cristo y la obra salvadora de Dios aplicada al individuo cuando éste cree.
11. ¿Por qué es verdad que el hecho de que Cristo haya muerto no salva a todos los hombres?
12. ¿Qué debe de esperarse como una respuesta de parte del creyente cuando es salvo?
13. Nombrar algunas de las fases importantes de la obra de gracia de Dios en salvar a los hombres que están incluidas en palabras doctrinales importantes.
14. ¿Cuáles son algunos de los aspectos de la obra de Dios cumplida cuando un individuo es salvo?
15. ¿Cómo se relaciona la salvación con el perdón de los pecados?
16. En el trato con los pecados del cristiano, ¿qué está incluido en su perdón?
17. Si un cristiano no confiesa su pecado, ¿qué es lo que pierde?
18. ¿Por qué la doctrina de que Cristo es nuestro abogado en el cielo puede llevar al cristiano a vivir una vida de pecado?

19. Exponga la base escritural que demuestra que la salvación es sólo por la fe.
20. ¿Por qué el convencimiento intelectual no es evidencia suficiente de una fe real?
21. ¿Por qué la respuesta emocional es insuficiente para la salvación?
22. ¿Por qué la fe es un acto del hombre en su integridad, intelecto, sentimientos y voluntad?
23. ¿Por qué es un error adjuntar ciertas obras al acto de creer?
24. Explicar el hecho de que las obras son un resultado de creer en la salvación y no una condición para obtener la salvación.
25. Explicar lo que el hombre debe hacer para ser salvo.

# 29

# Salvación del poder del pecado

## A. LIBERACION DEL PECADO UNICAMENTE PARA LOS CRISTIANOS

Puesto que la salvación del poder del pecado es una provisión de la gracia de Dios para los que ya son salvos de la culpa y de la pena del pecado, la doctrina que en este capítulo consideramos se limita en su aplicación solamente a los regenerados. Aunque ya están salvos y seguros en Cristo, los cristianos tienen todavía la disposición a pecar y cometer pecados. De esto tenemos pruebas abundantes en las Escrituras y en la experiencia humana. Basándose en el hecho de que los cristianos pecan, el Nuevo Testamento procede a explicar cuál es el camino divinamente trazado para que el hijo de Dios se libere del poder del pecado.

Por suponer que el cristiano no debiera pecar ni tener la inclinación al pecado, muchos creyentes que no han alcanzado la madurez espiritual se alarman y confunden —y aun dudan de su salvación— cuando descubren en su vida el poder dominante del pecado. Es una actitud positiva que se preocupen del pecado, debido a la ofensa que éste ocasiona a la santidad de Dios; pero en lugar de poner en duda su salvación o entregarse a la práctica del pecado, debieran escudriñar lo que Dios en su gracia ha provisto para que los suyos puedan liberarse del dominio del pecado.

Con excepción del plan de salvación no hay otro tema más importante que demande un conocimiento cabal por la mente humana que el plan divino por el cual un cristiano puede vivir para la gloria de Dios. La ignorancia y el error pueden resultar en un trágico error espiritual. En la predicación del evangelio existe una gran necesidad de claridad en la exposición de la doctrina bíblica de la salvación del poder del pecado.

## B. EL PROBLEMA DEL PECADO EN LA VIDA DE UN CRISTIANO

Habiendo recibido la naturaleza divina (2 P. 1:4), pero reteniendo todavía la naturaleza antigua, cada hijo de Dios posee dos naturalezas; la una es incapaz de pecar, y la otra es incapaz de practicar la santidad. La antigua naturaleza, algunas veces llamada «pecado» (significando la fuente del pecado) y «viejo hombre», es una parte de la carne; porque, según el uso de la Escritura, el término *carne,* cuando se usa en su sentido moral, se refiere al espíritu y al alma, como también al cuerpo, especialmente en el caso del hombre no regenerado. Por esto es que el apóstol declara: «Yo sé que en mí, esto es, en mi carne, no mora el bien» (Ro. 7:18). Por otra parte, teniendo en vista la naturaleza divina que es impartida al creyente, el apóstol Juan dice: «Todo aquel que es nacido de Dios permanece en él; y no puede pecar, porque es nacido de Dios» (1 Jn. 3:9). Este versículo enseña que *todo* cristiano que ha nacido de Dios no practica el pecado (el verbo en el tiempo presente implica una acción continua). Sin embargo, debe observarse que es en esta misma epístola donde se advierte a cada hijo de Dios que no pretenda no poseer una naturaleza pecaminosa (1:8) o que no ha cometido pecado (1:10).

Estas dos fuentes de actividad que el cristiano tiene en sí mismo se consideran también en Gálatas 5:17, donde tanto el Espíritu Santo y la carne están activos en incesante y mutuo conflicto: «Porque el deseo de la carne es contra el Espíritu, y el del Espíritu es contra la carne; y éstos se oponen el uno al otro.» El apóstol no se está refiriendo en estas palabras al cristiano carnal, sino al que es más espiritual, y aun al que no está satisfaciendo la concupiscencia de la carne (Gá. 5:16). Este conflicto existe ciertamente en el cristiano espiritual, y si él se ve libre de los efectos y concupiscencias de la carne, es porque está caminando bajo la dirección del Espíritu.

## C. **LA LEY COMO UNA NORMA DE VIDA**

Para comprender el programa de Dios para la liberación del poder del pecado, es importante distinguir entre la ley y la gracia como reglas de vida. La palabra «ley» se usa en la Escritura con muchos sentidos diferentes. Algunas veces se usa como regla de vida. Cuando se usa en este sentido, la palabra tiene varios significados.

1. *Los Diez Mandamientos; escritos por el dedo de Dios sobre tablas de piedra* (Ex. 31:18).

2. *Todo el sistema de gobierno de Israel que incluía los mandamientos* (Ex. 20:1-26), *las leyes* (Ex. 21:1 - 24:11) *y las ordenanzas* (Ex. 24:12 - 31:18).

3. *Los principios de gobierno del aun futuro reino del Mesías sobre la tierra, los cuales están contenidos en la Ley y los profetas* (Mt. 5:1 - 7:29; cf. 5:17, 18; 7:12).

4. *Algunos aspectos de la voluntad revelada de Dios a los hombres* (Ro. 7:22, 25; 8:4).

5. *Algunas reglas de conducta establecidas por los hombres para su propio gobierno* (Mt. 20:15; Lc. 20:22; 2 Ti. 2:5). La palabra «ley» es usada también algunas veces como una fuerza en operación (Ro. 7:21; 8:2).

6. *En el Antiguo Testamento especialmente, la ley es presentada también como un pacto de obras.* Bajo este concepto de ley, su alcance se extiende más allá de los escritos del sistema mosaico, e incluye toda acción humana intentada (en conformidad a la enseñanza de la Escritura o no) con el objeto de conseguir el favor de Dios. La fórmula de la ley es: «Si hacéis el bien, yo os bendeciré.» Así, el ideal supremo de una buena conducta —si se emprende con el propósito de conseguir el favor de Dios en lugar de ser una manifestación de la seguridad del favor por medio de Cristo— se convierte en algo puramente legal en su carácter.

7. *La ley se presenta también como un principio de dependencia sobre la carne.* La ley no provee capacidad para su observancia. No se esperaba más de sus mandamientos de lo que el hombre natural podía hacer. Sin embargo, todo lo que es acometido en la carne, es legal en su naturaleza: los mandamientos contenidos en la ley, las exhortaciones de la gracia, o cualquier actividad espiritual.

## D. LA GRACIA COMO REGLA DE VIDA

Para el hijo de Dios bajo la gracia, cada aspecto de la ley ha sido eliminado (Jn. 1:16, 17; Ro. 6:14; 7:1-6; 2 Co. 3:1-18; Gá. 3:19-25; Ef. 2:15; Col. 2:14).

1. *Las ordenanzas legales del sistema mosaico y los mandamientos instituidos para el gobierno del reino no son ahora las guías principales del cristiano.* Han sido reemplazados por una regla de conducta nueva y de gracia que incluye en sí misma todo lo que es vital en la ley, aunque la reafirma bajo el orden y el carácter de la gracia.

2. *El hijo de Dios bajo la gracia ha sido liberado del peso de un pacto de obras.* Ahora él no lucha para ser aceptado, sino que es libre como uno que es aceptado en Cristo (Ef. 1:6).

3. *El hijo de Dios no está llamado ahora a vivir por la energía de su propia carne.* El ha sido liberado de este rasgo de la ley y puede vivir en el poder del Espíritu. Desde que la ley escrita fue dada a Israel, ella pudo liberarse de los mandamientos escritos de Moisés solamente por la muerte de Cristo. Sin embargo, tanto el judío como el gentil fueron liberados por esa muerte del desesperado principio del mérito humano y del vano esfuerzo de la carne.

4. *En contraste con la ley, la palabra «gracia» se refiere al favor inmerecido que representa el método divino de tratamiento con el hombre que fue introducido con Adán.* Bajo la gracia, Dios no trata a los hombres como ellos se lo merecen, sino que con una misericordia y gracia infinitas, sin hacer referencia a lo que realmente merecen. Esto es libre de hacerlo sobre la base de que el justo castigo por el pecado, que de otro modo su santidad podría imponer sobre los pecadores como retribución a sus hechos, fue satisfecho por el Hijo de Dios.

Aunque el pueblo de Israel experimentó la gracia de muchas maneras, como regla de vida ellos pasaron de una relación de gracia con Dios a una relación legal con Dios. Cuando aceptaron la ley, como se aprecia en Exodo 19:3-25, ellos neciamente presumieron que podrían guardar la ley de Dios completamente ignorando su necesidad de la gracia como la única base posible de ser aceptado delante de Dios. La experiencia de Israel bajo la ley, por consiguiente, demuestra a todos los hombres la imposibilidad de ser liberado del poder del pecado por medio de la ley como principio.

5. *En contraste con la ley, la gracia es revelada en tres aspectos diferentes:* *a*) salvación por gracia, *b*) seguridad por medio de la gracia, y *c*) la gracia como una regla de vida para el salvado.

*a*) Dios salva a los pecadores por gracia, y no hay otro camino de salvación ofrecido a los hombres (Hch. 4:12). La gracia salvadora es el amor sin límites y libre de Dios por el perdido en conformidad con las exactas e invariables demandas de su propia justicia a través del sacrificio sustitutorio de Cristo. La gracia es más que el amor; es amor que libera y hace al cristiano triunfante sobre el justo juicio de Dios contra el pecador.

Cuando El salva a un pecador por gracia, es necesario que Dios termine con cada pecado, porque de otro modo éstos demandarían un juicio y así dificultarían su gracia. Esto es lo que El ha hecho en la muerte de su Hijo. También es necesario que cada obligación sea satisfecha, y con este objeto la salvación ha sido efectuada como un absoluto regalo de Dios (Jn. 10:28; Ro. 6:23; Ef. 2:8). Además, es necesario que todo mérito humano sea eliminado, para que ninguna cosa que Dios realice esté basada en ningún modo en los méritos de los hombres y no en su gracia soberana solamente (Ro. 3:9; 11:32; Gá. 3:22). Ya que todo elemento humano está excluido, el evangelio de la gracia es la proclamación de la gracia poderosa, redentora y transformadora de Dios, la cual ofrece vida y gloria eternas a todo aquel que cree.

*b*) El programa divino de la seguridad por medio de la gracia demuestra que únicamente por medio de la gracia Dios guarda a aquellos que son salvos. Habiendo provisto un camino por el cual El puede actuar libre de sus propias demandas de justicia contra el pecado; habiendo dispuesto la retribución de cada acción humana, y habiendo puesto a un lado eternamente todo mérito humano, Dios ha de continuar el ejercicio de su gracia hacia el salvado para darle la seguridad de su protección eterna. Esto es lo que El hace y al hijo de Dios se le dice que está en la gracia (Ro. 5:2; 1 P. 5:12).

*c*) Dios también provee una regla de vida para el salvado basada únicamente en el principio de la gracia. Dios enseña a aquellos que están salvados y seguros la manera cómo deben vivir en la gracia y cómo vivir para su eterna gloria. Del mismo modo como la ley ha provisto una completa regla de conducta para Israel, así Dios ha provisto una completa regla de conducta para el cristiano. Puesto que todas las reglas de vida que están presentadas en la Biblia son completas en sí mismas, no es necesario que sean combinadas. Por lo tanto, el hijo de Dios no está bajo la ley como una regla de vida, sino bajo los consejos de la gracia. Lo que él hace bajo la gracia no tiene como objetivo conseguir el favor de Dios, sino porque él ya ha sido aceptado en el Amado. El no está confiando en la energía de la carne, sino en la manifestación del poder del Espíritu. Es una vida que se vive sobre el principio de fe: «Mas el justo por su fe vivirá.» Estos principios están declarados en los evangelios y en las epístolas.

## E. EL UNICO CAMINO DE VICTORIA

Se han sugerido varias enseñanzas que pretender señalar el camino por el cual el cristiano puede liberarse del poder del pecado.

1. *Se ha dicho que el cristiano será impulsado a vivir para la gloria de Dios si observa suficientes reglas de conducta*. Este principio legalista está condenado al fracaso porque hace que la victoria dependa de la misma carne de la cual se busca la liberación (Ro. 6:14).

2. *Se ha afirmado muchas veces que el cristiano debe buscar la erradicación de la vieja naturaleza, para así quedar permanentemente libre del poder del pecado*. Pero esta teoría tiene sus objeciones:

*a*) No hay base bíblica para la enseñanza de que la naturaleza adámica pueda erradicarse.

*b*) La vieja naturaleza es una parte de la carne, y es claro que ella debe tratarse en la misma forma en que Dios trata a la carne. La carne es uno de los tres poderosos enemigos del cristiano: el mundo, la carne y el Diablo. Dios no erradica el mundo, o la carne, o el Diablo; pero provee la victoria sobre estos enemigos, por medio del Espíritu (Gá. 5:16; 1 Jn. 4:4; 5:4). De manera semejante, El da la victoria sobre la vieja naturaleza, por medio del Espíritu (Ro. 6:14; 8:2).

*c*) Ninguna experiencia humana actual confirma la teoría de la erradicación, y si esta teoría fuera verdadera, los padres en este estado engendrarían hijos no afectados por la caída.

*d*) Cuando se acepta la teoría de la erradicación no hay lugar ni significado alguno para el ministerio del Espíritu que mora en cada hijo de Dios. Muy por el contrario, los cristianos más espirituales son advertidos de la necesidad de andar en el Espíritu, rindiéndose a la voluntad de Dios, impidiendo que el pecado reine en sus cuerpos mortales, mortificando las obras de la carne y permaneciendo en el Señor.

3. *Algunos cristianos suponen que, aparte del Espíritu y simplemente por el hecho de que ya son salvos, podrán vivir para la gloria de Dios.* En Romanos 7:15 - 8:4 el apóstol testifica de su propia experiencia con esta teoría. El afirma que conocía lo que era el bien, pero él no sabía cómo llevar a cabo lo que conocía (7:18). Por lo tanto, llegó a las siguientes conclusiones: *a*) Que aun cuando él procuraba hacer lo mejor, era siempre derrotado por una ley que aún estaba presente en sus miembros, rebelándose contra la ley de su espíritu (7:23); *b*) que su estado era espiritualmente miserable (7:24); *c*) que, aun cuando ya era salvo, lo que le dio la libertad fue la ley del Espíritu de vida en Cristo Jesús, y no sus propias obras (8:2); *d*) que la completa voluntad de Dios se cumple *en* el creyente, pero nunca *por* el creyente (8:4).

En Romanos 7:25 se declara que la libertad del poder del pecado viene *por medio* de Jesucristo nuestro Señor. Puesto que se trata de un problema que atañe a la santidad de Dios, la liberación del poder del pecado puede venir solamente *por medio* de Jesucristo. El Espíritu Santo no podría ejercer dominio sobre una naturaleza caída que todavía no estuviese juzgada; pero en Romanos 6:1-10 se afirma que la naturaleza caída del creyente fue ya juzgada al ser crucificada, muerta y sepultada con Cristo, lo que hizo posible para el Espíritu dar la victoria. Debido a esta provisión de la gracia de Dios, el creyente puede caminar en el poder de un nuevo principio de vida que consiste en dependen solamente del Espíritu, reconociéndose a sí mismo muerto en verdad al pecado (6:4, 11). Por lo tanto, la liberación del poder del pecado es *por* el Espíritu y *por medio* de Cristo.

## F. VICTORIA POR EL ESPIRITU SANTO

Como se ha dicho en los estudios anteriores sobre la doctrina del Espíritu Santo, un creyente puede ser liberado del poder del pecado por el Espíritu Santo.

«Si estáis caminando por medio del Espíritu, no satisfaréis los deseos de la carne» (Gá. 5:16, lit.). La salvación del poder del pecado, al igual que la salvación de la pena del pecado, es de Dios y, desde un punto de vista humano, depende de una *actitud* de fe, así como la salvación de la pena del pecado depende de un *acto* de fe. El que ha sido justificado vivirá por fe —fe que depende del poder de otro— y la persona justificada no conocerá una época en esta vida cuando necesite depender menos del Espíritu.

Existen tres razones para una vida de dependencia del Espíritu.

1. *Bajo las enseñanzas de la gracia el creyente se encuentra ante una norma de vida que humanamente es imposible alcanzar.* Siendo un ciudadano de los cielos (Fil. 3:20, un miembro del cuerpo de Cristo (Ef. 5:30) y un miembro de la familia de Dios (Ef. 2:19; 3:15), el cristiano es llamado a vivir de acuerdo a su elevada posición celestial. Puesto que este modo de vida es sobrehumano (Jn. 13:34; 2 Co. 10:5; Ef. 4:1-3, 30; 5:20; 1 Ts. 5:16-17; 1 P. 2:9), el hijo de Dios debe depender completamente del Espíritu que mora en su corazón (Ro. 8:4).

2. *El cristiano se enfrenta a Satanás, el príncipe de este mundo.* A causa de esto, debe fortalecerse en «el Señor y en el poder de su fuerza» (Ef. 6:10-12; 1 Jn. 4:4; Jud. 9).

3. *El cristiano posee la vieja naturaleza, la cual le es incapaz de controlar.*

La Escritura revela que no solamente Dios nos salva de la culpa del pecado, sino que también nos libera del poder del pecado. Finalmente, cuando el cristiano se encuentre en el cielo, será liberado de la presencia del pecado.

## PREGUNTAS

1. ¿Por qué la liberación del pecado es para los cristianos únicamente?
2. ¿Hasta qué punto el pecado es un problema para los cristianos?
3. ¿Qué evidencia se da en la Escritura de que el cristiano tiene dos naturalezas?
4. ¿De qué manera se relaciona el Espíritu Santo con la vieja naturaleza?
5. ¿Cuáles son algunos de los sentidos en que la palabra «ley» es usada en la Biblia?
6. ¿Hasta qué punto falla la ley en proporcionar capacidad para su observancia?
7. ¿Por qué el cristiano no está bajo el sistema de la ley mosaica?
8. ¿Por qué un cristiano no lucha para ser aceptado por Dios?
9. ¿Por qué un hijo de Dios no debe intentar vivir por medio de la energía de su propia carne?
10. Comparar las relaciones de Israel con la gracia como regla de vida con la relación de la iglesia con la gracia como regla de vida.
11. ¿Hasta qué punto se revela la gracia en la «salvación por gracia», y cuál es la parte de Dios?
12. ¿Cómo se relaciona la gracia con la seguridad de un creyente?
13. ¿De qué manera es la gracia una regla completa de vida?
14. ¿Por qué es la ley un principio destinado al fracaso?
15. ¿Qué objeciones pueden hacerse ante la teoría de que la antigua naturaleza puede ser erradicada?

16. ¿Por qué es erróneo el planteamiento de que solamente porque uno es salvo puede llevar una vida cristiana fácil?
17. ¿A través de qué medios es posible la liberación del poder del pecado y cómo está relacionada a Jesucristo y al Espíritu Santo?
18. ¿De qué manera la salvación del poder del pecado depende de la fe?
19. ¿De qué forma las inalcanzables normas de vida para un creyente hacen necesaria una vida de dependencia del Espíritu que mora en el creyente?
20. ¿De qué forma el poder de Satanás se relaciona con la liberación del creyente?
21. ¿Por qué se necesita la liberación del poder de la antigua naturaleza?
22. Contrastar el alcance presente de la liberación del pecado con el que existirá en el cielo.

# 30

# Cuatro aspectos de la justicia

Una diferencia vital entre Dios y el hombre que la Escritura enfatiza es que Dios es justo (1 Jn. 1:5), mientras que, según Romanos 3:10, el cargo fundamental hecho a los seres humanos es que «no hay justo, ni aun uno». De la misma manera, una de las glorias de la gracia divina es el hecho de que una justicia perfecta, semejante a la blanca e inmaculada vestidura de una novia, ha sido provista en Cristo y es gratuitamente concedida a todos los que creen en El (Ro. 3:22).

Las Escrituras distinguen cuatro aspectos de la justicia.

## A. DIOS ES JUSTO

Esta justicia de Dios es invariable e inmutable (Ro. 3:25, 26). El es infinitamente justo en su propio Ser e infinitamente justo en todos sus caminos.

Dios es justo en su Ser. Es imposible que El se desvíe de su propia justicia, ni siquiera como por una «sombra de variación» (Stg. 1:17). El no puede mirar el pecado con el más mínimo grado de tolerancia. Por consiguiente, puesto que todos los hombres son pecadores, tanto por naturaleza como por práctica, el juicio divino ha venido sobre todos ellos para condenación. La aceptación de esta verdad es vital para llegar a un correcto entendimiento del evangelio de la gracia divina.

Dios es justo en sus caminos. Debe también reconocerse que Dios es incapaz de considerar con ligereza o con ánimo superficial el pecado, o de perdonarlo en un acto de laxitud moral. El triunfo del evangelio no radica en que Dios haya tratado con lenidad el pecado; sino más bien en el hecho de que todos los juicios que la infinita justicia tenía necesariamente que imponer sobre el culpable, el Cordero de Dios los sufrió en nuestro lugar, y que este plan que procede de la mente del mismo Dios es, de acuerdo a las normas de su justicia, suficiente para la salvación de todo el que cree en El. Por medio de este plan Dios puede satisfacer su amor salvando al pecador sin menoscabo de su justicia inmutable; y el pecador, que en sí mismo está sin ninguna esperanza, puede verse libre de toda condenación (Jn. 3:18; 5:24; Ro. 8:1; 1 Co. 11:32).

No es raro que los hombres conceptúen a Dios como un Ser justo; pero donde fallan a menudo es en reconocer que cuando El efectúa la salvación del hombre pecador, la justicia de Dios no es ni puede ser atenuada.

## B. LA AUTOJUSTICIA DEL HOMBRE

En completa armonía con la revelación de que Dios es justo tenemos la correspondiente declaración de que ante la mirada de Dios la justicia del hombre (Ro. 10:3) es como «trapo de inmundicia» (Is. 64:6). Aunque el estado pecaminoso del hombre se revela constantemente a través de las Escrituras, no hay descripción más completa y final que la que se encuentra en Romanos 3:9-18; y debe notarse que, como en el caso de otras evaluaciones bíblicas del pecado, tenemos aquí una descripción del pecado como Dios lo ve. Los hombres han establecido normas para la familia, la sociedad y el estado; pero ellas no son parte de la base sobre la cual él ha de ser juzgado delante de Dios. En su relación con Dios los hombres no son sabios comparándose consigo mismos (2 Co. 10:12). Porque no están perdidos solamente aquellos que la sociedad condena, sino los que están condenados por la inalterable justicia de Dios (Ro. 3:23). Por lo tanto, no hay esperanza alguna fuera de la gracia divina; porque nadie puede entrar en la gloria del cielo si no es aceptado por Dios como lo es Cristo. Para esta necesidad del hombre Dios ha hecho una provisión abundante.

## C. LA JUSTICIA IMPUTADA DE DIOS

Como se ha recalcado en las discusiones previas en cuanto a la doctrina de la imputación, la importante revelación de la imputación de la justicia de Dios (Ro. 3:22) es esencial que la comprendamos tanto sobre los principios sobre los cuales Dios condena al pecador como sobre los principios sobre los cuales Dios salva al cristiano. Aunque la doctrina es difícil de entender, es importante comprenderla como uno de los mayores aspectos de la revelación de Dios.

1. *El hecho de la imputación es subrayado en la imputación del pecado de Adán a la raza humana con el efecto de que todos los hombres son considerados pecadores por Dios* (Ro. 5:12-21). Esto se desarrolla más aún en el hecho de que el pecado del hombre fue imputado a Cristo cuando El se ofreció como ofrenda por el pecado del mundo (2 Co. 5:14, 21; He. 2:9; 1 Jn. 2:2). Así también la justicia de Dios es imputada a todos los que creen, para que ellos puedan permanecer delante de Dios en toda la perfección de Cristo. Por causa de esta provisión se puede decir de todos los que son salvos en Cristo que ellos son hechos justicia de Dios en El (1 Co. 1:30; 2 Co. 5:21). Siendo que esta justicia es de Dios y no del hombre y que, según lo afirma la Escritura, ella existe aparte de toda obra u observancia de algún precepto legal (Ro. 3:21), es obvio que esta justicia imputada no es algo que el hombre pueda efectuar. Siendo la justicia de Dios, ella no puede ser aumentada por la piedad de aquel a quien le es imputada, ni tampoco disminuir por causa de su maldad.

2. *Los resultados de la imputación se ven en que la justicia de Dios es imputada al creyente sobre la base de que el creyente está en Cristo por medio del bautismo del Espíritu.* A través de esa unión vital con Cristo por el Espíritu el creyente queda unido a Cristo como un miembro de su cuerpo (1 Co. 12:13), y como un pámpano a la Vid verdadera

(Jn. 15:1, 5). Por causa de la realidad de esta unión Dios ve al creyente como una parte viviente de su propio Hijo. Por lo tanto, El ama al creyente como ama a su propio Hijo (Ef. 1:6; 1 P. 2:5), y considera que él es lo que su propio Hijo es: la justicia de Dios (Ro. 3:22; 1 Co. 1:30; 2 Co. 5:21). Cristo es la justicia de Dios; por consiguiente, aquellos que son salvos son *hechos* justicia de Dios por estar *en El* (2 Co. 5:21). Ellos están completos en El (Co. 2:10) y perfeccionados en El para siempre (He. 10:10, 14).

3. *En las Escrituras se nos dan muchas ilustraciones de la imputación.* Dios proveyó túnicas de pieles para Adán y Eva y para obtenerlas fue necesario el derramar sangre (Gn. 3:21). A Abraham le fue imputada justicia por haber creído a Dios (Gn. 15:6; Ro. 4:9-22; Stg. 2:23), y como los sacerdotes del tiempo antiguo se vestían de justicia (Sal. 132: 9), así el creyente es cubierto con el manto de la justicia de Dios y será con esa vestidura que estará en la gloria (Ap. 19:8).

La actitud del apóstol Pablo hacia Filemón es una ilustración tanto del mérito como del demérito imputados. Refiriéndose al esclavo Onésimo, dice el apóstol: «Así que, si me tienes por compañero, recíbele como a mí mismo (imputación de mérito). Y si en algo te dañó, o te debe, ponlo a mi cuenta (la imputación de demérito») (Flm. 17, 18; cf. también Job 29:14; Is. 11:5; 59:17; 61:10).

4. *La imputación afecta la posición y no el estado.* Existe, por lo tanto, una justicia de Dios, que nada tiene que ver con las obras humanas, que está *en* y *sobre* aquel que cree (Ro. 3:22). Esta es la posición eterna de todos los que son salvos. En su vida diaria, o estado, ellos se hallan muy lejos de ser perfectos, y es en este aspecto de su relación con Dios que deben «crecer en la gracia y el conocimiento de nuestro Señor y Salvador Jesucristo» (2 P. 3:18).

5. *La justicia imputada es la base de la justificación.* De acuerdo a su uso en el Nuevo Testamento, las palabras «justicia» y «justificar» vienen de la misma raíz. Dios declara justificado para siempre a aquel que El ve *en Cristo.* Este es un decreto equitativo, ya que la persona justificada está vestida de la justicia de Dios. La justificación no es una ficción o un estado emotivo; sino más bien una consideración inmutable en la mente de Dios. Al igual que la justicia impu-

tada, la justificación es por fe (Ro. 5:1), por medio de la gracia (Tit. 3:4-7), y se hace posible a través de la muerte y resurrección de Cristo (Ro. 3:24; 4:25). Es permanente e inmutable, pues descansa solamente en los méritos del eterno Hijo de Dios.

La justificación es más que el perdón, porque el perdón es la cancelación de la deuda del pecado, mientras que la justificación es la imputación de justicia. El perdón es negativo (supresión de la condenación), en tanto que la justificación es positiva (otorgamiento del mérito y posición de Cristo).

Al escribir de una justificación por medio de obras, Santiago se refería a la posición del creyente delante de los hombres (Stg. 2:14-26); Pablo, escribiendo de la justificación por la fe (Ro. 5:1), tenía en mente la posición del creyente delante de Dios. Abraham fue justificado delante de los hombres demostrando su fe por medio de sus obras (Stg. 2:21); asimismo, él fue justificado por fe delante de Dios por la justicia que le fue imputada (Stg. 2:23).

## D. LA JUSTICIA IMPARTIDA POR EL ESPIRITU

Lleno del Espíritu, el hijo de Dios producirá las obras de justicia (Ro. 8:4) del «fruto del Espíritu» (Gá. 5:22-23) y manifestará los dones para el servicio que le han sido dados por el Espíritu (1 Co. 12:7). Se establece claramente que estos resultados se deben a la obra que el Espíritu realiza en y a través del creyente. Se hace referencia, por tanto, a un modo de vida que en un sentido es producido *por* el creyente; mejor dicho, es un modo de vida producido *a través* de él por el Espíritu. Para aquellos que «no andan conforme a la carne, sino conforme al Espíritu», la justicia de la ley, la cual en este caso significa nada menos que la realización de toda la voluntad de Dios para el creyente, se cumple *en* ellos.

Esto nunca podría ser cumplido *por* ellos. Cuando es realizada por el Espíritu, ella no es otra cosa sino la vida que es la justicia impartida por Dios.

## PREGUNTAS

1. Con relación a la justicia, ¿qué diferencia hay entre Dios y el hombre?
2. ¿Cuáles son los cuatro aspectos de la justicia revelados en las Escrituras?
3. ¿En qué sentidos Dios es completamente justo?
4. ¿Hasta qué punto llega el hombre en su autojusticia y por qué ésta es insuficiente?
5. ¿Por qué es necesaria para el hombre la justicia imputada de Dios?
6. ¿Cuáles son los resultados de la imputación de justicia en el hombre?
7. Proporcionar algunas ilustraciones bíblicas de la imputación.
8. ¿De qué manera afecta la imputación la posición y el estado ante Dios?
9. ¿Cómo se relaciona la justicia imputada con la justificación?
10. Contrastar la justificación y el perdón.
11. ¿Cuál es la diferencia entre la justificación por las obras y la justificación por la fe?
12. ¿Hasta qué punto se extiende la justicia impartida por el Espíritu?

# 31
# Santificación

## A. LA IMPORTANCIA DE UNA INTERPRETACION CORRECTA

La doctrina de la santificación adolece de malos entendidos a pesar del hecho de que la Biblia provee de una revelación extensa acerca de este importante tema. A la luz de la historia de la doctrina es importante observar tres leyes de interpretación.

1. *El entendimiento correcto de la doctrina de la santificación depende de todo lo que la Escritura contenga con relación a este tema.* La presentación escritural de esta doctrina es mucho más extensiva de lo que parece a aquel que únicamente lee el texto español; pues la misma palabra original, griega o hebrea, que se traduce «santificar», en sus diferentes formas, se traduce también «santo», ya sea en forma de sustantivo o de adjetivo. Por lo tanto, si vamos a contemplar esta doctrina de las Escrituras en todo su alcance, tenemos que examinar no sólo los pasajes donde aparece la palabra «santificar», sino también aquellos donde se emplea la palabra «santo» en sus distintas formas.

Levítico 21:8 ilustra la similitud de significado entre las palabras «santo» y «santificar» según el uso de la Biblia.

Hablando de los sacerdotes, Dios dice: «Le santificarás, por tanto, pues el pan de tu Dios ofrece; santo será para ti, porque santo soy yo Jehová que os santifico.» La misma palabra original, usada cuatro veces en este texto, se traduce en tres formas diferentes: «santificarás», «santifico» y «santo».

2. *La doctrina de la santificación no puede interpretarse por la experiencia.* Solamente uno de los tres aspectos de la santificación se relaciona con los problemas de la experiencia humana en la vida diaria. Por lo tanto, la enseñanza de la Palabra de Dios no debe sustituirse por un análisis de alguna experiencia personal. Aun en el caso de que la santificación estuviese limitada a la esfera de la experiencia humana, no habría experiencia que pudiera presentarse en forma indiscutible como ejemplo perfecto, ni habría una explicación humana de esa experiencia que fuera capaz de describir en su plenitud esa divina realidad. Es la función de la Biblia interpretar la experiencia, antes que ésta pretenda interpretar la Biblia. Toda experiencia que viene por obra de Dios debe estar de acuerdo a las Escrituras.

3. *La doctrina de la santificación debe encuadrarse en el contexto de la doctrina bíblica.* El dar un énfasis desproporcionado a cierta doctrina, o el hábito de buscar toda la verdad siguiendo solamente una línea de enseñanza bíblica, conduce a serios errores. La doctrina de la santificación, al igual que cualquier otra doctrina de las Escrituras, representa y define un campo exacto dentro del propósito de Dios, y puesto que ella tiende a fines bien determinados, sufre tanto cuando es exagerada como cuando es presentada en forma incompleta.

## B. EL SIGNIFICADO DE LAS PALABRAS QUE SE RELACIONAN CON LA SANTIFICACION

1. *«Santificar», en sus varias formas, es usada 106 veces en el Antiguo Testamento y 31 veces en el Nuevo Testamento y significa «poner aparte», o el estado de separación.* Tiene que ver con posición y relación. La base de la clasificación es que la persona o cosa ha sido puesta aparte, o separada de los demás en posición y relación delante de Dios, de lo que no es santo. Este es el significado general de la palabra.

2. *«Santo», en sus varias formas, es usado alrededor de 400 veces en el Antiguo Testamento y 12 veces en el Nuevo Testamento, con relación a los creyentes y dando a entender el estado de separación o ser puesto aparte, o ser separado de aquello que no es santo.* Cristo fue «santo, inocente, sin mancha, apartado de los pecadores». Por consiguiente, El estaba santificado. Pero hay también algunas cosas que las palabras «santo» y «santificar», en su uso bíblico, no implican.

*a*) No implican necesariamente la impecabilidad, pues leemos de «gente santa», «sacerdotes santos», «profetas santos», «apóstoles santos», «hombres santos», «mujeres santas», «hermanos santos», «monte santo» y «templo santo». Ninguno de ellos estaba sin pecado delante de Dios. Eran santos de acuerdo a alguna norma que constituía la base de su separación de otros. Aun los cristianos de Corinto, quienes estaban cometiendo una gran falta, fueron llamados santos. Muchas cosas inanimadas fueron santificadas, y éstas no podían estar relacionadas con el problema del pecado.

*b*) La palabra «santo» no implica necesariamente finalidad. Todas las personas que mencionamos en el punto anterior fueron llamadas repetidamente a unos niveles más altos de santidad. Ellas fueron apartadas una y otra vez. Las personas o cosas llegaban a ser santas cuando eran apartadas para un propósito santo. Así fueron ellas santificadas.

3. *«Santo» se usa con relación a Israel cerca de cincuenta veces y con relación a los creyentes alrededor de sesenta y dos veces; se aplica sólo a personas y tiene que ver con su posición ante Dios.* En este caso, la palabra no se asocia con la clase de vida de los creyentes. Ellos son santos porque han sido particularmente separados en el plan y propósito de Dios. Son santos porque han sido santificados.

En varias epístolas (Ro. 1:7; 1 Co. 1:2) los creyentes son identificados como aquellos que son «llamados a ser santos». Esto es muy engañoso; las palabras «llamados a ser» deberían omitirse. Los cristianos son santos mediante el llamado de Dios. Los pasajes antes citados no están anticipando un tiempo cuando los hijos de Dios llegarán a ser santos. Ellos ya están santificados, apartados y, por consiguiente, ya son santos.

La santidad no es algo progresivo. Cada persona nacida de nuevo es tan santa en el instante de su salvación como lo será en el tiempo futuro y en la eternidad. La iglesia, la cual es el cuerpo de Cristo, ha sido llamada a apartarse, a formar un pueblo separado; ellos son los santos de esta dispensación. De acuerdo al uso de estas palabras, todos ellos están santificados. Todos ellos son santos. Debido a que ignoran la posición que tienen en Cristo, muchos cristianos no creen que ellos son santos. Entre los títulos que el Espíritu da a los hijos de Dios, sólo hay uno que se usa más que el de «santos». Los creyentes son llamados «hermanos» 184 veces, «santos» 62 veces y «cristianos» solamente 3 veces.

## C. LOS MEDIOS DE SANTIFICACION

1. *Por causa de su infinita santidad Dios mismo —Padre, Hijo y Espíritu— es eternamente santificado. El está puesto aparte y separado de todo pecado.* El es santo. El Espíritu es llamado Espíritu Santo. El es santificado (Lv. 21:8; Jn. 17:19).

2. *Dios —Padre, Hijo y Espíritu— santifica a otras personas.*

*a*) El Padre santifica (1 Ts. 5:23).

*b*) El Hijo santifica (Ef. 5:26; He. 2:11; 9:12, 14; 13:12).

*c*) El Espíritu santifica (Ro. 15:16; 2 Ts. 2:13).

*d*) Dios el Padre santificó al Hijo (Jn. 10:36).

*e*) Dios santificó a los sacerdotes y al pueblo de Israel (Ex. 29:44; 31:13).

*f*) La voluntad de Dios es nuestra santificación (1 Ts. 4:3).

*g*) Nuestra santificación de parte de Dios se efectúa: por medio de nuestra unión con Cristo (1 Co. 1:2, 30); por la Palabra de Dios (Jn. 17:17; cf. 1 Ti. 4:5); por la sangre de Cristo (He. 9:13; 13:12); por el cuerpo de Cristo (He. 10:10); por el Espíritu (1 P. 1:2); por nuestra propia elección (He. 12:14; 2 Ti. 2:21, 22); por la fe (Hch. 26:18).

3. *Dios santifica días, lugares y cosas* (Gn. 2:3; Ex. 29:43).

4. *El hombre puede santificar a Dios.* Esto puede hacerlo al poner a Dios aparte en el pensamiento como un Ser

santo. «Santificado sea tu nombre» (Mt. 6:9). «Sino santificad a Dios el Señor en vuestros corazones» (1 P. 3:15).

5. *El hombre puede santificarse a sí mismo.* Muchas veces Dios llamó a los israelitas a que se santificaran a sí mismos. El nos exhorta: «Sed santos porque yo soy santo.» También: «Así que, si alguno se limpia de estas cosas [vasos de deshonra e iniquidad], será instrumento para honra, santificado, útil al Señor» (2 Ti. 2:21). La autosantificación se puede realizar solamente por los medios divinamente provistos. Los cristianos son exhortados a presentar sus cuerpos como un sacrificio vivo, santo y agradable a Dios (Ro. 12:1). Se les exhorta a salir de en medio de los hombres y apartarse de ellos (2 Co. 6:17). Teniendo estas promesas, ellos deben limpiarse «de toda contaminación de carne y de espíritu, perfeccionando la santidad en el temor de Dios» (2 Co. 7:1). «Digo, pues: Andad en el Espíritu, y no satisfagáis los deseos de la carne» (Gá. 5:16).

6. *El hombre puede santificar a personas y cosas.* «Porque el marido incrédulo es santificado en la mujer, y la mujer incrédula en el marido; pues de otra manera vuestros hijos serían inmundos, mientras que ahora son santos (santificados)» (1 Co. 7:14). Moisés santificó al pueblo (Ex. 19:14). «Y santificaron la casa de Jehová» (2 Cr. 29:17).

7. *Una cosa puede santificar a otra.* «Porque ¿cuál es mayor, el oro, o el templo que santifica al oro?» «¿Cuál es mayor, la ofrenda, o el altar que santifica la ofrenda?» (Mt. 23:17, 19).

En esta limitada consideración de las Escrituras sobre el tema de la santificación y la santidad se hace evidente que el significado de la palabra es separar con un propósito santo. Lo que es puesto aparte no siempre es purificado. A veces, lo que es separado puede participar del carácter de santidad, y en otras ocasiones esto es imposible, como cuando se trata de cosas inanimadas. Sin embargo, una cosa que en sí misma no puede ser santa ni tampoco no santa, es tan santificada cuando Dios la separa como lo es una persona cuyo carácter moral puede ser transformado. También es evidente que, cuando estas cualidades morales existen, la limpieza y purificación son requeridas, aunque no siempre (1 Co. 7:14).

## D. LOS TRES ASPECTOS PRINCIPALES DE LA SANTIFICACION

Aunque el Antiguo Testamento contiene una extensa revelación de la doctrina de la santificación, especialmente relacionada con la ley de Moisés e Israel, el Nuevo Testamento proporciona una clara visión de los principales aspectos de la santificación. El Nuevo Testamento considera tres divisiones de la doctrina: 1) santificación posicional, 2) santificación experimental, 3) santificación final.

1. *La santificación posicional es una santificación y una santidad que se efectúa por Dios a través del cuerpo y la sangre derramada de nuestro Señor Jesucristo.* Los creyentes han sido redimidos y purificados en su preciosa sangre; se nos han perdonado todos nuestros pecados y hemos llegado a ser justos por medio de nuestra identificación con El; justificados y purificados. Ellos son los hijos de Dios. Y todo esto indica una separación y clasificación profunda y eterna, por medio de la gracia salvadora de Cristo. Está basada sobre los hechos de una posición que son una verdad para cada cristiano. De ahí que se dice que cada cristiano está *posicionalmente* santificado y es un santo delante de Dios. Esta posición no tiene otra relación con la vida diaria del creyente que la de poder inspirarle a vivir santamente. De acuerdo a las Escrituras, la posición del cristiano en Cristo es el incentivo más poderoso para una vida de santidad.

Las grandes epístolas doctrinales observan este orden. Declaran primero las maravillas de la gracia salvadora, y entonces concluyen con una exhortación a los creyentes para que vivan de acuerdo a la nueva posición que Dios les ha concedido (cf. Ro. 12:1; Ef. 4:1; Col. 3:1). No hemos sido aceptos en nuestros propios méritos; somos aceptados en el Amado. No somos justos en nosotros mismos: El ha sido hecho nuestra justicia. No somos redimidos en nosotros mismos, sino que Cristo ha venido a ser nuestra redención. No somos santificados posicionalmente por la clase de vida que diariamente estamos viviendo; sino que El nos ha sido *hecho* nuestra santificación. La santificación posicional es tan perfecta como El es perfecto. Del mismo modo como El ha sido puesto aparte, nosotros, los que estamos en El, hemos sido puestos aparte.

La santificación posicional es tan completa para el más débil como para el más fuerte de los santos. Depende solamente de su unión y posición en Cristo. Todos los creyentes son considerados como «los santos». Y también como «los santificados» (nótese Hch. 20:32; 1 Co. 1:2; 6:11; He. 10:10, 14; Jud. 1). La prueba de que, a pesar de su imperfección, los creyentes están santificados y son, como consecuencia, santos, se encuentra en 1 Corintios. Los cristianos de Corinto vivían una vida no santa (1 Co. 5:1-2; 6:1-8), y, sin embargo, dos veces se dice que ellos habían sido santificados (1 Co. 1:2; 6:11).

Por su posición, entonces, los cristianos son correctamente llamados «los santos hermanos», y «santos». Ellos han sido «santificados por la ofrenda del cuerpo de Jesucristo hecha una sola vez (He. 10:10), y son «nuevos hombres» creados «conforme a Dios en justicia y en santidad de verdad» (Ef. 4:24). La santificación posicional y la santidad posicional son santificación y santidad «verdaderas». En su posición en Cristo, el cristiano es justo y acepto delante de Dios para siempre. Comparado con esto, ningún otro aspecto de esta verdad puede tener igual importancia. Sin embargo, no debe concluirse que una persona es santa o santificada sólo porque se diga que está en una posición santa o de santificación.

Aunque todos los creyentes están posicionalmente santificados, no hay referencias en las Escrituras a su vida diaria. El aspecto de la santificación y la santidad de la vida diaria se encuentra en un conjunto muy diferente de porciones de la Escritura que pueden asociarse bajo el tema de la santificación experimental.

2. *La santificación experimental es el segundo aspecto de la doctrina en el Nuevo Testamento y tiene que ver con la santificación como una experiencia para el creyente.* Así como la santificación posicional está absolutamente desligada de la vida diaria, así la santificación experimental está absolutamente desligada de la posición en Cristo. La santificación experimental puede depender: *a*) del grado de rendición del creyente a Dios, *b*) del grado de separación del pecado, o *c*) del grado del crecimiento espiritual.

*a*) La santificación experimental es el resultado de la rendición a Dios. La completa dedicación de nosotros mismos a Dios es nuestro culto racional: «Así que, hermanos, os ruego por las misericordias de Dios, que presentéis vuestros cuerpos en sacrificio vivo, santo, agradable a Dios, que es vuestro culto racional» (Ro. 12:1). Haciendo esto, el cristiano es puesto aparte por su propia elección. Esta es una voluntaria separación para Dios y es un aspecto importante de la santificación experimental. «Mas ahora que habéis sido libertados del pecado y hechos siervos de Dios, tenéis por vuestro fruto la santificación» (Ro. 6:22).

Lo mismo que en el caso de la justificación y del perdón, la santificación no se puede experimentar como sentimiento o emoción. Una persona puede disfrutar de paz y tener plenitud de gozo por creer que él está puesto aparte para Dios. Así también, por el hecho de rendirse a Dios, se hace posible una nueva plenitud del Espíritu, que produce bendiciones antes no conocidas. Esto puede suceder gradual o súbitamente. Pero en todo caso no es la santificación lo que se experimenta; es la bendición del Espíritu realizada a través de la santificación o de una separación para Dios.

*b*) La santificación experimental es el resultado de la liberación del pecado. La Biblia toma en cuenta los pecados de los cristianos de una manera completa. No enseña solamente que los que no tienen pecado son salvos; por el contrario, existe una exacta consideración de ellos y una abundante provisión para los pecados de los santos. Esta provisión puede ser preventiva y curativa.

Hay tres provisiones divinas para la prevención del pecado en el cristiano: 1) La Palabra de Dios con sus claras instrucciones (Sal. 119:11); 2) el ministerio actual de intercesión que Cristo realiza desde el cielo (Ro. 8:34; He. 7:25; cf. Lc. 22:31-32; Jn. 17:1-26); y 3) el poder capacitador del Espíritu que mora en el creyente (Gá. 5:16; Ro. 8:4). Sin embargo, si el cristiano cae en pecado, hay un remedio provisto por Dios, y es el oficio de abogado defensor que Cristo realiza desde el cielo en virtud de su muerte expiatoria. Solamente por este medio pueden ser guardados con seguridad los imperfectos creyentes.

Es imperativo que Dios prevenga el pecado en el caso de cada hijo suyo, por cuanto mientras el creyente esté en el cuerpo, conservará su naturaleza caída y será vulnerable al pecado (Ro. 7:21; 2 Co. 4:7; 1 Jn. 1:8). Las Escrituras no prometen la erradicación de esta naturaleza; en cambio, promete una victoria permanente, momento a momento, por el poder del Espíritu (Gá. 5:16-23). Esta victoria será realizada cuando se la reclame por fe y se cumplan las condiciones necesarias para una vida llena del Espíritu.

Jamás se dice que la naturaleza pecaminosa misma haya muerto. Fue crucificada, muerta y sepultada con Cristo; pero puesto que esto sucedió hace dos mil años y aún la vemos en acción, la expresión se refiere a un juicio divino contra la naturaleza pecaminosa que fue ejecutado en Cristo cuando El «murió al pecado». No existe una enseñanza bíblica en el sentido de que algunos cristianos han muerto al pecado y otros no. Los pasajes incluyen a *todos* los que son salvos (Gá. 5:24; Col. 3:3). En la muerte de Cristo todos los creyentes han muerto al pecado; pero no todos los creyentes han tomado posesión de las riquezas provistas en aquella muerte. No se nos pide que muramos experimentalmente, o que pongamos en práctica su muerte; se nos pide que nos «consideremos» muertos al pecado. Esto es responsabilidad humana (Ro. 6:1-14).

Toda victoria sobre el pecado es en sí misma una separación hacia Dios y, por lo tanto, es una santificación. Esa victoria debiera ir en aumento a medida que el creyente se va dando cuenta de su incapacidad y comienza a maravillarse en el poder divino.

*c*) La experiencia de la santificación está relacionada con el crecimiento cristiano. A los cristianos les falta madurez en la sabiduría, el conocimiento, la experiencia y la gracia. Se les dice que deben crecer en todas estas cosas, y ese crecimiento debe ser manifiesto. Deben crecer «en la gracia y el conocimiento de nuestro Señor y Salvador Jesucristo» (2 P. 3:18). Al contemplar la gloria del Señor como en un espejo, «somos transformados de gloria en gloria en la misma imagen, como por el Espíritu del Señor» (2 Co. 3:18). Esta transformación tendrá el efecto de ponerlos cada vez más lejos del pecado. En ese sentido serán más santificados.

El cristiano puede ser «irreprensible», aunque no se puede decir que no tiene faltas. El niño que con mucho trabajo hace sus primeras letras en un cuaderno es irreprensible en la tarea realizada, pero su trabajo no es perfecto. Podemos caminar en la medida completa de nuestro entendimiento actual; sin embargo, sabemos que no vivimos a la altura de la mayor luz y experiencia que tendremos mañana. Hay perfección dentro de la imperfección. Nosotros, siendo tan imperfectos, tan faltos de madurez, tan dados al pecado, podemos «permanecer en El».

3. *Santificación definitiva es aquel aspecto relacionado con nuestra perfección final, y la poseeremos en la gloria.* Por su gracia y por su poder transformador, El nos habrá transformado de tal modo —espíritu, alma y cuerpo— que seremos como él es, seremos «conformados a su imagen». Entonces nos hará entrar «perfectos» en la presencia de su gloria. Su esposa estará libre de toda «mancha y arruga». Por lo tanto, es propio que nos «abstengamos de toda apariencia de mal. Y el mismo Dios de paz os santifique por completo; y todo vuestro ser, espíritu, alma y cuerpo, sea guardado irreprensible para la venida de nuestro Señor Jesucristo» (1 Ts. 5:22-23).

## PREGUNTAS

1. ¿Por qué es necesario tener una comprensión correcta de la doctrina de la santificación?
2. ¿Cuál es el sentido básico de la santificación en las Escrituras y qué palabras se usan para expresarla?
3. ¿Cuáles son los peligros de interpretar la doctrina de la santificación por la experiencia?
4. ¿Cómo se puede relacionar adecuadamente la doctrina de la santificación con otras doctrinas bíblicas?
5. ¿Hasta qué punto se menciona en la Biblia la santificación en sus diversas formas?
6. ¿Implica la santificación una perfección total en relación al pecado, o una decisión de llegar a la santidad?
7. ¿Hasta qué punto está relacionada la santificación con la calidad de nuestra vida cotidiana?
8. ¿Por qué la santidad no está sujeta a progresos?
9. ¿En qué sentido se dice que Dios Padre, Hijo y Espíritu Santo santifican a las personas?
10. ¿En qué sentido santifica Dios los días, lugares y cosas?
11. ¿En qué sentido puede un hombre santificar a Dios?

12. ¿En qué sentido puede un hombre santificarse a sí mismo?
13. ¿Es posible que un hombre santifique personas y cosas?
14. ¿Cómo puede una cosa santificar a otra cosa?
15. ¿Cómo se relaciona la santificación a la purificación de un objeto, en sus diversos usos?
16. ¿Cuáles son los tres aspectos importantes de la santificación?
17. ¿Cómo se efectúa la santificación posicional?
18. ¿Cuál es la relación entre santificación posicional y vida santa en las epístolas doctrinales?
19. ¿Hasta qué punto está la santificación posicional inmediatamente completa para cada hijo de Dios?
20. ¿Cuál es la diferencia entre santificación experimental y santificación posicional?
21. ¿De qué factores depende la santificación experimental?
22. ¿Qué relación han entre la rendición a Dios y la santificación experimental?
23. ¿Qué relación hay entre la santificación experimental y las emociones?
24. ¿Cuál es la relación entre la santificación experimental y la liberación del pecado?
25. ¿Cuáles son las tres provisiones de Dios para que el cristiano pueda prevenir el pecado?
26. Hacer un contraste entre el método divino para la liberación del pecado con el método sugerido de la erradicación de la naturaleza pecaminosa del hombre.
27. ¿Es verdadero afirmar que algunos cristianos han muerto al pecado y otros no?
28. ¿Qué significa el mandamiento de que nos «consideremos» muertos al pecado?
29. ¿En qué forma está relacionada la santificación experimental con el crecimiento cristiano?
30. ¿Cuál es la diferencia entre afirmar que un cristiano es «irreprensible» y afirmar que es perfecto?
31. Hacer un contraste entre nuestra experiencia actual de santificación y nuestra santificación definitiva en los cielos.
32. Hacer un contraste entre la posición y estado espiritual actual del creyente y su posición y estado en el cielo.

# 32

# La seguridad presente de la salvación

## A. LA IMPORTANCIA DE LA SEGURIDAD

En la experiencia cristiana, la seguridad de que uno es salvo por la fe en Cristo es esencial para el cumplimiento de todo el programa de crecimiento en la gracia y el conocimiento de Cristo. La seguridad es asunto de experiencia y se relaciona con la confianza personal en la salvación presente. No se debe confundir con la doctrina de la seguridad eterna del creyente, que discutiremos en el próximo capítulo. La seguridad eterna es una cuestión de doctrina, mientras la seguridad presente es un asunto de lo que la persona cree en un momento dado acerca de su salvación personal.

La seguridad presente depende de tres aspectos importantes de la experiencia: 1) comprensión de que la salvación provista en Cristo Jesús es completa; 2) el testimonio confirmatorio de la experiencia cristiana; 3) aceptación por fe de las promesas bíblicas de la salvación.

## B. COMPRENSION DE LA NATURALEZA DE LA SALVACION

Para tener una verdadera seguridad de salvación es esencial tener una clara comprensión de lo que Cristo obtuvo por medio de su muerte en la cruz. La salvación no es una obra del hombre para agradar a Dios, sino una obra de Dios en favor del hombre. Depende completamente de la gracia divina, sin tener en consideración ningún mérito humano. La persona que comprende que Cristo murió en su favor y proveyó una salvación completa que se ofrece a cualquiera que cree sinceramente en Cristo, puede tener la seguridad de su salvación en cuanto cumple la condición de confiar en Cristo como Salvador. En muchos casos la falta de seguridad se debe a una comprensión incompleta de la naturaleza de la salvación. Una vez que se ha comprendido que la salvación es un obsequio que no puede obtenerse por esfuerzos humanos, que no puede merecerse y que está disponible como un don de Dios para todo aquel que la reciba por fe, se ha echado una base adecuada para la seguridad de la salvación, y la cuestión se resuelve por sí sola en la respuesta a la pregunta de si uno ha creído realmente en Cristo. Esta pregunta puede ser respondida por las confirmaciones que se encuentran en la experiencia cristiana de una persona que ha recibido la salvación.

Entre las diversas realizaciones divinas que en conjunto constituyen la salvación de un alma, la Biblia da un énfasis supremo a la recepción de una nueva vida de parte de Dios. Más de 85 pasajes del Nuevo Testamento confirman este rasgo de la gracia salvadora. La consideración de estos pasajes deja ver el hecho de que esta vida impartida es *don* de Dios para todo aquel que cree en Cristo (Jn. 10:28; Ro. 6:23); es *de* Cristo (Jn. 14:6); *es* Cristo que mora en el creyente en el sentido de que la vida eterna es inseparable de El (Col. 1:27; 1 Jn. 5:11, 12) y, por lo tanto, es eterna como El es eterno.

## C. TESTIMONIO CONFIRMATORIO DE LA EXPERIENCIA CRISTIANA

Basado en el hecho de que Cristo mora en él, el creyente debe probarse a sí mismo si está en fe (2 Co. 13:5); porque es razonable esperar que el corazón en que Cristo mora, en condiciones normales, esté consciente de su maravillosa presencia. Sin embargo, el cristiano no es dejado a merced de sus sentimientos e imaginaciones equívocos en cuanto a la forma precisa en que se manifestará Cristo en su vida interior, y esto queda claramente definido en las Escrituras. Esta revelación particular tiene un propósito doble para el cristiano que está sujeto a la Palabra de Dios: lo protege contra la suposición de que el emocionalismo carnal es de Dios —creencia que ha encontrado muchos seguidores en la actualidad— y establece una norma de realidad espiritual, para alcanzar la cual deben esforzarse constantemente los cristianos.

Es obvio que una persona inconversa, aunque sea fiel en su conformidad exterior a la práctica religiosa, jamás manifestará la vida que es Cristo. De igual manera, el cristiano carnal es anormal en el sentido de que no tiene modo de probar por la experiencia que tiene la salvación. Aunque la vida eterna en sí es ilimitada, toda experiencia cristiana normal es limitada por lo carnal (1 Co. 3:1-4).

El cristiano carnal está tan perfectamente salvado como el cristiano espiritual, porque ninguna experiencia, mérito o servicio forman parte de la base de la salvación. Aunque aún sea un bebé, está *en Cristo* (1 Co. 3:1). Su obligación hacia Dios no es ejercer la fe salvadora, sino someterse al propósito y voluntad de Dios. Es de importancia fundamental comprender que una experiencia cristiana normal sólo pueden tenerla quienes están llenos del Espíritu.

La nueva vida en Cristo que viene como resultado de ser salvo por la fe produce ciertas manifestaciones importantes.

1. *El conocimiento de que Dios es nuestro Padre Celestial es una de las preciosas experiencias que pertenecen a quien ha puesto su confianza en Cristo.* En Mateo 11:27 se declara que ninguno conoce al Padre sino el Hijo y aquél a quien el Hijo lo quiera revelar. Una cosa es saber algo acerca de Dios, experiencia posible en una persona no regenerada, pero es algo muy distinto conocer a Dios, lo que sólo puede ser realizado en la medida que el Hijo lo revele, y «esta es la vida eterna: que te conozcan a ti, el único Dios verdadero, y a Jesucristo a quien has enviado» (Jn. 17:3). La comunión con el Padre y con el Hijo es algo conocido solamente por quienes «andan en luz» (1 Jn. 1:7). Por lo tanto, una experiencia cristiana normal incluye una apreciación personal de la paternidad de Dios.

2. *Una realidad nueva en la oración es otra experiencia confirmatoria que conduce a la seguridad presente.* La oración asume un lugar muy importante en la experiencia del cristiano espiritual. Se convierte gradualmente en su recurso más vital. Por medio de la acción interior del Espíritu que mora en él, el creyente ofrece alabanzas y acciones de gracias (Ef. 5:18-19), y por obra del Espíritu es capacitado para orar en conformidad con la voluntad de Dios (Ro. 8:26-27; Jud. 20). Además, es razonable creer que, puesto que el ministerio de Cristo en la tierra y en el cielo ha sido y es en gran parte un ministerio de oración, la persona en la cual El mora será guiada a la oración en forma normal.

3. *Una nueva capacidad para comprender las Escrituras es otra importante experiencia relacionada con la salvación.* Según la promesa de Cristo, el hijo de Dios entenderá por obra del Espíritu las cosas de Cristo, las cosas del Padre y las cosas venideras (Jn. 16:12-15). En el camino de Emaús, Cristo abrió las Escrituras a los que lo oían (Lc. 24:32) y abrió los corazones de ellos a las Escrituras al mismo tiempo (Lc. 24:45). Semejante experiencia, a pesar de ser tan maravillosa, no es solamente para ciertos cristianos que gozan de un favor especial de Dios; es la experiencia normal de todos los que están a cuentas con Dios (1 Jn. 2:27), puesto que es una manifestación natural de Cristo que mora en el creyente.

4. *Un nuevo sentido de la pecaminosidad del pecado es una experiencia normal de la persona que es salva.* Así como el agua quita todo lo que es ajeno e inmundo (Ez. 36:25; Jn. 3:5; Tit. 3:5, 6; 1 P. 3:21; 1 Jn. 5:6-8), la Palabra de Dios desplaza todas las concepciones humanas e implanta los ideales de Dios (Sal. 119:11), y por la acción de la Palabra de Dios aplicada por el Espíritu, la manera divina de estimar el pecado desplaza la estimación humana. Es imposible que Cristo, que no tuvo pecado y sudó gotas de sangre al ser ofrecido como ofrenda por el pecado, no produzca una nueva percepción de la naturaleza corrompida del pecado en la persona en la cual mora, cuando tiene libertad para manifestar su presencia.

5. *Se recibe un nuevo amor por los inconversos.* El hecho de que Cristo murió por todos los hombres (2 Co. 5:14-15, 19)

es la base que permite a Pablo decir: «De aquí en adelante a nadie conocemos según la carne» (2 Co. 5:16). Dejando a un lado todas las distinciones terrenales, él consideraba a los hombres, a través de sus ojos espirituales, como almas por las cuales Cristo murió. Por la misma razón, Pablo no cesaba de orar por los perdidos (Ro. 10:1) y de esforzarse por alcanzarlos (Ro. 15:20), y por amor a ellos estaba dispuesto a «anatema, separado de Cristo» (Ro. 9:1-3). Esta compasión divina debiera ser experimentada por cada creyente lleno del Espíritu, como resultado de la presencia divina en su corazón (Ro. 5:5; Gá. 5:22).

6. *Se experimenta también un nuevo amor por los salvados.* En 1 Juan 3:14 se presenta el amor por los hermanos como una prueba absoluta de la salvación personal. Esto es razonable, ya que por la obra regeneradora del Espíritu Santo el creyente es introducido a un nuevo parentesco con la casa y familia de Dios. Sólo en ella existe la paternidad verdadera de Dios y la verdadera hermandad entre los hombres. El hecho de que la misma presencia divina esté en el interior de dos individuos los relaciona en una forma vital y les otorga un lazo correspondiente de devoción. El amor de un cristiano por otro es, de este modo, la insignia del verdadero discipulado (Jn. 13:34-35), y este afecto es la experiencia normal de todos los que son nacidos de Dios.

7. *Una base suprema para la seguridad de la salvación es la manifestación del carácter de Cristo en el creyente.* Las experiencias subjetivas resultantes debidas a la Presencia divina no estorbada en el corazón se señalan con nueve palabras: «Amor, gozo, paz, paciencia, benignidad, bondad, fe, mansedumbre, templanza» (Gá. 5:22-23), y cada palabra representa un mar de realidad en el plano del carácter ilimitado de Dios.

Esta es la vida que Cristo vivió (Jn. 13:34; 14:27; 15:11), es la vida de semejanza con Cristo (Fil. 2:5-7) y es la vida que es Cristo (Fil. 1:21). Debido a que estas gracias son producidas por el Espíritu que mora en cada creyente, esta experiencia ha sido provista para todos.

8. *Las experiencias combinadas de la vida cristiana producen una conciencia de salvación por fe en Cristo.* La fe salvadora en Cristo es una experiencia bien clara. El apóstol Pablo decía acerca de sí: «Yo sé a quién he creído» (2 Ti.

1:12). La confianza personal en el Salvador es un acto tan definido de la voluntad y una actitud tan clara de la mente, que difícilmente podría uno engañarse al respecto. Pero Dios tiene el propósito de que el cristiano normal esté seguro en su propio corazón de que ha sido aceptado por Dios. El cristiano espiritual recibe el testimonio del Espíritu de que es hijo de Dios (Ro. 8:16). En forma similar, habiendo aceptado a Cristo, el creyente no tendrá más *conciencia* de condenación a causa del pecado (Jn. 3:18; 5:24; Ro. 8:1; He. 10:2). Esto no implica que el cristiano no estará consciente del pecado que comete; se trata más bien de que está consciente de haber sido aceptado eternamente por Dios por medio de la obra de Cristo (Ef. 1:6; Col. 2:13), que es la porción de todo aquel que cree.

Al concluir la enumeración de los elementos esenciales de una verdadera experiencia cristiana, debemos dejar claramente establecido que en todo ello queda excluido el emocionalismo puramente carnal, y que la experiencia del creyente será normal solamente cuando anda en la luz (1 Jn. 1:7).

## D. ACEPTACION DE LA VERACIDAD DE LAS PROMESAS DE LA BIBLIA

1. *La confianza en la veracidad de la Biblia y en el cumplimiento cierto de sus promesas de salvación es esencial para tener la seguridad de la salvación.* Por sobre toda experiencia y aparte de cualquier experiencia que el cristiano pueda tener —experiencia que a menudo es muy indefinida a causa de la carnalidad—, se ha dado la evidencia permanente de la infalible Palabra de Dios. El apóstol Juan se dirige a los creyentes en los siguientes términos: «Estas cosas os he escrito a vosotros que creéis en el nombre del Hijo de Dios, para que sepáis que tenéis vida eterna» (1 Jn. 5:13). Por medio de este pasaje se da seguridad a todo creyente, carnal o espiritual por igual, para que *sepan* que tienen vida eterna. Esta seguridad se hace descansar, no en experiencias cambiantes, sino sobre las cosas que están escritas en la inmutable Palabra de Dios (Sal. 119:89, 160; Mt. 5:18; 24:35; 1 P. 1:23, 25).

Las promesas escritas de Dios son como un título de dominio (Jn. 3:16, 36; 5:24; 6:37; Hch. 16:31; Ro. 1:16; 3:22, 26;

10:13), y así exigen confianza. Estas promesas de salvación forman el pacto incondicional de Dios bajo la gracia, sin exigencia de méritos humanos, sin necesidad de experiencias humanas que prueben su verdad. Estas poderosas realidades deben ser consideradas como cumplidas sobre la única base de la veracidad de Dios.

2. *Dudar si uno realmente ha puesto su fe en Cristo y las promesas de Dios es destructivo de la fe cristiana.* Hay multitudes que no tienen ninguna certeza de haber hecho una transacción personal con Cristo acerca de su salvación. Aunque no es esencial que uno sepa el día y la hora de su decisión, es imperativo que sepa que *ahora* está confiando en Cristo sin referencia al tiempo en que comenzó a confiar. El apóstol Pablo afirma que está «seguro que [Dios] es poderoso para guardar mi depósito», esto es, lo que él había entregado a Dios para que se lo guardara (2 Ti. 1:12).

Obviamente, la cura para la incertidumbre acerca de si se ha recibido a Cristo es recibir a Cristo *ahora,* teniendo en cuenta que ningún mérito personal ni obra religiosa tiene valor: sólo Cristo puede salvar. La persona que no está segura de haberse entregado a Dios por fe para recibir la salvación que sólo Dios puede dar, puede remediar esta falta dando un paso definitivo de fe. Este es un acto de la voluntad, aunque podría estar acompañado de la emoción y exige necesariamente la comprensión de la doctrina de la salvación. A muchos ha ayudado el decir en oración: «Señor, si nunca he puesto mi confianza en ti antes, ahora lo hago.» No se puede experimentar una verdadera seguridad de salvación si no hay un acto específico de recibir por fe a Cristo como Salvador.

3. *Dudar de la fidelidad de Dios es también fatal para cualquier experiencia verdadera de seguridad.* Algunos no están seguros de su salvación porque no están seguros de que Dios los haya recibido y salvado. Este estado mental normalmente es provocado por la búsqueda de un cambio en los sentimientos en lugar de poner la mirada en la fidelidad de Cristo. Los sentimientos y las experiencias tienen su lugar, pero, como se dijo antes, la evidencia definitiva de la salvación personal es la veracidad de Dios. Lo que El ha dicho, hará, y no es piadoso ni digno de elogio el que una

persona desconfíe de su salvación después de haberse entregado en forma definida a Cristo.

4. *La seguridad de salvación, consecuentemente, depende de la comprensión de la naturaleza de la salvación completa de Dios para quienes ponen su confianza en Cristo.* En parte, puede hallarse una confirmación en la experiencia cristiana, y normalmente hay un cambio de vida en la persona que ha confiado en Cristo como su Salvador. Es esencial que comprenda que la seguridad de salvación depende de la certeza de las promesas de Dios y de la seguridad de que el individuo se ha entregado a Cristo por fe confiando en que El cumplirá estas promesas. La persona que se ha entregado de este modo puede descansar en que la fidelidad de Dios, que no puede mentir, cumplirá su promesa de salvar al creyente por su divino poder y gracia.

## PREGUNTAS

1. ¿Cómo puede usted distinguir la doctrina de la seguridad presente de la doctrina de la seguridad eterna?
2. ¿Por qué es importante la seguridad de la salvación?
3. ¿Cómo se relaciona la seguridad de la salvación con el significado de la muerte de Cristo?
4. ¿En qué forma se relaciona la seguridad con el conocimiento de que la salvación es un don?
5. ¿En qué forma se relaciona la seguridad con el conocimiento de que la salvación es por gracia solamente?
6. ¿Es razonable suponer que un cristiano sabrá que es salvo?
7. ¿Hasta qué punto estará sujeto a la pérdida de su seguridad de salvación un cristiano carnal?
8. ¿En qué forma se relaciona la seguridad con el conocimiento de que Dios es nuestro Padre Celestial?
9. ¿En qué sentido constituye la realidad de la oración una experiencia confirmatoria de la salvación?
10. Relacionar la capacidad de entender las Escrituras con la seguridad de la salvación.

11. ¿En qué sentido se relaciona la percepción de la pecaminosidad del pecado con la seguridad de la salvación?
12. ¿En qué forma constituye una base para la seguridad la salvación el amor por los perdidos?
13. ¿Por qué da seguridad de salvación el amor por otro cristiano?
14. Relacionar el fruto del Espíritu con la seguridad de salvación.
15. ¿En qué forma ayuda a la seguridad de la salvación el poner la fe en Cristo en un acto definido?
16. ¿En qué forma se relaciona la aceptación de las promesas de salvación en la Biblia con la seguridad de salvación?
17. ¿Es necesario saber el momento exacto en que el creyente confió en Cristo?
18. ¿Es importante saber que ahora uno confía en Cristo como su Salvador?
19. ¿Qué debe hacer una persona si no tiene la seguridad de la salvación?
20. ¿Qué relación hay entre la seguridad de la salvación y la fidelidad de Dios?

# 33

# La seguridad eterna de la salvación

Aunque la mayoría de los creyentes en Cristo acepta la doctrina de que pueden tener la seguridad de su salvación en determinado momento en su experiencia, muchas veces se hace la pregunta: «¿Puede perderse una persona que ha sido salva?» Puesto que el temor de perder la salvación podría afectar seriamente la paz mental de un creyente, y por cuanto su futuro es tan vital, esta pregunta constituye un aspecto importantísimo de la doctrina de la salvación.

La afirmación de que una persona salvada puede perderse nuevamente está basada sobre ciertos pasajes bíblicos que parecen ofrecer dudas acerca de la continuidad de la salvación. En la historia de la iglesia ha habido sistemas opuestos de interpretación conocidos como Calvinismo, en apoyo de la seguridad eterna, y Arminianismo, en oposición a la seguridad eterna (cada uno denominado según el nombre de su apologista más célebre, Juan Calvino y Jacobo Arminio).

## A. PUNTO DE VISTA ARMINIANO DE LA SEGURIDAD

Los que sustentan el punto de vista arminiano dan una lista de unos ochenta y cinco pasajes que sustentan la seguridad condicional. Entre éstos los más importantes son: Mt. 5:13;

6:23; 7:16-19; 13:1-8; 18:23-35; 24:4-5, 11-13, 23-26; 25:1-13; Lc. 8:11-15; 11:24-28; 12:42-46; Jn. 6:66-71; 8:31, 32, 51; 13:8; 15:1-6; Hch. 5:32; 11:21-23; 13:43; 14:21-22; Ro. 6:11-23; 8:12-17; 11:20-22; 14:15-23; 1 Co. 9:23-27; 10:1-21; 11:29-32; 15:1-2; 2 Co. 1:24; 11:2-4; 12:21 - 13:5; Gá. 2:12-16; 3:4 - 4:1; 5:1-4; 6:7-9; Col. 1:21-23; 2:4-8, 18-19; 1 Ts. 3:5; 1 Ti. 1:3-7, 18-20; 2:11-15; 4:1-16; 5:5-15; 6:9-12, 17-21; 2 Ti. 2:11-18, 22-26; 3: 13-15; He. 2:1-3; 3:6-19; 4:1-16; 5:8-9; 6:4-20; 10:19-39; 11:13-16; 12:1-17, 25-29; 13:7-17; Stg. 1:12-26; 2:14-26; 4:4-10; 5:19-20; 1 P. 5:9, 13; 2 P. 1:5-11; 2:1-22; 3:16-17; 1 Jn. 1:5 - 3:11; 5:4-16; 2 Jn. 6-9; Jud. 5-12, 20-21; Ap. 2:7, 10-11, 17-26; 3:4-5, 8-22; 12:11; 17:14; 21:7-8; 22:18-19.

El estudio de estos pasajes requiere la consideración de una cierta cantidad de preguntas.

1. *Probablemente la cuestión más importante que enfrenta el intérprete de la Biblia tocante a este tema es la de poder saber quién es un creyente verdadero.* Muchos de los que se oponen a la doctrina de la seguridad eterna lo hacen sobre la base de que es posible que una persona tenga una fe intelectual sin haber llegado realmente a la salvación. Los que se adhieren a la doctrina de la seguridad eterna están de acuerdo en que una persona puede tener una conversión superficial, o sufrir un cambio de vida solamente exterior, dé pasos externos como aceptar a Cristo, unirse a la iglesia o bautizarse, y aun llegue a experimentar un cierto cambio en su patrón de vida, pero sin que haya alcanzado la salvación en Cristo.

Aunque es imposible establecer normas acerca de cómo distinguir a una persona salvada de una no salva, obviamente no hay dudas al respecto en la mente de Dios. El creyente individual debe asegurarse en primer lugar de que ha recibido realmente a Cristo como su Salvador. En esto es de ayuda comprender que recibir a Cristo es un acto de la voluntad que puede necesitar algún conocimiento del camino de salvación y podría, hasta cierto punto, tener una expresión emocional, pero la cuestión fundamental es ésta: «¿He recibido realmente a Jesucristo como mi Salvador personal?» Mientras no se haya enfrentado honestamente esta pregunta no puede haber, por supuesto, una base para la seguridad eterna, ni una verdadera seguridad presente de la salvación. Muchos que niegan la seguridad eterna sólo quieren decir que la fe superficial no es suficiente para salvar. Los que sostienen la seguridad eterna están de acuerdo con este punto. La forma correcta de plantear el problema es si una persona que actualmente es salvo y que ha recibido la vida eterna puede perder lo que Dios ha hecho al salvarlo del pecado.

2. *Muchos de los pasajes citados por los que se oponen a la seguridad eterna se refieren a las obras humanas o la evidencia de la salvación.* El que es verdaderamente salvo debiera manifestar su nueva vida en Cristo por medio de su carácter y sus obras. Sin embargo, puede ser engañoso juzgar a una persona por las obras. Hay quienes no son cristianos y pueden conformarse relativamente a la moralidad de la vida cristiana, mientras hay cristianos genuinos que pueden caer, a veces, en la carnalidad y el pecado en un grado tal que no se les puede distinguir de los inconversos. Todos están de acuerdo en que la sola reforma moral mencionada en Lucas 11:24-26 no es una salvación genuina, y el regreso al estado de vida anterior no es perder la salvación.

Varios pasajes presentan el importante hecho de que la profesión cristiana es justificada por sus frutos. Bajo condiciones normales, la salvación que es de Dios se probará por los frutos que produce (Jn. 8:31; 15:6; 1 Co. 15:1-2; He. 3:6-14; Stg. 2:14-26; 2 P. 1:10; 1 Jn. 3:10). Sin embargo, no todos los cristianos en todos los tiempos manifiestan los frutos de la salvación. En consecuencia, los pasajes que tratan las obras como evidencias de la salvación no afectan necesariamente la doctrina de la seguridad eterna del creyente, ya que la pregunta decisiva es si Dios mismo considera que una persona es salva.

3. *Muchos pasajes citados para apoyar la inseguridad de los creyentes son advertencias contra una creencia superficial en Cristo.* En el Nuevo Testamento se advierte a los judíos que, puesto que los sacrificios han cesado, deben volverse a Cristo o perderse (He. 10:26). De igual manera, los judíos no salvados, al igual que los gentiles, reciben la advertencia de no «caer» de la obra iluminadora y regeneradora del Espíritu (He. 6:4-9). Se advierte a los judíos no espirituales que ellos no serán recibidos en el reino venidero (Mt. 25: 1-13). Se advierte a los gentiles, grupo opuesto a Israel como

grupo, del peligro de perder por su incredulidad el lugar de bendición que tienen en la era actual (Ro. 11:21).

4. *Algunos pasajes hablan de recompensas y no de la salvación.* Una persona que es salva y que está segura en Cristo puede perder su recompensa (1 Co. 3:15; Col. 1:21-23) y recibir una reprobación en cuanto al servicio a Cristo (1 Co. 9:27).

5. *Un cristiano genuino también puede perder su comunión con Dios a causa del pecado* (1 Jn. 1:6) *y ser privado de alguno de los beneficios presentes del creyente, tales como el de tener el fruto del Espíritu* (Gá. 5:22-23) *y el de disfrutar de la satisfacción de un servicio cristiano efectivo.*

6. *A causa de su descarrío, un creyente verdadero puede ser castigado o disciplinado así como un niño es disciplinado por su padre* (Jn. 15:2; 1 Co. 11:29-32; 1 Jn. 5:16), *y podría llegar al punto de quitarle la vida física.* Sin embargo, este castigo no es evidencia de falta de salvación, antes al contrario, es evidencia de que es hijo de Dios que está siendo tratado como tal por su Padre Celestial.

7. *Según las Escrituras, también es posible que un creyente esté «caído de la gracia»* (Gá. 5:1-4). Debidamente interpretado, esto no se refiere a que un cristiano pierda la salvación, sino a la caída de una situación de gracia en la vida y la pérdida de la verdadera libertad que tiene en Cristo por haber regresado a la esclavitud del legalismo. Esta caída es de un nivel de vida, no de la obra de la salvación.

8. *Muchas de las dificultades tienen relación con pasajes tomados fuera de su contexto, especialmente en pasajes que se relacionan con otra dispensación.* El Antiguo Testamento no da una clara visión de la seguridad eterna, aunque puede suponerse sobre la base de la enseñanza del Nuevo Testamento que un santo del Antiguo Testamento que era verdaderamente nacido de nuevo estaba tan seguro como un creyente de la era actual. Sin embargo, los pasajes que se refieren a una dispensación pasada o futura deben ser interpretados en su contexto, tal como Ezequiel 33:7-8, y pasajes de gran importancia como Deuteronomio 28, que tratan de las bendiciones y maldiciones que vendrán a Israel por la obediencia o desobediencia de la ley. Otros pasajes se refieren a maestros falsos y no regenerados de los últimos días

(1 Ti. 4:1-2; 2 P. 2:1-22; Jud. 17-19), que son personas que aunque han hecho una profesión de ser cristianos, jamás han llegado a tener la salvación.

9. *Un cierto número de pasajes presentados en apoyo de la inseguridad han sido sencillamente mal interpretados, como Mateo 24:13:* «El que persevere hasta el fin, éste será salvo.» Esto se refiere no a la salvación de la culpa y el poder del pecado, sino a la liberación de los enemigos y de la persecución. Este versículo se refiere a los que sobreviven de la tribulación y son rescatados por Jesucristo en su segunda venida. La Escritura enseña claramente que muchos creyentes verdaderos morirán como mártires antes de la venida de Cristo y no permanecerán, o sobrevivirán hasta que Cristo vuelva (Ap. 7:14). Este pasaje ilustra cómo puede dársele aplicaciones equivocadas a un versículo en relación con la cuestión de la seguridad e inseguridad.

10. *La respuesta final a la cuestión de la seguridad o inseguridad del creyente está en la respuesta a la pregunta «¿quién realiza la obra de salvación?».* El concepto de que el creyente una vez salvado es siempre salvo está basado sobre el principio de que la salvación es obra de Dios y no descansa en mérito alguno del creyente y no se conserva por ningún esfuerzo del creyente. Si el hombre fuera el autor de la salvación, ésta sería insegura. Pero siendo la obra de Dios, es segura.

La sólida base bíblica para creer que una persona salvada es siempre salva está apoyada por lo menos por doce argumentos importantes. Cuatro se refieren a la obra del Padre, cuatro a la del Hijo y cuatro a la del Espíritu Santo.

## B. LA OBRA DEL PADRE EN LA SALVACION

1. *La Escritura revela la soberana promesa de Dios, que es incondicional y promete salvación eterna a todo aquel que cree en Cristo* (Jn. 3:16; 5:24; 6:37). Obviamente Dios puede cumplir lo que promete, y su voluntad inmutable se revela en Ro. 8:29-30.

2. *El poder infinito de Dios puede salvar y guardar eternamente* (Jn. 10:29; Ro. 4:21; 8:31, 38-39; 14:4; Ef. 1:19-21;

3:20; Fil. 3:21; 2 Ti. 1:12; He. 7:25; Jud. 24). Es claro que Dios no solamente tiene fidelidad para el cumplimiento de sus promesas, sino el poder de realizar todo lo que se propone hacer. Las Escrituras revelan que El quiere la salvación de los que creen en Cristo.

3. *El amor infinito de Dios no solamente explica el propósito eterno de Dios, sino que asegura que su propósito se cumplirá* (Jn. 3:16; Ro. 5:7-10; Ef. 1:4). En Romanos 5:8-11 se dice que el amor de Dios por los salvados es mayor que su amor por los no salvos, y esto asegura su seguridad eterna. El argumento es sencillo: si amó tanto a los hombres que dio a su Hijo y lo entregó a la muerte por ellos cuando eran «pecadores» y «enemigos», los amará mucho más cuando por su gracia redentora sean justificados delante de sus ojos y sean reconciliados con El.

El sobreabundante amor de Dios por los que ha redimido a un costo infinito es suficiente garantía de que no permitirá jamás que sean arrebatados de su mano sin que todos los recursos de su poder infinito se hayan agotado (Jn. 10: 28-29); y, por descontado, el infinito poder de Dios jamás puede agotarse. La promesa del Padre, el infinito poder del Padre y el amor infinito del Padre hacen imposible que una persona que se haya entregado a Dios el Padre por la fe en Jesucristo pierda la salvación que Dios operó en su vida.

4. *La justicia de Dios también garantiza la seguridad eterna de quienes han confiado en Cristo porque las demandas de la justicia divina han sido completamente satisfechas por la muerte de Cristo, porque El murió por los pecados de todo el mundo* (1 Jn. 2:2). Al perdonar el pecado y prometer la salvación eterna, Dios está actuando sobre una base perfectamente justa. Al salvar al pecador, Dios no lo hace sobre la base de la lenidad y es perfectamente justo al perdonar no solamente a los del Antiguo Testamento que vivieron antes de la cruz de Cristo, sino a todos los que vivan después de la cruz de Cristo (Ro. 3:25-26). Consecuentemente, no se puede dudar de la seguridad eterna del creyente sin poner en tela de juicio la justicia de Dios. Así tenemos que se combinan su fidelidad a sus promesas, su poder infinito, su amor infinito y su justicia infinita, para dar al creyente la absoluta seguridad de su salvación.

## C. LA OBRA DEL HIJO

1. *La muerte vicaria de Jesucristo en la cruz es garantía absoluta de la seguridad del creyente.* La muerte de Cristo es la respuesta suficiente al poder condenatorio del pecado (Ro. 8:34). Cuando se alega que el salvado puede perderse nuevamente, generalmente se hace sobre la base de algún posible pecado. Esta suposición necesariamente procede del supuesto de que Cristo no llevó *todos* los pecados que el creyente cometa, y que Dios, habiendo salvado un alma, puede verse sorprendido y desengañado por un pecado inesperado cometido después de la salvación. Por el contrario, la omnisciencia de Dios es perfecta. El conoce de antemano todo pecado o pensamiento secreto que pueda oscurecer la vida de un hijo suyo, y la sangre expiatoria y suficiente de Cristo fue derramada por aquellos pecados y Dios ha sido propiciado por la sangre (1 Jn. 2:2).

Gracias a la sangre, que alcanza para los pecados de los salvados y no salvados, Dios está en libertad de *continuar* su gracia salvadora hacia los que no tienen méritos. El los guarda para siempre, no por amor a ellos solamente, sino para satisfacer su propio amor y manifestar su propia gracia (Ro. 5:8; Ef. 2:7-10). Toda condenación es quitada para siempre por el hecho de que la salvación y la preservación dependen solamente del sacrificio y los méritos del Hijo de Dios (Jn. 3:18; 5:24; Ro. 8:1; 1 Co. 11:31-32).

2. *La resurrección de Cristo, como sello de Dios sobre la muerte de Cristo, garantiza la resurrección y la vida de los creyentes* (Jn. 3:16; 10:28; Ef. 2:6). Dos hechos vitales conectados con la resurrección de Cristo hacen que la seguridad eterna del creyente sea cierta. El don de Dios es vida eterna (Ro. 6:23), y esta vida es la vida de Cristo resucitado (Col. 2:12; 3:1). Esta vida es eterna como Cristo es eterno y no se puede disolver ni destruir así como Cristo no puede disolverse ni destruirse. El hijo de Dios también es hecho parte de la nueva creación en la resurrección de Cristo por el bautismo del Espíritu y la recepción de la vida eterna. Como objeto soberano de la obra creativa de Dios, la criatura no puede hacer que el proceso de creación vuelva atrás, y por cuanto está en Cristo como el último Adán, no puede caer, porque Cristo no puede caer. Aunque son evidentes los

fracasos en la vida y experiencia cristiana, éstos no afectan la posición del creyente en Cristo que es santo merced a la gracia de Dios y a la muerte y resurrección de Cristo.

3. *La obra de Cristo como nuestro abogado en los cielos también garantiza nuestra seguridad eterna* (Ro. 8:34; He. 9:24; 1 Jn. 2:1). En su obra de abogado o representante legal del creyente, Cristo invoca la suficiencia de su obra en la cruz como base para la propiciación, o satisfacción de todas las demandas de Dios al pecador, y así efectuar la reconciliación del pecador con Dios por medio de Jesucristo. Dado que la obra de Cristo es perfecta, el creyente verdadero puede descansar en la seguridad de la perfección de la obra de Cristo presentada por El mismo como representante del creyente en el cielo.

4. *La obra de Cristo como nuestro intercesor suplementa y confirma su obra como abogado nuestro* (Jn. 17:1-26; Ro. 8:34; He. 7:23-25). El ministerio actual de Cristo en la gloria tiene que ver con la seguridad eterna de los que en la tierra son salvos. Cristo, al mismo tiempo, intercede y es nuestro abogado. Como intercesor, tiene en cuenta la debilidad, la ignorancia y la inmadurez del creyente, cosas acerca de las cuales no hay culpa. En este ministerio Cristo no solamente ora por los suyos que están en el mundo y por todas sus necesidades (Lc. 22:31-32; Jn. 17:9, 15, 20; Ro. 8:34), sino que, sobre la base de su propia suficiencia en su sacerdocio inmutable, garantiza que serán conservados salvos para siempre (Jn. 14:19; Ro. 5:10; He. 7:25).

Tomada como un todo, la obra de Cristo en su muerte, resurrección, abogacía e intercesión proporciona una seguridad absoluta para quien está de este modo representado por Cristo en la cruz y en el cielo. Si la salvación es una obra de Dios para el hombre y no una obra del hombre para Dios, su resultado es cierto y seguro y se cumplirá la promesa de Juan 5:24 de que el creyente no «vendrá a condenación».

## D. OBRA DEL ESPIRITU SANTO

1. *La obra de regeneración o nuevo nacimiento en que el creyente es hecho partícipe de la naturaleza divina es un proceso irreversible y obra de Dios* (Jn. 1:13; 3:3-6; Tit. 3:4-6; 1 P. 1:23; 2 P. 1:4; 1 Jn. 3:9). Así como no hay rever-

sión para el proceso de creación, no puede haber reversión para el proceso del nuevo nacimiento. Por cuanto es una obra de Dios y no del hombre, y se realiza completamente sobre el principio de la gracia, no hay una base justa o razón por la que no deba continuar para siempre.

2. *La presencia interior del Espíritu en el creyente es una posesión permanente del creyente durante la edad presente* (Jn. 7:37-39; Ro. 5:5; 8:9; 1 Co. 2:12; 6:19; 1 Jn. 2:27). En las épocas anteriores a Pentecostés no todos los creyentes poseían el Espíritu en su interior aun cuando estaban seguros de su salvación; sin embargo, en la era actual el hecho de que el cuerpo del creyente, aunque sea pecador y corrupto, es templo de Dios, se constituye en otra evidencia confirmatoria del inmutable propósito de Dios de acabar lo que comenzó al salvar al creyente. Aunque el Espíritu pueda ser contristado por pecados no confesados (Ef. 4:30) y pueda ser apagado en el sentido de ser resistido (1 Ts. 5:19), jamás se insinúa que estos actos causen la pérdida de la salvación en el creyente. Antes bien, ocurre que el mismo hecho de la salvación y de la presencia continua del Espíritu Santo en el corazón se constituye en la base para el llamado a volver a caminar en comunión y conformidad con la voluntad de Dios.

3. *La obra del Espíritu en el bautismo, por la cual el creyente es unido a Cristo y al cuerpo de Cristo eternamente, es otra evidencia de la seguridad.* Por el ministerio bautismal del Espíritu, el creyente es unido al cuerpo del cual Cristo es la Cabeza (1 Co. 6:17; 12:13; Gá. 3:27) y, por lo tanto, se dice que está *en Cristo.* Estar *en Cristo* constituye una unión que es a la vez vital y permanente. En aquella unión las cosas viejas —posición y relaciones que eran base de la condenación— pasaron, y todas las posiciones y relaciones se han hecho nuevas y son de Dios (2 Co. 5:17, 18). Al ser aceptado para siempre en el amado, el hijo de Dios está tan seguro como aquél en quien está, y en quien permanece.

5. *La presencia del Espíritu Santo en el creyente se dice que es el sello de Dios que durará hasta el día de la redención, el día de la traslación o resurrección del creyente* (2 Co. 1:22; Ef. 1:13-14; 4:30). El sello del Espíritu Santo es obra de Dios y representa la salvación y seguridad de la persona así sellada hasta que Dios complete su propósito de

presentar al creyente perfecto en el cielo; por lo tanto, es otra evidencia de que una vez salvado el creyente es siempre salvo.

Tomada como un todo, la seguridad eterna del creyente descansa sobre la naturaleza de la salvación. Es obra de Dios, no obra de hombres. Descansa en el poder y la fidelidad de Dios, no en la fortaleza y fidelidad del hombre. Si la salvación fuera por obras, o si la salvación fuera una recompensa por la fe como una buena obra, sería comprensible que se pusiera en dudas la seguridad del hombre. Pero, puesto que descansa sobre la gracia y las promesas de Dios, el creyente puede estar confiado en su seguridad y, con Pablo, estar «persuadido de esto, que el que comenzó en vosotros la buena obra la perfeccionará hasta el día de Jesucristo» (Fil. 1:6).

Entonces se puede concluir, de este gran cuerpo de verdad, que el propósito eterno de Dios, que es para preservación de los suyos, no podrá jamás ser derrotado. Con este fin ha previsto cualquier obstáculo posible. El pecado, que podría producir separación, ha sido llevado por un sustituto que, con el fin de que el creyente sea guardado, invoca la eficacia de su muerte ante el trono de Dios. La voluntad del creyente queda bajo el control divino (Fil. 2:13), y toda prueba o tentación es templada por la infinita gracia y sabiduría de Dios (1 Co. 10:13).

No se puede enfatizar con suficiente fuerza que, aunque en este capítulo se han tratado la salvación y la preservación en la salvación como empresas divinas separadas, como una adaptación a la forma usual de hablar, la Biblia no hace tal distinción. Según las Escrituras, no hay salvación propuesta, ofrecida o emprendida bajo la gracia, que no sea infinitamente perfecta y permanezca para siempre.

## PREGUNTAS

1. ¿Por qué es importante para el creyente la cuestión de la seguridad eterna?
2. ¿Cuáles son las posiciones opuestas del calvinismo y el arminianismo en la cuestión de la seguridad eterna?

3. Aproximadamente, ¿cuántos pasajes presentan los arminianos diciendo que enseñan la doctrina de la seguridad condicional?
4. Al estudiar estos pasajes, ¿cuál es la pregunta más importante?
5. ¿En qué están de acuerdo todas las partes en la cuestión de la seguridad?
6. ¿Hay dudas en la mente de Dios acerca de quiénes son salvos?
7. ¿Es cierto que la fe superficial no basta para salvarse?
8. ¿Cómo evalúa los diversos pasajes citados en oposición a la seguridad eterna y que presentan las obras humanas como evidencia de la salvación?
9. ¿Deben considerarse las advertencias contra una fe superficial como advertencias contra la posibilidad de perder la salvación?
10. ¿Es posible que un cristiano pierda su recompensa en el cielo y aún sea salvo?
11. ¿Es posible que un cristiano genuino pierda la comunión con Dios y todavía sea salvo?
12. ¿Es posible que un creyente verdadero sea castigado o disciplinado y todavía sea salvo?
13. ¿Cómo explica usted la expresión «caer de la gracia» en relación con la salvación cristiana?
14. ¿Por qué hay dificultad en pasajes del Antiguo Testamento en la cuestión de la seguridad eterna?
15. ¿Cómo explica usted Mateo 24:13?
16. ¿Por qué la seguridad o inseguridad dependen de la pregunta «¿Quién realiza la obra de salvación?»?
17. ¿Cuáles son las cuatro obras del Padre que apoyan la seguridad eterna?
18. ¿Por qué las obras de Dios Padre en la salvación por sí solas garantizan la seguridad eterna?
19. ¿Cuáles son las cuatro obras de Dios el Hijo que apoyan la doctrina de la seguridad eterna?
20. ¿Cómo se relaciona la muerte de Cristo con la seguridad eterna?
21. ¿Cómo se relaciona la resurrección de Cristo con la seguridad eterna?
22. ¿Cómo se relacionan las obras de Cristo como intercesor y abogado con la seguridad eterna?

23. ¿Cuáles son las cuatro obras del Espíritu Santo en relación con la seguridad eterna?
24. ¿Es el nuevo nacimiento un proceso reversible?
25. ¿Existe el caso de alguien que haya nacido de nuevo más de una vez en las Escrituras?
26. ¿Cómo se relaciona la presencia interior permanente del Espíritu con la seguridad eterna?
27. ¿Puede perder el Espíritu un creyente de la era actual?
28. ¿Qué se consigue por obra del Espíritu en el bautismo en relación con la seguridad?
29. ¿En qué forma es una promesa de seguridad la promesa del Espíritu como sello hasta el día de la redención?
30. Resumir las razones por que la seguridad eterna descansa sobre la naturaleza de la salvación como obra de Dios.
31. ¿En qué forma incluye el aspecto de la seguridad del creyente la naturaleza de la salvación?

# 34
# La elección divina

## A. DEFINICION DE ELECCION

Las Escrituras revelan a Dios como un soberano absoluto que por su propia voluntad quiso crear el universo y dirigir su historia de acuerdo con un plan preordenado. El concepto de un Dios infinito y omnipotente concuerda con el hecho de que El sea soberano y tenga poder para ejecutar su programa en la forma que El lo quiso determinar. Sin embargo, la comprensión de ese plan por parte del hombre presenta innumerables problemas y, en particular, el de cómo puede el hombre obrar libre y responsablemente en un universo programado.

Los sistemas humanos de pensamiento han tenido la tendencia a ir a los dos extremos, uno en que el propósito soberano de Dios se presenta como absoluto, o el otro en que se magnifica la libertad del hombre hasta el punto de que Dios ya no tiene control sobre las cosas. Al tratar de resolver esa dificultad, la única solución es acudir a la revelación divina y tratar de interpretar la experiencia humana sobre la base de lo que la Biblia enseña.

En las Escrituras, el propósito soberano de Dios se extiende a naciones e individuos. Se hace referencia a Israel como nación elegida (Is. 45:4; 65:9, 22). La palabra «electo» se aplica con frecuencia a individuos que son elegidos para salvación (Mt. 24:22, 24, 31; Mr. 13:20, 22, 27; Lc. 18:7; Ro. 8:33; Col. 3:12; 1 Ti. 5:21; 2 Ti. 2:10; Tit. 1:1; 1 P. 1:2; 5:13; 2 Jn. 1, 13). La misma expresión se usa para referirse a Cristo (Is. 42:1; 1 P. 2:6). Además de la palabra elegido, se menciona el hecho de la elección (Ro. 9:11; 11:5, 7, 28; 1 Ts. 1:4; 2 P. 1:10). El pensamiento de la elección es que la persona o grupo mencionado han sido elegidos para un propósito divino generalmente relacionado con la salvación.

La palabra «escogido» es sinónimo de la palabra «elegido». Se aplica a Israel (Is. 44:1), a la iglesia (Ef. 1:4; 2 Ts. 2:13; 1 P. 2:9), y también a los apóstoles (Jn. 6:70; 13:18; Hch. 1:2).

Una cantidad de expresiones están relacionadas con el concepto de elección o ser escogido, tales como «destinado» (1 P. 1:20) y «predestinación» (Ro. 8:29, 30; Ef. 1:5, 11). El pensamiento es el de determinar de antemano, como en Hechos 4:28, u ordenar de antemano como en Judas 4 y Efesios 2:10. Además, hay una referencia frecuente a este concepto en la Biblia, donde se usa la palabra «decretado» (2 Cr. 25:16), «acordó» (Is. 19:17), «determinado» (Lc. 22:22), «prefijado» (Hch. 17:26). El pensamiento en todas estas expresiones es que la elección de Dios precede al acto y es determinado por su voluntad soberana.

La elección, la preordenación y la predestinación se han hecho según el divino propósito de Dios (Ef. 1:9; 3:11), y en las Escrituras están relacionadas con la presciencia de Dios (Hch. 2:23; Ro. 8:29; 11:2; 1 P. 1:2). Otra palabra relacionada es la palabra «llamar», como en Romanos 8:30 y muchos otros pasajes (1 Co. 1:9; 7:18, 20, 21, 22, 24; 15:9; Gá. 5:13; Ef. 4:1, 4; Col. 3:15; 1 Ti. 6:12; He. 5:4; 9:15; 1 P. 2:21; 3:9; 1 Jn. 3:1). En Jn. 12:32 nuestro Señor se refirió al llamamiento como la acción de atraer los hombres a Dios (cf. con Jn. 6:44). Todos estos pasajes implican que un Dios soberano está llevando a cabo su propósito; en su propósito ciertos hombres han sido escogidos para salvación, y ciertas naciones, especialmente Israel, han sido escogidas para cumplir un propósito divino especial.

## B. EL HECHO DE LA ELECCION DIVINA

Aunque la doctrina de la elección escapa a la comprensión humana, está claramente enseñada en las Escrituras. En virtud de la elección divina, Dios ha escogido a ciertos individuos para salvación y los predestinó para que fuesen conformados según el carácter de su Hijo Jesucristo (Ro. 16:13; Ef. 1:4-5; 2 Ts. 2:13; 1 P. 1:2). Es claro que la elección tiene su origen en Dios y que esta elección es parte del plan eterno de Dios.

La elección divina no es un acto de Dios en el tiempo, sino una parte de su propósito eterno. Esto aparece en numerosos pasajes tales como Efesios 1:4 que dice: «Según nos escogió en él antes de la fundación del mundo, para que fuésemos santos y sin mancha delante de él en amor.» Según 2 Timoteo 1:9, nuestra elección es «según el propósito suyo y gracia que nos fue dada en Cristo antes de los tiempos de los siglos». Por cuanto el plan de Dios es eterno, la elección, como parte esencial del plan, debe ser eterna.

Un problema difícil de resolver en la doctrina de la elección es la relación entre la elección y la presciencia. Una forma de interpretación que tiende a suavizar el concepto de elección se levanta sobre la idea de que Dios sabía quiénes iban a recibir a Cristo, y sobre la base de ese conocimiento los eligió para salvación. Sin embargo, este concepto tiene problemas inherentes porque hace que Dios esté sujeto a un plan en el cual El no es soberano. Aunque la elección y la presciencia son coextensivas, la presciencia en sí no sería determinativa.

Aunque los teólogos han luchado con estos problemas y no han llegado a conclusiones satisfactorias, una solución posible es comenzar por reconocer que Dios es omnisciente, esto es, que El tenía conocimiento de todos los planes posibles para el universo. De todos los planes posibles con sus infinitas variantes Dios escogió un plan. Habiendo escogido un plan y conociéndolo en todos sus detalles, Dios podía conocer anticipadamente quiénes iban a ser salvos o electos y todos los detalles acerca de la salvación de ellos.

Sin embargo, el problema inmediato que se le presenta al intérprete es el de la libertad humana. Por la experiencia y según las Escrituras, parece evidente que el hombre tiene decisiones que hacer. ¿Cómo se puede evitar la llegada a un sistema fatalista en que todo está predeterminado y no quedan elecciones morales que realizar? ¿Es la responsabilidad humana una burla, o es real? Estos son los problemas que enfrenta el intérprete de las Escrituras en relación con esta difícil doctrina.

Aunque los teólogos no han podido resolver completamente el problema de la elección divina en relación a las decisiones humanas y a la responsabilidad moral del hombre, la respuesta parece ser que, al elegir un plan Dios, escogió el plan como un todo, no parte por parte. El sabía de antemano, antes de la elección del plan, quién sería salvo y quién no sería salvo en tal plan. Por fe debemos suponer que Dios eligió el mejor plan posible, y que si hubiera habido un plan mejor, éste habría sido puesto en operación porque Dios lo habría elegido. El plan incluía muchas cosas que Dios mismo haría, tales como la creación y el establecimiento de la ley natural. Incluía lo que Dios soberanamente escogió hacer por sí mismo, tal como el revelarse por medio de profetas e influir sobre los hombres en sus elecciones aun cuando ellos siguen siendo responsables por las elecciones que hacen.

En otras palabras, el plan incluía dar al hombre cierta libertad de elección, y de ello sería responsable. El hecho de que Dios supiera bajo cada plan qué haría cada hombre no significa que Dios forzase al hombre a hacer algo contra su voluntad para luego castigarlo por ello.

En el notable ejemplo de la crucifixión de Cristo, en torno a la cual giraba todo el plan de Dios, Pilato libremente escogió crucificar a Cristo y fue hecho responsable de ello. Judas Iscariote decidió libremente traicionar a Cristo y fue tenido por responsable de ello. Sin embargo, las decisiones de Pilato y de Judas eran parte esencial del programa de Dios y eran cosa cierta antes que ellos las ejecutaran.

En consecuencia, aunque hay problemas de comprensión humana, la mejor solución es aceptar lo que la Biblia enseña, sea que entendamos o no. A veces las mejores traducciones ayudan, como en 1 Pedro 1:1-2, donde dice que los cristianos son «elegidos según la presciencia de Dios Padre», lo que hace que la elección esté sujeta al conocimiento anticipado de Dios. Sin embargo, la palabra «elegidos» califica a la palabra «expatriados» del versículo 1, y no está enseñando el orden lógico de la elección en relación con la presciencia, sino el hecho de que son coextensivas.

Alguna ayuda se puede hallar en el hecho de que todo el proceso del propósito divino, elección y presciencia son eternos. Todo lo que el hombre puede hacer es tratar de establecer una relación lógica, pero todas estas cosas han sido verdaderas en la mente de Dios, y Dios no llegó a sus decisiones después de considerar largamente las dificultades de cada plan. En otras palabras, jamás hubo otro plan, y así todos los aspectos del propósito eterno de Dios son igualmente eternos.

Entonces debemos llegar a la conclusión de que la elección y los términos relacionados se enseñan claramente en la Biblia, y que significa que algunos fueron escogidos para salvación y los demás, al no ser elegidos, fueron pasados por alto. La elección es eterna y no es un acto de Dios realizado en el tiempo. En la elección Dios no se ajusta a la presciencia, aunque la elección procede de la omnisciencia divina. Aunque hay serios problemas en la comprensión humana de esta doctrina, debemos someternos a la revelación divina aun cuando no podamos comprenderla completamente.

## C. DEFENSA DE LA DOCTRINA DE LA ELECCION

Aunque algunos teólogos, para resolver el problema, han tratado de dar explicaciones que suprimen la doctrina de la elección, en realidad, al negar lo que la Escritura enseña, los argumentos presentados en contra de la elección divina proceden de malentendidos. A veces se afirma que sostener la elección es afirmar que Dios es arbitrario. Por supuesto, esto surge de la incredulidad. Dios es soberano, pero su soberanía es siempre sabia, santa, buena y llena de amor.

Otra objeción que se presenta con frecuencia es que esta doctrina hace a Dios injusto al no incluir a todos en su propósito de salvación. En este punto, debemos observar que Dios no está obligado a salvar a ninguno y que sólo salva a los que quieren creer. Aunque la obra de Dios en la salvación de un individuo es inescrutable —ya que obviamente hay un acto de gracia cuando una persona cree en Cristo y es salva—, la Biblia claramente ordena al hombre que crea

(Hch. 16:31). Nadie es salvado contra su voluntad, y nadie deja de creer contra su voluntad.

Una objeción muy común a esta doctrina es que desalienta el esfuerzo misionero de llevar el evangelio a los perdidos y desalienta a los que desean ser salvos. La respuesta es que Dios ha incluido en su plan que el evangelio sea predicado a toda criatura y que Dios desea la salvación de todos (2 P. 3:9). Sin embargo, al establecer un universo moral en que los hombres escojan entre creer o no creer, es inevitable que algunos se pierdan.

Otra objeción es que si algunos son elegidos para salvación y otros son elegidos para que no se salven, éstos no tienen esperanza en su estado de perdición. Las Escrituras claramente enfatizan que algunos son elegidos para salvación, y que los inconversos están destinados a su suerte, no porque los hombres que deseaban ser salvos no pudieron obtener la salvación, sino siempre sobre la base de que los que no se salvan escogieron no ser salvos. La misericordia de Dios se muestra en su paciencia, como en Romanos 9:21-22 y 2 Pedro 3:9. Nadie podrá jamás ponerse delante de Dios y decirle: «Yo quería ser salvo, pero no pude porque no fui elegido.»

Aunque los grandes sabios y los estudiantes de la Biblia en general seguirán luchando con esta difícil doctrina, el hecho de la elección divina está claramente presentado en las Escrituras, y los que son salvos, aunque no estaban enterados de la doctrina cuando aceptaron a Cristo, pueden gloriarse en el hecho de que estaban en el plan de Dios desde la eternidad pasada y que su salvación es una suprema ilustración de la gracia de Dios. Un Dios que es soberano y eterno lógicamente debe tener un programa planeado. Sobre la base de la revelación bíblica, el creyente en Cristo sólo puede concluir que el plan de Dios es santo, sabio y bueno, que Dios es un Dios paciente y que está preocupado por el estado perdido de los que rechazan la salvación, para preparar la cual Cristo murió.

## PREGUNTAS

1. ¿Por qué es razonable suponer que Dios tiene un plan soberano para el universo?
2. ¿Cuáles son los dos extremos a que ha tendido el pensamiento humano en relación con el propósito soberano de Dios?
3. ¿Cómo se puede demostrar que el propósito soberano de Dios se extiende a individuos y naciones así como a otros grupos?
4. ¿Cuáles son las diversas palabras usadas para expresar la idea de elección?
5. ¿Cuál es la idea central de todas las expresiones usadas en relación con la elección?
6. ¿Qué es lo que se lleva a cabo por la elección divina?
7. ¿Qué evidencia apoya la idea de que la elección divina fue desde la eternidad pasada?
8. ¿En qué forma se relaciona la elección con la presciencia?
9. ¿Cómo se puede resolver el problema de la relación que hay entre la libertad humana y la elección divina?
10. Explicar cómo se ha incluido en el plan divino la libertad humana.
11. Explicar en qué es la crucifixión de Cristo una ilustración sobresaliente de la libertad humana y del plan de Dios.
12. ¿Por qué debe un individuo aceptar la doctrina de la elección aun si no la entiende?
13. ¿Cómo se pueden responder las objeciones a la elección en que se alega que se hace a Dios arbitrario e injusto?
14. ¿Cómo respondería usted a las objeciones de que la doctrina de la elección se opone a los esfuerzos misioneros?
15. ¿Por qué era necesario en el plan de Dios que algunos fueran perdidos?
16. ¿Da la doctrina de la elección una excusa a los perdidos para no salvarse?
17. ¿Hay evidencia de que el plan de Dios es santo, sabio y bueno y que Dios es paciente y está realmente preocupado por el estado de perdición de los que se niegan a recibir la salvación?

# 35
# La iglesia: Sus miembros

## A. LA IGLESIA COMO EL PROPOSITO PRESENTE DE DIOS

En el Nuevo Testamento se revela que la iglesia es el propósito central de Dios en la edad actual. En contraste con el propósito de Dios para con individuos y naciones del Antiguo Testamento y el propósito mayor para la nación de Israel, se revela que la iglesia es la compañía de creyentes formada por judíos y gentiles que son llamados a salir del mundo y se juntan en una unión viva por el bautismo del Espíritu.

En general, el concepto de iglesia se divide en dos grandes categorías. El énfasis principal en el Nuevo Testamento está en la iglesia como organismo, la unión viva de todos los verdaderos creyentes en Cristo. Esta es la verdad distintiva que se presenta a partir del día de Pentecostés, con el advenimiento del Espíritu, y que acaba con la venida de Cristo por su iglesia, en la cual la iglesia será arrebatada fuera del mundo y llevada al cielo.

Sin embargo, otro concepto es el de iglesia local o iglesia organizada. Es el cuerpo de los creyentes que profesan ser cristianos y se reúnen en una localidad o un grupo de tales asambleas locales (1 Co. 1:2; Gá. 1:2; Fil. 1:1).

La palabra «iglesia» es una traducción de una palabra griega: *ekklesia,* y frecuentemente se usa para designar cualquier asamblea o congregación de personas reunidas con fines religiosos o políticos. La palabra realmente significa «llamados fuera». En la Grecia antigua las ciudades se gobernaban por un sistema puramente democrático en que todos los ciudadanos del pueblo se reunían para decidir sobre los asuntos de interés mutuo. Como eran «llamados fuera» de sus ocupaciones ordinarias a una asamblea en la cual podrían votar, la palabra llegó a significar el resultado de aquellas convocatorias, esto es, designó a aquellos que se reunían.

Esta palabra se encuentra con frecuencia en la Septuaginta, versión griega del Antiguo Testamento, y designa a las diversas asambleas del Antiguo Testamento. Se usa en un sentido similar en pasajes tales como Hechos 7:38 y 19:32, donde la palabra se usa sencillamente para una multitud reunida. Sin embargo, cuando se usa para la iglesia como cuerpo de Cristo se convierte en una palabra técnica que se refiere a los que han sido llamados fuera del mundo para reunirse en una unión viva con Cristo. Este concepto no se encuentra en el Antiguo Testamento, aun cuando Israel a veces se reunía con propósitos religiosos. La palabra, cuando se usa para los salvados, se aplica específicamente a la compañía de los salvados durante la presente era y que se encuentran en el cielo y en la tierra.

## B. LA IGLESIA: UNA REVELACION DEL NUEVO TESTAMENTO

Por cuanto no se encuentra en el Antiguo Testamento el concepto de una iglesia formada por judíos y gentiles que son salvados y reunidos para la vida eterna, sólo el Nuevo Testamento da la revelación divina sobre este importante tema. En el plan de Dios era necesario que Cristo viniera primero para morir en la cruz, fuera resucitado de entre los muertos y ascendiera a los cielos. Con la venida del Espíritu Santo en el día de Pentecostés, sin embargo fue posible que Dios cumpliera su propósito de tener una compañía especial de creyentes sin tener en cuenta la distinción entre Israel y los gentiles y cada uno de ellos con su propio lugar en el propósito eterno de Dios.

Según Hechos 2, confirmado por la experiencia de Cornelio en Hechos 10, los creyentes en Cristo fueron bautizados por el Espíritu (1 Co. 12:13) y llegaron a ser miembros los unos de los otros con el advenimiento del Espíritu Santo. Desde Pentecostés hacia adelante cada creyente que llegó a la salvación fue hecho miembro del cuerpo de Cristo, como vimos previamente en la doctrina del bautismo del Espíritu Santo. Una vez que la iglesia esté completa y sea arrebatada en el rapto al cielo, el propósito divino volverá a hacer la distinción normal entre judíos y gentiles que sean salvos durante el período de prueba que seguirá al arrepentimiento y en el reino milenial.

## C. EL JUDIO, EL GENTIL Y LA IGLESIA DE DIOS

En la era actual, la Biblia reconoce tres grandes divisiones en la familia humana: el judío, el gentil y la iglesia de Dios (1 Co. 10:32). La observancia de estas distinciones es de gran importancia para comprender el propósito presente de Dios.

1. *Los judíos o hijos de Israel son la nación que surgió de Abraham siguiendo la línea de Isaac y Jacob, y que, según el propósito y la promesa divina, son el pueblo terrenal escogido por Dios.* Esta nación ha sido milagrosamente preservada hasta el tiempo actual y, según las profecías, todavía será el pueblo dominante y glorificado de la tierra en la edad del reino venidero (Is. 62:1-12).

Las promesas eternas de Jehová a su pueblo no pueden ser alteradas. Estas promesas incluyen una entidad nacional (Jer. 31:36), una tierra (Gn. 13:15), un trono (2 S. 7:13), un rey (Jer. 33:20-21) y un reino (2 S. 7:16). En la fidelidad de Dios, sus promesas, que son primariamente terrenales en carácter, han sido cumplidas hasta el momento presente y serán cumplidas por toda la eternidad; porque se dice que cada uno de estos pactos es eterno en duración.

Cuatro palabras describen la operación del propósito divino en este pueblo: «escogidos», «dispersos», «reunidos», «benditos». Es obvio que fueron escogidos y que ahora están dispersos entre las naciones de la tierra. Todavía falta que sean reunidos y bendecidos. El ministerio peculiar de este pueblo se encuentra en Romanos 9:4-5 (cf. con Gn. 12:3).

2. *Los gentiles son la vasta multitud incontable, excluidos los israelitas, que han vivido en la tierra desde Adán hasta ahora.* Aparte de ciertos individuos, no hay noticias de que, en el período desde Adán hasta Cristo, Dios haya tenido alguna relación especial, o haya extendido alguna promesa inmediata a los gentiles. Sin embargo, las profecías del Antiguo Testamento predicen grandes bendiciones terrenales que vendrían sobre los gentiles en el reino venidero sobre la tierra, y en la era actual participarían al igual que los judíos en los privilegios del evangelio.

3. *La iglesia de Dios no se refiere a la membresía de iglesias organizadas, sino a toda la compañía de los redimidos que habrán sido salvos durante la era actual.* Son un pueblo distinto porque: *a*) todos los individuos que la forman han nacido de nuevo, entran en el reino de Dios (Jn. 3:5) y han sido destinados a ser conformados a la imagen de Cristo (Ro. 8:29); *b*) ya no están en Adán participando de la ruina de la vieja creación (2 Co. 5:17), sino que están en Cristo participando de la nueva creación, de todo lo que Cristo es en la vida y gloria de su resurrección (Ef. 1:3; Col. 2:10); *c*) a la vista de Dios es cambiada su nacionalidad, porque están sobre una nueva base en la que no hay judío ni gentil, sino que Cristo es el todo en todos (Col. 3:11); *d*) ahora son ciudadanos del cielo (Fil. 3:20; Col. 3:3) y todas sus promesas, sus posesiones y su posición son celestiales (2 Co. 5: 17-18). De este modo este pueblo celestial se distingue de todos los demás pueblos de la tierra.

## D. LA IGLESIA FORMADA POR JUDIOS Y GENTILES

Ya han sido señaladas las respectivas posiciones terrenales de judíos y gentiles. A esto debe añadirse que durante la era actual, y para los propósitos de la gracia, Dios ha colocado a judíos y gentiles sobre una base común (Ro. 3:9). Se dice que ambos están «bajo pecado», lo que significa que ahora están limitados a la salvación por gracia solamente.

El cambio en el programa divino, en la muerte de Cristo, del reconocimiento de una nación favorecida a un llamamiento de individuos tanto judíos como gentiles fue algo dificilísimo de entender para los judíos. El judío no comprendió que sus pactos habían sido puestos a un lado por un tiempo, pero que no habían sido abrogados. Las luchas de la nación con este problema están en el libro de los Hechos.

El judío se encuentra desajustado hasta el día de hoy en relación con este programa, y se ha predicho de él que permanecerá cegado en parte hasta que la iglesia sea llevada de este mundo (Ro. 11:25), después de lo cual el Libertador vendrá a Sión y quitará la impiedad de Jacob. Se afirma que éste es el pacto de Dios con ellos, cuando El quite sus pecados (Ro. 11:26-27). Sin embargo, por la predicación del evangelio, tanto judíos como gentiles están siendo salvados ahora y la iglesia está siendo edificada. El apóstol dio instrucciones de que el evangelio sea predicado primeramente al judío (Ro. 1:16), y su propio ministerio fue ordenado de acuerdo con ese programa (Hch. 17:1-3).

Como se ha sugerido, al apóstol Pablo le fueron dadas dos revelaciones: una, el evangelio de la gracia de Dios, probablemente cuando estaba en Arabia al comienzo de su ministerio (Gá. 1:11-12), y la otra, de la iglesia como cuerpo de Cristo, probablemente mientras estuvo en la cárcel (Ef. 3:3-6). El rasgo vital de la segunda revelación es que de las dos fuentes —judíos y gentiles— Dios está formando un nuevo cuerpo (Ef. 2:15). Este era un misterio, esto es, un secreto divino aún no revelado. No es secreto que Dios tenía propósitos para Israel o para los gentiles, puesto que éste es el tema del Antiguo Testamento en las profecías; pero el secreto escondido en Dios era la creación de un nuevo orden celestial de seres escogidos de judíos y gentiles.

## E. MEMBRESIA DE LA IGLESIA

La respuesta a la pregunta «¿Puede una persona ser salva y no ser miembro de la iglesia?» depende del significado que se le dé a la palabra «iglesia». Es obvio que una persona puede ser cristiana y no ser miembro de una iglesia local. En realidad todos debieran ser salvos antes de hacerse miembros de una iglesia; y si se es salvo, es normal que un individuo busque la comunión del pueblo de Dios en una u otra forma.

Por otra parte, es imposible ser salvo y no ser miembro de la iglesia de la cual Cristo es la cabeza; porque una parte de la obra divina en la salvación es la unión del salvado con Cristo por el bautismo con el Espíritu Santo (1 Co. 12:13). Cuando se usa en conexión con la obra del Espíritu, «bautizar» es una palabra de significado discriminatorio y traspasa los límites de la ordenanza exterior del bautismo con agua y representa el ministerio del Espíritu en favor del creyente que tiene los efectos de mayor alcance que cualquier otra empresa divina en la salvación. No es sorprendente que Satanás haya tratado de distorsionar el significado claro del bautismo con el Espíritu y el ministerio divino que él representa; porque solamente sobre la base de este ministerio podemos comprender las riquezas de la gracia divina o entrar en el gozo celestial, con su impulso a una vida santa que estas riquezas imparten.

En la tierra la iglesia se ve como una banda peregrina de testigos. No son de este mundo, así como Cristo no es de este mundo (Jn. 17:16), y como el Padre ha enviado al Hijo al mundo, el Hijo ha enviado a estos testigos por el mundo. «Aún no se ha manifestado» (véase Col. 3:4; 1 Jn. 3:2) lo que ellos son por las riquezas de la gracia. Por ser el pueblo celestial en contraste con Israel el pueblo terrenal, la iglesia —glorificada en la realización de su propósito divino— aparece en los cielos como la esposa del Cordero, reinando juntamente con el Rey, y participando para siempre en la gloria del eterno Hijo de Dios.

## PREGUNTAS

1. ¿Cuál es el contraste entre los propósitos de Dios para la iglesia y los propósitos de Dios para individuos y naciones en el Antiguo Testamento?
2. ¿Cuáles son las dos categorías principales en el concepto de Iglesia?
3. ¿Cuál es el significado original de la palabra «iglesia»?
4. ¿Qué uso se le da a la palabra «iglesia» en el Antiguo Testamento, y cuál es la diferencia en el uso para referirse a la iglesia que es el cuerpo de Cristo?
5. ¿Qué era necesario cumplir en el plan de Dios antes del advenimiento del Espíritu en el día de Pentecostés?

6. ¿Qué relación hay entre el bautismo del Espíritu y la iglesia?
7. Nombrar las tres grandes divisiones de la familia humana en la era actual y definirlas.
8. ¿Cuáles son algunas de las promesas eternas que Dios ha dado a Israel?
9. ¿Qué promesas ha dado Dios a los gentiles?
10. ¿En qué sentido es la iglesia una compañía distinta de personas?
11. ¿Sobre qué base común ha puesto Dios al judío y al gentil en la era actual?
12. ¿Qué sucedió con los pactos de Israel en la era actual?
13. ¿Cómo se caracteriza a Israel durante la era actual, según Romanos 11:25?
14. ¿Qué sucederá a Israel después del arrebatamiento de la iglesia?
15. Nombrar y definir las dos grandes revelaciones dadas al apóstol Pablo.
16. ¿Qué relación hay entre la salvación de un individuo y su membresía de la iglesia?
17. ¿Es posible ser salvo sin ser miembro de la iglesia como cuerpo de Cristo?
18. ¿Cuál es el destino de la iglesia después de la era actual?

# 36

# La iglesia: Su propósito y comisión

En la era actual Dios está dando a conocer su sabiduría y está manifestando su gracia ante las huestes angélicas por medio de la iglesia (Ef. 3:10). En el cielo, la iglesia será por toda la eternidad la ilustración de lo que la gracia de Dios puede hacer (Ef. 2:7). Sin embargo, estrictamente hablando, la comisión divina de la iglesia se entrega más bien a individuos que a un grupo corporativo. Cristo, como cabeza de la iglesia, puede dirigir a cada creyente en los senderos de la voluntad de Dios en armonía con sus dones personales y el plan de Dios para la vida individual. Sin embargo, todo esto está en armonía con el propósito general de Dios para la iglesia en el tiempo actual. En la iglesia como cuerpo, Dios está cumpliendo un propósito divino presente que se está revelando exactamente como fue profetizado en las Escrituras.

## A. EL ACTUAL PROPOSITO DIVINO EN EL MUNDO

El actual propósito divino para esta era no es la conversión del mundo, sino el llamamiento a todos los que creerán en Cristo, a fin de que salgan del mundo y formen el cuerpo de Cristo que es la iglesia. Es cierto que el mundo se convertirá y que habrá un reino de justicia en la tierra; pero, según la Biblia, el día de una tierra transformada, lejos de ser el resultado del servicio cristiano, no precederá a la venida de Cristo, sino que vendrá después, y sólo será posible por su presencia y poder inmediatos.

Es después de ser cortada la Piedra —símbolo del regreso de Cristo— que Dios establece un reino eterno en la tierra (Dn. 2:44-45). Es después del regreso del Señor y de la toma de posesión del trono de su gloria que El dice a las ovejas de su mano derecha que entren en el reino terrenal preparado para ellas (Mt. 25:31-34). Del mismo modo, es *después* que se le ve descender del cielo que Cristo reina mil años sobre la tierra (Ap. 19:11 - 20:9; cf. con Hch. 15:13-19; 1 Co. 15: 20-25).

Al anunciar los rasgos peculiares de esta era (Mt. 13:1-50), el Señor hace mención de tres características principales: 1) El lugar de Israel en el mundo sería como el de un tesoro escondido en el campo (Mt. 13:44); 2) el mal continuaría hasta el final de la era (Mt. 13:4, 25, 33, 48); y 3) serán reunidos los hijos del reino, comparados con el trigo, la perla de gran precio y los buenos peces (Mt. 13:30, 45, 46, 48).

De estas tres características de la era se desprende que el propósito supremo de Dios para esta edad es la reunión de los hijos del reino. De acuerdo con esto, se afirma en Romanos 11:25 que la ceguera actual de Israel durará hasta que sea completada la iglesia (nótese Ef. 1:22-23), hasta el fin de la era de especial bendición para los gentiles.

De igual modo, el misterio de iniquidad, el mal, seguirá obrando durante la era actual, aunque restringido, hasta que el que lo detiene, el Espíritu de Dios, sea quitado de en medio (2 Ts. 2:7). Como el Espíritu se irá solamente cuando haya completado el llamamiento de la iglesia, el propósito inmediato de Dios no es la corrección del mal en el mundo, sino el llamamiento de todo el que crea. Aún falta cumplir los pactos de Israel (Ro. 11:27), y el mal será desterrado de la tierra (Ap. 21:1); pero el propósito actual de Dios, y todo evidentemente espera esto, es terminar de completar la iglesia.

En Hechos 15:13-19 se da la sustancia del discurso de Santiago al concluir el primer concilio de la iglesia en Jerusalén. La ocasión de este concilio fue la necesidad de determinar la cuestión del propósito actual de Dios. La Iglesia primitiva estaba compuesta mayormente por judíos, y éstos estaban confundidos en cuanto a su propia posición nacional a la luz del hecho de que el nuevo evangelio estaba fluyendo hacia los gentiles. Jacobo sostiene que, según la experiencia de Pedro en la casa de Cornelio el gentil, Dios está visitando a los gentiles para tomar de ellos pueblo para su nombre. «Después de esto», dice Jacobo, el Señor regresará y entonces cumplirá sus propósitos para con Israel y los gentiles.

La implicación práctica de todo esto en relación con el tema de este estudio es que, en la era actual, el creyente individual (y mucho menos la iglesia) no ha sido puesto para la realización de un programa de mejoramiento mundial; en cambio, el creyente es llamado a ser testigo de Cristo y de su gracia salvadora en todo el mundo, y por medio de este ministerio de predicación el Espíritu de Dios cumplirá el propósito divino supremo de la era.

## B. LA FORMACION DE LA IGLESIA

Cristo profetizó que El edificaría su iglesia (Mt. 16:18), y el apóstol Pablo comparó la iglesia con una estructura de piedras vivas que crecen para formar un templo vivo en el Señor y son edificados para morada de Dios en el Espíritu (Ef. 2:21-22). Del mismo modo, el ministerio del creyente de ganar almas y edificar el cuerpo de Cristo no continúa para siempre, sino «hasta que todos lleguemos a la unidad de la fe y del conocimiento del Hijo de Dios a un varón perfecto, a la medida de la estatura de la plenitud de Cristo» (Ef. 4:13). La «estatura de la plenitud de Cristo» no se refiere al desarrollo de hombres semejantes a Cristo, sino más bien al desarrollo del cuerpo de Cristo hasta su completa formación (Ef. 1:22-23). El mismo aspecto de la verdad vuelve a ser enunciado en Efesios 4:16, donde los miembros del cuerpo, como las células vivas del cuerpo humano, se presentan como si estuvieran en una actividad incesante para ganar almas y, por lo tanto, están haciendo crecer el cuerpo.

## C. LA COMISION DEL CREYENTE

Cristo predijo que la siembra que iba a caracterizar a la presente dispensación daría como resultado que una cuarta parte llegaría a ser trigo (Mt. 13:1-23). Sin embargo, aunque la predicación del evangelio se relaciona con la vida y con la muerte (2 Co. 2:16), el hijo de Dios es comisionado para instar a tiempo y fuera de tiempo en sus esfuerzos por ganar a los perdidos. Ha sido designado para ir por todo el mundo y predicar el evangelio a toda criatura (Mr. 16:15), sabiendo que la fe viene por el oír y el oír por la Palabra de Dios (Ro. 10:17). También se afirma en 2 Corintios 5:19 que Dios, que estaba en Cristo reconciliando consigo al mundo, nos ha entregado la palabra de la reconciliación. «Así que somos embajadores en nombre de Cristo, como si Dios rogase por medio de nosotros; os rogamos en nombre de Cristo: Reconciliaos con Dios» (2 Co. 5:20).

Este ministerio está sobre cada creyente y puede ser ejercido de muchas maneras.

1. *El evangelio puede ser presentado a los inconversos por medio de ofrendas.* Evidentemente, hay muchos creyentes sinceros que no han despertado a la efectividad de la acción de dar de su sustancia con este objeto. El mensajero no puede ir a menos que sea enviado, pero el que lo envía es un copartícipe en el servicio y ha invertido su dinero en bonos que pagarán dividendos eternos.

2. *El evangelio puede ser presentado a los inconversos en respuesta a las oraciones.* El que dijo: «Si algo pidiereis en mi nombre yo lo haré» (Jn. 14:14), ciertamente enviará obreros a la mies en contestación a las oraciones. Se prueba fácilmente que no hay ministerio más fructífero para el hijo de Dios que el de la oración; sin embargo, cuán pocos parecen comprender que las almas se salvan por medio de ese servicio.

3. *El evangelio puede ser presentado a los inconversos por medio de la palabra hablada.* Puesto que todos han sido comisionados para la realización de esta tarea, es necesario observar ciertas condiciones imperativas: *a*) el mensajero debe estar deseoso de ser puesto donde el Espíritu lo desee; *b*) el mensajero debiera ser instruido en cuanto a las verdades precisas que constituyen el evangelio de la gracia que tiene la misión de declarar; *c*) el mensajero debe estar lleno del Espíritu, o le faltará la pasión propulsora por los perdidos, que es lo único que lo lleva a uno a un servicio de ganar

almas valiente e infatigablemente. «Cuando haya venido sobre vosotros el Espíritu Santo —dijo Cristo—, me seréis testigos...» (Hch. 1:8). Sin esta plenitud no habrá disposición para testificar. Pero estando llenos, nada puede impedir el flujo de la compasión divina (Hch. 4:20).

4. *El evangelio puede ser presentado por diversos medios mecánicos tales como la literatura, la radio, la televisión y la música sagrada.* Sin consideración del medio usado, la verdad debe ser presentada de tal modo que el Espíritu Santo pueda usarla.

5. *Indudablemente el Espíritu Santo usa muchos otros medios en la difusión del evangelio, por ejemplo, instituciones educacionales donde se preparan predicadores, la aviación misionera que sirve para transportar a los hombres que llevan el evangelio, y la página impresa.* Aunque no todos los cristianos estén igualmente dotados para predicar directamente el evangelio, cada cristiano tiene parte en la responsabilidad de hacer que el evangelio sea predicado a toda criatura.

## PREGUNTAS

1. ¿Qué papel juega la iglesia en la manifestación de la gracia de Dios?
2. ¿Quién dirige a cada creyente en el camino de la voluntad de Dios?
3. Hacer un contraste entre el propósito de Dios en la edad actual y su propósito en el reino milenial.
4. ¿Qué es necesario antes de que se convierta el mundo?
5. Nombrar las tres características principales que constituyen los rasgos peculiares de esta era según Mateo 13.
6. ¿Cuáles serán algunos de los resultados inmediatos para Israel y el mundo cuando el actual propósito de Dios para la iglesia sea completado en el arrebatamiento?
7. Según Hechos 15, ¿cuál es el orden del programa de Dios para bendecir a los gentiles y bendecir a los judíos?

8. Describir el propósito presente de Dios en la edificación de su iglesia.
9. ¿Cuál es la comisión actual del creyente?
10. Nombrar diversos métodos por los cuales el creyente pueda ejercer su privilegio de extender el evangelio por el mundo.
11. ¿Cuáles son algunas de las condiciones básicas para ser un mensajero efectivo de Dios?
12. ¿En qué sentido es cada cristiano responsable de la predicación del evangelio a toda criatura?

# 37

# La iglesia: Su servicio y mayordomía

## A. SU SERVICIO A DIOS

Servicio es cualquier trabajo realizado en beneficio de otra persona. Cuando se estudia este tema en la Biblia, se observa una serie de similitudes y contrastes entre el Antiguo Testamento y el Nuevo. Casi cada doctrina se encuentra anunciada en el Antiguo Testamento y casi cada doctrina del Antiguo Testamento es acabada hasta la perfección en el Nuevo. El tema del servicio no es excepción; se verá que su estudio será en gran parte el reconocimiento del tipo del Antiguo Testamento y su relación con el antitipo del Nuevo Testamento.

El servicio que Dios pide, ya sea en el Antiguo Testamento o en el Nuevo, es entregado primariamente a un sacerdocio divinamente preparado. En el orden del Antiguo Testamento el sacerdocio era una jerarquía que estaba sobre la nación, y servían bajo la autoridad del sumo sacerdote. En el orden del Nuevo Testamento cada creyente es un sacerdote para Dios (1 P. 2:5-9; Ap. 1:6). Toda la compañía de sacerdotes que ministran en el Nuevo Testamento están bajo la autoridad de Cristo, que es el verdadero Sumo Sacerdote, de quien todos los demás sumos sacerdotes sólo eran tipos.

Por lo tanto, en conformidad con el orden del Nuevo Testamento, el servicio ha sido entregado a todos los creyentes por igual y sobre la base de su relación sacerdotal con Dios. En su ministerio sacerdotal, los sacerdotes del Nuevo Testamento, al igual que los sacerdotes del Antiguo, eran designados para servir a Dios y al hombre.

Como no había un evangelio que predicar a las naciones en el Antiguo Testamento, el servicio sacerdotal durante el período que abarca consistió solamente en la realización, en el tabernáculo o en el templo, del ritual divinamente ordenado. En contraste con esto, el ministerio sacerdotal en el Nuevo Testamento es mucho más amplio en su alcance, e incluye no solamente el servicio a Dios y a sus hermanos en la fe, sino a todos los hombres en todo lugar.

1. *El servicio de sacrificio es asombrosamente similar en el Antiguo y el Nuevo Testamento.* El sacerdote del Antiguo Testamento era santificado o apartado por el hecho de que había nacido en la familia sacerdotal de Leví y por el hecho de que él, tras la debida ceremonia, era investido sacerdote, oficio con carácter de continuo mientras viviera. Además, era purificado al principio de su ministerio por medio de un baño definitivo (Ex. 29:4).

En el cumplimiento del antitipo, el creyente sacerdote es purificado de una vez para siempre en el momento que recibe la salvación (Col. 2:13; Tit. 3:5) y, en virtud de su salvación, es apartado para Dios. Así también es introducido en la familia de Dios por el nuevo nacimiento. Además de esto, se exige particularmente del sacerdote del Nuevo Testamento que se dedique a Dios en *forma voluntaria.*

Tocante a su autodedicación, leemos: ««Así que, hermanos, os ruego por las misericordias de Dios, que presentéis vuestros cuerpos en sacrificio vivo, santo, agradable a Dios, que es vuestro racional culto» (Ro. 12:1). La frase «las misericordias de Dios» se refiere a los grandes hechos de la salvación que han sido planteados en los capítulos precedentes del libro de Romanos, misericordias a las que todo creyente ingresa en el momento de ser salvo; mientras que la presentación del cuerpo como sacrificio vivo es la autodedicación a la voluntad de Dios de todo lo que el creyente es o tiene. Lo que de esta manera se dedica a Dios, El lo acepta y lo pone donde El quiere en su campo de servicio (Ef. 2:10).

Según las Escrituras, este acto divino de aceptar y dar un lugar de servicio es la consagración. Por lo tanto, el creyente sacerdote puede *dedicarse a sí mismo,* pero nunca *consagrarse* a Dios. En conexión con el acto divino de la consagración, debiera observarse que la obra actual de Cristo como Sumo Sacerdote —recibir, dirigir y administrar el servicio de los creyentes— cumple lo que era tipificado por el ministerio del sacerdote del Antiguo Testamento en la consagración de los hijos de Leví.

Habiéndose rendido a Dios y al no conformarse más a este mundo, el creyente sacerdote experimentará la vida transformada por el poder del Espíritu que mora en él, y por aquel poder experimentará «cuál sea la buena voluntad de Dios, agradable y perfecta» (Ro. 12:2).

Según el orden del Nuevo Testamento el servicio sacerdotal en el sacrificio hacia Dios es cuádruple: *a*) la dedicación de sí, que es, según se declara, un servicio racional (Ro. 12:1), o más literalmente un «culto espiritual». Como Cristo mismo era el sacrificador y el sacrificio, así el creyente puede glorificar a Dios ofreciendo todo su cuerpo como un sacrificio vivo a Dios; *b*) el sacrificio de labios que es la voz de alabanza y debe ser ofrecido continuamente (He. 13:15); *c*) el sacrificio de sustancia (Fil. 4:18); *d*) el sacrificio de buenas obras (He. 13:16).

En cuanto a la purificación de los sacerdotes, debe notarse nuevamente que el sacerdote del Antiguo Testamento al entrar en su santo oficio fue purificado de una vez por todas por un baño *completo,* que fue administrado por otro (Ex. 29:4); sin embargo, aunque estaba completamente bañado, se requería que se limpiara con un lavamiento parcial en el lavacro de bronce, y esto antes de emprender cualquier servicio sacerdotal. Al cumplir el significado típico de esto, el sacerdote del Nuevo Testamento, aunque enteramente purificado y perdonado al ser salvo, tiene que cumplir con la exigencia de confesar todo pecado conocido en todo tiempo a fin de mantenerse puro y en buenas condiciones para tener comunión con Dios (1 Jn. 1:9). Así como la ordenación sacerdotal del sacerdote del Antiguo Testamento era para toda la vida, el sacerdote del Nuevo Testamento es un sacerdote de Dios para siempre.

2. *El servicio de adoración, que será presentado detalladamente en un capítulo posterior, puede ser considerado aquí como parte del servicio de cada creyente sacerdote en la era actual, así como era parte de la adoración y el servicio de todo sacerdote del Antiguo Testamento.* Así como en el orden del Antiguo Testamento los muebles del lugar santo simbolizaban la adoración sacerdotal y todo aspecto y utensilio de aquel lugar hablaba de Cristo, la adoración del creyente es por Cristo y solamente por medio de El.

Repetimos que en el servicio hacia Dios la adoración del creyente puede ser el ofrecimiento de sí mismo a Dios (Ro. 12:1), el reconocimiento de todo corazón que la alabanza y la acción de gracias pertenecen al Señor (He. 13:15), o la presentación de ofrendas.

En conexión con la adoración de los sacerdotes del Antiguo Testamento había dos prohibiciones, y éstas también tienen un significado típico. No debían llevar incienso extraño (Ex. 30:9), lo que típicamente habla de la pura formalidad en el servicio a Dios, y no se permitía fuego extraño (Lev. 10:1), lo que simbolizaba el dejarse llevar por las emociones carnales como sustituto de la verdadera devoción a Cristo, o el amor a las cosas de menor importancia con exclusión del amor a Cristo (1 Co. 1:11-13; Col. 2:8, 16-19).

3. *El servicio de intercesión, que consideraremos en un capítulo posterior, es una importante función del creyente sacerdote.* Como el profeta es el representante de Dios ante el pueblo, así el sacerdote es el representante del pueblo ante Dios. Como el sacerdocio era una institución divina, siempre había acceso a la presencia de Dios; sin embargo, ningún sacerdote de la antigua dispensación podía entrar en el lugar Santísimo salvo el sumo sacerdote, y esto, una sola vez en el año y con la sangre de un sacrificio (He. 9:7).

En esta dispensación Cristo, como sumo sacerdote, ha entrado con su propia sangre en el santuario celestial (He. 4:14-16; 9:24; 10:19-22) y está intercediendo por los suyos que están en el mundo (Ro. 8:34; He. 7:25). Cuando Cristo murió el velo del templo se rasgó, lo que significa que ahora está abierto el camino hacia el lugar Santísimo, no para el mundo, sino para todo aquel que acuda a Dios sobre la base de la sangre derramada por Cristo (He. 10:19-22).

Teniendo un acceso sin impedimentos a la presencia de Dios a causa de la sangre de Cristo, el sacerdote del Nuevo Testamento tiene el privilegio de ministrar en la intercesión (Ro. 8:26-27; He. 10:19-22; 1 Ti. 2:1; Col. 4:12).

## B. SERVICIO AL HOMBRE

Hay un arreglo divino en el orden de la verdad como se encuentra en Romanos 12:1-8. Aquí, como en todas las Escrituras, el servicio cristiano no se menciona hasta que han sido presentadas las grandes cuestiones de la dedicación y la consagración. Inmediatamente después del mensaje acerca de estos puntos fundamentales se introduce el tema de la concesión de dones para el servicio, y en relación a esto es importante observar la amplia diferencia que hay entre el uso bíblico de la palabra «don» y el sentido que se le da en el lenguaje común. Generalmente se entiende por don alguna habilidad natural recibida por nacimiento y que lo capacita a uno para hacer cosas especiales. Según el uso bíblico de la palabra, don es un ministerio del Espíritu que mora en el creyente. Es el Espíritu que realiza un servicio y usa al creyente como un instrumento. En ningún sentido es algo que el creyente obra solo, ni siquiera algo hecho por el creyente con ayuda del Espíritu. El servicio cristiano se presenta como una «manifestación del Espíritu» (1 Co. 12:7), del mismo modo que el carácter cristiano es un «fruto del Espíritu» (Gá. 5: 22-23).

Aunque cada creyente posee algunos dones divinamente otorgados (1 Co. 12:7; Ef. 4:7), hay una diversidad de dones (Ro. 12:6; 1 Co. 12:4-11; Ef. 4:11). Los creyentes no han sido todos designados para hacer la misma cosa. En esto hay un contraste con el oficio sacerdotal en que *todos* los creyentes sacrifican, adoran e interceden. Aunque algunos dones representativos que son generales han sido nombrados en las Escrituras (Ro. 12:6-8; 1 Co. 12:8-11; Ef. 4:11), y aunque algunos de éstos evidentemente han cesado (1 Co. 13:8), es probable que el ministerio del Espíritu a través de los creyentes sea variado según las circunstancias en medio de las cuales deben servir.

Los dones son otorgados para que el siervo de Dios sea para «provecho» (1 Co. 12:7), y está, por lo tanto, implícito que el servicio brindado en la fuerza de la carne no es provechoso. La manifestación del Espíritu en el ejercicio de un don es como «ríos de agua viva» (Jn. 7:37-39), y es la realización de las «buenas obras que Dios preparó de antemano para que anduviésemos en ellas» (Ef. 2:10).

Sin necesidad de exigencia alguna, los creyentes llenos del Espíritu Santo están constantemente activos en el ejercicio de sus dones. Los cristianos carnales, aunque poseen un don, no están activos en su ejercicio, ni responden a las exhortaciones humanas. Sin embargo, cuando arreglan cuentas con Dios por la confesión del pecado, la rendición de su vida y el caminar en dependencia del Espíritu que mora en ellos, inmediatamente son llenos del Espíritu y como resultado *desean* hacer la voluntad de Dios, y por su poder suficiente que obra en ellos llegan a ser útiles en el servicio para el que fueron ordenados por Dios. Los cristianos no son llenos del Espíritu Santo como resultado de estar activos en el servicio; la verdad es que están activos en el servicio porque están llenos del Espíritu. Asimismo, a veces es la voluntad de Dios que toda actividad cese y que el siervo fatigado descanse. Fue Cristo quien dijo: «Venid vosotros aparte... y descansad.»

## C. SU MAYORDOMIA

La responsabilidad del cristiano en la mayordomía puede ser considerada bajo tres aspectos: 1) ganar dinero, 2) poseer dinero, 3) dar dinero. Puesto que el dinero obtenido por medio del trabajo es vida humana en forma concreta, y por cuanto el dinero así ganado es un factor vital en la vida espiritual y en el progreso material, el hijo de Dios debe enfrentar su responsabilidad como mayordomo que será juzgado ante el tribunal de Cristo (Ro. 14:10-12). Con demasiada frecuencia el hijo de Dios gana el dinero, lo posee o lo da sin reconocer la relación fundamental que sustenta con Dios.

1. *El cristiano debe ganar el dinero de una manera que sea digna de la relación que el cristiano tiene con Dios.* Como nos amonesta el mandamiento, «hacedlo todo para la gloria de Dios» (1 Co. 10:31). Ha sido ordenado divinamente que todos trabajen (Gn. 3:19; 2 Ts. 3:10), y el cristiano no ha sido exceptuado. Sin embargo, para el creyente espiritual

e instruido el trabajo es más que sólo ganarse la vida; es hacer la voluntad de Dios. Todo empleo, por sencillo que sea, debe ser aceptado por el hijo de Dios como una tarea específicamente asignada por Dios, y debe ser hecha para El, o no hacerse.

El hecho incidental de que a Dios le haya placido dar el pan y el vestido a sus hijos por medio del trabajo cotidiano no debe oscurecer la verdad mayor de que Dios, en su infinito amor, está preocupado del cuidado de sus hijos, y esto sin referencia a su poder de ganar dinero (Fil. 4:19; He. 13:5). No es veraz el dicho: «Dios provee solamente para los que no pueden proveer para sí mismos.» El cuida de los suyos en todo tiempo, puesto que todo lo que tienen proviene de El (1 S. 2:7).

En las relaciones entre los hombres hay que reconocer la necesidad de los contratos y salarios, porque «el obrero es digno de su salario» (Lc. 10:7); pero, en relación con su Padre, el ideal más alto del cristiano acerca de su trabajo es que, sea lo que fuere que haga, lo hace por voluntad de Dios, por amor a El y como expresión de su devoción a El. Del mismo modo, lo que recibe no lo ha *ganado,* sino que es la expresión del cuidado amoroso del Padre. Tal actitud no es sentimental ni poco práctica; es la única base sobre la que el creyente puede santificar todo su trabajo haciéndolo para la gloria de Dios, o puede estar en condiciones de «estar siempre gozoso» (1 Ts. 5:16) en medio de las cargas de la vida.

2. *La posesión de dinero constituye una gran responsabilidad para todo cristiano sincero.* En vista de la gran necesidad que se observa en todas las direcciones y del inmensurable bien que el dinero puede hacer, todo cristiano espiritual debe enfrentar la cuestión práctica relativa a la retención de sus posesiones en su poder. Sin duda, con frecuencia la voluntad de Dios es que uno conserve la propiedad; pero el cristiano rendido no da esto *por concedido.* Sólo debe quedarse con su propiedad cuando Dios le orienta específicamente al respecto, y debiera estar sometido a su control. Los motivos que obran sobre los hombres, ricos y pobres —el deseo de ser ricos (1 Ti. 6:8-9, 17-18; Stg. 1:11; He. 13:5; Fil. 4:11), el deseo de prevenir algo para el día de la necesidad (Mt 6: 25-34) y el deseo de proveer para los demás—, son dignos de

elogio sólo en la medida que cumplan la voluntad de Dios específicamente revelada a cada individuo.

3. *El dar dinero que el cristiano ha ganado es un aspecto importante de cualquier servicio que el creyente brinda a Dios.* El yo y el dinero son raíces de muchos males, y en el gasto del dinero, como en su adquisición y posesión, se espera que el cristiano esté en una relación de gracia con Dios. Esta relación supone que él primero se ha entregado a Dios con una dedicación sin restricciones (2 Co. 8:5); y una verdadera dedicación a Dios del yo incluye todo lo que uno es y tiene (1 Co. 6:20; 7:23; 1 P. 1:18-19) —su vida, tiempo, fuerzas, capacidades, ideales y posesiones.

En lo referente a dar dinero, el principio de la gracia incluye el reconocimiento, por parte del creyente, de la autoridad soberana de Dios sobre todo lo que el creyente es y tiene, y contrasta con el sistema legal del Antiguo Testamento de los diezmos que estaban en vigor como una parte de la ley hasta que la ley fue puesta a lado (Jn. 1:16-17; Ro. 6:14; 7:1-6; 2 Co. 3:1-18; Gá. 3:19-25; 5:18; Ef. 2:15; Col. 2:14). Aunque algunos principios de la ley han seguido y se han reafirmado bajo la gracia, como la observancia del *sabbat,* el diezmo no se ha impuesto sobre el creyente de esta dispensación. Así como el día del Señor superó al reposo legal y se ha adaptado a los principios de la gracia de una manera que el *sabbat* no podía, el diezmo ha sido superado por un sistema nuevo de dar que se adapta a las enseñanzas de la gracia de una manera que el diezmo no podía hacerlo.

En 2 Corintios 8:1 - 9:15 se resume lo que es el dar bajo la gracia, ilustrada por la experiencia de los santos de Corinto. En este pasaje descubrimos:

*a*) Cristo era su ejemplo. La forma en que el Señor se dio a sí mismo (2 Co. 8:9) es el patrón de toda dádiva bajo la gracia. El no dio una décima parte; lo dio todo.

*b*) Su dádiva fue de su profunda pobreza. Aquí se emplea una sorprendente combinación de frases para describir lo que los corintios experimentaron en su acción de dar (2 Co. 8:2): «en grande prueba de tribulación», «la abundancia de su gozo», «su profunda pobreza», «riquezas de su generosidad». Además, acerca de la liberalidad a pesar de la gran pobreza, debemos recordar que la ofrenda de la viuda (Lc. 21:1-4), que fue objeto de elogio de parte de nuestro Señor, no era una parte, sino todo lo que ella tenía.

*c*) La donación de ellos no fue por mandamiento ni por necesidad. Bajo la ley, el diezmo era un *mandamiento* y su pago era una necesidad; bajo la gracia Dios no está buscando el don, sino una expresión de devoción de parte del dador. Bajo la gracia no se impone ley alguna, y no se estipula ninguna proporción en el dar; y aunque es cierto que Dios obra en el corazón rendido así el querer como el hacer por su buena voluntad (Fil. 2:13), El solamente se agrada en la ofrenda dada con alegría (2 Co. 9:7).

Si existiera una ley que determinara el monto que debe darse, indudablemente habría quienes tratarían de cumplir con el pago aun contra sus propios deseos. Así la ofrenda de ellos sería hecha «con tristeza» y «por necesidad». Si se dice que para sostener la obra del evangelio debe tenerse dinero sin importar si fue dado con alegría o con tristeza, podemos responder que lo que cumple con el propósito deseado no es *la cantidad* dada, sino la bendición divina sobre la ofrenda.

Cristo dio de comer a cinco mil personas con cinco panes y dos peces. Hay evidencias abundantes como para demostrar que, dondequiera que los hijos de Dios han cumplido su privilegio de dar bajo la gracia, su liberalidad ha dado como resultado tener «siempre en todas las cosas todo lo suficiente», lo que ha hecho que los creyentes abunden en buenas obras, porque Dios es poderoso para hacer que aun la gracia de dar «abunde» en cada creyente (2 Co. 9:8).

*d*) Los cristianos primitivos «a sí mismos» se dieron primeramente. La ofrenda aceptable es precedida de una completa entrega de sí mismo (2 Co. 8:5). Esto sugiere la importante verdad de que el dar bajo la gracia, al igual que el dar bajo la ley, está limitado a una cierta clase de personas. El diezmo jamás fue impuesto por Dios a otra nación fuera de Israel. Así la ofrenda cristiana está limitada a los creyentes y es más aceptable cuando es dada por creyentes que han ofrendado sus vidas al Señor.

*e*) Además, los cristianos de la iglesia primitiva daban sistemáticamente. Al igual que con los diezmos, se sugiere una regularidad sistemática en el dar bajo la gracia. «Cada primer día de la semana cada uno de vosotros ponga aparte algo, según haya prosperado» (1 Co. 16:2). Esta orden ha sido dirigida a «cada uno» (cada cristiano), y esto no excusa a nadie; el dar debe ser de lo que se ha apartado para ello.

*f*) Dios sostiene al dador. Dios sostendrá la ofrenda de gracia con sus ilimitados recursos temporales (2 Co. 9:8-10; Lc. 6:38). En esta conexión se puede ver que los que dan tanto como la décima parte, normalmente prosperan en las cosas temporales; pero como el creyente no puede tener relación con la ley (Gá. 5:1), es evidente que esta prosperidad es el cumplimiento de la promesa bajo la gracia, y no el cumplimiento de promesas bajo la ley. Así ninguna bendición es dependiente de un diezmar con exactitud.

Las bendiciones son otorgadas porque el corazón se ha expresado a través de la ofrenda. Es claro que no habrá ofrenda hecha a Dios de corazón que El en su gracia no reconozca. En esto no hay oportunidad para que personas astutas se hagan ricos. La ofrenda debe ser de *corazón*, y la respuesta de Dios será según su perfecta voluntad hacia su hijo. El puede responder concediendo riquezas materiales, o por medio de bendiciones temporales según El lo estime conveniente.

*g*) Las verdaderas riquezas son de Dios. Los cristianos corintios fueron enriquecidos con posesiones celestiales. Se puede ser rico en posesiones de este mundo y no ser rico para con Dios (Lc. 12:21). A tales personas se extiende la invitación de que compren del Señor oro que es refinado en fuego (Ap. 3:18). Por medio de la absoluta pobreza de Cristo en su muerte, todos pueden ser enriquecidos (2 Co. 8:9). Es posible ser rico en fe (Stg. 2:5) y rico en buenas obras (1 Ti. 6:18); pero en Cristo Jesús el creyente recibe las «riquezas de su gracia» (Ef. 1:7) y las «riquezas de su gloria» (Ef. 3:16).

## PREGUNTAS

1. ¿A quién se ha entregado primariamente el servicio divino?
2. Hacer un contraste entre los sacerdocios del Antiguo y del Nuevo Testamento en el carácter de su servicio.

3. ¿En qué sentido era similar el servicio de los sacrificios en ambos Testamentos?
4. ¿En qué forma en particular se espera que el sacerdote del Nuevo Testamento se dedique a sí mismo a Dios en forma voluntaria?
5. ¿Qué diferencia hay entre dedicación y consagración?
6. ¿Qué puede experimentar el sacerdote creyente en el Nuevo Testamento si se rinde a Dios?
7. Nombrar los cuatro sacrificios del sacerdote del Nuevo Testamento.
8. Hacer un contraste entre la ceremonia del baño del sacerdote del Antiguo Testamento y el lavado parcial en el lavacro de bronce.
9. ¿En qué forma la purificación del sacerdote del Antiguo Testamento anuncia la purificación del sacerdote del Nuevo?
10. ¿En qué forma está relacionado el sacerdote con la adoración?
11. ¿Qué prohibiciones fueron dadas acerca de la adoración en el Antiguo Testamento, y cómo se aplican al sacerdote del Nuevo Testamento?
12. Comparar la obra del sacerdote del Antiguo Testamento con la de los otros sacerdotes.
13. Comparar la obra de Cristo como nuestro sumo sacerdote y nuestra obra como sacerdotes.
14. ¿Cómo se relaciona la diversidad de dones con el servicio del sacerdote del Nuevo Testamento?
15. ¿Cómo afecta la carnalidad al ejercicio de un don espiritual?
16. ¿Cuáles son las tres fases de la mayordomía del cristiano?
17. ¿Cómo se relaciona la obtención del dinero con el caminar con Dios del cristiano?
18. ¿En qué sentido la posesión del dinero se convierte en una responsabilidad de todo cristiano sincero?
19. ¿En qué sentido el dar dinero refleja la relación de gracia del cristiano con Dios?

20. ¿En qué sentido es Cristo nuestro modelo en el dar?
21. ¿Qué relación hay entre el dar y la pobreza?
22. ¿Cómo se relaciona el dar con el mandamiento y la necesidad?
23. ¿Cómo se relaciona el dar con el darse a sí mismo primeramente?
24. ¿Qué es dar sistemáticamente?
25. ¿Cómo sostiene Dios al dador?
26. Establecer un contraste entre las riquezas terrenales y las riquezas celestiales.

# 38

# La iglesia: Su culto en la oración y la acción de gracias

Como vimos en Romanos 12:1-2 y Hebreos 13:15-16, el cristiano, como sacerdote creyente, está ocupado con cuatro sacrificios: 1) El sacrificio de su cuerpo (Ro. 12:1-2); 2) el sacrificio de alabanza (He. 13:15); 3) el sacrificio de buenas obras (He. 13:16); y 4) el sacrificio de la mayordomía o de la acción de dar presentada en la expresión «de la ayuda mutua no os olvidéis» (He. 13:16). Dios se agrada de tales sacrificios (He. 13:16). Hemos considerado ya el sacrificio de las buenas obras y la mayordomía de las posesiones temporales en el capítulo anterior, de modo que ahora consideraremos la obra del creyente sacerdote en la oración y la alabanza a Dios que forman la parte esencial de la adoración.

En la edad presente la adoración no es cuestión de forma o circunstancias, sino en las palabras de Cristo a la samaritana: «Dios es Espíritu; y los que le adoran, en espíritu y en verdad es necesario que adoren» (Jn. 4:24). En consecuencia, la adoración no está confinada a servicios sagrados en grandes catedrales; es la adoración del corazón del cristiano al expresar la alabanza y la intercesión ante su Padre Celestial en el nombre de Cristo. La oración y la alabanza son los principales elementos de la adoración y son actos de comunión directa de los hombres con Dios. El estudio de la doctrina de la oración y la alabanza en el Antiguo y el Nuevo Testamentos muestra que hay una revelación progresiva y un privilegio creciente.

## A. LA ORACION ANTES DE LA PRIMERA VENIDA DE CRISTO

Aunque la oración personal y privada ha sido una práctica de los hombres piadosos a través de todas las edades, es evidente que la oración, en lo principal, era ofrecida por el patriarca en favor de su casa (Job 1:5) y, en el período que se extiende desde Moisés hasta Cristo, era ofrecida por los sacerdotes y gobernantes en favor de su pueblo. A través de todos los siglos comprendidos en este período la base de la oración consistía en invocar los pactos de Jehová (1 R. 8:22-26; Neh. 9:32; Dn. 9:4) y su santo carácter (Gn. 18:25; Ex. 32:11-14), y debía ser después de derramar la sangre del sacrificio (He. 9:7).

## B. LA ORACION EN LA EXPECTACION DEL REINO

La pretensión mesiánica de Cristo y el reinado de su parte fue rechazado por la nación de Israel; pero durante los primeros días de su predicación, y cuando el reino era ofrecido a Israel, enseñó a sus discípulos a orar por el reino que se iba a establecer en la tierra.

La conocida oración el Padrenuestro aparece en Mateo 6:9-13 e incluye la petición «venga tu reino» (Mt. 6:10). Esta oración tiene primariamente en vista la realización del reinado sobre la tierra en el milenio cuando Cristo reine como supremo soberano sobre la tierra. La doxología contenida en Mateo 6:13 concluye: «porque tuyo es el reino, y el poder, y la gloria, por todos los siglos. Amén». Esta doxología no se encuentra en muchos manuscritos antiguos del Evangelio de Mateo y se omite en el relato paralelo de Lucas 11:2-4. Muchos creen que fue añadida por los copistas de las Escrituras como una forma adecuada de concluir la oración. Sea que haya formado parte de Mateo originalmente o no, es un hecho que hace una afirmación correcta respecto de la doctrina del reino futuro.

Debido a que el Padrenuestro incluye además otros asuntos adecuados para todas las edades y circunstancias, tales como la adoración del Padre, la petición del pan cotidiano y la liberación de la tentación, a menudo se ha tomado como una oración modelo. Sin embargo, es dudoso que ésa haya sido la intención de Cristo. La verdadera oración del Señor se encuentra en Juan 17, donde nuestro Señor intercedió por su iglesia en pleno reconocimiento del propósito de Dios para su iglesia en la era actual.

Algunos han sostenido que el Padrenuestro se usa impropiamente en esta era, y, sin embargo, por sus muchas características que le hacen apto para todo tiempo, y su sencillez, se ha hecho muy querido para muchos creyentes; aún más, no es impropio que los que viven actualmente anhelen en oración la venida del reino milenial. Sin embargo, debe entenderse claramente que este reino no vendrá por esfuerzo humano antes de la segunda venida de Cristo, como algunos han enseñado, sino que espera el glorioso regreso de Cristo, que por su poder establecerá su reino sobre la tierra.

## C. LA ORACION DE CRISTO

En Juan 17 se presenta la verdadera oración del Señor y revela una libertad hasta lo sumo en la comunión entre el Padre y el Hijo. En este capítulo Cristo ejerce su oficio de Sumo Sacerdote, y el tema de su oración es la necesidad de los creyentes sobre la tierra en la edad futura que vendría después de Pentecostés.

Mientras estuvo sobre la tierra antes de su muerte, Cristo pasó largo tiempo en oración (Mt. 14:23), aun toda la noche (Lc. 6:12), y es probable que la forma de su oración era la misma comunión familiar con Su Padre que se encuentra en Juan 17. La oración de Cristo no parece depender de las promesas o pactos, sino más bien descansa en su propia persona y en la obra sacerdotal del sacrificio. La oración de Cristo, especialmente en Juan 17, es, en consecuencia, una revelación de la obra intercesora de Cristo a la diestra de Dios Padre y que prosigue a través de toda la dispensación actual.

## D. LA ORACION BAJO LA RELACION DE LA GRACIA

La oración no es igual a través de todas las edades, sino que, como todas las demás responsabilidades humanas, se adapta a las diversas dispensaciones. Con el gran avance de la revelación proporcionada por el Nuevo Testamento, la oración adquiere el nuevo estado de oración en el nombre de Cristo en la revelación plena de su sacrificio sobre la cruz.

Entre los siete rasgos sobresalientes de la vida del creyente bajo la gracia con Cristo mencionados en el aposento alto y en Getsemaní (Jn. 13:1 - 17:26) se incluye la oración. La enseñanza de Cristo sobre el tema vital de la oración se da en tres pasajes (Jn. 14:12-14; 15:7; 16:23-24). Según esta palabra de Cristo, la posibilidad presente de la oración bajo la gracia se eleva por sobre las limitaciones terrenales en la esfera de las relaciones infinitas que obtiene en la nueva creación. Esta forma de oración puede considerarse bajo cuatro aspectos.

1. *La función de la oración incluye no solamente la alabanza sino la presentación de las necesidades del creyente en la presencia del Señor, y la intercesión por los demás.* El racionalismo enseña que la oración es irrazonable porque un Dios omnisciente sabría mejor que el hombre que ora aquello que éste necesita. Sin embargo, Dios, en su soberanía, ordenó la oración como el medio para el cumplimiento de su voluntad en el mundo y ha instruido a los que creen en El para que presenten sus peticiones. La importancia de la oración se revela en Juan 14:13-14, donde Cristo prometió hacer todo lo que le pidiésemos en su nombre. Consecuentemente, Dios ha elevado la importancia de la oración al punto de que en gran parte Dios ha condicionado su acción a la oración fiel del creyente.

Esta responsabilidad es cosa establecida. Ya no es cuestión de racionalidad; es cuestión de ajuste. Es probable que no podamos comprender todo lo que hay detrás de ello, pero sabemos que en el ministerio de la oración el hijo de Dios es introducido en una asociación vital con la obra de Dios en una manera que de otro modo no podría participar. Por cuanto el cristiano puede participar en la gloria que sigue, se le da la oportunidad de participar en el logro de ella. Esta responsabilidad en asociación no es extendida al creyente como una concesión especial; es la función normal de una persona por la cual ha sido derramada la sangre expiatoria (He. 10:19-20), y que ha sido vitalmente unido con Cristo en la nueva creación. No es irracional que una persona que es parte viva de Cristo (Ef. 5:30) tenga parte en su servicio y en su gloria.

Cabe destacar que, en conexión con el anuncio del nuevo oficio de la oración como una sociedad en la ejecución del plan, es que Cristo afirmó: «las obras que yo hago, él las hará también, y aun mayores las hará» (Jn. 14:12), frase que es inmediatamente seguida por la segura afirmación de que sólo El emprende la tarea de responder a este ministerio de oración. Tan vital es esta unión del esfuerzo entre la oración y lo que Dios obrará en su respuesta que se dice que el creyente es *el que hace* las obras mayores.

2. *El privilegio de orar en el nombre del Señor Jesús, que bajo la gracia se extiende a todo hijo de Dios, da a la oración una característica que la eleva a un grado infinito que la eleva por sobre toda otra forma de oración que haya existido en el pasado o exista en el futuro.* Asimismo, la forma presente de la oración supera todos los privilegios precedentes; porque cuando Cristo dijo: «Hasta ahora nada habéis pedido en mi nombre» (Jn. 16:24), y así desechó toda otra base de oración que había existido.

Podemos estar seguros de que el nombre del Señor Jesucristo atrae la atención del Padre y que el Padre no sólo oirá cuando se usa ese nombre, sino que se sentirá inclinado a hacer lo que se le pida por amor de su amado Hijo. El nombre de Cristo es equivalente a la persona de Cristo, y el nombre no se da a los creyentes para ser usado como un conjuro. La oración en el nombre de Cristo comprende el reconocimiento de sí como una parte viva de Cristo en la nueva creación y, por lo tanto, limita los temas de oración a aquellos proyectos que están en línea directa con los propósitos y la gloria de Cristo. Es hacer una oración que Cristo podría pronunciar. Puesto que orar en el nombre de Cristo es como poner la firma de Cristo a nuestra petición, es razonable que la oración tenga esa limitación.

Habiendo señalado que a veces la pobreza espiritual se debe al hecho de que nosotros no pedimos, Santiago sigue diciendo que «pedís y no recibís, porque pedís mal, para gastar en vuestros deleites» (Stg. 4:2-3). Así la oración puede llegar a ser, o una atracción para obtener las cosas del yo, o una forma de lograr las cosas de Cristo. El creyente, habiendo sido salvado del yo y estando vitalmente unido con Cristo (2 Co. 5:17-18; Col. 3:3), ya no está preocupado del yo. Esto no es decir que se abandonan los mejores intereses del creyente; es afirmar que ahora se consideran estos intereses como que pertenecen a la nueva esfera en que Cristo es el todo en todos. Estando en Cristo, es normal que nosotros oremos en su nombre y es anormal orar sólo por los deseos del yo que nada tienen que ver con la gloria de Cristo.

Puesto que la oración sólo es posible sobre la base de la sangre derramada y en virtud de la unión vital del creyente con Cristo, la oración de los inconversos no puede ser aceptada por Dios.

3. *El alcance de la oración bajo la gracia se afirma en la frase «todo lo que», pero no sin que haya limitaciones razonables.* Es *todo lo que* pidiereis en mi nombre, según el propósito y la gloria de Cristo. Antes que sea posible ofrecer la verdadera oración, el corazón debe conformarse a la mente de Cristo. «Si permanecéis en mí, y mis palabras permanecen en vosotros, pedid todo lo que queréis» (Jn. 15:7), y esto es verdadero; porque bajo este ajuste de corazón el hijo de Dios pedirá solamente las cosas que están dentro de la esfera de la voluntad de Dios.

Bajo la gracia, hay perfecta libertad de acción para aquel en quien Dios está obrando así el querer como el hacer, por su buena voluntad (Fil. 2:13). Asimismo, hay una libertad de petición ilimitada para el que ora dentro de la voluntad de Dios. Al creyente que está lleno del Espíritu Santo se le dice: «De igual manera el Espíritu nos ayuda en nuestra debilidad; pues qué hemos de pedir como conviene, no lo sabemos, pero el Espíritu mismo intercede por nosotros con gemidos indecibles. Mas el que escudriña los corazones sabe cuál es la intención del Espíritu, porque conforme a la voluntad de Dios intercede por los santos» (Ro. 8:26-27). La perspectiva de la oración bajo la gracia no es estrecha; es tan infinita como los intereses eternos de aquel en cuyo nombre tenemos el privilegio de orar.

4. *Todo creyente fiel debiera prestar cuidadosa atención a la práctica de la oración.* Es altamente importante que los

creyentes observen un horario regular de oración. Debieran evitar todo uso irreverente de la oración o las repeticiones inútiles que caracterizan al mundo pagano, y debieran seguir el orden divino prescrito para la oración bajo la gracia. Esto se afirma en las siguientes palabras: «En aquel día no me preguntaréis nada. De cierto, de cierto os digo, que todo cuanto pidiereis al Padre en mi nombre os lo dará» (Jn. 16:23), y la oración será hecha en el Espíritu (Jud. 20).

Este orden no ha sido impuesto en forma arbitraria. Sin embargo, dirigir la oración a Cristo es abandonar su mediación orando *a* El, en lugar de orar *por medio* de El, sacrificando, por lo tanto, el rasgo más vital de la oración bajo la gracia: la oración en su nombre. Dirigir la oración al Espíritu de Dios es orar *al* Espíritu, en lugar de orar *por* él, y ello implica que hasta ese punto estamos dependiendo de nuestra propia suficiencia.

Entonces podría concluirse que, bajo la gracia, la oración debe ser dirigida al Padre en el nombre del Hijo y en el poder del Espíritu Santo.

## E. LA ORACION DE ACCION DE GRACIAS

La verdadera acción de gracias es la expresión voluntaria de una gratitud de corazón por los beneficios recibidos. Su efectividad depende de la sinceridad, así como su intensidad depende del valor que se le dé a los beneficios recibidos (2 Co. 9:11). La acción de gracias es algo completamente personal. Hay obligaciones que nos corresponden a nosotros y que podrían asumirlas otras personas, pero nadie puede ofrecer palabras de acción de gracias en lugar nuestro (Lv. 22:29).

La acción de gracias no es de ningún modo un pago por el beneficio recibido; más bien es reconocer con gratitud el hecho de que el que ha recibido el beneficio está endeudado con el dador. Puesto que no hay pago que pueda hacerse a Dios por sus beneficios incontables e inmensurables, a través de las Escrituras se sostiene la obligación de ser agradecidos a Dios, y toda acción de gracias está estrechamente relacionada con la adoración y la alabanza.

Bajo el antiguo orden las relaciones espirituales de Dios se expresaban de una manera material. Entre éstas se hizo provisión para la ofrenda, sacrificio o acción de gracias (Lv. 7:12, 13, 15; Sal. 107:22; 116:17). En forma similar, en esta era es un privilegio del creyente hacer ofrendas y sacrificios de acción de gracias a Dios. Sin embargo, si mientras se ofrece la donación de acción de gracias el motivo incluye un pensamiento de compensación, se destruye el valor esencial de la acción de gracias.

El tema de la oración se menciona muchas veces en el Antiguo Testamento y frecuentemente en los Salmos. En el Antiguo Testamento se da dirección explícita para las ofrendas de acción de gracias (Lv. 7:12-15), y la alabanza y la acción de gracias fueron especialmente enfatizadas en el avivamiento que hubo bajo la dirección de Nehemías (Neh. 12: 24-40). Del mismo modo, el mensaje profético del Antiguo Testamento anuncia las acciones de gracias como uno de los rasgos especiales de la adoración en el reino venidero (Is. 51:3; Jer. 30:19). Del mismo modo, hay incesantes acciones de gracia en los cielos (Ap. 4:9; 7:12; 11:17).

Una característica importante de la acción de gracias en el Antiguo Testamento es la apreciación de la persona de Dios sin consideración de los beneficios recibidos de El (Sal. 30:4; 95:2; 97:12; 100:1-5; 119:62). Aunque ha sido constantemente descuidado, el tema de la acción de gracias es importantísimo y ese tipo de alabanza es razonable y adecuado. «Bueno es alabarte, oh Jehová» (Sal. 92:1).

En el Nuevo Testamento el tema de la acción de gracias se menciona unas cuarenta y cinco veces, y esta forma de alabanza se ofrece por las bendiciones temporales y por las espirituales. La infaltable práctica de Cristo de dar gracias por los alimentos (Mt. 15:36; 26:27; Mr. 8:6; 14:23; Lc. 22: 17, 19; Jn. 6:23; 1 Co. 11:24) debiera ser un ejemplo efectivo para todos los creyentes. El apóstol Pablo también fue fiel en este sentido (Hch. 27:35; Ro. 14:6; 1 Ti. 4:3-4).

La acción de gracias de parte del apóstol Pablo es digna de atención. El usa la frase «Gracias a Dios» en relación con Cristo el «don inefable» (2 Co. 9:15), tocante a la victoria obtenida sobre el sepulcro y que fue asegurada por medio de la resurrección (1 Co. 15:57), y en conexión con el triunfo presente que es nuestro por medio de Cristo (2 Co. 2:14). Su acción de gracias a Dios por los creyentes (1 Ts. 1:2; 3:9), por Tito en particular (2 Co. 8:16), y su exhortación en el sentido de que se den acciones de gracias por todos los hombres (1 Ti. 2:1) son igualmente lecciones objetivas para todos los hijos de Dios.

Cabe destacar dos importantes características de la acción de gracias según el Nuevo Testamento.

1. *La acción de gracias debe ser incesante.* Por cuanto la adorable persona de Dios no cambia y sus beneficios nunca cesan, y puesto que la abundante gracia de Dios redundará para gloria de Dios por la acción de gracias de muchos (2 Co. 4:15), es razonable que las acciones de gracias sean dadas a El sin cesar. De esta forma de alabanza leemos: «Ofrezcamos siempre a Dios, por medio de El, sacrificio de alabanza, es decir, fruto de labios que confiesan su nombre» (He. 13:15; compárese con Ef. 1:16; 5:20; Col. 1:3; 4:2). Esta característica de la acción de gracias también se enfatiza en el Antiguo Testamento (Sal. 30:12; 79:13; 107:22; 116:17).

2. *Las acciones de gracias deben ser ofrecidas por todo como se dice en Efesios 5:20:* «Dando siempre gracias por todo al Dios y Padre, en el nombre de nuestro Señor Jesucristo.» Un mandamiento similar se encuentra en 1 Tesalonicenses 5:18: «Dad gracias en todo, porque ésta es la voluntad de Dios para con vosotros en Cristo Jesús» (cf. con Fil. 4:6; Col. 2:7; 3:17).

Hay mucha distancia entre dar gracias *siempre* por *todo* y el dar gracias *algunas veces* y por *algunas cosas*. Sin embargo, habiendo aceptado que a los que aman a Dios *todas* las cosas ayudan a bien, es correcto que se dé gracias a Dios por *todas* las cosas. Esta alabanza, que honra a Dios, puede ser ofrecida solamente por los que son salvos y que están llenos del Espíritu (Ef. 5:18-20). Daniel dio gracias a Dios enfrente de la sentencia de muerte (Dn. 6:10), y Jonás dio gracias a Dios desde el vientre del gran pez y desde las profundidades del mar (Jon. 2:9).

El abundante pecado de la ingratitud hacia Dios se ve ilustrado por uno de los sucesos registrado en la vida de Jesús. Cristo limpió a diez leprosos, pero solamente uno volvió para dar gracias, y éste era samaritano (Lc. 17:11-19). Aquí debemos notar que la ingratitud es un pecado, y se incluye como uno de los pecados de los últimos días (2 Ti. 3:2).

Es probable que haya sincera gratitud de parte de muchos inconversos que tratan de ser agradecidos a Dios por los beneficios temporales; pero fallan lamentablemente al no apreciar el don de su Hijo, lo que los convierte en personas muy ingratas ante la vista de Dios.

En los Estados Unidos se estableció un día llamado de Acción de Gracias. Fue establecido por creyentes y para los creyentes reconociendo que el pecador que rechaza a Cristo no puede ofrecer una acción de gracias aceptable a Dios.

## PREGUNTAS

1. ¿Cuáles son los cuatro sacrificios del creyente sacerdote?
2. ¿Qué importancia atribuye usted al hecho de que la alabanza sea uno de los cuatro sacrificios?
3. ¿En qué forma se relaciona la adoración a la forma y las circunstancias?
4. ¿Cuál era la característica de la oración antes de la primera venida de Cristo?
5. ¿Cuál era el propósito de la oración del Señor conocida como el Padrenuestro que aparece en Mateo 6:9-13?
6. ¿En qué sentido es apropiado que oremos por la venida del Reino?
7. ¿Por qué debiera considerarse Juan 17 como la verdadera oración del Señor?
8. ¿Qué aprendemos de las Escrituras acerca de la vida de oración de Cristo, y cómo indica Juan 17 la forma de sus peticiones?
9. ¿Por qué en la presente dispensación de gracia la función de la oración incluye la intercesión a pesar de la omnisciencia de Dios?
10. ¿Qué seguridad tiene el creyente de que Dios se hará cargo de responder a sus peticiones?
11. ¿Qué quiere decir orar en el nombre del Señor Jesucristo, y cómo nos da seguridad este hecho?
12. ¿Cuáles son los dos peligros gemelos señalados por Santiago en relación a la oración?

13. ¿Cuál es la perspectiva ilimitada de la oración bajo la gracia?
14. ¿Cómo está relacionado el Espíritu con nuestras oraciones?
15. ¿Cuáles son los peligros de no tener períodos regulares de oración, por una parte, y de las repeticiones inútiles, por la otra?
17. ¿Por qué la acción de gracias a Dios es una cosa muy personal?
18. ¿En qué sentido es la acción de gracias un sacrificio?
19. ¿Cómo se relaciona con Dios la acción de gracias en contraste con sus obras?
20. ¿Cuáles son algunas ilustraciones notables de acción de gracias en el Nuevo Testamento?
21. ¿Cuáles son dos características importantes de la acción de gracias que se destacan en el Nuevo Testamento?
22. ¿Por qué es un pecado no expresar las acciones de gracias?
23. ¿Por qué solamente los creyentes pueden ofrecer acciones de gracias que tengan verdadero valor?

# 39

# La iglesia: Su organización y ordenanzas

## A. GOBIERNO DE LA IGLESIA

La iglesia, como cuerpo de Cristo, comprende a todos los cristianos que se han unido a Cristo como cabeza del cuerpo por medio del bautismo del Espíritu. La iglesia como un organismo ha sido ordenado sobre la base del mismo principio del cuerpo humano, porque cada parte se relaciona con las demás partes y todo el cuerpo se relaciona con la cabeza que dirige el cuerpo. El cuerpo de Cristo no necesita esencialmente de una organización, puesto que su relación es espiritual y sobrenatural.

Sin embargo, en la iglesia local, tanto en los tiempos bíblicos como ahora, es necesario tener cierta organización en la práctica. En la historia de la iglesia se encuentran tres formas de gobierno de la iglesia, cada una de las cuales tiene sus raíces en los tiempos apostólicos.

1. *La forma episcopal de gobierno reconoce un obispo, o dirigente eclesiástico, como quiera que se le denomine, que, en virtud de su oficio, tiene poder de dirigir la iglesia local.* Esto ha dado origen a la compleja organización de la Iglesia Católica Romana, o a los sistemas más sencillos de la Iglesia Episcopal y de la Iglesia Metodista, en las que se designan

obispos para supervisar las actividades de las iglesias en una determinada área.

2. *Una forma representativa de gobierno que reconoce la autoridad de representantes debidamente designados por las iglesias locales, normalmente agrupadas geográficamente, como es el caso de las iglesias reformadas y presbiterianas.* Los representantes de un grupo de iglesias locales (presbiterio) a veces quedan bajo la jurisdicción de un cuerpo mayor o sínodo, el que a su vez puede quedar bajo la autoridad de un cuerpo mayor denominado asamblea general. Aunque varían las reglas y la extensión del poder, la idea es que la autoridad constituida de la iglesia la ejercen representantes debidamente elegidos.

3. *La forma congregacional de gobierno es aquella que pone la autoridad en la congregación local, y los asuntos importantes son decididos por las congregaciones sin considerar la autoridad de otras iglesias u oficiales.* Esta forma de gobierno se ve en las iglesias congregacionales, las iglesias de los discípulos y en las iglesias bautistas. Aunque las iglesias locales pueden estar sometidas en algún grado a cuerpos mayores, comités u oficiales, el concepto de una iglesia congregacional es que la iglesia local determina sus propios asuntos, elige y ordena sus ministros y dirige el uso de sus ingresos.

En cierta medida se ven las tres formas de gobierno en la iglesia primitiva. Algunas de las iglesias primitivas reconocen que los apóstoles tienen la autoridad primaria. Sin embargo, esto parece haber acabado junto con la primera generación de cristianos. En el concilio de Jerusalén se ilustra el gobierno representativo (Hch. 15), donde los apóstoles y ancianos reunidos fueron considerados como una autoridad en cuestiones doctrinales surgidas en las iglesias. Sin embargo, estrictamente hablando, ellos no habían sido elegidos ni eran representantes de la iglesia en el sentido moderno. A medida que las iglesias maduraron y ya no necesitaron la supervisión apostólica, parece que el gobierno fue pasando a las iglesias locales mismas. Esta parece ser la situación en el caso de las siete iglesias de Asia mencionadas en Apocalipsis 2 - 3, las cuales no estaban sujetas a autoridad humana aunque permanecían bajo la autoridad de Cristo mismo. Es dudoso si las Escrituras autorizan un gobierno extenso y complejo como el que a veces se ve en la iglesia moderna, y parecería necesario volver a la sencillez bíblica.

## B. EL ORDEN DE LA IGLESIA

El concepto de orden eclesiástico se relaciona con quiénes tienen la autoridad en la iglesia local y proporcionan el liderazgo para ella. En el Nuevo Testamento la iglesia local incluía a las personas designadas como obispos y ancianos y que eran los líderes responsables de la iglesia local. Es probable que los obispos y ancianos fueran las mismas personas aunque los títulos eran algo diferentes en significado.

El concepto de anciano en el Nuevo Testamento derivó probablemente de los ancianos que ejercían la autoridad sobre Israel (Mt. 16:21; 26:47, 57; Hch. 4:5, 23) y señalaba a una persona madura en juicio y digna de una posición de autoridad. De aquí que un anciano fuera una persona que tenía cualidades personales que lo calificaban para el liderazgo, mientras el término «obispo» o «sobreveedor» describía el oficio o función de la persona. El obispo era siempre anciano, pero un anciano no siempre era obispo bajo ciertas circunstancias, esto es, podía tener las cualidades sin ejercer el oficio. Parece que normalmente las palabras habían sido usadas en un sentido idéntico en la iglesia primitiva (Tit. 1: 5, 7).

En la era apostólica los obispos y ancianos en una iglesia local eran varios, aunque quizás algunos tenían más autoridad como líderes que otros. Los obispos y ancianos recibían la carga de ciertas responsabilidades tales como gobernar la iglesia (1 Ti. 3:4-5; 5:17), tenían que proteger la iglesia contra el error moral o teológico (Tit. 1:9) y debían dirigir o supervisar la iglesia en la forma que un pastor lo haría con su rebaño (Jn. 21:16; Hch. 20:28; He. 13:17; 1 P. 5:2). Aunque eran designados por los apóstoles, parece que a medida que las iglesias maduraban la iglesia misma era la que hacía las designaciones, y la designación era un reconocimiento de sus cualidades espirituales que los calificaban para los puestos de liderazgo (Hch. 14:23; 20:28; Tit. 1:5; 1 P. 5:2).

Además de los ancianos y obispos, otros eran designados diáconos. En la iglesia primitiva se preocupaban en el cuidado de los necesitados y en ministrar a las necesidades físicas, aunque también podían tener dones espirituales (Hch. 6:1-6; 1 Ti. 3:8-13). Como los ancianos, eran apartados para su oficio por los apóstoles (Hch. 6:6; 13:3; 2 Ti. 1:6) o podían ser nombrados por los ancianos (1 Ti. 4:14) en la iglesia primitiva. Como en el caso de ancianos y obispos, debe hacerse distinción entre el oficio de diácono y el ministerio que un diácono pudiera desarrollar. Felipe es una ilustración de una persona que tenía el oficio de diácono pero que por don espiritual era un evangelista (Hch. 6:5; 21:8).

En la iglesia de hoy algunas iglesias tienden a reconocer un solo pastor como el anciano y a los demás oficiales que le asisten en las tareas espirituales como diáconos. Sin embargo, esto parece no estar basado en una práctica bíblica.

## C. ORDENANZAS DE LA IGLESIA

La mayor parte de las iglesias protestantes reconocen solamente dos ordenanzas: el bautismo y la cena del Señor. Las excepciones las constituyen ciertos cuerpos eclesiásticos que, entre las ordenanzas, incluyen el lavamiento de los pies, en la forma que Cristo lavó los pies a los discípulos (Jn. 13). La Iglesia Católica Romana agrega un cierto número de ordenanzas. Solamente el bautismo y la cena del Señor son universalmente reconocidos.

1. *La ordenanza del bautismo con agua se ha visto sujeta a incontables controversias durante la historia de la iglesia y ha traído como resultado importantes divisiones en la iglesia organizada.* En general, las discusiones han caído sobre dos puntos importantes: 1) si el bautismo con agua es solamente un ritual o realmente otorga algún beneficio espiritual al receptor; 2) la cuestión del modo, si el bautismo es por inmersión o si puede administrarse válidamente por efusión, refiriéndose al bautismo por rociamiento o por efusión de agua sobre el bautizado.

Los que sostienen que el bautismo con agua es un ritual, creen que representa una verdad espiritual, pero que en sí mismo no otorga ninguna gracia sobrenatural a la persona bautizada. El concepto de que el bautismo es un ritual es la mejor interpretación. Quienes sostienen que el bautismo con agua confiere alguna gracia especial varían ampliamente en la medida que el bautismo beneficia a la persona bautizada.

Algunos creen en la regeneración bautismal, esto es, que el agua aplicada en el bautismo afecta el nuevo nacimiento del creyente; otros sostienen que solamente provee una gracia o inclinación hacia la fe y obediencia del evangelio. Quienes se oponen a la idea del bautismo como sólo un *ritual* se refieren al bautismo como un bautismo *real* inseparablemente relacionado con el bautismo del Espíritu y el nuevo nacimiento del creyente.

El segundo problema surge en conexión con el modo del bautismo. Aquí la controversia gira en torno a la cuestión de si la palabra «bautizar» se usa en sentido primario o secundario. El significado primario de *bautizar* es «sumergir» o «meter en» algo, agua por ejemplo. La palabra griega que significa «zambullir» no se usa para dar la idea de bautismo con agua. Consecuentemente algunos argumentan que el bautismo se usa en el sentido secundario de *iniciación* según el cual uno pasa de una relación antigua a una nueva relación.

Cristo se refirió a su muerte como un bautismo (Mt. 20: 22-23), y los israelitas que pasaron el mar Rojo sin que el agua los tocara son señalados como bautizados en la nube y en el mar (1 Co. 10:2). En esto se basa el argumento que dice que la inmersión física en agua no es necesaria en el bautismo bíblico.

En la historia de la iglesia surgió la práctica del derramamiento de agua sobre la persona bautizada en cumplimiento del símbolo del derramamiento del Espíritu en la salvación, o la aplicación de agua en cantidad menor, bautismo que se llama por aspersión. La historia de esta doctrina se ha caracterizado por discusiones sin fin. En algunos casos, como el ejemplo del bautismo de Cristo, las implicaciones parecen señalar que fue bautizado por inmersión. En otros casos, como en el bautismo del carcelero de Filipos (Hch. 16:33), se sostiene que es muy improbable que el carcelero y su casa pudieran haber sido sumergidos en la oscuridad de la mañana antes del amanecer, y el bautismo normalmente tendría que haber sido por rociamiento mientras aún estaban en la casa.

Como el bautismo por inmersión es reconocido por todos como un bautismo ritual, la tendencia ha sido seguir este modo en muchas iglesias evangélicas en vez de entrar en la controversia de si la efusión es el modo legítimo de bautismo. Sin duda, se ha dado excesiva importancia al modo de bautismo, ya que la cuestión más importante es si el individuo ha nacido de nuevo y ha sido bautizado por el Espíritu Santo en el cuerpo de Cristo. En los diccionarios bíblicos se pueden encontrar argumentos en pro y en contra de las diversas definiciones del modo y el significado del bautismo.

Otro problema que surge en torno al bautismo como un ritual es la cuestión del bautismo infantil en oposición al bautismo de creyentes. Hay relativamente poca evidencia bíblica para el bautismo infantil. Sus adherentes normalmente consideran el bautismo infantil como la expresión contemporánea de la separación de un hijo para Dios, acto que en Israel era representado por la circuncisión. Aun cuando hubo bautismo de familias completas, como en Hechos 16, que incluían presumiblemente algunos niños, no hay un caso claro de bautismo infantil en la Biblia. Consecuentemente, la mayoría de los evangélicos prefieren un servicio de dedicación, dejando el bautismo con agua para el momento en que haya un reconocimiento de una fe verdadera en Cristo de parte de personas que tienen edad suficiente para hacer esa decisión con discernimiento.

La práctica del bautismo infantil sólo puede ser una expresión de la confianza y esperanza de los padres de que su hijo finalmente llegará a la salvación. En todo caso, el bautismo de adultos debiera seguir a la evidencia de una fe verdadera en Cristo. Aunque el modo del bautismo no está necesariamente unido a la cuestión del bautismo infantil, los infantes, generalmente hablando, son bautizados por afusión y no por inmersión, y quienes aceptan la inmersión como el único modo de bautismo, generalmente aceptan únicamente el bautismo de personas que han puesto su fe en Cristo.

Sea cual fuere el modo del bautismo, el significado final es que el creyente es separado de lo que era sin Cristo para ser lo que es en Cristo, participando en los beneficios de la muerte y resurrección de Cristo. La iglesia primitiva observó el rito del bautismo en forma constante, y prácticamente todas las ramas de la iglesia practican el bautismo en alguna forma en el día de hoy.

2. *La ordenanza de la cena del Señor fue instituida la noche antes de la crucifixión de Cristo como una representación simbólica de la participación del creyente en los be-*

*neficios de su muerte*. Como tal, ha sucedido a la Pascua que los judíos han celebrado permanentemente desde su salida de Egipto.

Según la exposición dada en 1 Corintios 11:23-29, al ordenar a sus discípulos que comieran el pan, Jesús les dijo que el pan representaba su cuerpo que sería sacrificado por ellos. Debían observar este ritual durante su ausencia en memoria de Cristo. Cristo declaró que la copa de vino era el nuevo pacto en su sangre; al beber de la copa recordarían a Cristo especialmente en su muerte. Debía observar esta celebración hasta su regreso.

La historia de la iglesia ha visto interminables controversias en torno a la cena del Señor. En general se han destacado tres puntos de vista principales. La Iglesia Católica Romana ha sostenido la doctrina de la «transubstanciación», esto es, el pan y el vino se transforman en el cuerpo y la sangre de Cristo y la persona que participa en ellos está participando literalmente en el cuerpo y la sangre de Cristo, aunque sus sentidos puedan reconocer que los elementos siguen siendo pan y vino. Un segundo punto de vista es sustentado por los luteranos y se le llama «consubstanciación», aunque la palabra no es aceptada por los luteranos. Este punto de vista sostiene que, aunque el pan sigue siendo pan y el vino sigue siendo vino, en ambos elementos está la presencia del cuerpo de Cristo, y de este modo uno participa del cuerpo de Cristo al observar la cena del Señor.

Un tercer punto de vista sustentado por Zuinglio es llamado punto de vista conmemorativo y sostiene que la observancia de la cena del Señor es una «conmemoración» de su muerte sin que ocurra ningún cambio sobrenatural en los elementos. Calvino sostuvo una variante de esto según la cual Cristo estaba espiritualmente en los elementos.

Las Escrituras parecen apoyar el punto de vista conmemorativo, y los elementos que contendrían o simbolizarían la presencia de Cristo serían más bien un reconocimiento de su ausencia. En armonía con esto, la cena del Señor debe ser celebrada hasta que El venga.

Una observancia adecuada de la cena del Señor debe tener en cuenta las cuidadosas instrucciones del apóstol Pablo en 1 Corintios 11:27-29. La cena del Señor debe observarse con la debida reverencia y después de un autoexamen. El que participa de la cena de una manera descuidada o indigna acarrea condenación sobre sí Pablo dice: «Por tanto, pruébese cada uno a sí mismo, y coma así del pan y beba de la copa» (1 Co. 11:28).

Muchos cristianos han considerado, con mucha justicia, que la cena del Señor es un momento sagrado de conmemoración de la muerte de Cristo y de todo lo que ello significa para el cristiano individual. Como Pablo lo dice, es un tiempo de examen interior, un momento de confesión de pecados y de restauración. Además, es un recordatorio de los maravillosos beneficios que han alcanzado a cada creyente por medio de la muerte de Cristo.

Así como la cena del Señor señala hacia el hecho histórico de la primera venida de Cristo y su muerte en la cruz, debe también señalar hacia su segunda venida cuando la observancia de la cena del Señor cesará. Aun cuando no se da una indicación clara de la frecuencia de la observancia, parece probable que los cristianos primitivos la practicaban con frecuencia, quizás una frecuencia de una vez a la semana cuando se reunían el primer día para celebrar la resurrección de Cristo. En todo caso, la observancia de la cena del Señor no debiera ser distante en el tiempo, sino en obediencia respetuosa y adecuada a su mandamiento de hacerlo hasta que El venga.

## PREGUNTAS

1. Hacer un contraste entre los conceptos de la iglesia como un organismo y la iglesia como una organización.
2. ¿Cuáles son las tres formas de gobierno de la iglesia que se encuentran en la historia eclesiástica?
3. ¿Cuáles son las características esenciales de la forma episcopal de gobierno?
4. ¿Cuáles son las características de la forma representativa de gobierno, y cómo se ve en algunas denominaciones del presente?

5. ¿Cuáles son las características de la forma de gobierno congregacional, y cómo está representado en las iglesias de hoy?
6. ¿En qué sentido se encuentra el gobierno episcopal en la iglesia primitiva?
7. ¿Cómo se ilustra el gobierno representativo en la Iglesia primitiva?
8. ¿En qué forma se reconoce el gobierno congregacional en la iglesia primitiva?
9. Según las Escrituras, ¿qué son los obispos y ancianos, y qué distinción hay entre ellos?
10. ¿Cuáles eran las responsabilidades de un obispo?
11. ¿Cuál era el oficio de un diácono, y qué responsabilidades se les daban?
12. ¿Cuáles son las principales ordenanzas de la iglesia?
13. ¿Qué adiciones a las acostumbradas dos ordenanzas hay en la actualidad?
14. ¿Qué se quiere decir cuando se afirma que el bautismo es considerado un ritual?
15. ¿Cuál es el sentido del bautismo cuando se sostiene que tiene beneficios espirituales reales?
16. ¿Cuáles son los diferentes puntos de vista acerca del modo del bautismo?
17. ¿En qué forma se relaciona el modo con los significados primario y secundario de la palabra «bautizar»?
18. ¿Qué ilustraciones se encuentran en el Nuevo Testamento del bautismo en sentido secundario?
19. ¿Qué ejemplo se cita en apoyo de la inmersión?
20. ¿Qué ejemplo se cita en apoyo de la afusión, ya sea el rociamiento o la aspersión?
21. ¿Qué tanta importancia tiene el modo del bautismo?
22. ¿Por qué sostienen algunos el bautismo infantil?
23. ¿Por qué se oponen algunos al bautismo infantil como enseñanza bíblica?
24. Si se practica el bautismo infantil, ¿cuál es la limitación en su significado?
25. ¿Cuál es el significado final del bautismo sin consideración del modo?
26. ¿Cuándo fue instituida la cena del Señor?

27. ¿Qué instrucciones dio Cristo a sus discípulos acerca del significado del pan y el vino?
28. ¿Cuáles son los tres puntos de vista principales acerca de la cena del Señor?
29. ¿Qué se entiende por doctrina de la transubstanciación, y quién sostiene ese punto de vista?
30. ¿Qué punto de vista sostiene la iglesia luterana generalmente?
31. ¿Cuál es el punto de vista conmemorativo de Zuinglio, y qué variante sostuvo Calvino?
32. ¿Qué punto de vista acerca de la cena del Señor parece tener más apoyo bíblico?
33. ¿Qué preparación es necesaria para participar en la cena del Señor?
34. Describir el doble significado de la cena del Señor con referencia a la historia y la profecía.

# 40

# La iglesia: El cuerpo y la esposa de Cristo y su recompensa

## A. SIETE FIGURAS DE CRISTO Y SU IGLESIA

En las Escrituras se usan siete figuras para revelar la relación entre Cristo y su iglesia.

1. *El Pastor y la oveja que aparecen anunciados en el Salmo 23 se usan en Juan 10, donde Cristo es el Pastor y los que creen son las ovejas.* Según este pasaje: *a*) Cristo vino por la puerta, esto es, a través del linaje escogido de David; *b*) El es el verdadero pastor, al que siguen las ovejas; *c*) Cristo es también la Puerta de las ovejas, la puerta de entrada en la salvación y la puerta que da seguridad (Jn. 10:28-29); *d*) el Pastor da alimento y vida a las ovejas; *e*) en contraste, otros pastores sólo son asalariados que no dan su vida por sus ovejas; *f*) hay comunión entre las ovejas y el Pastor; así como el Padre conoce al Hijo y el Hijo conoce al Padre, las ovejas conocen al pastor; *g*) aunque Israel pertenecía a un redil diferente en el Antiguo Testamento, en la era actual hay un redil y un Pastor, en el cual judíos y gentiles por igual tienen salvación (Jn. 10:16); *h*) como Pastor, Cristo no sólo pone su vida por sus ovejas, sino que vive para siem-

pre para interceder por ellas y darles la vida espiritual y el alimento necesario (He. 7:25). Según el Salmo 23:1, «Jehová es mi pastor; nada me faltará.»

2. *Cristo es la Vid verdadera, y los creyentes son los pámpanos.* Aunque Israel estaba vinculado con Dios en la figura de la vid en el Antiguo Testamento, Cristo es la Vid verdadera y los creyentes son los pámpanos, según Juan 15. La figura habla de la unión con Cristo y de la comunión con Cristo. Se exhorta a los creyentes que permanezcan en una comunión inquebrantable con Cristo (15:10), y el resultado de permanecer en El es la limpieza o poda (v. 2), la oración eficaz (v. 7), gozo celestial (v. 11) y verdad eterna (v. 16). La verdad central de la vid y los pámpanos es que el creyente no puede gozar de la vida cristiana o ser fructífero en su servicio sin estar unido vitalmente con Cristo, la Vid verdadera.

3. *Cristo es la Piedra del ángulo, y la iglesia comprende las piedras del edificio.* En contraste con el Antiguo Testamento, en que Israel tenía un templo (Ex. 25:8), la iglesia es un templo (Ef. 2:21). En la figura, Cristo es presentado como la principal piedra del ángulo y los creyentes como piedras del edificio (Ef. 2:19-22). El propósito presente de Dios es edificar su iglesia (Mt. 16:18). En la construcción de la iglesia como un edificio, cada piedra es una piedra viva porque participa de la naturaleza divina (1 P. 2:5); Cristo es la piedra principal del ángulo y el fundamento (1 Co. 3:11; Ef. 2:20-22; 1 Pe. 2:6); y el edificio, como un todo, llega a ser «morada de Dios en el Espíritu» (Ef. 2:22). En la figura del edificio es evidente que cada creyente depende de Cristo como fundamento y como piedra del ángulo, y las piedras del edificio, igualmente, revelan la interdependencia de los creyentes, siendo el edificio, como un todo, el templo de Dios en el Espíritu.

4. *El Nuevo Testamento presenta a Cristo como nuestro Sumo Sacerdote, y a los creyentes como sacerdotes.* Según se señaló en estudios anteriores, el creyente sacerdote tiene un sacrificio cuádruple: *a*) ofrece un servicio de sacrificio, presentándose a sí mismo de una vez para siempre a Dios (Ro. 12:1-2); *b*) ofrece un servicio de adoración, dando alabanza y acción de gracias a Dios (He. 13:15), incluyendo un

servicio de intercesión u oración por sus propias necesidades y por las de los demás (Ro. 8:26-27; Col. 4:12; 1 Ti. 2:1; He. 10:19-22). Cristo, como Sumo Sacerdote nuestro, entra en el cielo por medio de su sangre derramada en el Calvario (He. 4:14-16; 9:24; 10:19-22) y ahora intercede por nosotros (Ro. 8:34; He. 7:25).

Como miembros de un real sacerdocio, es importante señalar que los creyentes además ofrecen: *c*) el sacrificio de buenas obras, y *d*) el sacrificio de su sustancia, además de haber ofrecido sus cuerpos en sacrificio vivo (He. 13:16).

5. *Cristo como la Cabeza y la iglesia como el cuerpo de Cristo revelan el propósito presente de Dios.* A esta figura le daremos consideración aparte y más detallada un poco más adelante en este capítulo.

6. *Cristo como el segundo Adán y la iglesia como nueva creación es una figura en que Cristo, como el resucitado, reemplaza a Adán, la cabeza del antiguo orden, y llega a ser cabeza de las nuevas criaturas en Cristo.* Esta figura está basada en la certeza de la resurrección de Cristo y en la importancia de que Cristo haya establecido un nuevo orden en su resurrección. El creyente está en Cristo por el bautismo del Espíritu, en contraste con el estar en Adán. En su nueva posición en Cristo, él recibe todo lo que Cristo hizo en su favor al proporcionarle justicia y nueva vida en Cristo. Puesto que Cristo es cabeza de la nueva creación, es necesario un nuevo día conmemorativo, el primer día de la semana, en contraste con el *sabbath* (sábado), que pertenecía al viejo orden.

7. *Cristo como el Esposo y la iglesia como la esposa es una figura profética de la relación presente y futura entre Cristo y su iglesia.* En contraste con Israel, presentado en el Antiguo Testamento como una esposa infiel a Jehová, la iglesia se revela en el Nuevo Testamento como una virgen que espera la venida de su Esposo. Esto será objeto de una amplia discusión más adelante en este capítulo. Como la iglesia, cuerpo de Cristo, es la figura más importante que revela el propósito presente de Dios, así la iglesia como la esposa es la figura más importante que revela la relación futura de la iglesia con Cristo.

## B. LA IGLESIA COMO EL CUERPO DE CRISTO

La discusión del bautismo del Espíritu en un capítulo anterior sacó a la luz la revelación neotestamentaria de la iglesia unida y constituida en el cuerpo de Cristo por el bautismo del Espíritu, según la declaración de 1 Corintios 12:13: «Porque por un sólo Espíritu fuimos todos bautizados en un cuerpo, sean judíos o griegos, sean esclavos o libres; y a todos se nos dio a beber de un mismo espíritu.» En esta figura se presentan tres verdades de gran importancia: 1) la iglesia es un cuerpo que se desarrolla por sí mismo; 2) los miembros del cuerpo reciben dones especiales y se les asignan servicios especiales; 3) el cuerpo es una unión viviente u organismo.

1. *Como cuerpo que se desarrolla por sí mismo, Efesios 4:11-16 presenta la iglesia como una entidad compuesta por individuos que tienen dones espirituales.* De aquí que algunos sean apóstoles, otros profetas, evangelistas, pastores y maestros. La verdad central es que los creyentes no solamente reciben la exhortación de servir a Dios en sus diversas capacidades, sino que están equipados para hacer un trabajo en particular para el cual Dios los ha llamado. El creyente cumple sus propios servicios cuando cumple el rol particular que se le ha asignado en el cuerpo de Cristo y participa en el perfeccionamiento del cuerpo de Cristo (Ef. 4:13).

2. *A los miembros del cuerpo de Cristo se les asigna un servicio específico que está de acuerdo con los dones que han recibido.* Así como en el cuerpo humano los diferentes miembros tienen funciones distintas, en el cuerpo de Cristo ocurre lo mismo. Es importantísimo que cada creyente se examine seriamente a fin de ver qué dones Dios le ha dado, y luego los use para la gloria de Dios. En Romanos 12:3-8 y 1 Corintios 12:28 se mencionan importantes dones. Cada creyente tiene algunos dones y hay creyentes que pueden tener más que otros. Los dones espirituales, aunque a veces están relacionados con habilidades naturales, no deben ser confundidos con ellas. Por ejemplo, aunque una persona tenga naturalmente el don de la enseñanza, solamente Dios puede dar el don de enseñar cosas espirituales.

Los dones espirituales no se consiguen buscándolos, sino por el Espíritu que reparte «a cada uno en particular como él quiere» (1 Co. 12:11). En la iglesia apostólica se recibieron algunos dones que han seguido hasta el presente; otros fueron dones señales que ciertamente cesaron después de la primera generación de cristianos. Sin embargo, cada don está sujeto a regulación por la Palabra de Dios y no es una base adecuada para el orgullo, siendo una gran responsabilidad por la cual cada creyente tendrá que rendir cuentas.

Aunque las iglesias locales pueden desarrollar complicadas organizaciones, la obra de Dios es realizada primariamente por medio de la iglesia como un organismo dirigido por Cristo, la Cabeza, en conformidad a las capacidades de cada miembro individual. Aunque no es raro que a un creyente en Cristo se le pida que sirva en una esfera para la cual no está especialmente dotado, obviamente su función más elevada será la de realizar la tarea para la cual fue incorporado al cuerpo de Cristo. Al presentar su cuerpo al Señor en sacrificio vivo puede conocer la perfecta voluntad de Dios (Ro. 12:1-2).

3. *El cuerpo es un organismo vivo que está eternamente unido en Cristo.* La unidad del cuerpo, que comprende judíos, gentiles y personas de diversas razas y culturas, es presentada en Efesios 1:23; 2:15-16; 3:6; 4:12-16; 5:30. La iglesia como cuerpo de Cristo tiene una unidad maravillosa en la que se ignora la división entre judío y gentil, y ambos tienen los mismos privilegios y acceso a la misma gracia. El cuerpo de Cristo acusa un agudo contraste con la relación entre Dios e Israel y los gentiles en el Antiguo Testamento y es una situación única, limitada a la edad presente. Según Efesios 3, los miembros del cuerpo participan en la maravillosa verdad, que estuvo oculta para los profetas del Antiguo Testamento, pero revelada en el Nuevo, de que los gentiles son coherederos, forman el mismo cuerpo y participan de las mismas promesas en Cristo que los judíos (Ef. 3:6). La unidad del cuerpo enfatizada en Efesios 4:4-7 es una unidad eterna que es la base de la comunión y el servicio cristiano en la edad actual y la base para una comunión eterna en la edad venidera.

## C. CRISTO COMO EL ESPOSO Y LA IGLESIA COMO LA ESPOSA

De las siete figuras de Cristo y la iglesia, solamente la figura del esposo y la esposa tiene una significación profética. En contraste con Israel, que fue la esposa infiel de Jehová, la iglesia es representada en el Nuevo Testamento como la virgen pura que espera la venida de su Esposo (2 Co. 11:2). Cristo como el Esposo ya es presentado en Juan 3:29 por Juan el Bautista.

Sin embargo, la revelación más importante la da Efesios 5:25-33 para ilustrar la relación correcta que debe haber entre marido y mujer en Cristo. Aquí se revela la triple obra de Cristo: *a*) en su muerte, «Cristo amó a la iglesia y se entregó a sí mismo por ella» (v. 25); *b*) Cristo está realizando su obra presente «para santificarla, habiéndola purificado en el lavamiento del agua por la Palabra» (v. 26); *c*) «a fin de presentársela a sí mismo, una iglesia gloriosa, que no tuviese mancha ni arruga ni cosa semejante, sino que fuese santa y sin mancha» (v. 27). Al morir en la cruz Cristo cumplió el simbolismo oriental de pagar una dote o el precio necesario para tomar una esposa. En la era actual, mediante el lavamiento de agua, la aplicación de la Palabra de Dios y la santificación del creyente, Cristo está preparando y purificando a su esposa para su relación futura. Al final del siglo, en el arrebatamiento de la iglesia, el Esposo vendrá por su esposa y la llevará al cielo. Allí El la presentará como la iglesia que refleja su gloria, perfecta, sin mancha ni arruga, una esposa santa, digna de un Esposo santo. La fiesta de bodas que seguirá, probablemente consumada en la comunión espiritual del reino milenial, verá reunirse a todos los demás santos para la celebración de la boda de Cristo y su iglesia. Esta fiesta de boda se anuncia en Apocalipsis 19:7-8 en el momento mismo en que Cristo está por venir a la tierra a establecer su reino.

El amor de Cristo por su iglesia que se revela en esta figura, es una notable demostración del amor de Dios. Se pueden mencionar cinco características del amor de Dios.

1. *La duración eterna del amor de Dios brota del hecho de que Dios es amor* (1 Jn. 4:8). El no ha obtenido el amor por esfuerzo propio, o por cultivo de su persona, ni considera el amor como algo separado de su personalidad que pudiera abandonar a voluntad. El amor es una parte vital de su ser. Si El hubiera tenido principio, el amor habría comenzado cuando El empezó. Si cesara su amor, dejaría de existir una parte esencial de la persona de Dios. El es lo que es, en

gran parte, porque es amor. El amor de Dios no puede cambiar. A Israel le dijo: «Con amor eterno te he amado» (Jer. 31:3); y de Cristo está escrito: «Como había amado a los suyos que estaban en el mundo, los amó hasta el fin» (literalmente: «sin fin»; Jn. 13:1; cf. con 15:9). El amor de Dios hacia un individuo no tiene fluctuaciones ni tiene fin.

2. *El amor de Dios motiva su incesante actividad.* Aunque el amor de Dios se manifestó de una vez para siempre en el sacrificio de su bienamado Hijo (Ro. 5:8; 1 Jn. 3:16), lo que se manifestó en un momento del tiempo es la revelación de la actitud eterna de Dios hacia el hombre. Si hubiésemos podido mirar el corazón de Dios antes de la creación del universo material, habríamos visto que ya había hecho la provisión del Cordero que habría de ser sacrificado por el pecado del mundo (Ap. 5:6). Si pudiésemos ahora mirar en el corazón de Dios, veríamos la misma compasión no disminuida en favor de los perdidos que se manifestó en la muerte de su Hijo. La muerte de Cristo, ocurrida en un momento, no fue un espasmo de amor divino; es el anuncio ante un mundo perdido del hecho del amor eterno e inmutable de Dios.

3. *El amor de Dios tiene una pureza transparente.* Acerca de este aspecto del amor de Dios no hay palabras humanas que puedan describirlo. No hay egoísmo en el amor divino; Dios jamás ha buscado beneficios para sí. El nada recibe; todo lo da. Pedro exhorta a los creyentes a amar de corazón puro, entrañablemente (1 P. 1:22); pero ¡cuán pocos son los que aman a Dios por lo que El es, sin consideración de sus beneficios! ¡Qué diferente es el amor de Dios! Nuestro juicio nos lleva a pensar que El necesita nuestro dinero, nuestro servicio o nuestra influencia. El no necesita nada de nosotros; pero El nos necesita *a nosotros,* y solamente porque su infinito amor no puede ser satisfecho sin nosotros. El título «Amado» que se dirige a los creyentes es altamente expresivo; porque, en su relación con Dios, su más alta función es ser *amado.*

4. *El amor de Dios tiene una intensidad ilimitada.* La cosa más costosa del mundo es la sangre de Cristo, el Hijo único de Dios; sin embargo, Dios amó de tal manera al mundo que dio a su Hijo unigénito. El sacrificio de su Hijo por hombres que aún eran pecadores y enemigos parece alcanzar los más lejanos límites del infinito; sin embargo, se nos

habla de un amor que es «mucho más» que esto. Es el amor de Dios por los que han sido reconciliados y justificados por medio de la muerte de Cristo (Ro. 5:8-10); por supuesto, nada «nos podrá separar del amor de Dios que es en Cristo Jesús Señor nuestro» (Ro. 8:39).

5. *El amor de Dios tiene una benevolencia inagotable.* No hay esperanza para este mundo sin el maravilloso amor que Dios tiene hacia los que aún son pecadores. Pero el amor de Dios no es pasivo. Movido en un grado infinito por su amor, Dios actuó en favor de quienes, de otro modo, hubieran tenido que expulsar de su presencia para siempre. Dios no podía ignorar la justa condenación del pecador que su justa santidad exigía; pero él podía tomar sobre sí la maldición que debía caer sobre el pecador: «Nadie tiene mayor amor que este, que uno ponga su vida por sus amigos» (Jn. 15:13), y esto fue lo que El hizo a fin de que, sin violar su propia santidad, pudiera tener libertad para salvar de la culpa (Ro. 3:26). Estando libres por la muerte vicaria de Cristo, Dios no conoce limitaciones y no cesa de obrar hasta que, para su propia satisfacción, pone al pecador justamente condenado en la más alta gloria celestial y conformado a la imagen de Cristo.

La gracia salvadora es más que amor; es el amor de Dios puesto en libertad de acción para imponerse sobre sus justos juicios contra el pecador. «Por gracia sois salvos por medio de la fe» (Ef. 2:8; cf. con 2:4; Tit. 3:4-5).

Además, Dios tiene un perfecto odio por el pecado que, como contrapartida de su amor, lo prepara para salvar al pecador de su condenación. De igual modo, este odio por el pecado, combinado con su amor, hace de Dios un Padre que disciplina a su hijo. «Yo reprendo y castigo a todos los que amo» (Ap. 3:19), y «el Señor al que ama, disciplina» (He. 12:6).

Debido a esta unión viva con Cristo (1 Co. 6:17), el creyente es objeto del amor del Padre del mismo modo que el Padre ama a Cristo (Jn. 17:23), y este amor infinito nunca disminuye en la hora de la corrección o de la prueba.

Además de estas manifestaciones directas del amor de Dios, se pueden citar muchas manifestaciones indirectas. En el Nuevo Testamento hay pocas referencias al amor humano; el énfasis más bien está puesto en el amor divino que ha sido impartido y que experimenta solamente el creyente que está lleno del Espíritu. El mensaje de Romanos 5:5 es que el amor de Dios brota del Espíritu que nos es dado. El amor divino es fruto del Espíritu (Gá. 5:22); por lo tanto, El es su fuente. El amor divino se manifiesta indirectamente pasando a través del corazón del creyente. 1 Juan pone énfasis en que si hemos nacido de Dios, amaremos como Dios ama; 1 Corintios 13 es una descripción del carácter sobrehumano del amor. No hay éxtasis en esta vida comparable a la afluencia libre y sobreabundante del amor de Dios.

Debe observarse que no es el amor a Dios lo que estamos considerando; se trata más bien del amor que pertenece a Dios. Debemos notar algunas cosas en cuanto a este amor:

Se experimenta como respuesta a la oración de Cristo (Jn. 17:26). Dios ama al mundo perdido (Jn. 3:16; Ef. 2:4), y así tan ciertamente aborrece al sistema mundano que es malo (1 Jn. 2:15-17). Dios ama a quienes ha redimido (Jn. 13:34-35; 15:12-14; Ro. 5:8; Ef. 5:25; 1 Jn. 3:16; 4:12). Dios ama a la nación de Israel (Jer. 31:3). Dios ama a quienes han vagado lejos de El (Lc. 15:4, 20). El amor de Dios es eterno (Jn. 13:1). El amor de Dios es sacrificial, hasta el punto de dar a su propio Hijo (Jn. 3:16; 2 Co. 8:9; Ef. 5:2). En el misterio de esta compasión divinamente ordenada, el apóstol Pablo estaba dispuesto a ser apartado de Cristo por amor a sus hermanos, sus parientes según la carne (Ro. 9:1-3).

El ejercicio del amor divino es el primer mandamiento de Cristo bajo la gracia (Jn. 13:34-35; 15:12-14) y debiera ser característica sobresaliente de cada cristiano (Gá. 5:13; Ef. 4:2, 15; 5:2; Col. 2:2; 1 Ts. 3:12; 4:9). El amor impartido por Dios no se obtiene por cultivo, ni se puede producir por esfuerzos de la carne. Es la experiencia normal de quienes, habiendo cumplido los requisitos, están llenos del Espíritu (Gá. 5:22).

## D. LA ESPOSA ADORNADA Y RECOMPENSADA

Entre los diversos juicios de las Escrituras, uno de los más importantes es el juicio del tribunal de Cristo en que se juzga y recompensa a la iglesia. Con referencia al pecado, las Escrituras enseñan que el hijo de Dios que está bajo la gracia no vendrá a juicio (Jn. 3:18; 5:24; 6:37; Ro. 5:1; 8:1;

1 Co. 11:32); en su posición delante de Dios, y sobre la base de que el castigo de todos los pecados —pasados, presentes y futuros— fue llevado por Cristo como el perfecto sustituto, el creyente se encuentra no solamente fuera de toda condenación, sino que estando en Cristo es aceptado por la perfección de Cristo (1 Co. 1:30; Ef. 1:6; Col. 2:10; He. 10:14) y es amado de Dios como Cristo es amado (Jn. 17:23). Pero en relación a su vida cotidiana y su servicio a Dios, el cristiano debe dar cuenta ante el tribunal de Cristo (Ro. 14:10; 2 Co. 5:10; Ef. 6:8), juicio que se celebrará a la venida de Cristo para recibir a los suyos (1 Co. 4:5; 2 Ti. 4:8; Ap. 22:12; cf. con Mt. 16:27; Lc. 14:14).

Cuando se presenten ante el gran trono blanco para el juicio final, los inconversos serán juzgados «según sus obras» (Ap. 20:11-15). El propósito de este juicio no es determinar si los que han sido presentados a él serán salvos o se perderán; su propósito es más bien determinar el *grado* de castigo que corresponde a los perdidos a causa de sus obras malas. Del mismo modo, cuando los salvados se presentan ante el tribunal de Cristo, en su venida, son juzgados por sus obras, no para determinar si se salvan o se pierden, sino para determinar la recompensa o pérdida por el servicio que se esperaba de cada creyente. Los que se presenten ante el tribunal de Cristo no solamente serán salvos y estarán seguros, sino que ya habrán sido llevados al cielo, no sobre la base de méritos u obras, sino por la gracia divina hecha posible por la gracia salvadora de Cristo. Bajo la gracia, la salvación no es de ningún modo condicionada por el servicio o el carácter de la vida del creyente; la vida y el servicio del creyente llegan a ser un caso separado que ha de ser juzgado por Cristo, pues a él pertenecemos y a él servimos.

Cuando todos sean reunidos ante «su trono de gloria», también se darán recompensas sobre la base del mérito de Israel y las naciones, pero esto se hará sin consideración de la cuestión de la salvación personal (Mt. 25:31; cf. con Mt. 6:2-6; 24:45, 46; 25:1-46).

En las Escrituras se usan tres figuras importantes para revelar la naturaleza de las recompensas del creyente en el tribunal de Cristo.

1. *En Romanos 14:10-12 se presenta la firma de una mayordomía.* En conexión con el juicio de los demás hermanos

se hace la exhortación: «¿Por qué juzgas a tu hermano? O tú también, ¿por qué menosprecias a tu hermano? Porque todos compareceremos ante el tribunal de Cristo. Porque escrito está: Vivo yo, dice el Señor, que ante mí se doblará toda rodilla, y toda lengua confesará a Dios. De manera que cada uno de nosotros dará a Dios cuenta de sí.»

En este pasaje se nos exhorta a que no tratemos de evaluar la calidad de las obras de otro cristiano. Esto no significa que no debamos juzgar y rechazar el pecado, sino que se refiere más bien a la calidad y el valor de la vida. Con demasiada frecuencia los cristianos se dejan llevar por el deseo de criticar a los demás a fin de que sus propias vidas parezcan un poco mejores ante sus propios ojos. En otras palabras, reducen a la nada a sus hermanos en un esfuerzo de exaltarse a sí mismos.

Este pasaje revela que cada cristiano tendrá que rendir cuenta a Dios. La figura es de un mayordomo o persona a la que se ha confiado algo. Todo lo que el creyente tiene en la vida —su capacidad intelectual, dones naturales, salud física, dones espirituales, o riqueza— es un don de Dios para él. Mientras más se le confía, tendrá más de qué dar cuenta. Como se afirma en 1 Corintios 6:19-20: «No sois vuestros..., habéis sido comprados por precio.» Como mayordomos, tendremos que dar cuenta ante el tribunal de Cristo de todo lo que Dios nos ha dado, y no seremos responsables de lo que fue dado a los demás, pero sí tendremos que responder de lo que nos fue dado a nosotros. La clave del juicio no será el éxito o el aplauso público que se haya tenido, sino la fidelidad en el uso de lo que Dios nos ha encomendado.

2. *En 1 Corintios 3:9-15 la vida del creyente es considerada como un edificio levantado sobre Cristo como fundamento.* Al determinar la fuerza de este pasaje, debe observarse: *a*) Se tiene en vista solamente a los salvados. El pronombre personal «nosotros» y el «vosotros» incluyen a todos los salvados y excluye a todos los que no son salvos; de igual modo, la palabra «alguno» se refiere solamente a quien esté edificando sobre la Roca que es Cristo Jesús.

*b*) Habiendo presentado a los corintios el evangelio por el cual fueron salvados —salvación proporcionada por la Roca sobre la cual los salvados están—, el apóstol Pablo se compara con un perito arquitecto que ha puesto el fundamento o cimiento; pero, en agudo contraste con esto, señala que cada creyente por sí mismo está levantando la superestructura sobre el fundamento único proporcionado por la gracia de Dios.

Por eso, el llamado es a que cada uno mire cómo sobreedifica. Esto no es una referencia a la así llamada «construcción del carácter», que no tiene base en los pasajes dirigidos a los santos de esta dispensación; el carácter de ellos es el «fruto del Espíritu» (Gá. 5:22-23) y es realizado, no por esfuerzos carnales, sino por el andar en el Espíritu (Gá. 5:16). Se presenta al creyente levantando una superestructura de servicio, u obras, que tiene que ser probada por fuego, posiblemente por los ojos de fuego de nuestro Señor ante el cual tendrá que presentarse (Ap. 1:14).

*c*) La «obra» que el cristiano está edificando sobre Cristo puede ser de madera, heno, hojarasca, que el fuego puede destruir; o puede ser de oro, plata y piedras preciosas que el fuego no destruye y que, en el caso del oro y la plata, en cambio, las purifica.

*d*) A aquel cuya obra levantada sobre Cristo permanezca, le será dada una recompensa; pero a aquel cuya obra sea quemada sufrirá pérdida: no de su salvación, que es asegurada por medio de la obra consumada de Cristo, sino de su recompensa. Aun cuando pase por el fuego que va a probar la obra de cada cristiano y sufra la pérdida de su recompensa, él mismo será salvo.

3. *En 1 Corintios 9:16-27, y especialmente en los versículos 24-27, se usa la figura de una carrera y el ganar el premio para revelar la calidad de la vida y del servicio cristiano.* Haciendo referencia a su propio servicio en la predicación del evangelio, el apóstol pregunta: «¿Cuál, pues, es mi galardón?» La verdadera respuesta a esta pregunta depende, naturalmente, de la naturaleza y calidad del servicio rendido a Dios. Por lo tanto, el apóstol continúa haciendo un recuento de su fidelidad en la obra (versículos 18-23); nadie negará la veracidad de su informe. Luego compara el servicio cristiano a una carrera en que todos los creyentes están participando, y que, como en una carrera, uno solo recibe el premio y sólo por un esfuerzo superior.

En forma similar, el creyente debiera poner en ejercicio todas sus fuerzas en el servicio cristiano, a fin de obtener la recompensa completa, correr como si quisiera superar a los demás. Así como el atleta se abstiene de muchas cosas a fin de obtener una corona corruptible, el cristiano debe abstenerse de todo a fin de obtener la corona incorruptible. El autocontrol del apóstol se ve en el hecho de que mantenía en sujeción su propio cuerpo a fin de evitar que algún servicio indigno y no de todo corazón por los demás hiciera que fuera reprobado. La palabra traducida aquí «eliminado» es *adokimos,* que es la forma negativa de *dokimos; dokimos* se traduce por «aprobado» (Ro. 14:18; 16:10; 1 Co. 11:19; 2 Co. 10:18; 2 Ti. 2:15), por lo que *adokimos* debe traducirse «desaprobado». Puesto que no está en duda la salvación del apóstol, él no tiene miedo de ser desechado por Dios para siempre; tiene temor de ser desaprobado en la esfera de servicio.

La recompensa del cristiano a veces se menciona como un premio (1 Co. 9:24) y a veces como una corona (1 Co. 9:25; Fil. 4:1; 1 Ts. 2:19; 2 Ti. 4:8; Stg. 1:12; 1 P. 5:4; Ap. 2:10; 3:11). Estas coronas pueden ser clasificadas bajo cinco divisiones que representan cinco formas de servicio y sufrimiento cristiano, y el hijo de Dios recibe la advertencia de que tenga cuidado para que no pierda la recompensa (Col. 2:18; 2 Jn. 8; Ap. 3:11).

La doctrina de las recompensas es la contrapartida necesaria de la doctrina de la salvación por gracia. Puesto que Dios no cuenta los méritos del creyente para la salvación, ni puede hacerlo, es necesario que las buenas obras del creyente reciban el reconocimiento divino. Los salvados nada deben a Dios en pago de la salvación que les fue dada como un regalo; pero deben a Dios una vida de devoción fiel, y para esta vida de devoción se ha prometido una recompensa en los cielos.

Aunque las recompensas de los creyentes están simbolizadas por coronas, según Apocalipsis 4:10 las coronas, como símbolo de la recompensa, serán puestas a los pies del Salvador en el cielo. ¿Cuál será entonces la recompensa para el servicio fiel de parte del creyente?

La probabilidad es que el servicio fiel sobre la tierra sea recompensado con un lugar privilegiado de servicio en el cielo. Según Apocalipsis 22:3, «sus siervos le servirán». Los creyentes verán cumplidas sus más elevadas aspiraciones de servicio de amor para el Salvador que los amó y se dio a sí mismo por ellos. En la ilustración de los talentos usada por Cristo en Mateo 25:14-30, el hombre que recibe los cinco talentos y el que recibió dos (ambos ganaron el doble sobre lo que les encomendó el Señor) fueron aprobados cuando el Señor dijo: «Sobre poco has sido fiel, sobre mucho te pondré; entra en el gozo de tu Señor» (Mt. 25:21, 23). Aunque parece que este juicio no tiene que ver con la iglesia, se puede aplicar el principio a todos los creyentes de todas las edades que reciben recompensa en la eternidad. La fidelidad en nuestro servicio presente tendrá como recompensa un servicio de privilegio en la eternidad.

El pasaje central sobre el tribunal de Cristo, 2 Corintios 5:10-11, revela que el tribunal de Cristo es un lugar donde se distinguen las buenas obras de las malas, y el creyente recibe recompensa sobre la base de las buenas obras. Como se ha dicho anteriormente, no se está juzgando el pecado, porque el creyente ya ha sido justificado. Tampoco es cuestión de santificación como se experimenta en el presente al ser disciplinado por no haber confesado el pecado (1 Co. 11:31, 32; 1 Jn. 1:9), porque el creyente ya es perfecto en la presencia de Dios.

El único problema que queda, entonces, es la calidad de la vida y de las obras que Dios considera buenas en contraste con las obras que son sin valor. El hecho solemne de que todo creyente deberá presentarse un día a rendir cuenta de su vida ante Dios, debiera ser un estímulo para la fidelidad presente y para la propia evaluación de las prioridades de vida basadas en la pregunta de cómo será evaluada en la eternidad.

## PREGUNTAS

1. Nombrar las siete figuras que se usan para Cristo y su iglesia.
2. ¿Cuáles son algunas de las verdades importantes enseñadas por la figura del pastor y las ovejas?
3. Explicar en qué forma habla de unión, comunión y producción de fruto la figura de Cristo como la Vid verdadera y los creyentes como los pámpanos.
4. ¿Cuál es el pensamiento principal de la figura de la

iglesia como un edificio del cual Cristo es la piedra del ángulo?
5. ¿Cuáles son las principales funciones del creyente como sacerdote?
6. ¿Qué verdad nos ilustra la figura de Cristo como el segundo Adán y la iglesia como una nueva creación?
7. ¿Qué representa la figura de Cristo como el Esposo y la iglesia como una esposa profética?
8. ¿Cuáles son las tres grandes verdades presentadas en la figura de la iglesia como cuerpo de Cristo?
9. ¿En qué forma determinan los dones espirituales el servicio particular de un individuo a Dios?
10. ¿Qué nos revela el concepto de la iglesia como un organismo vivo?
11. ¿Cuál es la triple obra de Cristo bajo la figura de un Esposo?
12. Escribir detalladamente qué es lo que Cristo está haciendo actualmente por su esposa.
13. Nombrar cinco características del amor divino revelado en el amor de Cristo por su iglesia.
14. En vista del amor de Cristo por su iglesia, ¿qué se revela acerca del amor del Padre por los creyentes?
15. En vista del amor de Dios por la iglesia, ¿qué se revela acerca de nuestro amor?
16. En conexión con el juicio del hijo de Dios, ¿por qué el creyente no será condenado por sus pecados?
17. ¿Cuál es el propósito principal del juicio de los cristianos en el tribunal de Cristo?
18. ¿Qué contraste hay entre el juicio de los cristianos y el juicio del gran trono blanco?
19. ¿En qué forma ilustra la naturaleza del juicio de los cristianos la figura de la mayordomía?
20. ¿Cómo se ilustra el juicio de los creyentes con la figura de un edificio levantado sobre Cristo como el fundamento?
21. ¿Cómo se relaciona la figura de ganar una carrera con el tribunal de Cristo?
22. ¿Cuál es la naturaleza de la recompensa del creyente?
23. ¿Cuánta importancia tiene el tribunal de Cristo, y cómo se relaciona con la evaluación de nuestras vidas presentes?

# 41

# El sábado y el día del Señor

## A. EL SABADO EN EL ANTIGUO TESTAMENTO

Comenzando con su propia obra en la creación, Dios decidió santificar, o separar, un séptimo de todo el tiempo. Para Israel estableció el séptimo día como día de reposo; el séptimo año, o año sabático, era el año en que la tierra debía descansar (Ex. 23:10-11; Lv. 25:2-7); el año cincuenta fue establecido como año de jubileo en reconocimiento de las siete veces siete años. En diversos detalles, el año sabático y el de jubileo eran tipos proféticos de la edad del reino, que es la séptima y última dispensación y que se caracteriza porque toda la creación disfruta del reposo sabático. Aunque en la era actual el día que ha de celebrarse se ha cambiado divinamente del séptimo al primer día de la semana, debido al comienzo de la nueva creación, se ha perpetuado la misma proporción en la división del tiempo: un día de cada siete.

La palabra *sabbath* significa cesación, o reposo perfecto, de la actividad. Aparte del holocausto continuo y de las fiestas, en ningún modo era día de adoración o servicio.

En vista de la difundida confusión que existe acerca del sábado, y especialmente en vista del esfuerzo que algunos hacen por demostrar que está en vigor durante esta era, es imperativo que consideremos cuidadosamente las enseñanzas de las Escrituras acerca del sábado.

Obtenemos un mayor grado de claridad cuando consideramos el reposo en relación con diversos períodos de la historia.

En el período que se extiende desde Adán hasta Moisés, está escrito que Dios reposó al final de los seis días de la creación (Gn. 2:2-3; Ex. 20:10-11; He. 4:4). Pero en la Palabra de Dios no hay una orden en el sentido de que el hombre esté obligado a observar, o que haya observado, un reposo antes de la salida de Israel de Egipto.

El libro de Job revela la vida y la experiencia religiosa de los patriarcas, y aunque se discuten las diversas responsabilidades hacia Dios, no hay referencias a la obligación de observar el sábado. Por otra parte, se afirma claramente que la institución del reposo, por medio de Moisés, al pueblo de Israel fue el comienzo de la observancia del sábado entre los hombres (Ex. 16:29; Neh. 9:14; Ez. 20:12).

De igual modo, por lo que está escrito acerca de la primera imposición del reposo (Ex. 16:1-35), es evidente que el día anterior al primer día de la semana en que se celebró el primer reposo los hijos de Israel hicieron un viaje de muchos kilómetros que quebrantaba el reposo, al ir desde Elim hasta el desierto de Sin. Allí murmuraron contra Jehová, y desde aquel día comenzó la provisión de pan del cielo, el que debía recolectarse seis días a la semana, pero no el séptimo día. Es evidente, pues, que el día del viaje, que debió ser de reposo, no fue observado como tal.

En el período que se extendió desde Moisés hasta Cristo, el sábado estuvo en vigor por ley. Estaba incluido en la ley (Ex. 20:10-11), y la cura divina para su no observancia fue proporcionada asimismo en la ley de las ofrendas. Es importante observar, en esta conexión, que el sábado jamás fue impuesto sobre los gentiles, pero fue peculiarmente una señal entre Jehová e Israel (Ex. 31:12-17). Entre los pecados de Israel se destaca especialmente la falta de observancia del reposo y el no haber dado sus reposos a la tierra.

En medio de este período de la ley, Oseas predijo que, como parte de los juicios que iban a caer sobre Israel, iban a cesar sus sábados (Os. 2:11). Esta profecía debe cumplirse en algún tiempo, porque la boca de Jehová lo ha hablado.

La era anterior continuó hasta la muerte de Cristo, así que su vida terrenal y su ministerio fueron bajo la ley. Por esta razón lo vemos guardando la ley, haciendo una exposición de la ley y aplicando la ley. Encontrando que la ley del sábado estaba oscurecida por las tradiciones y enseñanzas de hombres, señaló que el reposo había sido dado como un beneficio para el hombre, y que el hombre no tenía que hacer del reposo un sacrificio (Mr. 2:27). Cristo fue fiel a todo el sistema mosaico, que incluía el reposo, porque ese sistema estaba en vigencia durante su vida terrenal; pero ese hecho obvio no es base para pretender que un cristiano que está bajo la gracia y vive en otra dispensación está obligado a seguir a Cristo en la observancia del séptimo día.

## B. EL SABADO EN LA ERA ACTUAL DE LA IGLESIA

Después de la resurrección de Cristo no hay evidencias en el Nuevo Testamento en el sentido de que el sábado haya sido observado por los creyentes, ni aun en forma errada. Sin duda, la multitud de cristianos judaizantes observaban el reposo; pero no aparece en la Palabra de Dios nada de ello por escrito. Del mismo modo, después de la resurrección de Cristo no aparece ninguna orden a judío, gentil o cristiano en el sentido de que deban guardar el sábado, ni se menciona el quebrantamiento del día del reposo en la numerosa lista de pecados posibles. Por el contrario, hay advertencias contra la observancia del reposo por parte de quienes son hijos de Dios bajo la gracia.

Gálatas 4:9-10 condena la observancia de «días, meses, tiempos y años». Normalmente estas observancias tenían el objeto de merecer el favor de Dios por parte de personas que a veces mostraban temor de Dios y otras veces lo olvidaban.

Hebreos 4:1-13 contempla el sábado como un tipo del reposo (de sus obras) en que el creyente entra cuando recibe la salvación.

Colosenses 2:16-17 instruye al hijo de Dios a fin de que no sea juzgado respecto de días de reposo, e infiere que tal actitud hacia el sábado es razonable en vista de todo lo que Cristo ha llegado a ser para la persona que ahora pertenece a la nueva creación (Col. 2:9-17). En este pasaje se hace referencia en forma muy evidente a los reposos semanales, más que a los reposos extraordinarios o especiales que eran parte de la ley ceremonial.

Romanos 14:5 declara que cuando el creyente está «convencido en su propia mente» estima todos los días iguales. Esto no implica el descuido de la adoración fiel, sino más bien sugiere que para tal persona *todos* los días están llenos de devoción a Dios.

Debido al hecho de que en el Nuevo Testamento el sábado jamás se incluye como parte de la vida y el servicio del cristiano, la expresión «reposo cristiano» es errada. En conexión con esto, se puede notar que en lugar del reposo de la ley ahora se ha proporcionado el día del Señor de la nueva creación, que excede en gloria, privilegios y bendiciones al reposo.

## C. EL SABADO EN LA ERA VENIDERA

En plena armonía con la doctrina del Nuevo Testamento de que el nuevo día del Señor está relacionado solamente con la iglesia, se profetiza que el día del reposo será reinstituido, sucediendo al día del Señor, inmediatamente después de completado el llamamiento de la iglesia y después de haber sido retirada ésta del mundo. En el breve período de la tribulación entre el fin de esta dispensación y el comienzo del reino se observará nuevamente el reposo (Mt. 24:20); pero la profecía anuncia en forma especial que el sábado es una característica vital de la edad del reino venidero (Is. 66:23; Ez. 46:1).

## D. LA RESURRECCION DE CRISTO Y EL PRIMER DIA DE LA SEMANA

El primer día de la semana ha sido celebrado por la iglesia desde la resurrección de Cristo hasta el presente. Este hecho lo prueban los escritos del Nuevo Testamento, los escritos de los primeros padres y la historia de la iglesia. En casi cada siglo ha habido quienes, no comprendiendo el propósito presente de Dios en la nueva creación, han luchado fervientemente por la observancia del reposo en el séptimo día. En la actualidad, los que se especializan en la exigencia de la observancia del séptimo día combinan su llamado con otras doctrinas antibíblicas. Puesto que el creyente, por designación divina, tiene que observar el primer día de la semana bajo la nueva relación de la gracia, se produce cierta confusión cuando este día se ve investido del carácter de las leyes del reposo del séptimo día y se gobierna por ellas. Todas esas enseñanzas ignoran la doctrina neotestamentaria de la nueva creación.

## E. LA NUEVA CREACION

El Nuevo Testamento revela que el propósito de Dios en la actual dispensación no prevista es el llamamiento de la iglesia (Hch. 15:13-18), y esta multitud redimida es la nueva creación, un pueblo celestial. Aunque se indica que las maravillosas perfecciones y glorias serán completadas para esta compañía como un todo (Ef. 5:25-27), también se revela que ellos *individualmente* son los objetos de las mayores empresas y transformaciones divinas. De igual modo, como este cuerpo está orgánicamente relacionado con Cristo (1 Co. 12:12), así el creyente individual está vitalmente unido al Señor (1 Co. 6:17; Ro. 6:5; 1 Co. 12:13).

Acerca del creyente individual, la Biblia enseña que: 1) en cuanto al pecado, cada uno de los de esta compañía ha sido limpiado, perdonado y justificado; 2) en cuanto a sus posesiones, a cada uno se le ha dado el Espíritu que mora en ellos, el don de Dios que es vida eterna, ha llegado a ser heredero legal de Dios y coheredero con Cristo; 3) en cuanto a posición, cada uno ha sido *hecho* justicia de Dios, por la cual es aceptado en el Amado para siempre (2 Co. 5:21; Ef. 1:6), miembro del cuerpo místico de Cristo, parte de su gloriosa esposa, partícipe vivo de la nueva creación de la que Cristo es cabeza federal. Leemos: «Si alguno está en Cristo, nueva criatura [creación] es; las cosas viejas [en cuanto a posición, no experiencia] pasaron; he aquí todas son hechas nuevas. Y todo esto [cosas posicionales] proviene de Dios» (2 Co. 5:17-18; cf. con Gá. 6:15; Ef. 2:10; 4:24).

Pedro, escribiendo acerca de esta compañía de creyentes, afirma: «vosotros sois linaje escogido» (1 P. 2:9), lo que significa que son una raza de nacimiento celestial, de una nacionalidad distinta, simiente o calidad que ha sido directamente creada por el poder de Dios. Así como el primer Adán engendró una raza que participó de su propia vida humana y de sus imperfecciones, así Cristo, el segundo Adán, ahora está engendrando por el Espíritu una nueva raza que participa de su vida y perfección eternas. «Fue hecho el primer hombre Adán alma viviente; el postrer Adán, espíritu vivificante [que da vida]» (1 Co. 15:45).

Habiendo participado de la vida resucitada de Cristo, y estando *en Cristo,* se dice que el creyente ya ha sido resucitado (Ro. 6:4; Col. 2:12, 13; 3:1-4). Sin embargo, en cuanto al cuerpo, el creyente aún está por recibir un cuerpo glorioso como el cuerpo resucitado de Cristo (Fil. 3:20-21). Confirmando esto, también leemos que cuando Cristo apareció en los cielos inmediatamente después de su resurrección, él era como las primicias, implicando que toda la compañía de los que le sigan será semejante a El (1 Jn. 3:2), aun en lo que se refiere a sus cuerpos glorificados.

La nueva creación, que comenzó con la resurrección de Cristo y consiste de una compañía de naciones de nuevo, celestiales que están *en Cristo,* se presenta en todas partes de la Palabra de Dios en contraste con la antigua creación, y se dice que de esa antigua y arruinada creación fue salvado y libertado el creyente.

En cuanto al sábado, o día del reposo, fue instituido para celebrar la antigua creación (Ex. 20:10-11; 31:12-17; He. 4:4), así que el día del Señor conmemora la nueva creación. Del mismo modo, en su aplicación el reposo estaba limitado a Israel, el pueblo terrenal de Dios; así, el día del Señor está limitado en su aplicación a la iglesia como pueblo celestial de Dios.

## F. EL DIA DEL SEÑOR

Además del hecho de que el día del reposo en ninguna parte se impone a los hijos de Dios bajo la gracia, hay abundantes razones para que observen el primer día de la semana.

1. *Estaba profetizado que se instituiría un nuevo día bajo la gracia.* Según Salmo 118:22-24 y Hechos 4:10-11, Cristo llegó a ser la Piedra desechada por Israel, los «edificadores», cuando fue crucificado; pero por su resurrección fue hecho cabeza del ángulo. Esta cosa maravillosa es de Dios,

y el día de su cumplimiento fue designado divinamente como día de regocijo y alegría. En conformidad con esto, el saludo de Cristo el día de la resurrección fue «Salve» (Mt. 28:9, que más literalmente sería «regocijaos»), y siendo el «día que instituyó Jehová» (Sal. 118:24, Versión Moderna), se denomina con toda justicia «El día del Señor», que es el significado de la palabra «domingo».

2. *Varios sucesos señalan la observancia del primer día.* *a*) En ese día resucitó Jesús de entre los muertos (Mt. 28:1). *b*) En ese día se reunió con los discípulos en la nueva comunión (Jn. 20:19). *c*) En ese día les dio instrucciones (Lc. 24: 13-45). *d*) En ese día ascendió a los cielos como las «primicias» o gavilla mecida (Lv. 23:10-12; Jn. 20:17; 1 Co. 15:20, 23). *e*) En ese día sopló sobre ellos (Jn. 20:22). *f*) En ese día el Espíritu Santo descendió del cielo (Hch. 2:1-4). *g*) En ese día el apóstol Pablo predicó en Troas (Hch. 20:6-7). *h*) En ese día los creyentes se reunieron para el partimiento del pan (Hch. 20:6, 7). *i*) En ese día debían apartar la ofrenda según Dios les hubiera prosperado (1 Co. 16:2). *j*) En ese día Cristo le apareció a Juan en Patmos (Ap. 1:10).

3. *El octavo día fue el día de la circuncisión.* El rito de la circuncisión, celebrado en el octavo día, tipificaba la separación del creyente de la carne y del viejo orden por la muerte de Cristo (Col. 2:11), y el octavo día, siendo el primer día después de completada una semana, es simbólico de un nuevo comienzo.

4. *El nuevo día es de gracia.* Al final de una semana de trabajo se concedía un día de reposo al pueblo que estaba vinculado con Dios por las obras de la ley; mientras que para el pueblo que está bajo la gracia, cuyas obras están consumadas en Cristo, se señala un día de adoración que, por ser el primer día, precede a todos los días de trabajo. El creyente vive y sirve durante los seis días siguientes sobre la base de la bendición del primer día. El día de reposo pertenece a un pueblo que está relacionado con Dios por las obras que tenían que ser cumplidas antes del reposo; el día de adoración y servicio incesante corresponde a un pueblo que está relacionado con Dios por la obra consumada de Cristo. El séptimo día se caracterizaba por una ley intransigente; el primer día se caracteriza por la latitud y la libertad que corresponden a la gracia. El séptimo día se observaba con la

esperanza de que por él uno pudiera ser aceptable ante los ojos de Dios; el primer día se observa con la seguridad de que uno ya ha sido aceptado por Dios. La observancia del séptimo día era obra de la carne; la observancia del primer día es obra del Espíritu que mora en el creyente.

5. *El nuevo día ha sido bendecido por Dios.* A través de esta dispensación los creyentes más llenos del Espíritu y más devotos, y a quienes la voluntad de Dios ha sido claramente revelada, han guardado el día del Señor sin ningún sentimiento de responsabilidad hacia la observancia del séptimo día. Es razonable suponer que si hubiesen sido culpables de quebrantar el día del reposo, hubiesen recibido convicción de pecado al respecto.

6. *El nuevo día ha sido entregado al creyente individual.* No ha sido entregado a los inconversos. Es ciertamente motivo de confusión para el inconverso darle lugar para que suponga que será más aceptable a Dios si guarda un día; porque sin la salvación que hay en Cristo todos los hombres están completa e igualmente perdidos. Para beneficio de todos se ha establecido un día de reposo por razones sociales y de salud; pero los no regenerados debieran comprender que la observancia de ese día no les añade ningún mérito ante los ojos de Dios.

No ha sido entregado a la iglesia como un cuerpo. La responsabilidad de la observancia del primer día necesariamente ha sido entregada al creyente como individuo solamente, y no a la iglesia como un todo; el modo de su celebración por el individuo se sugiere en dos dichos de Jesús en la mañana de la resurrección: «Regocijaos» («Salve» en Reina Valera) e «id y decid». Esto pide una actividad incesante en toda forma de adoración y servicio; tal actividad contrasta con el reposo del séptimo día.

7. *No se da ningún mandamiento en el sentido de observar el primer día.* Puesto que es todo de gracia, no se impone un requerimiento escrito para la observancia del día del Señor, ni se prescribe la forma de su observancia. Por esta sabia provisión, a nadie se estimula a que guarde el día como un puro deber. Debe ser observado de corazón. Israel estaba delante de Dios como un niño inmaduro que está bajo tutores y curadores y tiene necesidad de los mandamientos que se dan a un niño (Gá. 4:1-11); la iglesia está

delante de Dios como hijo adulto. La vida del creyente bajo la gracia es claramente definida, pero es presentada solamente como ruego de Dios con la esperanza de que todo será hecho *voluntariamente* (Ro. 12:1, 2; Ef. 4:1-3). Hay pocas dudas en cuanto a la forma en que un creyente bien instruido, lleno del Espíritu (y la Escritura da por concedido que el cristiano normal es así), actuará en el día que conmemora la resurrección de Cristo y la nueva creación. Si el hijo de Dios no está rendido a Dios, ninguna observancia obligatoria corregirá su carnal corazón, ni sería esa observancia agradable a Dios. El problema entre Dios y el cristiano carnal no es de acciones externas, sino de una vida rendida.

8. *El modo de observancia del día del Señor puede ser extendida a los demás días.* Cristo no era devoto a su Padre en un día más que en otros. El reposo del séptimo día no podía ser extendido a todos los días por igual. Pero, aunque el creyente tenga más tiempo y libertad el primer día de la semana, su adoración, gozo y servicio que caracterizan la observancia del día del Señor podría ser su experiencia cotidiana (Ro. 14:5).

## PREGUNTAS

1. Explicar la provisión en Israel de un día de reposo, un año sabático y un año de jubileo.
2. ¿De qué período era típico el año sabático?
3. ¿Qué significa la palabra «sábado»?
4. ¿Cuál es el antecedente del reposo antes de la ley de Moisés?
5. Según las Escrituras, ¿cuándo se observó por primera vez el sábado, y por quiénes?
6. ¿Se exigió a los no israelitas que observasen el día del reposo?
7. ¿Qué hizo Cristo con el reposo?
8. ¿Hay alguna evidencia escrita después de Pentecostés de que los cristianos hayan guardado el reposo, o de que se les haya ordenado observarlo?

9. ¿Por qué consideramos incorrecta la expresión «reposo cristiano»?
10. Según la profecía, ¿cuándo se observará nuevamente el reposo?
11. ¿Por qué observan los cristianos el primer día como día del Señor?
12. ¿Cuáles son algunas de las características sobresalientes de la nueva creación?
13. ¿A qué comunidad está limitada la observancia del día del Señor?
14. ¿Fue profetizada la observancia de un nuevo día?
15. ¿Qué sucesos importantes ocurrieron el primer día de la semana?
16. ¿En qué forma está relacionado el primer día de la semana con la circuncisión?
17. ¿Qué contraste hay entre la observancia del séptimo día y la observancia del primer día en cuanto a significado?
18. ¿Cómo explica usted el hecho de que no hay mandamiento acerca de la observancia del primer día y de que no haya regulaciones en cuanto a la forma de su observancia?
19. ¿En qué sentido podría extenderse a cada día la observancia del día del Señor?

# 42

# Los gentiles en la historia y la profecía

## A. LOS GENTILES EN EL PROGRAMA DE DIOS

En la historia y en la profecía de las Escrituras se pueden observar tres grandes divisiones de la Humanidad, la que se expresa en forma sencilla en 1 Corintios 10:32 como el propósito de Dios acerca de judíos, gentiles e iglesias de Dios. A esto puede añadirse el ministerio de Dios a los ángeles y por medio de ellos, lo cual usualmente no se considera como un elemento importante en la historia humana o en la profecía.

En contraste con el propósito de Dios para Israel como medio primario de revelación divina y como trato especial y canal por medio del cual Cristo vendría, y su propósito para la iglesia de revelar en forma suprema su gracia, el propósito de Dios para los gentiles parece estar relacionado con la demostración de su soberanía y su omnipotencia.

## B. PRIMERAS PROFECIAS ACERCA DE LOS GENTILES

En un sentido la profecía comenzó en el huerto de Edén, puesto que los gentiles participaron en cierto sentido del propósito de Dios en la salvación. En los comienzos de Génesis se profetizó acerca del diluvio en tiempos de Noé que arrasó a la raza humana, salvo Noé y su familia. Del mismo modo, la historia registra el juicio de Dios sobre los gentiles en el tiempo de la torre de Babel (Gn. 11:1-9). Sin embargo, al comenzar Génesis 12 se divide la raza humana en dos clases cuando Dios comienza a introducir la simiente prometida que vendría de Abraham, Isaac y Jacob. Todos los demás quedaron en su posición de gentiles. Los tratos de Dios con los gentiles en relación a Israel están básicamente registrados en las Escrituras.

La primera gran potencia gentil fue Egipto, y, en Egipto, Israel creció a partir de una pequeña familia hasta llegar a ser una gran nación, como se relata en los primeros cinco libros del Antiguo Testamento. A su debido tiempo Israel llegó a ser una gran nación bajo David y Salomón; sin embargo, las diez tribus fueron llevadas en cautiverio por la segunda gran potencia gentil, Asiria, en 721 a.C. El juicio de Dios infligido a Israel por los asirios fue fielmente profetizado durante los años que precedieron al suceso y así tan fielmente fue cumplido.

El importante papel de los gentiles en relación con Israel, sin embargo, comienza con el imperio babilónico, el tercero en la gran serie de imperios, pero el primero de cuatro imperios que son tema de la profecía de Daniel.

## C. EL TIEMPO DE LOS GENTILES

A Daniel el profeta le fueron dados dos de los tres principales programas de Dios, esto es, el programa de Dios para Israel y el programa de Dios para los gentiles. En una serie de revelaciones divinas que comenzaron con el sueño de Nabucodonosor en Daniel 2 y que siguen en revelaciones dadas después a Daniel, Dios reveló que cuatro grandes imperios, empezando con Babilonia, dominarían sobre Israel como característica del período de los gentiles. Esto se ve en la gran imagen de Daniel 2: la cabeza, de oro, representaba a Babilonia; la parte superior del cuerpo, de plata, representaba al imperio de medas y persas; la parte baja del cuerpo, de bronce, representaba el imperio griego, y las piernas y pies, de hierro, al imperio romano. Esta verdad es reforzada en

Daniel 7, donde las cuatro bestias representan los mismos cuatro imperios.

Daniel alcanzó a ver el segundo imperio (medo-persa), que conquistó Babilonia el año 539 a.C., como se encuentra relatado en Daniel 5. Doscientos años después el imperio griego, dirigido por Alejandro el Grande, conquistó los restos del imperio medo-persa. Luego, en el segundo siglo antes de Cristo, empezó a crecer el poder del imperio romano hasta llegar a ser el imperio más grande e influyente de todos los tiempos.

Jesús se refiere al período de los cuatro imperios que comienza con Babilonia como el «tiempo de los gentiles» (Lc. 21:24), tiempo que se caracteriza por estar Jerusalén bajo el dominio gentil. Aunque durante breves períodos el control gentil de Jerusalén se ha visto disminuido, no habrá una liberación final de Jerusalén del dominio gentil hasta la segunda venida de Cristo.

La mayor parte del período de los gentiles se ha cumplido, como se comprueba por el levantamiento y caída de Babilonia, Media y Persia, Grecia y Roma. Sin embargo, la última etapa del imperio romano, simbolizada por los pies de la imagen de Daniel 2 y por la bestia de diez cuernos de Daniel 7, no ha tenido cumplimiento literal. La cuarta bestia, según las Escrituras, será destruida por la venida del Hijo del Hombre del cielo, como se presenta en Daniel 7 o en Daniel 2 en la piedra que hirió y destruyó la imagen de Nabucodonosor.

Sobre la base de estas profecías, varios intérpretes creen en una resurrección del imperio romano que ocurrirá cuando la iglesia arrebatada sea llevada al cielo, pero antes de la segunda venida de Cristo a establecer el reino. Esta situación ocurrirá en lo que la Escritura llama «el tiempo del fin» (Dn. 11:35) y será un factor dominante en la historia del mundo y en la profecía en su relación con el período que desemboca en la segunda venida.

Siguiendo a la consumación del tiempo de los gentiles en la segunda venida de Cristo a la tierra, los gentiles que se salven en la tierra durante el reino milenial gozarán también de la bendición especial de Dios, como veremos en un estudio posterior sobre el reino milenial.

El bosquejo bíblico de la profecía acerca del tiempo de los gentiles tomado como un todo es el bosquejo de la historia del mundo, lo cual explica muchos sucesos pasados y da un cierto matiz al futuro. Las condiciones mundiales de hoy están en línea con todo lo que la Biblia ha profetizado y parecen indicar un acercamiento acelerado hacia la consumación del tiempo del fin que precederá al arrebatamiento de la iglesia e incluirá sucesos relacionados con el tiempo del fin y la segunda venida de Cristo para establecer su reino milenial.

La dispensación actual no parece avanzar hacia el cumplimiento de la profecía sobre los gentiles, y parece que no estaba en la perspectiva del programa de los gentiles presentado en el Antiguo Testamento. Es como si la previsión profética hubiera sido suspendida en el día de Pentecostés, para ser reiniciada en el día del arrebatamiento. Sin embargo, las tendencias en el desarrollo del mundo actual parecen estar trazando las líneas para la preparación del escenario que verá el fin de la dispensación, con la implicación de que la edad actual se acerca a su fin y está por reiniciarse el cumplimiento de la profecía acerca de los gentiles. En consecuencia, el estudio de la profecía acerca de los gentiles es un aspecto importante del total del programa profético y proporciona muchas luces para comprender lo que Dios está haciendo actualmente y qué propósitos quiere cumplir Dios en el futuro.

## PREGUNTAS

1. Explicar cómo los gentiles son una de las tres divisiones importantes de la Humanidad en el presente.
2. Hacer un resumen de la historia de los gentiles antes de Abraham.
3. ¿Cuáles fueron los dos primeros imperios y cómo se relaciona cada uno con la historia de Israel?
4. ¿Cuáles fueron los dos grandes programas revelados por Dios a Daniel?
5. Nombrar cuatro imperios revelados a Daniel como bosquejo de la historia mundial gentil.

6. ¿Qué son los tiempos de los gentiles y cómo los describe Cristo en Lucas 21:24?
7. Según Daniel, ¿cuándo terminará el tiempo de los gentiles?
8. ¿Qué se promete a los gentiles después de la segunda venida de Cristo a la tierra?
9. ¿Cómo se relaciona la era actual con el tiempo de los gentiles?
10. ¿Podemos esperar un cumplimiento futuro de la última etapa del tiempo de los gentiles?

# 43

# Israel en la historia y la profecía

## A. ISRAEL EN RELACION CON LAS DISPENSACIONES

La historia de Israel empieza en Génesis 12 con el llamamiento de Abraham y es un tema de gran importancia del Antiguo Testamento. En el Nuevo Testamento, en los Evangelios y Hechos, se da luz adicional acerca del estado de Israel en el primer siglo, con otras alusiones históricas y proféticas en el resto del Nuevo Testamento.

Israel está envuelto en todas las dispensaciones, comenzando con la dispensación de la promesa (véase capítulo 20, «Las dispensaciones»). En la dispensación de la promesa, el pacto con Abraham establece una base amplia para todos los tratos de Dios con Israel en las generaciones siguientes. La dispensación de la ley, que comienza con Exodo 19, es la dispensación más importante del Antiguo Testamento y condiciona la vida de Israel hasta su cumplimiento en la cruz. La mayor parte de la historia escrita de Israel se relaciona con la dispensación de la ley.

En la dispensación de la gracia, Israel comparte con los gentiles los privilegios de la gracia en la salvación y como regla de vida. En la dispensación futura del reino, Israel nuevamente asume un papel prominente en la posesión de la tierra prometida y en la sujeción a Cristo como su rey. Aunque es desproporcionadamente pequeño en comparación con los gentiles, Israel juega un papel prominente en toda la historia del mundo desde Abraham hasta el fin (para mayores detalles, véase el capítulo 20).

## B. ISRAEL EN RELACION CON LOS PACTOS

Los pactos bíblicos están íntimamente relacionados con las dispensaciones. Israel tiene un papel de importancia en cada uno de los pactos bíblicos, comenzando con el pacto de Abraham en Génesis 12 (véase capítulo 21, «Los pactos»).

Los cinco pactos son los factores principales en la historia y profecía de Israel. Como señalamos anteriormente, el pacto con Abraham es la base del programa de Israel. El pacto mosaico condiciona la vida de Israel en la dispensación de la ley y se relaciona con todo el Antiguo Testamento a partir de Exodo 19. El pacto palestino tiene que ver particularmente con la posesión de la tierra por Israel, y el desposeimiento de ella, aunque anuncia la toma de posesión permanente en el reino milenial. El pacto davídico condiciona la relación de Israel con el reinado de David y anuncia proféticamente el reinado futuro de Cristo sobre la tierra en el milenio, con David resucitado actuando como su príncipe real. El nuevo pacto profetizado en el Antiguo Testamento relaciona a Israel con las bendiciones del reino y reemplaza y contrasta con el pacto mosaico. La relación detallada de cada uno de estos pactos fue presentada en el capítulo 21.

## C. LA HISTORIA VETEROTESTAMENTARIA DE ISRAEL

Aunque la historia de Israel empieza propiamente con Jacob, que recibió el nombre de Israel, la historia de Israel normalmente incluye la vida de Abraham e Isaac, abuelo y padre de Jacob, respectivamente. Abraham, que residía originalmente en Ur de los caldeos, fue con su padre hacia el noroeste unos 1.600 Kms. a Harán y allí llegó a ser un rico ganadero. A la muerte de su padre, en obediencia a Dios, Abraham con su esposa Sara y su sobrino Lot llegaron a la tierra prometida, otros 1.600 Kms. hacia el sudoeste de Harán. En la tierra prometida Dios comenzó a tener sus tratos con Abraham.

Dios había prometido a Abraham, en el importante pacto abrahámico, que llegaría a ser un gran hombre, que sería padre de una gran nación y que por medio de su posteridad sería bendito todo el mundo. Como vimos previamente en el estudio del pacto abrahámico, en el capítulo 21, estas promesas han sido literalmente cumplidas. Después que Abraham y Sara eran demasiado viejos para tener hijos, nació Isaac milagrosamente. Luego, a su debido tiempo, nacieron Jacob y Esaú e Isaac y Rebeca, siendo el menor de los mellizos, Jacob, el escogido por Dios para ser cabeza de la nación de Israel.

El relato de las vidas de Abraham, Isaac y Jacob ocupa los capítulos 12 a 50 de Génesis y evidentemente es importante para Dios en forma especial si tomamos en cuenta que todo el relato de la creación ocupa sólo dos capítulos (1 y 2) y toda la historia de la caída en el pecado sólo ocupa un capítulo (Gn. 3). Desde el punto de vista divino, la historia de Israel es la clave de la historia como un todo.

En concordancia con la profecía dicha a Abraham en Génesis 15:13-14, Israel descendió a Egipto en tiempos de hambre. El camino había sido preparado por José, que había llegado a ser una gran autoridad en Egipto. Jacob y su familia fueron bien recibidos en la tierra de Egipto, donde fueron cuidados durante toda la vida de José.

Los centenares de años que los israelitas vivieron en Egipto terminaron desastrosamente cuando hubo un cambio de dinastía y con ello se acabó su situación de privilegio pasando a ser esclavos. En su esclavitud clamaron al Señor, y el Señor levantó a Moisés y Josué para que, sacándolos de la tierra de Egipto, los condujesen a la tierra prometida. Aunque Israel traicionó a Dios en Cades-barnea (Nm. 14) y ellos vagaron durante cuarenta años en el desierto como consecuencia, finalmente Dios los capacitó para conquistar la tierra que estaba al lado oriental del Jordán, y después de la muerte de Moisés pudieron cruzar el Jordán y conquistar gran parte de la tierra prometida.

El regreso a la tierra prometida y su establecimiento como nación prosperó a través de la vida de Josué, pero

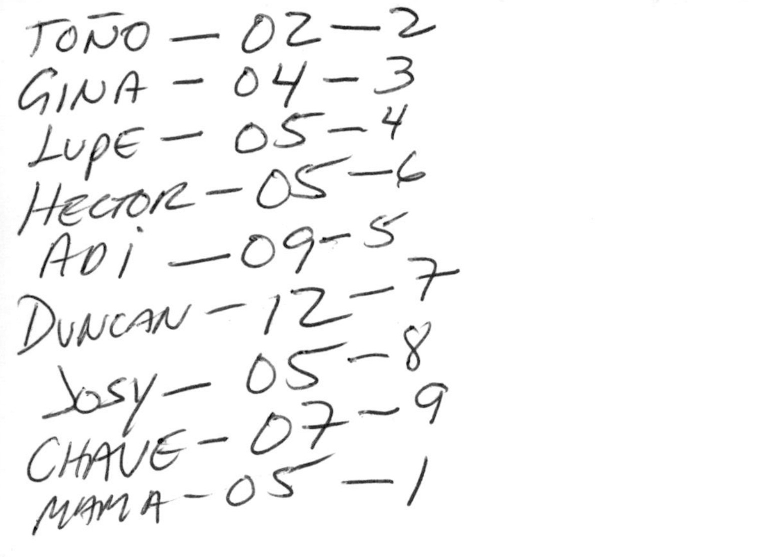
TOÑO — 02 — 2
GINA — 04 — 3
LUPE — 05 — 4
HECTOR — 05 — 6
ADI — 09 — 5
DUNCAN — 12 — 7
JOSY — 05 — 8
CHAVE — 07 — 9
MAMA — 05 — 1

Israel pronto se apartó de Dios y cayó en una espiral descendente como lo relata el libro de los Jueces.

Entonces Dios levantó al profeta Samuel, que en gran medida restauró espiritualmente a Israel y echó las bases de las glorias que el reino tendría bajo Saúl, David y Salomón. Aunque Saúl fracasó como primer rey de Israel, su sucesor David, como un gran guerrero, pudo conquistar mucho terreno perteneciente a la tierra prometida.

Salomón, el hijo de David, extendió su influencia hasta que puso bajo tributo la mayor parte de la tierra originalmente mencionada a Abraham, desde el río de Egipto hasta el río Eufrates. Su violación del mandato de Dios de no tener muchas esposas y de no depender de los caballos para su poderío militar (Dt. 17:16-17) preparó el camino para la división del reino y para la rápida declinación del poderío de Israel después de él. Los hijos de Salomón fueron criados mayormente por mujeres paganas que no tenían ninguna simpatía por la ley de Dios. Poco después de la muerte de Salomón se retiraron las diez tribus del Norte (Israel) y tuvieron una sucesión de reyes impíos. El juicio de Dios cayó sobre ellos en la cautividad asiria en el año 721 a.C. Las dos tribus restantes del sur (Judá), aunque tuvieron algunos reyes piadosos, siguieron el mismo camino descendente y fueron llevados cautivos por los babilonios en el año 605 a.C.

Al finalizar los 70 años de cautiverio babilónico, en concordancia con la promesa escrita en Jeremías 29:10, Israel pudo nuevamente regresar a la tierra. El libro de Esdras relata el regreso del pueblo y sus luchas de veinte años por reconstruir el templo, y Nehemías completa la historia con la reconstrucción de los muros de Jerusalén y de la ciudad misma como un siglo más tarde. Sin embargo, cuando Israel regresó a su tierra, no siguió al Señor y cayó bajo el dominio de medos y persas durante 200 años; luego se vio envuelto en una guerra entre Siria y Egipto después de la muerte de Alejandro el Grande en el año 323 a.C.

Mientras tanto, el poder de Roma comenzó a expandirse con la conquista de Sicilia en el año 242 a.C. Jerusalén misma fue sometida por el general romano Pompeyo en el año 63 a.C. Israel fue cruelmente tratado por los romanos, que llevaron a cientos de miles de judíos como esclavos. Finalmente, bajo la autoridad romana fue crucificado Jesucristo, y más tarde (70 d.C.) fue destruida la ciudad de Jerusalén, e Israel se vio esparcido por todo el mundo y alejado de su tierra. Sólo en el siglo xx Israel comenzó a regresar a su tierra y volvió a formar una entidad nacional, para llegar a ser un estado reconocido en 1948.

## D. LA HISTORIA DE ISRAEL Y EL CUMPLIMIENTO DE LA PROFECIA

La historia del Antiguo Testamento en gran parte es cumplimiento de las grandes profecías de las Escrituras. Centenares de profecías se han cumplido literalmente. De acuerdo con las profecías dadas a Abraham, Israel llegó a ser una gran nación. El Antiguo Testamento predijo tres expulsiones de Israel de la tierra y las tres se cumplieron: 1) en su descenso a Egipto, la esclavitud y liberación subsecuentes, y el regreso a la tierra; 2) las cautividades en Asiria y Babilonia que sacaron a Israel una vez más de su tierra, con su subsecuente regreso de Babilonia una vez pasados 70 años; y 3) su nueva expulsión una vez más después de la destrucción de Jerusalén el año 70 de esta era. El extenso movimiento de Israel poseyendo la tierra y siendo desposeído de ella formó gran parte de su fondo histórico (Gn. 15:13-16; Dt. 28:62-67; Jer. 25:11, 12; véanse también Lv. 26:3-46; Dt. 30:1-3; Neh. 1:8; Sal. 106:1-48; Jer. 9:16; 18:15-17; Ez. 2:14, 15; 20:23; 22:15; Stg. 1:1).

Son importantes para la historia de Israel las profecías dadas acerca del carácter y el destino de los hijos de Jacob (Gn. 49:1-28). En el Antiguo Testamento se dan numerosas otras profecías acerca de los tratos de Dios con las doce tribus de Israel.

Otro tema importante de la profecía y su cumplimiento se relaciona con el reino de David. De acuerdo con el pacto davídico el trono es prometido a David y su simiente para siempre (2 S. 7:16; Sal. 89:35-36; Jer. 33:21; Dn. 7:14). Las promesas de bendición y de maldición se cumplieron literalmente en los tratos de Dios con Saúl, David, Salomón y los reinos que les sucedieron en Judá e Israel.

## E. LA PROFECIA DE LOS 490 AÑOS DE ISRAEL

Una de las profecías importantes dadas por medio de Daniel está en Daniel 9:24-27. Aquí, de acuerdo con la información dada por el ángel Gabriel a Daniel, «setenta semanas» o setenta sietes (490 años) iban a comprender la historia futura de Israel. Se le dijo a Daniel: «Setenta semanas están determinadas sobre tu pueblo y sobre tu santa ciudad, para terminar la prevaricación, y poner fin al pecado, y expiar la iniquidad, para traer la justicia perdurable, y sellar la visión y la profecía, y ungir al Santo de los santos» (9:24).

La profecía iba a comenzar con el mandamiento de restaurar y reconstruir a Jerusalén (Dn. 9:25), y 483 años de un total de los 490 años iban a ser cumplidos antes de la venida del Mesías Príncipe. Aunque los eruditos han diferido grandemente en la interpretación de este pasaje, probablemente el mejor punto de vista sea comenzar este período de 490 años con el tiempo de la reconstrucción de Jerusalén por Nehemías el año 445 a.C. Entonces culminaría aproximadamente el año 32 d.C., aproximadamente en la fecha en que Cristo murió en la cruz. Estudios recientes han ubicado la muerte de Cristo en el año 33, aunque otros intérpretes dan el año 30 o aun fechas anteriores.

Según la profecía de Daniel, después de quitársele la vida al Mesías, lo que ocurriría cumplidos los 483 años, pero ciertamente antes de los últimos siete años de la profecía, Jerusalén misma sería destruida (Dn. 9:26). Esto fue cumplido históricamente en la destrucción de Jerusalén en el año 70 d.C.

Está implícito en la profecía de Daniel que hay un período considerable entre el fin de los 483 años, o las 69 semanas, y el comienzo de los últimos siete años o septuagésima semana, puesto que incluye dos sucesos separados por 40 años. La última semana se iba a caracterizar por un pacto que se hace con un príncipe futuro relacionado con el pueblo que destruyó la ciudad. Como el pueblo que destruyó la ciudad fue el pueblo romano, «el príncipe que ha de venir» (Dn. 9:26) será precisamente un gobernador del imperio romano resucitado. Muchos intérpretes miran esto como un suceso aún futuro que ocurrirá después que la iglesia haya sido arrebatada.

Este gobernador futuro hará un pacto de siete años con el pueblo de Israel, como se describe en Daniel 9:27. El pacto será quebrantado a la mitad de la semana, y los últimos tres años y medio serán de persecución y tribulación para Israel.

Este período es tema de extensas profecías en Apocalipsis capítulos 6 a 18 y termina con la segunda venida de Cristo en Apocalipsis 19. Es de especial interés la predicción de que este príncipe que ha de venir hará cesar el sacrificio y la ofrenda y hará desolación en el templo. Esto implica un futuro templo en Jerusalén y una reiniciación del sistema mosaico de sacrificios por los judíos ortodoxos en el período que precede a la segunda venida de Cristo.

Es significativo que los primeros 483 años se hayan ya cumplido. Jerusalén fue reedificada en los primeros 49 años, como se indica en Daniel 9:25. El Mesías fue ejecutado después de 483 años. Los sucesos de la última semana aún están en el futuro y proporcionan una cronología para el tiempo del fin que lleva hasta la segunda venida de Cristo.

## F. PROFECIA ACERCA DE LA VENIDA DEL MESIAS

1 Pedro 1:10-11 señala claramente que los profetas del Antiguo Testamento no pudieron distinguir las dos venidas del Mesías. La era actual era un secreto tan perfecto en los consejos de Dios que, para los profetas, los sucesos que se cumplieron en su primera venida y los que aún tienen que cumplirse en su segunda venida no estaban separados en ninguna forma en lo que se refiere al tiempo de su cumplimiento.

Isaías 61:1-2 es una ilustración de esto. Al leer este pasaje en la sinagoga de Capernaum, Cristo se detuvo repentinamente cuando terminó de leer lo referente a los rasgos que estaban predichos para su primera venida (Lc. 4:18-21), sin hacer referencia a los rasgos restantes que habrán de cumplirse cuando El venga otra vez. Del mismo modo, el ángel Gabriel, al anunciar el ministerio de Cristo, combinó como si fueran una sola cosa los hechos que corresponden a la primera y la segunda venidas (Lc. 1:31-33).

Según la profecía del Antiguo Testamento, Cristo iba a venir como un cordero pacífico destinado para el sacrificio (Is. 53:1-12), y como el victorioso y glorioso León de la Tribu de Judá (Is. 11:1-12; Jer. 23:5-6). Considerando estas dos extensas líneas de predicción, no hay que maravillarse de que hubiera perplejidad en la mente de los profetas del Antiguo Testamento en cuanto a «qué tiempo» se cumpliría todo esto (1 P. 1:10-11).

La profecía estipulaba que el Mesías sería de la tribu de Judá (Gn. 49:10), de la casa de David (Is. 11:1; Jer. 33:21), nacido de una virgen (Is. 7:14), en Belén de Judá (Mi. 5:2), que debía sufrir una muerte expiatoria (Is. 53:1-12) por crucifixión (Sal. 22:1-21), resucitar de los muertos (Sal. 16:8-11) y venir a la tierra por segunda vez (Dt. 30:3) en las nubes del cielo (Dn. 7:13). Jesús de Nazaret ha cumplido o cumplirá todas las exigencias de la profecía acerca del Mesías de una manera que ningún otro pretendiente puede hacerlo.

## G. PROFECIAS ACERCA DE LA ULTIMA DISPERSION Y RESTAURACION DE ISRAEL

De gran importancia en las profecías acerca de Israel son las relacionadas con la dispersión final de Israel y su restauración final. Las cautividades en Asiria del reino del norte y en Babilonia del reino del sur, como castigo por el pecado, dieron como resultado el que toda la casa de Israel fuera llevada fuera de su tierra y a su debido tiempo fuera dispersada entre las naciones de la tierra. Esto fue en cumplimiento de múltiples profecías (Lv. 26:32-39; Dt. 28:63-68; Neh. 1:8; Sal. 44:11; Jer. 9:16; 18:15-17; Ez. 12:14-15; 20:23; 22:15; Stg. 1:1).

En ningún caso se perdería la identidad de Israel como nación aun a través de siglos de dispersión (Jer. 31:36; Mt. 24:34). Rechazaron la oferta divina, la provisión para su restauración y la gloria del reino que haría su Mesías en su primera venida (Mt. 23:37-39); en Cades-barnea, donde fue extendido el tiempo que tendrían que pasar en el desierto (Nm. 14:1-45), el castigo de ellos fue continuo y será continuo hasta que El venga otra vez. En aquella oportunidad El reunirá nuevamente a su pueblo, lo llevará a su tierra y los hará entrar en la gloria y bienaventuranza de todos los pactos y promesas de Jehová acerca de ellos (Dt. 30:1-10; Is. 11:11-12; Jer. 23:3-8; Ez. 37:21-25; Mt. 24:31).

## H. PROFECIAS ACERCA DEL TIEMPO DEL FIN

Como se dijo en el breve estudio de Daniel 9:27, Israel tendrá un papel futuro dramático en los sucesos del tiempo del fin que desembocan en la segunda venida de Cristo. Según las Escrituras, hay cuatro movimientos importantes hacia el futuro de Israel en relación con el fin de la era.

1. *La profecía dice que Israel será reconstituido como un estado político.* A fin de hacer un pacto con el «príncipe que ha de venir», fue necesario que Israel volviera a constituirse nuevamente como un estado político. Ciertamente, esto se cumplió dramáticamente en mayo de 1948 cuando Israel fue reconocido como nación y se le entregó una parte de la tierra prometida como territorio. En los años siguientes sus territorios se han extendido y se ha aumentado su poderío, hasta que Israel hoy día, aunque pequeño en población, es un factor importante en los asuntos mundiales. Este es el preludio de otras profecías que deben ser cumplidas.

2. *Según Daniel 9:27, Israel hará un pacto con un príncipe gentil romano, gobernador del Mediterráneo, pacto establecido para un plazo de siete años.* Esto introducirá el período del pacto en que Israel tendrá una cierta medida de paz y seguridad. En este período es indudable que muchos judíos más regresarán a la tierra prometida e Israel prosperará financiera y políticamente.

3. *Sin embargo, el pacto con Israel será dramáticamente quebrantado a los tres años y medio de promulgado e Israel pasará a ser un pueblo perseguido en lugar de ser favorecido.* Este es el «tiempo de angustia de Jacob» (Jer. 30:7) y la Gran Tribulación (Dn. 12:1; Mt. 24:21; Ap. 7:14). A este período prestaremos más atención en los dos capítulos siguientes.

4. *La gloriosa restauración de Israel en el reino milenial vendrá a continuación de la segunda venida de Cristo y proseguirá a través de mil años de reinado de Cristo en la tierra.*

La importancia de comprender las cuatro etapas en la restauración de Israel se ve en el hecho de que la primera etapa ya se ha cumplido y que la segunda no ocurrirá probablemente hasta que la iglesia haya sido arrebatada. Se está preparando el escenario para los dramáticos sucesos del tiempo del fin en los cuales Israel tendrá un papel de primerísima importancia.

## I. PROFECIA ACERCA DEL REINO MESIANICO Y EL DIA DEL SEÑOR

En lo que respecta a la cantidad de textos bíblicos que lo tratan, no hay tema de la profecía comparable con el del reino mesiánico. Más allá de todos los castigos predichos que han de caer sobre Israel está la gloria que recibirá cuando su pueblo sea reunido nuevamente en su tierra, con bendiciones espirituales inmensurables bajo el glorioso reino de su Rey Mesías. Esta visión fue dada a todos los profetas. Tan cierta y literalmente como Israel, en cumplimiento de la profecía, fue echado de su tierra y se le hizo pasar por sufrimientos durante todos estos siglos, así cierta y literalmente será restaurado para recibir maravillosas bendiciones en una tierra redimida y glorificada (Is. 11 - 12; 24:22 - 27:13; 35:1-10; 52:12; 54 - 55; 59:20 - 66:24; Jer. 23:3-8; 31:1-40; 32: 37-41; 33:1-26; Ez. 34:11-31; 36:32 - 37:28; 40:1 - 48:35; Dn. 2: 44, 45; 7:14; Os. 3:4, 5; 13:9 - 14:9; Jl. 2:28 - 3:21; Am. 9:11-15; Sof. 3:14-20; Zac. 8:1-22; 14:9-21).

Las predicciones acerca del reino en el Antiguo Testamento son frecuentemente parte de las predicciones del regreso del rey. Cuando estos dos temas se combinan en uno, se denomina «día del Señor», lo que se refiere al período que se extiende desde el arrebatamiento de la iglesia y los juicios que siguen a este suceso sobre la tierra, hasta el fin de su reino milenial (Is. 2:10-22; Zac. 14).

Hay una serie de indicaciones de que el día del Señor comenzará tan pronto como ocurra el arrebatamiento de la iglesia. Los sucesos más importantes del día del Señor, en consecuencia, parecen incluir la gran tribulación y los juicios de Dios que preceden a la segunda venida del Señor, y los juicios que habrá en la segunda venida de Cristo y todo el millar de años que Cristo reinará sobre la tierra.

Puesto que muchas de las grandes profecías no se habían cumplido por el tiempo en que se completó el Antiguo Testamento, la revelación del Nuevo Testamento es esencial para presentar el relato completo y detallado de los diversos cumplimientos del Antiguo Testamento y las muchas profecías que aún quedan por cumplirse. La historia de Israel en la historia y la profecía se ha cumplido en gran parte, pero los grandes sucesos aún están en el futuro. Se está acumulando la evidencia de que el tiempo final cuando Israel vuelva a lo suyo está muy cerca. Los detalles adicionales se dan en los capítulos siguientes.

## PREGUNTAS

1. ¿Cuándo comienza propiamente la historia de Israel en las Escrituras?
2. ¿Cómo se relaciona Israel con la dispensación que comienza con Abraham?
3. Nombrar los cinco pactos que son las condiciones más importantes en la historia y la profecía de Israel.
4. Hacer un resumen de los principales sucesos en la vida de Abraham, Isaac y Jacob según Génesis.
5. Describir la historia de Israel desde Josué hasta Samuel.
6. Hacer un resumen de la historia de Israel durante los reinados de Saúl, David y Salomón.
7. Describir la división del reino de Israel después de Salomón, y describir las cautividades de Asiria y Babilonia.
8. ¿Cómo fue restaurado a su tierra Israel y se edificó el templo en Jerusalén después de la cautividad babilónica?
9. Hacer un resumen de la relación del imperio romano con Israel.
10. ¿Cuáles son las tres veces que Israel fue desposeído de su tierra y fue dispersado?
11. ¿Qué promesas importantes fueron dadas en el pacto davídico?
12. ¿Qué se incluye en los 490 años de historia de Israel descritos en Daniel 9:24-27?
13. ¿Cuándo comenzó, probablemente, este período?
14. Dos sucesos ocurrieron después de la semana 69, o 483 años de programa, ¿cuáles fueron?
15. ¿Por qué muchos expositores piensan que los últimos siete años aún están en el futuro?
16. ¿Cuáles son los principales sucesos de los últimos siete años, según Daniel 9:27?
17. ¿Dónde se describen en el Nuevo Testamento los detalles de los últimos tres años y medio de la historia de Israel?

18. Describir el cuadro mixto de la primera y segunda venida de Cristo en el Antiguo Testamento.
19. ¿Cuáles son algunas de las profecías específicas que se encuentran en el Antiguo Testamento acerca de la venida del Mesías?
20. En vista de que Israel fue reunido después de las dos primeras veces que fue desposeído de su tierra, ¿por qué es razonable suponer que volverá a ser restaurado por tercera vez?
21. ¿Cuál es el primero de los cuatro movimientos que se relacionan con el futuro de Israel en el tiempo del fin, y por qué el cumplimiento de este movimiento implica que los otros se cumplirán?
22. ¿Cuál es el segundo movimiento en la restauración de Israel que aún está en el futuro?
23. ¿Cuál es el tercer movimiento en la restauración de Israel, y cómo se relaciona con la gran tribulación?
24. ¿Cuál es el cuarto movimiento en la restauración de Israel, y cómo se relaciona con el reino milenial?
25. En vista del hecho de que Dios ha comenzado a restaurar a Israel, ¿qué implica esto en cuanto a la inminencia del arrebatamiento de la iglesia?
26. ¿Cuáles son algunas de las profecías importantes en relación con las bendiciones de Israel en el reino milenial?
27. ¿Qué significa la expresión «día de Jehová», y qué períodos incluye?
28. En vista del cumplimiento literal del programa profético de Israel en el pasado, ¿qué enseña esto en cuanto a la certeza del cumplimiento literal del programa futuro de Israel?

# 44

# Hechos que preceden la segunda venida de Cristo

## A. ACONTECIMIENTOS IMPORTANTES DE LA ERA ACTUAL

Muchas profecías se van cumpliendo a medida que avanza esta era. El carácter general de la era está presentado en siete parábolas en Mateo 13. En la parábola del sembrador, que es de naturaleza introductoria, se describe la variada recepción de la verdad. A veces cae sobre el terreno duro y apisonado, donde queda a merced de las aves que la comen. Otras cae sobre un terreno que es muy superficial y pedregoso, y cuando aún está comenzando a brotar, muere por falta de raíces. Otras veces cae en buena tierra pero es ahogada por las espinas que la rodean. Sólo una porción de la semilla cae en buena tierra y produce fruto de a ciento por uno, sesenta por uno o treinta por uno (Mt. 13:1-9, 18-23).

La parábola de la cizaña sembrada junto al trigo indica el peligro de la falsa profesión que no será juzgada hasta el tiempo de la siega (vv. 24-30, 36-43). La parábola de la semilla de mostaza indica el rápido crecimiento del cristianismo desde un pequeño comienzo a un gran movimiento (vv. 31-32). La parábola de la levadura habla del mezclado con la buena masa hasta que todo queda leudado (vv. 33-35). El tesoro escondido de Mateo 13:44 probablemente se refiere a Israel escondido en cuanto a su entidad nacional en la era actual, pero que, sin embargo, fue comprado por Cristo en su muerte. La perla de gran precio (vv. 45-46) parece hablar de la iglesia como aquella por la cual Cristo murió, un rasgo importante de la edad actual durante el período en que la identidad nacional de Israel está escondida. La parábola final de la red (vv. 47-51) ilustra la separación de los salvados de los inconversos al final del siglo.

En general, Mateo 13 habla de todo el período entre la primera y la segunda venida de Cristo sin referencia al arrebatamiento o a los detalles de la iglesia como cuerpo de Cristo. Describe la esfera de la profesión de fe y el cuadro mixto del bien y del mal. El desarrollo dual del bien y del mal durante la era caracteriza este período, llegando a su clímax en el juicio y la separación. No hay justificación para el postmilenialismo, con sus conceptos de que el reino de Dios finalmente triunfará por medio de la predicación del evangelio y por el esfuerzo humano. Por otra parte, no hay lugar para el pesimismo, porque Dios cumplirá su propósito. Alguna semilla caerá en buena tierra y producirá fruto. Habrá trigo en medio de la cizaña y buenos peces entre los malos. Los mil novecientos años transcurridos desde Pentecostés han demostrado la exactitud de la gran profecía de Mateo 13.

Un cuadro similar de la edad actual, con su foco puesto en el fin de la edad, se encuentra en Mateo 24. Allí, en los versículos 4-14 se dan nueve señales del fin: 1) falsos cristos (v. 5), 2) guerras y rumores de guerras (v. 6), 3) hambres (v. 7), 4) pestilencias (v. 7), 5) terremotos (v. 7), 6) mártires (vv. 9-10), 7) falsos profetas (v. 11), 8) iniquidad abundante y un enfriamiento del fervor por Cristo (v. 12), 9) el evangelio del reino es predicado en todo el mundo (v. 14).

Otro rasgo de la edad presente será la creciente apostasía de parte de los inconversos que hay dentro de la iglesia profesante. 2 Pedro 2 - 3 resume esta progresión en cuatro categorías: 1) la negación de la persona y la deidad de Cristo (2:1), 2) negación de la obra de Cristo que nos compró cuando murió en la cruz (2:1), 3) apostasía moral al apartarse de las normas morales (2:2-22), 4) apartamiento de la doctrina de la segunda venida de Cristo y de los juicios relacionados con ella (3:1-13). Otros pasajes contribuyen a la doctrina de la apostasía en el Nuevo Testamento (1 Ti. 4:1-3; 2 Ti. 3:1-9; Jud. 3-19). Todas estas profecías de apostasía en gran escala en la iglesia se están cumpliendo a partir del primer siglo y hasta el presente. La apostasía final ocurrirá después que la iglesia sea arrebatada y quede en el mundo sólo la porción inconversa de la iglesia profesante.

La edad presente, en lo que se refiere al propósito de Dios al llamar a su iglesia, llegará bruscamente a su fin en el arrebatamiento. Este suceso, que no tiene fecha en las profecías del Antiguo Testamento, describe la retirada de la iglesia del mundo cuando los muertos en Cristo sean resucitados y los cristianos que estén vivos sean llevados al cielo sin morir (1 Co. 15:51-58; 1 Ts. 4:13-18). Este suceso llevará a su término el propósito de Dios en lo que respecta a la iglesia como una comunidad separada de santos, y la partida de la iglesia dejará preparado el escenario para los importantes sucesos que conducirán hacia la segunda venida de Cristo a la tierra para establecer su reino milenial. Se pueden observar tres grandes períodos entre el arrebatamiento y la segunda venida: 1) el período de preparación, 2) el período de paz, 3) el período de persecución.

## B. EL PERIODO DE PREPARACION QUE SIGUE AL ARREBATAMIENTO

El arrebatamiento, al sacar de la tierra a toda persona salvada, será una intervención dramática en la historia humana. Señalará el comienzo de una serie de sucesos que rápidamente se moverán hacia un gran clímax en la segunda venida de Cristo. Obviamente, la salida de todos los cristianos de la tierra tendrá un efecto sobre la historia del mundo como un todo y permitirá la demostración del mal en el mundo y el cumplimiento del propósito satánico de una manera que antes no fue posible.

La primera fase después del arrebatamiento será un período de preparación para los grandes acontecimientos que seguirán. Estos sucesos estarán relacionados con las tres grandes áreas de la profecía, que conciernen a la iglesia, Israel y los gentiles.

1. *La iglesia profesante quedará en la tierra después del arrebatamiento.* Aunque la cuestión de si la iglesia pasa por la tribulación ha sido objeto de controversias, muchos expositores creen que la iglesia como cuerpo de Cristo será llevada en el arrebatamiento, dejando solamente a la iglesia profesante —compuesta enteramente de personas no salvadas— sobre la tierra para cumplir las profecías acerca del cristianismo.

La iglesia profesante después del arrebatamiento está simbolizada por la ramera de Apocalipsis 17, descrita cabalgando sobre la bestia escarlata que representa el poder político de ese tiempo. Su dominio es sobre todo el mundo, simbolizado por las muchas aguas (Ap. 17:1, 15). Por la descripción hecha parece claro que la iglesia mundial, que ahora está en su forma más primitiva, se ve aquí en su etapa de completa apostasía, puesto que cada cristiano verdadero ha sido quitado. Religiosamente hablando, el período posterior al rapto, en consecuencia, será un movimiento hacia la integración de la iglesia mundial y hacia la religión única mundial, desprovista de los rasgos redentores de la verdadera doctrina cristiana.

2. *Para Israel el período de preparación será un tiempo de avivamiento.* Según Romanos 11:25, la ceguera actual de Israel será quitada y muchos en Israel abrirán sus ojos al hecho de que Jesús es ciertamente su Mesías y Salvador. En los días que vendrán inmediatamente después del arrebatamiento, probablemente millares de judíos se volverán a Cristo, haciendo uso de ejemplares de las Escrituras y libros de doctrina dejados por los cristianos, y de obras acerca de los pasajes bíblicos que hablan sobre la esperanza de un Mesías que muchos judíos ya poseen. Indudablemente tendrán una curiosidad insaciable por saber qué pasó con los cristianos que desaparecieron. Esta búsqueda será recompensada y muchos se convertirán. Como en el primer siglo de la iglesia, los judíos inmediatamente se convertirán en embajadores del evangelio, ganando a su propio pueblo y a los gentiles para Cristo. La renovada obra de evangelismo será emprendida a través de todo el mundo. El hecho de que ya los judíos estén esparcidos por todo el mundo, sabiendo muchos de los idiomas del mundo, los señalan como misioneros naturales al pueblo en donde viven, así que indudablemente

muchos serán llevados por ellos al conocimiento de Cristo. Sin embargo, como en el primer siglo, no todos los judíos se volverán a Cristo y la salvación será solamente para aquellos que creerán.

3. *Políticamente en relación con los gentiles, el tiempo de preparación supone la resurrección del antiguo imperio romano.* Como se dijo en una discusión previa, aún no se han cumplido las etapas que corresponden a los pies de Daniel 2 y la etapa de los diez cuernos de las cuatro bestias de Daniel 7:7. Esta profecía, con la nueva luz dada por Apocalipsis 13, indica que el imperio romano será revivido en la forma de diez naciones que se unen en una confederación. El Mercado Común Europeo podría bien ser un precursor de esto, pero el centro del poder político parecería estar en el Mediterráneo y no en Europa y probablemente incluirá las naciones más importantes de Africa del norte, Asia occidental y sur de Europa.

Una vez más el Mediterráneo será un «lago romano». Cuando estas diez naciones se hayan unido, surgirá un príncipe descrito como el «cuerno pequeño» en Daniel 7:8, que será un dictador que primero obtendrá el control de tres y luego de las diez naciones. Políticamente será el hombre fuerte del Oriente Medio y trabajará con la iglesia mundial a fin de obtener el poder mundial. Una vez que se haya establecido firmemente, estará preparado el escenario para el segundo gran período, el período del pacto.

## C. EL PERIODO DE PAZ

Según Daniel 9:27, cuando el dictador del Oriente Medio surja como el «Príncipe que ha de venir» (Dn. 9:26), hará un pacto con Israel por un período de siete años. Los detalles de este pacto no se nos dan en las Escrituras, pero todo hace suponer que se trata de un pacto de protección. Es claro que el dictador desea poner fin a la controversia entre Israel y las naciones circundantes; usa la artimaña de establecer un protectorado para Israel y por este medio traer una cierta medida de paz y tranquilidad a la situación política en el Medio Oriente. Aunque no hay indicación de que éste será un período de completa paz, Israel está seguro, relativamente hablando, y se le conceden privilegios en comercio y una libertad en cuanto a tensión que no ha caracterizado a la nación desde que fue formada en 1948. Indudablemente el cambio inspirará a muchos judíos a regresar a su antigua tierra, e Israel prosperará financieramente.

También durante este período la iglesia seguirá aumentando su poderío, trabajando con el gobernador del área del Mediterráneo a fin de lograr el dominio religioso mundial. De igual modo, seguirá la evangelización de Israel y muchos se volverán a Cristo. Por otro lado, muchos también volverán al judaísmo ortodoxo. En este período será reconstruido el templo en Jerusalén y los judíos ortodoxos renovarán el sistema mosaico de sacrificios, los que no se habían ofrecido desde que el templo fue destruido en el año 70 d.C. Esto está sobreentendido en Daniel 9:27, donde se predice que cesará el sacrificio, hecho apoyado por Daniel 12:11, que habla de la finalización de los sacrificios diarios. Obviamente los sacrificios no podían cesar sin haber sido reiniciados, y la reiniciación de los sacrificios requiere de un templo en Jerusalén. Nadie sabe exactamente en qué momento será reedificado el templo, pero es claro que estará en funcionamiento cuando comience este período de paz.

Sin embargo, la tranquilidad del Medio Oriente será destruida por un hecho dramático descrito en Ezequiel 38 - 39, un ataque a Israel por parte de Rusia y sus aliados. Los intérpretes de las Escrituras han discrepado en sus análisis de este suceso y su ubicación en la cronología. Según Ezequiel 38, ocurre en un tiempo en que Israel está en paz y reposo, período que corresponde a la situación que se da después de hecho el pacto con el príncipe romano. Aún más, el ataque es más que un asalto sobre Israel porque desafía todo el pacto de relaciones entre el príncipe e Israel y es, en efecto, un intento ruso de tomar el control político y comercial del Medio Oriente. Sin embargo, debido a que se trata de un ataque sorpresivo, no hay un registro de ejércitos que se levanten contra los invasores. En cambio, Dios interviene sobrenaturalmente para salvar a su pueblo y acaba con las fuerzas invasoras en una serie de catástrofes descritas en Ezequiel 38:18-23. Esta guerra destruye el período de paz y prepara el camino para el nuevo período final.

## D. PERIODO DE PERSECUCION

La destrucción del ejército romano no solamente acaba con la paz del período precedente, sino que también introduce una situación mundial dramáticamente cambiada. En aquel tiempo hay un equilibrio en poderío entre: 1) el gobernador del Medio Oriente y las naciones con él alineadas, y 2) Rusia y las naciones alineadas con ella. Destruido temporalmente el ejército ruso, el gobernador del Medio Oriente aprovecha la situación para proclamarse dictador mundial. En una noche se apodera del control político, económico y religioso del mundo. Se proclama a sí mismo gobernador sobre toda raza, lengua y nación (Ap. 13:7), y Daniel predice que devorará toda la tierra, la «trillará y despedazará» (Dn. 7:23). Igualmente se apodera del poder económico de todo el mundo y nadie puede comprar o vender sin su autorización (Ap. 13: 16-17).

Para Israel es un brusco retroceso, ya que el príncipe quebrantará el pacto y de la noche a la mañana se convertirá en su perseguidor. Esto introduce lo que Jeremías denomina como el tiempo de la angustia de Jacob. En otros lugares este período es descrito como la Gran Tribulación (Dn. 12:1; Mt. 24:21; Ap. 7:14). Las tribulaciones de Israel comienzan con la repentina cesación de sus sacrificios (Dn. 9:27; 12:11; Mt. 24:15). Consecuente con esto, Cristo aconseja a Israel que huya inmediatamente a las montañas (Mt. 24: 16-20). Será un tiempo de angustia sin precedentes para Israel, y millares de judíos serán masacrados (Zac. 13:8). El templo mismo será profanado y pondrán un ídolo del gobernador mundial en él (Ap. 13:15), y a veces el mismo gobernador se sentará en el templo para ser adorado (2 Ts. 2:4). Esta es la abominación de desolación descrita en conexión con la cesación de los sacrificios. El gobernador mundial también se presentará a sí mismo como un dios y exigirá que todos le tributen adoración so pena de muerte (Ap. 13:8, 15).

Este período final comenzará a mediados de los siete años originalmente pactados y, en consecuencia, durará cuarenta y dos meses (Ap. 11:2; 13:5; véase Dn. 7:25; 9:27; 12:11-12).

Debido a su actitud completamente blasfema y por las persecuciones lanzadas contra judíos y cristianos, el gobernador mundial que tiene su asiento en el Mediterráneo, presentado a menudo con el nombre de Anticristo y descrito en Daniel 9:26 como el «príncipe que ha de venir», será objeto de un terrible juicio divino. Todo esto está descrito en Apocalipsis capítulos 6 a 19. En la ruptura de los siete sellos se presentan detalles de estos hechos (Ap. 6:1 - 8:1), en el toque de las siete trompetas (Ap. 8:2-21; 11:15-19) y el derramamiento de las siete copas de la ira de Dios (Ap. 16).

En la tierra se producirán juicios sin precedentes. En Mateo 24:21-22 Cristo los describió como un período tan terrible que si no fuera detenido por la segunda venida de Cristo habría resultado en el exterminio de toda la raza. La mayor parte de la población del mundo es destruida por las guerras, pestilencias, hambrunas, estrellas que caen del cielo, terremotos, posesión demoníaca y una grave interrupción del orden de las fuerzas naturales en el mundo.

El desorden resultante de estos desastres crea oposición al gobernador mundial en el Medio Oriente. Es incapaz de cumplir sus promesas de paz y abundancia. Como resultado se producen revoluciones de carácter mundial y grandes porciones del mundo se rebelan contra su autoridad. Esto acaba en una gran guerra descrita en Daniel 11:40-45 y en Apocalipsis 9:13-21; 16:13-21. Las naciones del mundo se traban en una lucha, en una batalla pendular de avances y retrocesos con grandes ejércitos del sur, grandes ejércitos del norte y un gigantesco ejército del oriente que descienden hacia la Tierra Santa a fin de ofrecer batalla. En la cúspide de este conflicto, Jesús regresa en poder y gloria para dejar caer su juicio contra los hombres malvados reunidos en esta lucha y para establecer su reinado milenial.

En conjunto, los hechos que desembocan en la segunda venida de Cristo se describen con considerable detalle en el Antiguo Testamento y en el Nuevo. El período es una dramática secuencia de acontecimientos terribles que no tienen igual en ningún otro período de la historia o la profecía. Las muchas indicaciones de que el mundo se está moviendo en dirección a ese clímax hacen altamente pertinentes las enseñanzas bíblicas acerca de la inminencia de la venida del Señor por los suyos en el arrebatamiento.

## PREGUNTAS

1. ¿Qué enseña la parábola de la cizaña acerca del carácter general del período que queda entre la primera y la segunda venidas de Cristo?
2. Nombrar las otras seis parábolas de Mateo 13, e indicar su enseñanza general.
3. Tomado como un todo, ¿qué enseña el capítulo 13 de Mateo acerca de todo el período que queda entre las dos venidas de Cristo?
4. ¿Da Mateo 13 alguna justificación para las enseñanzas del postmilenialismo?
5. ¿Cuáles son las nueve señales del fin del siglo que se hallan en Mateo 24:3-14?
6. ¿Cuáles son los aspectos más importantes de la apostasía predicha en 2 Pedro 2 - 3?
7. Después que ocurra el arrebatamiento, ¿cuáles son los tres períodos que siguen y que conducen a la segunda venida de Cristo para establecer su reino?
8. ¿Cuál será la situación de la iglesia, de Israel y de los gentiles en el período de preparación que sigue al arrebatamiento?
9. ¿En qué sentido podemos decir que la iglesia estará en la tierra después del arrebatamiento?
10. ¿En qué consistirá el importante papel de Israel en el período de preparación?
11. ¿Qué importantes sucesos políticos ocurrirán en el período de la preparación?
12. Describir la situación de Israel y la iglesia mundial durante el período de paz que seguirá a la promulgación del pacto con Israel.
13. ¿Qué hecho destruirá la tranquilidad en el Medio Oriente al final del período de paz?
14. Describir el cambio repentino al comenzar el período de persecución, en relación con Israel, el mundo y la iglesia mundial.
15. ¿Qué juicios derramará Dios sobre el mundo durante el período de persecución?
16. Describir la gigantesca guerra mundial final.
17. A la luz de la preparación del mundo para estos sucesos, ¿qué se indica acerca de la inminencia del arrebatamiento?

# 45

# La Gran Tribulación

## A. LA GRAN TRIBULACION EN CONTRASTE CON LA TRIBULACION EN GENERAL

Ha habido mucha confusión en torno a la doctrina de la Gran Tribulación porque algunos no han hecho la distinción entre las tribulaciones y sufrimientos generales del pueblo de Dios y el período específico de la Gran Tribulación descrito en el Antiguo y el Nuevo Testamentos. El concepto de tribulación supone un tiempo de presiones, aflicciones, angustias de corazón y perturbaciones en general. En consecuencia, una situación de tribulación es una experiencia común de la raza humana que resulta de su pecado y rebelión contra Dios y del conflicto entre Dios y Satanás en el mundo.

Según Job 5:7: «Como las chispas nacen para volar por el aire, así el hombre nace para la aflicción.» Cristo aseguró a sus discípulos en Juan 16:33: «en el mundo tendréis aflicción». Los sufrimientos de Job en el Antiguo Testamento y los problemas de Pablo con su aguijón en la carne en el Nuevo Testamento son sintomáticos de una raza humana que constantemente está en tribulación y soportando muchos tipos de aflicciones. Estas han caracterizado a la raza humana desde Adán y seguirán en alguna medida hasta que la historia humana haya terminado su carrera, aunque se verá grandemente aliviado durante el reino milenial.

En contraste con estas intimaciones generales de pruebas y sufrimientos que afligen a la raza, las Escrituras hablan de un tiempo especial de tribulación al fin de la era, un tiempo específico de gran tribulación que durará cuarenta y dos meses y desembocará en la segunda venida de Cristo.

## B. DOCTRINA VETEROTESTAMENTARIA DE LA GRAN TRIBULACION

Ya en Deuteronomio 4:29-30 se advirtió a Israel a fin de que se volviera al Señor cuando se viera en el período de tribulación de los últimos días. Este tiempo específico es objeto de especial atención por el profeta Jeremías. En Jeremías 30:1-10 predice que el tiempo de tribulación será precedido por un regreso parcial de los hijos de Israel a su tierra: «Porque he aquí que vienen días, dice Jehová, en que haré volver a los cautivos de mi pueblo Israel y Judá, ha dicho Jehová, y *los traeré a la tierra que di a sus padres, y la disfrutarán*» (v. 3).

Inmediatamente después, en los versículos 4-7 se describe el período de tribulación que vendrá sobre ellos después de haber regresado a la tierra. Israel estará con dolores como de una mujer que está de parto. El tiempo de tribulación se describe específicamente en Jeremías 30:7: «¡Ah, cuán grande es aquel día!; tanto, que no hay otro semejante a él; tiempo de angustia para Jacob; pero de ella será librado.»

A Israel se le da la promesa de que aunque tenga que pasar por este tiempo de gran tribulación, Dios quebrantará el yugo de su cautiverio y ya no servirá más a los gentiles. En cambio, según el versículo 9, «servirán a Jehová su Dios y a David su rey, a quien yo les levantaré». Esto anuncia el reino milenial, cuando David será resucitado y con Cristo reinará sobre la casa de Israel. De acuerdo con esto, a Israel se le da ánimo para que no desmaye; es el propósito de Dios que a su tiempo «Jacob volverá, descansará y vivirá tranquilo y no habrá quien espante» (v. 10).

El tiempo de la angustia de Jacob, o gran tribulación, está considerado en Daniel 9:27 después del quebrantamiento del pacto. Aquí se revela específicamente que será la mitad del período de siete años, esto es, tres años y medio. «El príncipe que ha de venir» (Dn. 9:26) «por otra semana confirmará el pacto con muchos» (v. 27), esto es, hará un pacto de siete años. Quebrantará el pacto en la mitad de la se, mana, esto es, después de tres años y medio, y «hará cesar el sacrificio y la ofrenda» y producirá la abominación del templo.

Daniel 12:11 añade la información: «Y desde el tiempo que sea quitado el continuo sacrificio hasta la abominación desoladora, habrá mil doscientos noventa días.» Esto es aproximadamente tres años y medio y algunos días, y el período incluye la segunda venida de Cristo y los primeros juicios que se realizarán. La bendición descrita en Daniel 12:12, que vendrá después de 1335 días, incluye no solamente el tiempo de la Gran Tribulación, la segunda venida de Cristo y los juicios, sino también el establecimiento del bienaventurado reino milenial sobre la tierra. Consecuentemente, el período de la Gran Tribulación se especifica como de cuarenta y dos meses o tres años y medio.

La Gran Tribulación terminará con la segunda venida de Cristo. Según Daniel 7:13-14, el período concluye con la venida del Hijo del Hombre del cielo, quedando todas las naciones bajo su dominio. El rey impío y el gobierno que preceden a la segunda venida de Cristo serán destruidos (Dn. 7:26), y el reino eterno comenzará y será caracterizado primero por el reino milenial y luego por el gobierno de Dios en los nuevos cielos y la nueva tierra. La doctrina del Antiguo Testamento es relativamente completa, pero a esto se puede agregar la revelación del Nuevo Testamento.

Según Daniel 11:36-39, el tiempo del fin será caracterizado religiosamente por una religión atea encabezada por el gobernador mundial. En estos versículos es descrito como un gobernante absoluto que descarta todos los dioses anteriores y se magnifica a sí mismo por sobre Dios. Honra solamente al dios de la fuerza, esto es, al dios de la guerra. Es materialista y ateo. Su reino termina en la guerra gigantesca descrita en los versículos 40-45. Los ejércitos del sur, del norte y del oriente lo presionan. Aunque aparentemente es capaz de resistir por un tiempo, en el momento de la venida de Cristo aún está la batalla en todo su vigor, con lo que termina la Gran Tribulación.

## C. LA DOCTRINA DE LA GRAN TRIBULACION EN EL NUEVO TESTAMENTO

Cuando los discípulos le preguntaron acerca del tiempo de su segunda venida y del fin del siglo, Jesús les dio en primer lugar una serie de señales que para nosotros ya se han cumplido en su mayor parte, acontecimientos y situaciones que caracterizan la era que se extiende entre la primera y la segunda venidas de Cristo (Mt. 24:3-14).

Luego, en Mateo 24:15-29, Cristo responde a la pregunta sobre señales específicas describiendo la Gran Tribulación misma. Dice que comenzará cuando los hombres vean en el lugar santo la abominación desoladora de que habló el profeta Daniel (v. 15), refiriéndose a la profanación del templo y a la ocupación del lugar de Dios en el templo por el gobernante del Mediterráneo. Avisa a los hijos de Israel que cuando esto ocurra, y será identificado por algún acontecimiento específico en un día determinado, deben huir a las montañas para salvar la vida.

Cristo declara en Mateo 24:21-22: «Porque habrá entonces gran tribulación, cual no ha habido desde el principio del mundo hasta ahora, ni la habrá. Y si aquellos días no fuesen acortados, nadie sería salvo; mas por causa de los escogidos, aquellos días serán acortados.» Aquí Cristo identifica claramente el período de gran tribulación, en contraste con todos los demás períodos de tribulación. Va a ser tan grande en su extensión, que eclipsará toda otra experiencia previa del mundo en cuanto a sufrimientos.

La tribulación será tan grave que, a menos que sea acortada (literalmente, terminada), ningún ser humano quedaría vivo sobre la tierra. Esto no implica, como algunos han interpretado la palabra «acortados», que terminará antes de los cuarenta y dos meses. Significa simplemente que si no fuera terminada por la segunda venida, la Gran Tribulación exterminaría toda la raza humana. «Por causa de los escogidos» —ya sea que se refiera a los salvados de Israel, a los salvados de los gentiles o a ambos— el regreso de Cristo, aunque será un tiempo de juicio para el mundo, será un tiempo de liberación para los salvados.

En los versículos que siguen, nuestro Señor describe algunas de las características de este período. Habrá falsos profetas y falsos cristos (Mt. 24:23-24). Habrá falsos informes de que Cristo habrá venido secretamente (v. 26). Avisa a sus discípulos que ninguno debe ser engañado en aquel tiempo, porque la segunda venida de Cristo será un acontecimiento público como el relámpago que alumbra desde el oriente hasta el occidente (v. 27). La tribulación misma también se describe en el versículo 29 como el tiempo cuando «el sol será oscurecido, y la luna no dará su luz, y las estrellas caerán del cielo y las potencias de los cielos serán conmovidas». Esto será seguido por la venida de Cristo. La descripción de la Gran Tribulación dada por Cristo en respuesta a la pregunta de los discípulos es confirmada por la información adicional en Apocalipsis 6 - 18. En el capítulo 6 se abre el rollo de los siete sellos descrito en Apocalipsis 5:1.

A medida que se rompe cada sello comienzan a sobrevenir grandes catástrofes sobre el mundo. Esto empieza con el primer sello, que describe un gobierno mundial (Ap. 6:1-2). Esto es seguido por guerras (vv. 3-4), hambres (vv. 5-6) y la muerte de la cuarta parte de la tierra (vv. 7-8). El quinto sello representa a los mártires que mueren en aquel período (vv. 9-11), y grandes disturbios en los cielos, incluyendo las estrellas que caen del cielo y un gran terremoto sobre la tierra, y el sol que se pone negro y la luna como sangre (vv. 12-14). El impresionante despliegue de poder divino en el mundo inspira temor a los incrédulos, que piden a las montañas que caigan sobre ellos y los salven del gran día de su ira (vv. 15-17).

Cuando se rompe el séptimo sello (8:1) sale de él otra serie de siete, llamada las siete trompetas de los ángeles (Ap. 8:2 - 9:21; 11:15-19). Estos grandes juicios en su mayor parte son catástrofes sobre el mundo natural que tienen como resultado la pérdida de muchas vidas, en que la tercera parte de la tierra es consumida por el fuego, una tercera parte del océano se convierte en sangre, destruyendo un tercio de las criaturas del mar, las estrellas del cielo caen sobre una tercera parte de los ríos (8:7-11). La cuarta trompeta concierne a las estrellas; una tercera parte del sol, la luna y las estrellas se oscurecen, y se da la predicción de terribles desastres que sobrevendrán con las tres trompetas siguientes.

La quinta trompeta (9:1-12) presenta a los inconversos atormentados por demonios durante cinco meses de terrible agonía, pero incapaces de quitarse la vida. La sexta trompeta (9:13-21) se relaciona con el gran ejército que viene del oriente y cruza el río Eufrates para participar en la gran guerra del fin del período de la tribulación. La séptima trompeta (11:15) está cerca del fin del período y anuncia la venida de Cristo y el establecimiento de su reino.

Sin embargo, la séptima trompeta introduce otra serie de siete juicios que aparecen en rápida sucesión, y que se denominan las copas de la ira de Dios en Apocalipsis 16. Cada uno de éstos es más destructivo que las trompetas del juicio y constituyen un derramamiento final de la ira de Dios sobre la tierra, preparatorio de la segunda venida de Cristo mismo.

La sexta copa está relacionada con la preparación de la gran batalla de Dios que se centra en un lugar llamado Armagedón, por lo que esta batalla recibe el nombre de batalla de Armagedón. Aquí los reyes de la tierra y sus ejércitos se han reunido para la batalla según Apocalipsis 16:14. La aparente contradicción de Satanás que inspira a los reyes de la tierra a fin de que se rebelen contra el gobernante que Satanás mismo ha puesto sobre el trono del gobierno mundial, aparece solucionada por este hecho: Satanás reúne sus fuerzas bajo la ilusión de que están peleando por el poder mundial, pero realmente están guiados por Satanás a fin de oponerse a los ejércitos que acompañarán a Cristo cuando El vuelva a la tierra (Ap. 19:14).

La copa final, descrita en Apocalipsis 16:17-21, consiste de un gran terremoto que destruye las grandes ciudades del mundo, trae juicio contra Babilonia y hace desaparecer las islas y montañas. El clímax es una gran tormenta de granizos, con granizos de un talento de peso, esto es, unos 46 kilos, que destruyen lo que había quedado. El mundo está en estado de caos y destrucción y en guerra en el momento de la segunda venida de Cristo.

¡Qué sueño más falso han tenido algunos teólogos que imaginan que el mundo irá mejorando poco a poco hasta que gradualmente queda sometido al evangelio, y de este modo es conducido a la obediencia a Cristo! Más bien las Escrituras describen el mundo en un horroroso clímax de maldad y rebelión contra Dios, encabezado por un gobernante mundial ateo, blasfemo y perseguidor de todos los que se identifican con Dios.

El reino de justicia de Dios sobre la tierra será introducido por la segunda venida de Cristo y no por esfuerzos humanos, y será un juicio dramático sobre la maldad del mundo, al mismo tiempo que será una maravillosa liberación para quienes han puesto su confianza en Cristo en esos trágicos días.

El hecho de que la Gran Tribulación sea tan terrible, destinada para el incrédulo y para el blasfemo más que para el hijo de Dios, es otra razón por la que muchos creen que el arrebatamiento de la iglesia ocurrirá antes de este terrible tiempo de sufrimientos. Es significativo que la iglesia jamás se nombra en los pasajes relacionados con la Gran Tribulación; aunque habrá hombres que vendrán a Cristo y son llamados santos, jamás se usan las expresiones específicas que los relacionarían con la iglesia. En cambio, son judíos salvados y gentiles salvados, muchos de ellos sometidos a martirio, y son muy pocos los que sobreviven en el período.

Tomada como un todo, la Gran Tribulación es un preludio de la segunda venida de Cristo, haciendo claro cuán necesaria es la intervención divina en el escenario mundial, tanto para juzgar a los malos como para liberar a los santos, y proporcionando un agudo contraste entre la tenebrosa hora de la tribulación y la gloria del reino que la sucederá.

## PREGUNTAS

1. Distinguir entre tribulación en general y Gran Tribulación.
2. ¿Cuál es la primera referencia al tiempo futuro de la Gran Tribulación en las Escrituras?
3. Según Jeremías 30:1-10, ¿cuál es el orden de los sucesos al final de la era?
4. ¿Cómo se relaciona la profecía de Daniel 9:27 con la Gran Tribulación?

5. ¿Qué suceso señala el quebrantamiento del pacto y el comienzo de la Gran Tribulación?
6. ¿Qué caracterizará a la religión de la Gran Tribulación?
7. Describir la guerra al final de la Gran Tribulación, según Daniel.
8. ¿Qué suceso pondrá término a la Gran Tribulación, según Daniel?
9. Según Cristo, ¿qué suceso pone en marcha la Gran Trilación?
10. Según Cristo, ¿qué va a hacer Israel en el período de la Gran Tribulación?
11. ¿Qué ocurriría, según Cristo, si la Gran Tribulación no fuera terminada por su segunda venida?
12. ¿Cuáles son algunos sucesos y situaciones que preceden inmediatamente a la venida de Cristo, según Mateo 24?
13. ¿Cómo se describe la venida de Cristo misma en Mateo 24?
14. Según Apocalipsis 6:1 - 8:1, ¿qué sucesos están relacionados con la ruptura de los siete sellos?
15. Según Apocalipsis 8:2 - 9:21, ¿qué sucesos están relacionados con el toque de las siete trompetas?
16. ¿Cuál es la situación descrita por el derramamiento de las siete copas de la ira de Dios en Apocalipsis 16?
17. Describir en detalle los resultados del derramamiento de la séptima copa sobre la tierra.
18. ¿Cómo demuestra la descripción de los sellos, trompetas y copas que el punto de vista postmilenial de que el mundo mejorará gradualmente no tiene apoyo bíblico?
19. ¿Cómo se realizará el reinado justo de Dios en el mundo?
20. ¿En qué forma apoyan los juicios gráficos de Dios durante la Gran Tribulación la doctrina del arrebatamiento como un suceso que la precede y por ello da gran consuelo e inspiración a los cristianos?

# 46

# La segunda venida de Cristo

## A. LA IMPORTANCIA DE LA SEGUNDA VENIDA

En estudios anteriores al de la segunda venida ya han sido presentados los hechos principales acerca del arrebatamiento, la venida del Hijo de Dios por sus santos (capítulo 12) y la venida de Cristo con sus santos (capítulo 13). Aquí, la segunda venida de Cristo para establecer su reino será considerada en su lugar como un suceso importante en el programa profético. Los capítulos que siguen están íntimamente ligados con este estudio y tratan los importantes temas de las resurrecciones, los juicios de Dios sobre Israel y las naciones, y el reino milenial. Estos grandes temas se combinan para proporcionar la meta bíblica de la historia, que en gran medida determina la interpretación de toda la Biblia.

En el Antiguo y el Nuevo Testamentos se presenta en muchos pasajes la importancia de la venida de Cristo a establecer su reino. La doctrina, en la forma que ha sido revelada, es mucho más que el solo fin de la historia humana. Es más bien el gran clímax que conduce el programa de Dios a su punto más elevado. Por esta razón, todos los sistemas de teología que tienden a ignorar o a minimizar la doctrina de la segunda venida de Cristo y el gran volumen de pasajes bíblicos que tratan del reinado de Cristo sobre la tierra son inadecuados y sólo pueden ser justificados negando el significado claro y literal de muchas profecías e ignorando extensas porciones de la revelación.

La segunda venida de Cristo, con el reino que lo sigue, es el corazón mismo del progreso de las Escrituras y es el tema más importante de la profecía del Antiguo Testamento. Los grandes pactos de la Escritura se relacionan con el programa de Dios, especialmente los pactos con Abraham, Israel, David y el nuevo pacto. Gran parte de la revelación de los Salmos y de los profetas mayores y menores giran en torno a este gran tema. Los grandes libros proféticos como Daniel, Zacarías y Apocalipsis centran su atención en el tema de la segunda venida de Cristo y la consumación de la historia y el reino. Por esta razón, la doctrina de la segunda venida en gran medida determina el total de la teología del intérprete de la Biblia y justifica el intento de ordenar detalladamente los sucesos proféticos que aún están por cumplirse a fin de ser fiel a toda la revelación bíblica.

## B. PROFECIAS DEL ANTIGUO TESTAMENTO ACERCA DE LA SEGUNDA VENIDA

Mientras el arrebatamiento es una doctrina del Nuevo Testamento que jamás se menciona en el Antiguo Testamento (porque la iglesia como tal era un misterio no revelado en el Antiguo Testamento), la segunda venida está firmemente asentada en el Antiguo Testamento.

Probablemente la primera de las profecías claras acerca de la segunda venida de Cristo está en Deuteronomio 30:1-3. En esta profecía acerca de la reunión de Israel en su tierra nuevamente, se predica que Israel se convertirá al Señor espiritualmente y que entonces el Señor «hará volver a tus cautivos, y tendrá misericordia de ti, y volverá a recogerte de entre todos los pueblos adonde te hubiere esparcido Jehová tu Dios» (v. 3). La expresión «hará volver» indica un acto de intervención de Dios en la situación, y a la luz de las Escrituras posteriores se relaciona claramente con la venida del Señor mismo.

Los Salmos, aunque constituyen el libro de adoración del Antiguo Testamento, frecuentemente se refieren a la segunda venida de Cristo. Después de una introducción descriptiva del justo, en contraste con el malvado en el Salmo 1, el Salmo 2 inmediatamente describe la gran contienda de Dios con las naciones. Aunque los príncipes del mundo desean rechazar a Dios y su gobierno sobre ellos, Dios declara su propósito: «Pero yo he puesto mi rey sobre Sión, mi monte santo» (2:6). El salmo sigue anunciando que este rey, al enfrentarse con los malos, «los quebrantarás con vara de hierro; como vasija de alfarero los desmenuzarás» (v. 9).

La trilogía formada por los Salmos 22, 23 y 24 presenta a Cristo como el buen Pastor que daría su vida por sus ovejas (Jn. 10:11); el Gran Pastor, que vive siempre para interceder por los suyos (He. 13:20); y el Príncipe de los Pastores que viene como el Rey de gloria para recompensar a los pastores fieles (1 P. 5:4). El Salmo 24 describe la situación milenial: «De Jehová es la tierra» (v. 1). Se exhorta a las puertas de Jerusalén que se levanten para dar paso al Rey de Gloria (24:7-10).

En el Salmo 50:2 se menciona el reinado de Cristo desde Sión. Como se verá más tarde en el estudio del Milenio, el Salmo 72 describe a Cristo que ha venido a la tierra para reinar sobre las naciones. El Salmo 89:36 habla del establecimiento del trono de Cristo en cumplimiento del pacto con David inmediatamente después de su segunda venida. El Salmo 96, después de describir el honor y la gloria de Dios, exhorta a los cielos y la tierra a que se regocijen «delante de Jehová que vino; porque vino a juzgar la tierra. Juzgará al mundo con justicia, y a los pueblos con verdad» (v. 13).

La posición actual de Cristo a la diestra de Dios es descrita en el Salmo 110, pero también se predice que vendrá el día cuando El reinará sobre sus enemigos y su poder saldrá de Sión (vv. 2, 6). De estas diversas profecías se desprende claramente que la verdad acerca de la segunda venida de Cristo y su reino es una revelación de gran importancia en el Antiguo Testamento y no una de importancia secundaria.

Esto es confirmado como un tema principal entre los profetas mayores y menores. En la gran declaración profética de Isaías 9:6, 7 Cristo es descrito como un niño que ha nacido y al mismo tiempo es Dios todopoderoso. Describe su reinado sobre el trono de David como un reinado que no tendrá fin. En Isaías 11 - 12 se hace una descripción amplia de los resultados de la segunda venida de Cristo y del establecimiento de su reino. Este pasaje será discutido más ampliamente en el estudio del reino milenial. Sin embargo, la introducción del reino depende de la doctrina de una venida literal de Cristo a la tierra y de la demostración del poder divino para juzgar a los malvados. También se menciona esta escena en Isaías 63:1-6, donde se describe gráficamente el juicio de Cristo sobre la tierra en su segunda venida.

En las profecías de Daniel que tienen relación con los tiempos de los gentiles y el programa de Dios para la nación de Israel, se relaciona la consumación de ambos con la venida del Hijo del Hombre desde el cielo (Dn. 7:13-14). Este pasaje da una clara descripción de la segunda venida: «Miraba yo en la visión de la noche, y he aquí con las nubes del cielo venía uno como un hijo de hombre, que vino hasta el Anciano de días, y le hicieron acercarse delante de él. Y le fue dado dominio, gloria y reino, para que todos los pueblos, naciones y lenguas le sirvieran; su dominio es dominio eterno, que nunca pasará, y su reino uno que no será destruido.» Daniel había anunciado la misma verdad al interpretar la visión de Nabucodonosor y había predicho en Daniel 2:44 «un reino que no será jamás destruido».

Igualmente, la mayor parte de los profetas menores tocan este tema, y en forma especial lo hace el libro de Zacarías. Según Zacarías 2:10-11, el Señor declara: «Canta y alégrate, hija de Sión; porque he aquí vengo, y moraré en medio de ti, ha dicho Jehová. Y se unirán muchas naciones a Jehová en aquel día, y me serán por pueblo, y moraré en medio de ti; y entonces conocerás que Jehová de los ejércitos me ha enviado a ti.» Esta es una clara referencia al milenio terrenal y al reinado de Cristo que sigue a su segunda venida. Aún más específico es Zacarías 8:3-8: «Así dice Jehová: Yo he restaurado a Sión, y moraré en medio de Jerusalén; y Jerusalén se llamará Ciudad de la Verdad, y el monte de Jehová de los ejércitos, Monte de Santidad» (v. 3). Los versículos 4-8 describen las calles de Jerusalén llenas de muchachos y muchachas que juegan y a los hijos de Israel que son traídos de todo el mundo y habitan en Jerusalén.

Zacarías 14:1-4 describe en forma dramática la segunda venida de Cristo mismo, que viene en la culminación de la guerra mundial que ha sobrevenido en el Medio Oriente y en la ciudad de Jerusalén. Zacarías dice: «Y se afirmarán sus pies en aquel día sobre el monte de los Olivos, que está enfrente de Jerusalén al oriente; y el monte de los Olivos se partirá por en medio, hacia el oriente y hacia el occidente, haciendo un valle muy grande; y la mitad del monte se apartará hacia el norte y la otra mitad hacia el sur» (v. 4).

La descripción gráfica de la división del Monte de los Olivos en el momento de la segunda venida de Cristo deja en claro que ningún suceso del pasado puede compararse con su segunda venida. La ridícula interpretación de que la segunda venida se realizó en el día de Pentecostés o en la destrucción de Jerusalén del año 70 no sólo la contradicen las últimas profecías que presentan la segunda venida como un acontecimiento todavía futuro (como en el libro de Apocalipsis), sino que tiene en contra el hecho de que el Monte de los Olivos permanece sin haber sufrido cambio alguno.

Cuando los pies de Cristo se posen sobre el mismo Monte de los Olivos que fue testigo de su ascensión en Hechos 1, ello será la señal para que se produzca un cambio en la topografía de toda la zona que rodea a Jerusalén, en preparación para el reino que se establecerá. Consecuentemente, la segunda venida de Cristo en el Antiguo Testamento no se puede negar con explicaciones en el sentido de que algún suceso pasado o alguna experiencia espiritual contemporánea, por ejemplo, que la venida de Cristo por sus santos ocurre cuando uno muere, o con cualquier otra explicación que es totalmente inadecuada para explicar la revelación bíblica. En cambio, en el Antiguo Testamento la segunda venida de Cristo es la gran consumación de la historia mundial, en la que el Hijo de Dios viene a reclamar el mundo por el cual dio su vida y para ejercer su poder o autoridad sobre el mundo que no quería que Cristo reinase.

## C. LA SEGUNDA VENIDA DE CRISTO EN EL NUEVO TESTAMENTO

En la revelación del Nuevo Testamento acerca de la segunda venida de Cristo se introduce un nuevo factor con la revelación del arrebatamiento de la iglesia. En el Antiguo Testamento las predicciones de las primera y segunda venidas de Cristo se mezclaban con frecuencia y los profetas tenían dificultades para distinguirlas. Cumplidas las profecías acerca de la primera venida, ya no hay problemas para distinguir entre las profecías relacionadas con sus sufrimientos y aquellas que tienen que ver con su gloria.

Sin embargo, en el Nuevo Testamento, debido a la terminología similar para describir la venida de Cristo *por* sus santos y la venida de Cristo *con* sus santos, no siempre es claro cuál acontecimiento se tiene en vista; en cada caso se debe llegar a una decisión sobre la base del contexto. El tema de la venida futura de Cristo es un tema de gran importancia en el Nuevo Testamento, y se estima que uno de cada veinticinco versículos se refiere a ella de uno u otro modo. Se pueden seleccionar por lo menos veinte pasajes extensos que contribuyen con los elementos de mayor importancia de la revelación del Nuevo Testamento (Mt. 19:28; 23:39; 24:3 - 25:46; Mr. 13:24-37; Lc. 12:35-48; 17:22-37; 18:8; 21:25-28; Hch. 1:10-11; 15:16-18; Ro. 11:25-27; 1 Co. 11:26; 2 Ts. 1:7-10; 2 P. 3:3-4; Jud. 14-15; Ap. 1:7-8; 2:25-28; 16:15; 19:11-21; 22:20).

Además de los hechos notados en el estudio previo de Mateo 13, debemos destacar importantes puntos de énfasis.

1. *La segunda venida de Cristo es postribulacional y premilenial.* La interpretación literal de las profecías acerca de la segunda venida de Cristo no sólo aclaran que es el preludio del acontecimiento que establece el reino de Cristo sobre la tierra por mil años, sino que además sirve para distinguirla del arrebatamiento de la iglesia, esto es, Cristo que viene por sus santos. De parte de los que espiritualizan las profecías acerca del reino futuro sobre la tierra, la tendencia ha sido mezclar las profecías acerca del arrebatamiento y las profecías sobre la segunda venida de Cristo y considerarlas como un solo suceso, que ocurre de una sola vez, considerando así el arrebatamiento como un suceso postribulacional. La misma interpretación literal de la segunda venida, que lleva a la conclusión de que será seguida por el reino milenial sobre la tierra, sirve para distinguirla del arrebatamiento de la iglesia. Los sucesos son claramente diferentes en su propósito, carácter y contexto.

En el libro *The Rapture Question* (La cuestión del arrebatamiento), por John F. Walvoord, se dan cincuenta razones para sostener que el arrebatamiento es pretribulacional y la segunda venida para establecer el reino es postribulacional. Igualmente, en el libro *The Millennial Kingdom* (El reino milenial), por Walvoord, se presentan argumentos teológicos e históricos acerca del establecimiento de un reino literal sobre la tierra. Mientras los teólogos siguen en desacuerdo sobre este tema, el problema queda determinado en gran parte por los principios de interpretación que se use. Los que interpretan la profecía literalmente, y que uniformemente toman en consideración los detalles de la profecía, pueden apoyar adecuadamente la conclusión de que la segunda venida de Cristo es postribulacional y premilenial.

2. *Las descripciones de la segunda venida de Cristo en todos los pasajes importantes relacionados con ella enseñan claramente que su venida es personal.* Desde luego, esto es apoyado por la revelación de los ángeles en Hechos 1:11, que informaron a los discípulos que estaban mirando hacia el cielo: «Este mismo Jesús, que ha sido tomado de vosotros al cielo, así vendrá como le habéis visto ir al cielo.» Esto se refiere a la segunda venida de Cristo a la tierra, y no al arrebatamiento. Así como El se fue personalmente al cielo, también volverá personalmente. Desde luego, esto es apoyado por otros pasajes importantes como Mateo 24:27-31 y Apolipsis 19:11-16.

3. *Los mismos pasajes que indican que su venida será personal, enseñan que será una venida corporal.* Aunque la deidad de Cristo es omnipresente y puede estar en el cielo y en la tierra al mismo tiempo, el cuerpo de Cristo es siempre local y ahora está a la diestra de Dios Padre. En su segunda venida Cristo volverá corporalmente, así como ascendió corporalmente. Esto es apoyado por Zacarías 14:4: «Y se afirmarán sus pies en aquel día sobre el monte de los Olivos.» También lo apoya el pasaje de Hechos 1, que afirma que su venida será del mismo modo que su ascensión.

4. *En contraste con el arrebatamiento, en que no hay evidencia de que el mundo como un todo verá la gloria de Cristo, la segunda venida de Cristo será visible y gloriosa.* Cristo mismo describió su venida como un relámpago que resplandece desde el oriente hasta el occidente (Mt. 24:27). Así como la ascensión en Hechos 1:11 es visible, su segunda venida

será visible, y Cristo «vendrá como le habéis visto ir al cielo».

Cristo dijo en Mateo 24:30: «Verán al Hijo del hombre viniendo sobre las nubes del cielo, con poder y gran gloria». El principal argumento del libro de Apocalipsis es que Cristo será revelado al mundo en su segunda venida y en el reino subsecuente. Según Apocalipsis 1:7: «He aquí que viene con las nubes, y todo ojo le verá, y los que le traspasaron; y todos los linajes de la tierra harán lamentación por él.» Verán a Cristo, no como el humilde nazareno que sufre y muere, o en su cuerpo de resurrección en el cual su gloria estaba algo velada mientras Cristo estaba aún sobre la tierra.

La segunda venida de Cristo pondrá en exhibición la gloria del Hijo de Dios, como se reveló antes a Juan en Apocalipsis 1:12-18 y se describe en detalle en Apocalipsis 19: 11-16. En consecuencia, la segunda venida será uno de los acontecimientos más dramáticos de todos los tiempos y será el clímax de todo el programa de Dios que comienza en Edén cuando Adán pecó y perdió el derecho de reinar.

5. *La segunda venida de Cristo está también íntimamente relacionada a la tierra y no es un encuentro en el espacio como el arrebatamiento de la iglesia.* Muchos pasajes hablan de Cristo que reina en Sión, viene a Sión y sale de Sión, todas ellas referencias a la ciudad literal de Jerusalén (Sal. 14:7; 20:2; 53:6; 110:2; 128:5; 134:3; 135:21; Is. 2:3; Jl. 3:16; Am. 1:2; Zac. 14:1-4; Ro. 11:26). Según las Escrituras, no solamente su pie tocará el Monte de los Olivos, sino que su venida es en conexión con la destrucción de los ejércitos que tratarán de conquistar Jerusalén (Zac. 14:1-3).

6. *La segunda venida de Cristo será presenciada por todos los santos ángeles y por todos los santos de todos los tiempos que están en el cielo.* Es la venida *con* sus santos y no la venida *por* sus santos. Aunque un propósito importante de la venida de Cristo es libertar a los santos afligidos que aún viven en la tierra, la descripción del suceso en Mateo 25:31 afirma que todos los ángeles estarán con El. Apocalipsis 19:11-21 es aún más explícito y presenta a los ejércitos celestiales que le siguen. Estos indudablemente incluyen a los santos ángeles y a los santos que están en el cielo. La segunda venida será un tiempo de reunión de todos los elegidos, los resucitados, los trasladados y aun los que esta-

ban en sus cuerpos naturales sobre la tierra. Todos participan, de un modo u otro, en este dramático suceso relacionado con la segunda venida.

7. *El propósito declarado de la segunda venida es juzgar la tierra* (Sal. 96:13). Esto será considerado en los próximos estudios de los juicios de Israel, de las naciones y el juicio de Satanás y de los ángeles caídos. En Mateo 19:28 Cristo les dijo a los doce apóstoles se unirían a El para juzgar las doce tribus de Israel. Mateo 25:31-46 describe el juicio de los gentiles sobre la tierra en el momento de la segunda venida. Ezequiel 20:35-38 predice el juicio de Israel en el momento de la segunda venida. Los que mueran durante el tiempo de persecución que precederá a la segunda venida serán resucitados y juzgados según Apocalipsis 20:4.

La misma verdad es presentada en las diversas parábolas que tratan del tiempo del fin en los evangelios, y en las Escrituras se encuentra una mención frecuente de esta verdad (Lc. 12:37, 45-47; 17:29, 30; 2 Ts. 1:7-9; 2:8; Jud. 15; Ap. 2:27; 19:15-21). La tierra, que actualmente manifiesta toda su pecaminosidad e incredulidad y que en su mayor parte vive como si Dios no existiese, caerá bajo el justo juicio de Dios.

Sin embargo, a pesar de lo extenso que es el juicio, no destruirá la tierra en forma completa. El juicio por fuego descrito en 2 Pedro 3:10 no ocurrirá hasta el fin del milenio, cuando la tierra y los cielos que ahora existen sean destruidos y sean creados un nuevo cielo y una nueva tierra.

El día de Jehová, que comienza con el arrebatamiento e incluye en su introducción los juicios que preceden y siguen inmediatamente la segunda venida, concluye al final del milenio con la destrucción final de la tierra y los cielos que ahora existen. El triunfo del pecado en nuestro mundo moderno es temporal. El triunfo de la justicia de Dios es cierto.

8. *El propósito importante de la venida de Cristo es librar a quienes han sobrevivido al martirio durante la tribulación, sean judíos o gentiles.* Según Mateo 24:22, si la venida de Cristo fuera demorada indefinidamente, los juicios catastróficos derramados sobre la tierra destruirían toda la raza. La tribulación es cortada por la venida de Cristo para librar a los escogidos de ese destino. En Romanos 11:26-27 se describe a Israel como salvado y libertado. Esto recibe el apoyo

de Lucas 21:28, donde se habla de la segunda venida de Cristo y es denominada «tu redención». En el Antiguo Testamento hay pasajes como Zacarías 14:4 también describen en esta liberación.

9. *Sin embargo, la segunda venida de Cristo no solamente trae el juicio sobre los malvados y liberación para los justos, sino que introduce un nuevo estado espiritual que será considerado en el estudio del milenio.* El mismo acontecimiento que trajo juicio sobre los impíos produce un nuevo avivamiento espiritual a quienes han confiado en el Señor. Esto es apoyado por Romanos 11:26-27 y está incorporado en el nuevo pacto de Jeremías 31:31-34.

10. *La segunda venida de Cristo tiene también el propósito central de establecer el reino davídico.* En la discusión de la relación de la iglesia con los gentiles en el concilio de Jerusalén (Hch. 15) se argumenta que las profecías anteriores de Amós 9:11-15 predecían el orden de la bendición de los gentiles primero, seguida por la restauración del tabernáculo de David. Esto iba a coincidir con la reunión de Israel restaurado en su tierra, estableciéndose en ella para no volver a ser dispersado (Am. 9:14-15; véase también Ez. 39:25-29). El regreso físico de Israel, el restablecimiento del reino davídico y el derramamiento del Espíritu de Dios sobre la casa de Israel (Ez. 39:29) se combinan para preparar a Israel y el mundo para las glorias del mundo que seguirá. Según Ezequiel 37:24, los santos del Antiguo Testamento participarán en el reino, siendo David elevado a la categoría de príncipe sobre Israel bajo Cristo. El propósito de Dios era, según fuera anunciado a la virgen María en Lucas 1:31-33, que Cristo vendría a reinar sobre la casa de Israel para siempre.

Tomada como un todo, la segunda venida de Cristo es un acontecimiento maravilloso que ocurre al final de la Gran Tribulación e introduce el reino milenial. Será una venida personal y corporal que será visible en todo el mundo, y será la manifestación de la gloria de Dios. Estará relacionada con la tierra más que con el cielo y especialmente con Jerusalén en el Monte de los Olivos.

Cristo, en su venida, estará acompañado por los santos ángeles y los santos. Su propósito en su venida es juzgar al mundo, librar a quienes han confiado en El, sean judíos o gentiles, traer un avivamiento en Israel y en el mundo, restablecer el reino de David e introducir la dispensación final de su reino sobre la tierra por mil años. En el contexto de este acontecimiento podrían considerarse ahora la doctrina de la resurrección y la de los juicios relacionados con la segunda venida.

## PREGUNTAS

1. ¿Cuáles son algunos de los grandes temas relacionados con la doctrina de la segunda venida?
2. ¿Con cuánta extensión se trata la doctrina de la segunda venida en el Antiguo Testamento?
3. ¿Con qué contribuye Deuteronomio 30:1-3 a la doctrina de la segunda venida?
4. ¿En qué forma trata la segunda venida el Salmo 2?
5. ¿Qué grandes temas son desarrollados en los Salmos 22, 23 y 24?
6. Hacer un resumen de la verdad acerca de la segunda venida y el reino milenial según se presenta en los Salmos 50, 72, 89, 96 y 110.
7. ¿Cuál es la contribución de Isaías 9:6-7?
8. ¿Cómo describe Daniel 7 la segunda venida?
9. ¿Cuáles son las contribuciones de Zacarías 2, 8 y 14 a la doctrina de la segunda venida?
10. ¿En qué forma refuta Zacarías la idea de que Cristo ya ha cumplido la promesa de su segunda venida?
11. ¿Qué dificultad tenían los profetas del Antiguo Testamento para distinguir la primera y segunda venidas de Cristo?
12. ¿Qué dificultad correspondiente se encuentra en el Nuevo Testamento para distinguir entre el arrebatamiento y la segunda venida de Cristo para establecer su reino?
13. Hacer un resumen de la evidencia de que la segunda venida de Cristo a la tierra para establecer su reino es postribulacional y premilenial.
14. ¿Cómo es que el premilenialismo depende de los principios de interpretación de las Escrituras?

15. Demostrar que la segunda venida de Cristo es personal.
16. ¿Qué evidencia apoya la conclusión de que Cristo regresará corporalmente en su segunda venida?
17. Hacer un contraste entre la extensión en que Cristo será visible para el mundo en el arrebatamiento y en su segunda venida a establecer su reino.
18. ¿En qué sentido están íntimamente relacionadas la segunda venida y la tierra en contraste con el arrebatamiento?
19. ¿Quién acompañará a Cristo en su segunda venida a la tierra desde el cielo?
20. Hacer un resumen de la enseñanza acerca de que Cristo juzgará la tierra en su segunda venida.
21. Distinguir los juicios que ocurrirán antes del milenio, de los que ocurrirán al finalizar el milenio.
22. ¿En qué forma se relaciona la segunda venida de Cristo con la liberación de los salvados en la Gran Tribulación?
23. ¿En qué sentido es que la segunda venida inaugura un nuevo estado espiritual?
24. ¿Cómo se relaciona la venida de Cristo con el restablecimiento del reino davídico?
25. Hacer un resumen de los principales hechos relacionados con la venida de Cristo como un evento importante.

# 47
# Las resurrecciones

La interpretación profética ha sido víctima de mucha confusión debido a la teoría sin apoyo bíblico de que los hombres serán todos resucitados al mismo tiempo. Este programa profético simplista ignora los detalles dados en los pasajes proféticos acerca de las diversas resurrecciones. En vez de una sola resurrección general, las Escrituras presentan siete resurrecciones, algunas de las cuales se encuentran en el pasado, otras separadas por largos períodos tales como las resurrecciones que preceden y siguen al reinado de Cristo de mil años. Las Escrituras enseñan claramente que todos serán resucitados a su tiempo y en su lugar y que la existencia humana sigue para siempre. El estudio de las resurrecciones proporciona un importante bosquejo del programa profético relacionado con esta verdad central de la fe y esperanza cristiana.

## A. LA RESURRECCION DE JESUCRISTO

En el orden de las resurrecciones la primera es la de Jesucristo, anunciada en la profecía del Antiguo Testamento (como en Sal. 16:9-10), presentada históricamente en los cuatro evangelios, y tratada teológicamente en el Nuevo Testamento a partir del libro de los Hechos. Indudablemente la doctrina de la resurrección de Cristo es una doctrina de importancia central sobre la que descansa toda la fe y esperanza del cristiano, como expone extensamente Pablo en 1 Corintios 15. En consideración de los hechos que apoyan la conclusión de que hay más de una resurrección, es importante notar que todos deben estar de acuerdo en que la resurrección de Cristo es un acontecimiento distinto y que ya ha ocurrido.

## B. LA RESURRECCION DE LOS SANTOS EN JERUSALEN

En el tiempo de la resurrección de Cristo ocurrió una resurrección que fue como una prenda, según Mateo 27:52-53. Este pasaje afirma que «en el tiempo de la muerte y resurrección de Cristo se abrieron los sepulcros, y muchos cuerpos de santos que habían dormido se levantaron; y saliendo de los sepulcros, después de la resurrección de él, vinieron a la santa ciudad, y aparecieron a muchos».

En ningún lugar se da explicación alguna acerca de este suceso fuera de lo común. Aunque los sepulcros fueron abiertos en el momento de la muerte de Cristo, parece que los santos mismos no salieron de los sepulcros hasta que Cristo resucitó, porque la Escritura deja en claro que Cristo es la primicia, el primer resucitado de entre los muertos en un cuerpo resucitado que no volverá a ser destruido. En contraste con otras personas resucitadas, como en el caso de Lázaro, que indudablemente volvió a morir y volvió a ser sepultado, Cristo resucitó para no volver jamás a un sepulcro.

El significado probable de la resurrección de santos en el tiempo de la resurrección de Cristo, número relativamente pequeño de individuos, puede hallarse en el cumplimiento de lo tipificado en una ofrenda levítica. La tercera de las fiestas de Jehová (véase Lv. 23:9-14) incluye una ceremonia en que, al comienzo de la cosecha, los israelitas debían llevar un puñado de grano no trillado para mecerlo delante de Jehová y ofrecer los sacrificios adecuados en reconocimiento de sus esperanzas puestas en la cosecha venidera. La resurrección de santos en Jerusalén en el tiempo de la resurrección de Cristo constituyó las primicias y demostró que Cristo no estaba solo en su resurrección, sino que era el precursor de la gran cosecha venidera, de la cual estos santos eran una muestra.

Aunque algunos han interpretado las referencias de Lucas como sólo una restauración a la vida como la ocurrida en el caso de Lázaro, el hecho de que haya ocurrido en el tiempo de la resurrección de Cristo indicaría una resurrección permanente, e indudablemente estos santos fueron llevados vivos al cielo después que hubieron cumplido su misión. En cualquier caso, es otra resurrección histórica que confirma el concepto de que todas las resurrecciones no pueden reunirse en un solo gran acontecimiento futuro.

## C. LA RESURRECCION DE LA IGLESIA

Como se dijo en los estudios de la venida de Cristo por sus santos, y la doctrina del arrebatamiento, los muertos en Cristo serán resucitados en el tiempo de la venida de Cristo por los suyos y, junto con los cristianos vivos que serán transformados, se encontrarán con el Señor en el aire y subirán al cielo. Según 1 Tesalonicenses 4:13-18 y 1 Corintios 15:51-58, tanto los santos resucitados como los trasladados recibirán cuerpos de resurrección similares al cuerpo resucitado de Cristo (1 Jn. 3:2). La resurrección de la iglesia es la primera resurrección en gran escala y es precursora de las demás.

## D. LA RESURRECCION DE LOS SANTOS DEL ANTIGUO TESTAMENTO

Aunque el Antiguo Testamento constantemente supone la doctrina de la resurrección, como se afirma en Job 19:25-26, por ejemplo, no es esta doctrina un tema de profecías extensas. Sin embargo, las referencias que se encuentran parecen poner la resurrección de los santos del Antiguo Testamento en el tiempo de la segunda venida de Cristo a la tierra y no en el de su venida por sus santos en el arrebatamiento.

Daniel 12 describe la Gran Tribulación en el versículo 1 y la resurrección en el versículo 2 como un suceso inmediatamente posterior y que constituye un clímax en relación con ella; en este caso, sería claro que los santos del Antiguo Testamento no son resucitados en el arrebatamiento, sino en el tiempo del establecimiento del reino. La misma implicación se encuentra en el pasaje de Job, donde la resurrección está conectada con el tiempo en que el Redentor está en pie sobre la tierra.

En forma similar, la doctrina de la resurrección presentada en Isaías 26:19-21 relaciona el despertar de los cuerpos muertos con el momento en que Cristo juzgue al mundo. También es significativo que la frase particular de «los muertos en Cristo» sea usada para describir a los que son resucitados en el arrebatamiento (1 Ts. 4:16). La expresión «en Cristo» describe la posición actual de los creyentes en Cristo debido al bautismo del Espíritu, que ocurrió por primera vez en Hechos 2 y que no aparece en relación con los santos del Antiguo Testamento. Aunque habrá intérpretes de las Escrituras que discrepen de esta posición, e incluirán la resurrección de los santos del Antiguo Testamento con el arrebatamiento, el peso de la evidencia parece relacionarla con la segunda venida de Cristo a la tierra. En cualquier caso, todos los santos del Antiguo Testamento y los de la iglesia serán resucitados antes del milenio.

## E. LA RESURRECCION DE LOS SANTOS DE LA TRIBULACION

Se hace mención especial de los que murieron como mártires de la tribulación, diciendo que serán resucitados en conexión con la segunda venida de Cristo para establecer el reino. En Apocalipsis 20:4 Juan escribe que vio «las almas de los decapitados por causa del testimonio de Jesús y por la palabra de Dios, los que no habían adorado a la bestia ni a su imagen, y que no recibieron la marca en sus frentes ni en sus manos; y vivieron y reinaron con Cristo mil años». Esta afirmación es explícita en el sentido de que los mártires de la tribulación serán resucitados cuando Cristo venga a establecer su reino. Apocalipsis 20:5 declara: «Pero los otros muertos no volvieron a vivir hasta que se cumplieron mil años. Esta es la primera resurrección». Surge, naturalmente, la pregunta de cómo puede ser ésta la primera resurrección cuando ha habido otras resurrecciones antes, tales como la resurrección de Cristo, la resurrección de la iglesia y la resurrección de los santos del Antiguo Testamento.

La respuesta es que la expresión «primera resurrección» se refiere a todas las resurrecciones de los justos aun cuando se encuentren ampliamente separadas por el tiempo. Todas ellas son *primera,* esto es, antes que la resurrección final de los impíos. Consecuentemente, la expresión «primera resurrección» se aplica a todas las resurrecciones de los santos sin consideración de cuándo ocurrían, incluyendo la resurrección de Cristo mismo.

## F. LA RESURRECCION DE LOS SANTOS DEL MILENIO

Ningún pasaje de las Escrituras predice la resurrección de los santos del milenio, y algunos han sacado la conclusión de que los santos que entren en el milenio no morirán jamás. Por supuesto, las Escrituras guardan silencio acerca de un arrebatamiento de los santos vivos al final del milenio. Estos dos apartados de la profecía no caen dentro de la esfera de preocupación inmediata de los santos que viven en la actualidad, y la verdad acerca de ella podrá ser revelada después de la venida de Cristo para establecer su reino.

Sin embargo, cabe suponer que algunos santos que sobrevivirán a la tribulación ya serán de edad avanzada, y en cualquier caso es dudoso si alguien sobrevivirá durante todo el reinado de mil años. Ni Adán ni los cristianos primitivos lograron vivir mil años. En consecuencia, se puede suponer que aun los salvados morirán en el milenio aun cuando la vida de ellos será muy larga.

Según Isaías 65:20, «no habrá más allí niño que muera de pocos días, ni viejo que sus días no cumpla; porque el niño morirá de cien años, y el pecador de cien años será maldito». Esta afirmación, por otra parte, indica que la vida será prolongada mucho, esto es, que a la edad de 100 años una persona será todavía joven. En el milenio, los creyentes que sean viejos cumplirán sus años, con lo que se quiere decir que alcanzarán una edad muy avanzada. En contraste, la persona que muera de 100 años será porque es pecador, y la muerte le vendrá como un juicio.

Subsiste la evidencia de que en el milenio habrá santos que morirán y que serán resucitados al final del reinado milenial. Sin embargo, esta doctrina no está fundada sobre un pasaje específico de las Escrituras, pero es probablemente la mejor explicación. Al mismo tiempo que sean resucitados los santos del milenio serán arrebatados los santos que estén vivos, esto es, serán llevados de la tierra sin morir, del mismo modo que la iglesia cuando fue arrebatada. Esto será en preparación para la destrucción de la tierra y los cielos que ahora son.

## G. LA RESURRECCION DE LOS IMPIOS

La resurrección final está relacionada solamente con los impíos. Según Apocalipsis 20:11-15, en conexión con el juicio del gran trono blanco, todos los muertos que no hayan resucitado antes serán resucitados y comparecerán ante Dios para ser juzgados. Esta es la resurrección final antes de la creación de los nuevos cielos y la nueva tierra. Los detalles de este juicio serán considerados en un capítulo posterior.

Resumiendo, las Escrituras claramente enseñan que todos los hombres resucitarán. Como lo resume Daniel: «Muchos de los que duermen en el polvo de la tierra serán despertados, unos para vida eterna, y otros para vergüenza y confusión perpetua» (12:2). Aunque los hombres mueren, todos resucitarán, pero las resurrecciones no serán las mismas. La resurrección de vida es una gloriosa resurrección en que los cuerpos de los creyentes serán conformados al cuerpo de resurrección de Cristo.

Sin embargo, la resurrección de condenación es un espectáculo terrible. Los hombres recibirán cuerpos que les durarán para siempre, pero cuerpos que son pecaminosos y sujetos al dolor y el sufrimiento. Como el diablo y sus ángeles, existirán para siempre en el lago de fuego. Este hecho conmovedor ha hecho que los hombres lleven el evangelio hasta los fines de la tierra a fin de que la mayor cantidad posible de personas pueda ser arrebatada del fuego (Jud. 23) y sea liberada de la ira de Dios que ciertamente vendrá sobre los impíos. Sin embargo, para el justo la doctrina de la resurrección es la base de nuestra esperanza, y aunque la última generación de la iglesia será arrebatada sin morir, para la gran mayoría del mundo la resurrección de la tumba ha sido el método divino para transformar un cuerpo que era para la tierra en un cuerpo adecuado para su gloriosa presencia.

## PREGUNTAS

1. ¿Resucitarán de entre los muertos todos los que mueran?
2. ¿Quién es la primera persona en ser resucitada de entre los muertos?
3. Explicar la resurrección mencionada en Mateo 27:52-53.
4. Describir la resurrección de la iglesia.
5. ¿Qué evidencia apoya la conclusión de que los santos del Antiguo Testamento resucitarán en el tiempo de la venida de Cristo a la tierra?
6. ¿Qué revela la Escritura acerca de la resurrección de los santos de la tribulación?
7. ¿Morirán los santos en el milenio?
8. ¿Qué les ocurrirá a los santos que estén vivos al final del reino milenial?
9. Describir la resurrección de los impíos.
10. Hacer un contraste entre los cuerpos de resurrección de los salvados y de los perdidos.
11. ¿Por qué la doctrina del castigo eterno constituye un motivo que impele a predicar el evangelio a toda criatura?

# 48

# El juicio de Israel y las naciones

En conexión con la segunda venida de Cristo se incluyen juicios sobre Israel y las naciones entre los grandes acontecimientos que establecerán el reino sobre la tierra. Los juicios comienzan con el juicio de los santos resucitados del Antiguo Testamento, israelitas y gentiles, y los santos de la tribulación, israelitas y gentiles. Sin embargo, estarán presentes en este suceso, en juicios separados, los israelitas y los gentiles que todavía estén viviendo sobre la tierra. Estos últimos juicios tienen que ver con la separación de los que han sido contados por dignos de entrar en el reino y de los que han sido considerados indignos y quedan excluidos.

## A. EL JUICIO DE ISRAEL RESUCITADO Y DE LOS GENTILES

La doctrina de la resurrección es una verdad familiar en el Antiguo Testamento, como se dijo en el capítulo anterior. Además de la resurrección que ocurre en el arrebatamiento de la iglesia, hay también una resurrección de muertos justos en conexión con la segunda venida de Cristo para establecer su reino. Como se dijo anteriormente, esto es mencionado en Daniel 12:2, Isaías 26:19 y Job 19:25-26. También se ve la resurrección de Israel en conexión con su restauración como nación en el tiempo de su segunda venida. En Ezequiel 37, en la visión del valle de los huesos secos, aprendemos que aunque la restauración de los huesos secos para ser un cuerpo vivo es simbólico de la restauración de Israel, es también el tiempo en que Israel saldrá de sus tumbas (37:12-14). Aquí parece combinarse lo simbólico y lo literal. En el mismo capítulo se presenta a David como una persona resucitada que sirve como rey sobre Israel bajo Cristo. En general, el Antiguo Testamento da una fe firme a todos los que creen en la resurrección de los muertos.

En Apocalipsis 20 se dice que la resurrección de los mártires de la tribulación ocurrirá en relación con la segunda venida de Cristo. Probablemente esté conectada con la resurrección de los santos del Antiguo Testamento. Se dice que los resucitados vivirán y reinarán con Cristo mil años (Ap. 20:4) y aparentemente serán recompensados del mismo modo que la iglesia fue galardonada en el tribunal de Cristo. La fidelidad a Dios hasta la muerte en el servicio brindado se les reconoce dándoles parte en el reinado con Cristo sobre la tierra.

Ha surgido alguna confusión por el hecho de que también se dice que la iglesia reinará con Cristo. Las Escrituras parecen indicar que todos los justos resucitados antes del milenio compartirán en alguna forma el reino milenial, cada uno en su orden y de acuerdo con el propósito soberano de Dios. La Iglesia reinará como esposa de Cristo; los santos resucitados reinarán en sus diversas capacidades como israelitas salvados o como gentiles salvados. Una ilustración es proporcionada por el libro de Ester, donde Ester reinó como reina, mientras Mardoqueo reinó como primer ministro del rey. Tanto Ester como Mardoqueo reinaron, pero de diferentes maneras y en diferentes capacidades. Así será en el milenio.

Consecuentemente, puede concluirse que los justos muertos de Israel y los gentiles serán resucitados en el tiempo de la segunda venida de Cristo, y esta resurrección incluirá a todos los que no están incluidos en la resurrección y traslación realizada en el arrebatamiento de la iglesia.

## B. EL JUICIO DE ISRAEL VIVIENTE

Cuando Cristo vuelva en su segunda venida también librará a su pueblo de los perseguidores. Muchos ya habrán sido asesinados (Zac. 13:8), pero los que sobrevivan serán liberados por Cristo cuando El venga (Ro. 11:26). Los israelitas que son librados de sus enemigos, sin embargo no son todos dignos de entrar en el reino, puesto que algunos no son salvos. Serán congregados ante el Señor y serán juzgados (Ez. 20:33-38). Primero se cumplirá la reunión de todos los israelitas de todo el mundo (Ez. 39:28). En Ezequiel 20:35-38 el Señor dice: «Os traeré al desierto de los pueblos, y allí litigaré con vosotros cara a cara. Como litigué con vuestros padres en el desierto de la tierra de Egipto, así litigaré con vosotros, dice Jehová el Señor. Os haré pasar bajo la vara, y os haré entrar en los vínculos del pacto; y apartaré de entre vosotros a los rebeldes, y a los que se rebelaron contra mí; de la tierra de sus peregrinaciones los sacaré, mas a la tierra de Israel no entrarán; y sabréis que yo soy Jehová.»

Sobre la base de este texto, el Israel congregado se divide en dos clases de personas, los que han aceptado a Jesús como Salvador y Mesías y se cuentan por dignos de entrar en el reino, y los que todavía son rebeldes, incrédulos y son excluidos y muertos. Aunque Israel es una nación favorecida y aunque Dios le ha dado abundantes bendiciones especiales, la salvación personal aún depende de la fe y la relación individual con Dios.

Como ha sido en los tiempos pasados, en este tiempo también hay quienes son considerados el «verdadero Israel» (esto es, salvados) y los que son israelitas sólo de nombre y no son salvos. Como Pablo lo expresa en Romanos 9:6: «porque no todos los que descienden de Israel son israelitas». En Romanos 9:8 describe a los no salvos como «hijos según la carne» y que no son hijos de Dios. La purga de los rebeldes dejará en Israel solamente a los verdaderamente redimidos, y será privilegio de ellos entrar en la tierra y poseerla, en contraste con los no salvados, de los cuales Dios dice: «No entrarán en la tierra de Israel» (Ez. 20:38).

## C. EL JUICIO DE LOS GENTILES VIVOS

El juicio de las naciones concierne al juicio individual de Dios sobre los gentiles, en contraste con su juicio sobre Israel. Este juicio lo describe nuestro Señor en Mateo 25:31-46 como un juicio que seguirá inmediatamente a su segunda venida. En el versículo 31 se dice que ocurre de este modo: «Cuando el Hijo del Hombre venga en su gloria, y todos sus santos ángeles con él, entonces se sentará en su trono de gloria.»

En la descripción que sigue los gentiles son descritos como ovejas y cabritos reunidos y mezclados ante el pastor. Siendo diferentes en especie, son separados unos de otros, las ovejas a la mano derecha del Rey y los cabritos a la izquierda. Entonces el Rey invita a las ovejas a entrar en el reino. A ellas les dice: «Venid, benditos de mi Padre, heredad el reino preparado para vosotros desde la fundación del mundo. Porque tuve hambre, y me disteis de comer; tuve sed, y me disteis de beber; fui forastero, y me recogisteis; estuve desnudo, y me cubristeis; enfermo, y me visitasteis; en la cárcel, y vinisteis a mí. Entonces los justos le responderán diciendo: Señor, ¿cuándo te vimos hambriento, y te sustentamos, o sediento, y te dimos de beber?» (vv. 34-37).

Cuando las ovejas preguntan cuándo fueron hechas las acciones justas, el rey les responde en Mateo 25:40: «De cierto os digo que en cuanto lo hicisteis a uno de estos mis hermanos más pequeños, a mí lo hicisteis.»

En seguida el Rey se vuelve hacia los de la izquierda y les dice: «Apartaos de mí, malditos, al fuego eterno preparado para el diablo y sus ángeles» (v. 41). El Rey sigue diciendo que ellos no han hecho las obras de misericordia realizadas por las ovejas. Los cabritos responden: «Señor, ¿cuándo te vimos hambriento, sediento, forastero, desnudo, enfermo o en la cárcel y no te servimos?» (v. 44). El Rey les responde: «De cierto os digo que en cuanto no lo hicisteis a uno de estos más pequeños, tampoco a mí lo hicisteis» (v. 45). Entonces se declara que los cabritos serán lanzados al tormento eterno, pero los justos son introducidos a las bendiciones de la vida eterna.

Este pasaje ha creado algunos malentendidos debido a su énfasis en las obras. Un estudio superficial parecería indicar que las ovejas se salvan a causa de sus obras y que los cabritos se pierden por su falta de obras. Sin embargo, la Biblia deja en claro que la salvación no es por obras en ninguna dispensación. Aun la ley mosaica que enfatizaba las obras jamás tuvo entre sus promesas la salvación como una recompensa por las obras fieles. Más bien la norma para todas las dispensaciones la declara Efesios 2:8-9: «Porque por gracia sois salvos por medio de la fe; y esto no de vosotros, pues es don de Dios; no por obras, para que nadie se gloríe.»

Debido a la depravación innata del hombre, que ha nacido con una naturaleza pecaminosa, y debido a su posición en Adán, su primer padre que pecó contra Dios, todos los hombres han nacido perdidos y sin esperanza en sí mismos. Solamente sobre la base del sacrificio de Cristo podría alguien ser salvo en el Antiguo o Nuevo Testamento (Ro. 3:25-26). La ley de las obras es solamente un camino de condenación, mientras que la ley de la fe es el camino de salvación (Ro. 3:27-28). Si esto está bien establecido en otros pasajes, ¿cómo podría explicarse el juicio de las ovejas y los cabritos?

El principio comprendido en este juicio es el de las obras como una *evidencia* de salvación, y no como una *base* de la salvación. Aunque la fe solamente puede salvar, también es cierto que la fe sin obras es muerta, es decir, no es una fe verdadera (Stg. 2:26).

Las obras de las ovejas son especialmente significativas en el contexto de la Gran Tribulación por la que estos pueblos habrán pasado. En este período habrá un antisemitismo mundial y muchos israelitas serán muertos. Bajo tales circunstancias será muy significativo que un gentil proteja a un judío, «a uno de estos mis hermanos más pequeños» (Mt. 25:40).

En realidad, que un gentil proteja a un judío en un tiempo en que los judíos están siendo perseguidos hasta la muerte sería poner en peligro la propia vida y libertad. La única razón posible para tal bondad bajo tales circunstancias, en un tiempo de gran engaño satánico y odio hacia los judíos, será que el gentil es un creyente en Cristo y las Escrituras reconocen una posición peculiar de Israel como pueblo escogido de Dios.

Consecuentemente, aunque la bondad hacia un judío pudiera no ser especialmente significativa en circunstancias especiales, en este contexto de sufrimiento mundial para Israel la bondad hacia un judío se convierte en una marca inconfundible de salvación verdadera en Cristo. Así, aunque las ovejas no se salvan sobre la base de sus obras, sus obras demuestran que son salvas. Es el principio de ser conocidos por sus frutos.

En este juicio se permite que los gentiles justos entren en el reino. No se les da la tierra prometida, que pertenece solamente a Israel, pero se les permite vivir en la tierra milenial, en un tiempo de bendiciones sin precedentes para gentiles e israelitas.

Por otra parte, los cabritos son echados al fuego eterno. Si esto se refiere a que son echados en el Hades, para ser resucitados después y ser echados en el lago de fuego, o si se refiere a la entrada inmediata en el lago de fuego, no es completamente claro; en cualquier caso, pasan por el castigo eterno y se les niega el privilegio de ser ciudadanos del reino milenial. El juicio de Dios sobre los gentiles es otro recordatorio de que Dios observa nuestras obras y que nuestras obras deben demostrar nuestra fe. Aun pequeñas acciones como la de dar un vaso de agua al sediento o dar de comer al hambriento no pasan desapercibidos para un Dios amante que está siempre atento al cuidado de su pueblo. Este pasaje es otro recordatorio de que el reconocimiento adecuado de la necesidad humana que nos rodea y la bondad y buena voluntad hacia nuestros congéneres es una de las evidencias más selectas de un corazón transformado que es producto de la fe en Jesucristo. El Dios que no permite que un gorrión caiga a tierra sin su voluntad también está preocupado de todos los problemas pequeños de sus criaturas. Quien tiene el corazón de Cristo tendrá un corazón sensible hacia el pueblo de Dios.

Como resumen, digamos que las Escrituras enseñan claramente que en la segunda venida de Cristo todos los justos serán resucitados y juzgados antes que el reino milenial sea completamente iniciado. Solamente los malvados permanecerán en la tumba, esperando su juicio ante el gran trono blanco al final del milenio.

## PREGUNTAS

1. ¿Qué juicios ocurrirán en conexión con la segunda venida de Cristo?
2. ¿Qué resurrecciones habrá en conexión con los juicios en la segunda venida de Cristo?
3. ¿Cuál es la naturaleza de la recompensa dada a los que son juzgados?
4. ¿Cómo explicar que la iglesia y los demás santos reinarán con Cristo?
5. ¿Qué juicio particular se realizará sobre los israelitas vivos en la segunda venida de Cristo?
6. Describir el juicio de las ovejas y los cabritos.
8. Explicar la diferencia entre las obras como evidencia de salvación y las obras como base de salvación.
7. ¿Enseña este juicio la salvación por las obras?
9. ¿Por qué son tan especialmente significativas las obras atribuidas a las ovejas en vista de la Gran Tribulación?
10. ¿Qué aplicaciones prácticas pueden hacerse del hecho de que Dios considere de importancia las pequeñas acciones de bondad?
11. ¿Qué muertos quedan en sus sepulcros después de empezado el milenio?

# 49
# El reino milenial

## A. EL CONCEPTO DEL REINO DE DIOS

En las Escrituras, la expresión «reino de Dios» en general se refiere a la esfera del gobierno de Dios en el universo. Puesto que Dios ha sido siempre soberano y omnipotente, hay un sentido en que el reino de Dios es eterno. Nabucodonosor, rey de Babilonia que fuera humillado por Dios, dio testimonio de esto cuando dijo: «Bendije al Altísimo, y alabé y glorifiqué al que vive para siempre, cuyo dominio es sempiterno, y su reino por todas las edades. Todos los habitantes de la tierra son considerados como nada; y él hace según su voluntad en el ejército del cielo, y en los habitantes de la tierra y no hay quien detenga su mano, y le diga: ¿Qué haces?» (Dn. 4:34-35).

Sin embargo, el gobierno universal de Dios fue desafiado en la eternidad pasada por Satanás y los seres angélicos que se unieron a él en su rebelión contra Dios. Aunque Dios demostró su soberanía juzgando a los rebeldes, la entrada del pecado en el mundo introdujo el programa divino para demostrar la soberanía de Dios en la historia humana. Esto comprende el concepto de un reino teocrático, esto es, un reino en que Dios es el gobernador supremo, aun cuando obra por medio de sus criaturas. Cuando Adán fue creado, se le dio dominio sobre toda la tierra (Gn. 1:26, 28). Sin embargo, en desobediencia a Dios, Adán y Eva comieron del fruto prohibido. En su caída en pecado Adán perdió el derecho de gobierno, y de allí en adelante la soberanía de Dios que había sido entregada al hombre fue delegada en ciertas personas escogidas a quienes Dios entregó el gobierno. Consecuentemente, se ha permitido que algunos hombres reinen a través de la historia. Por ejemplo, Daniel le recordó esto a Belsasar al referirse al hecho de que Dios había castigado a Nabucodonosor «hasta que reconoció que el Altísimo Dios tiene dominio sobre el reino de los hombres, y que pone sobre él al que le place» (Dn. 5:21).

En el Antiguo Testamento, una demostración importante del gobierno teocrático fue el reino de Israel bajo los reyes Saúl, David y Salomón. Los gobernadores gentiles también pudieron tener una esfera de gobierno político, en el propósito soberano de Dios. Este concepto general de gobierno bajo permisión y dirección divina es mencionado en Romanos 13:1, donde Pablo escribe: «Sométase toda persona a las autoridades superiores; porque no hay autoridad sino de parte de Dios, y las que hay, por Dios han sido establecidas.»

En adición a la soberanía de Dios manifestada en los gobiernos políticos y en sus gobernadores, las Escrituras dan testimonio del gobierno espiritual, en el que Dios gobierna los corazones de los hombres. Esto ha sido así desde el comienzo de la raza humana, y el reino espiritual incluye a todos los que se sujetan voluntariamente a Dios, sean hombres o ángeles. Pablo se refería a este concepto espiritual de reino en Romanos 14:17 al decir: «Porque el reino de Dios no es comida ni bebida, sino justicia, paz y gozo en el Espíritu Santo.»

En el Evangelio de Mateo se hace una distinción entre el uso de las expresiones «reino de Dios» y «reino de los cielos». Muchos intérpretes consideran estas expresiones como sinónimas, puesto que Mateo frecuentemente usa la expresión «reino de los cielos» en versículos similares a los que en otros evangelios se usa «reino de Dios». Aunque las expresiones mismas son muy similares, el uso parece indicar que «reino de los cielos» es una expresión más amplia que «reino de Dios», e incluye la esfera de la profesión de fe, como en la parábola del trigo y la cizaña, donde el reino de los cielos aparentemente incluye la cizaña, y en la parábola de la red, donde el reino de los cielos parece incluir peces buenos y malos (cf. Mt. 13:24-30, 36-43, 47-50).

Por otra parte, el reino de Dios no se considera como una esfera de profesión, sino una esfera de verdadera situación espiritual, como se ilustra en Juan 3:5, donde Cristo dice a Nicodemo: «De cierto, de cierto te digo, que el que no naciere de agua y del Espíritu, no puede entrar en el reino de Dios.» Sin embargo, la mayoría de los expositores prefieren el punto de vista de que no hay una diferencia esencial entre los dos reinos.

No obstante, hay una distinción más importante que radica en el contraste entre el reino en la era actual y el reino en el milenio. El reino en la era actual es un misterio, esto es, sus características principales son revelaciones que no fueron dadas en el Antiguo Testamento (cf. Mt. 13); pero el reino en su forma milenial será cumplido después de la segunda venida de Cristo y no es un misterio.

Esto también comprende la distinción entre reino invisible —el gobierno de Dios en los corazones de los creyentes en la era presente— y el reino visible y glorioso de Dios que todos veremos en la tierra después de su segunda venida. Esta distinción es completamente importante y esencial para distinguir entre la era actual como esfera de gobierno divino y el que existirá en el reino milenial.

Existen tres interpretaciones importantes en relación al concepto de reino milenial. El punto de vista premilenial interpreta las Escrituras diciendo que la segunda venida de Cristo será primero, y luego vendrá un reinado de Cristo de mil años sobre la tierra antes de que el estado eterno de un nuevo cielo y una nueva tierra sea establecido. Se llama premilenial, porque pone la venida de Cristo antes del reino milenial.

El segundo punto de vista es el amilenialismo, que niega que haya un reino milenial literal sobre la tierra. Generalmente hablando, este punto de vista sostiene que Cristo vendrá en su segunda venida e inmediatamente dará paso a los nuevos cielos y a la nueva tierra sin que haya un reinado de mil años. Este punto de vista interpreta muchos pasajes del Antiguo y el Nuevo Testamentos que se refieren al reino milenial como predicciones que se están cumpliendo en forma no literal, ya sea en la experiencia actual de la iglesia sobre la tierra o la experiencia de la iglesia en el cielo.

Un tercer punto de vista es el postmilenialismo. Esta interpretación cree que en la edad actual se verá el triunfo del evangelio en el mundo y así se introducirá una edad de oro cuando hasta cierto punto se cumplirán la justicia y la paz profetizadas para el reino milenial. Es llamado postmilenialismo porque considera que la segunda venida de Cristo será el clímax de la edad de oro, y pondrá fin al milenio. El postmilenialismo conservador representa un reinado supremo de Cristo sobre los corazones de los hombres por un período literal de mil años. El postmilenialismo más liberal es similar a los puntos de vista de la evolución y considera un avance gradual en el progreso del mundo que culmina en una edad dorada. Debido a todas las tendencias de la historia del siglo xx, ha habido poca base para creer que la causa de Dios será prosperada en el mundo por medios humanos, y la mayoría de los intérpretes de la actualidad son amilenialistas o premilenialistas.

Aunque se han presentado muchos argumentos en pro y en contra del concepto de un milenio literal, la solución está determinada por el punto hasta el cual las profecías de las Escrituras se interpretan literalmente. En esta discusión se supondrá que la profecía debe ser interpretada literalmente en el mismo sentido que cualquier otro tema de la revelación divina. Consecuentemente, muchas predicciones del Antiguo Testamento, así como el capítulo clásico de Apocalipsis 20 en el Nuevo Testamento, se interpretan literalmente como que quieren decir lo que dicen: que habrá un reinado literal de Cristo sobre la tierra después de su segunda venida y antes que sean creados los nuevos cielos y la nueva tierra. El libro de Walvoord *The Millennial Kingdom* (El reino milenial) presenta argumentos detallados acerca de los diversos puntos de vista sobre el milenio, y es una discusión detallada de esta cuestión.

## B. EL REINO MILENIAL, UN REINADO DE DIOS SOBRE LA TIERRA

En contraste con el punto de vista amilenial, que considera el reino de Dios primariamente como un reinado espiritual en los corazones de los hombres, muchos pasajes apoyan la conclusión de que el reino es un reino literal sobre la tierra, en el cual Cristo será realmente el gobernador político supremo y el líder espiritual y objeto de culto. Este concepto se presenta en forma amplia en el Antiguo Testamento y en el Nuevo.

En el Salmo 2, donde se anuncia la rebelión de la nación contra Dios, se le da la siguiente orden al Hijo de Dios: «Pídeme, y te daré por herencia las naciones, y como posesión tuya los confines de la tierra» (v. 8). Este no es un gobierno espiritual, sino un gobierno político real, como se ve en el versículo siguiente: «Los quebrantarás con vara de hierro, como vasija de alfarero los desmenuzarás» (v. 9). Evidentemente esto no puede referirse a la iglesia o a un reinado espiritual en el cielo, sino más bien representa a un monarca absoluto que abatirá a los inicuos y los pondrá bajo sujeción.

Otro pasaje importante que enfatiza el carácter terrenal del reino es Isaías 11, donde Jesús, como descendiente de David, es presentado como que trae un justo juicio sobre la tierra y castiga a los impíos. Isaías 11:4 afirma: «Juzgará con justicia a los pobres, y argüirá con equidad por los mansos de la tierra; y herirá la tierra con la espada de su boca, y con el espíritu de sus labios matará al impío.» En este pasaje se menciona frecuentemente la *tierra* (como en Is. 11:9), y se describen los tratos de Dios con las naciones a fin de recoger a Israel de entre todas las naciones.

Una cantidad casi innumerable de otros versículos afirman o implican que el reino será sobre la tierra (cf. Is. 42:4; Jer. 23:3-6; Dn. 2:35-45; Zac. 14:1-9). La descripción en estos pasajes del reinado de Cristo sobre la tierra en el reino milenial evidentemente no describe la edad presente ni describe el cielo. Cualquier cumplimiento razonable requeriría de un reinado literal sobre la tierra a continuación de la segunda venida de Cristo.

## C. CRISTO COMO REY DE REYES EN EL MILENIO

Muchos pasajes del Antiguo y del Nuevo Testamentos combinan su testimonio de que Cristo será gobernador supremo sobre la tierra. Cristo, como hijo de David, se sentará sobre el trono de David (2 S. 7:16; Sal. 89:20-37; Is. 11; Jer. 33:

19-21). Cuando Cristo nació, vino como rey, según fuera anunciado por el ángel Gabriel a María (Lc. 1:32-33). Como Rey fue rechazado (Mr. 15:12, 13; Lc. 19:14). Cuando fue crucificado murió como Rey de los judíos (Mt. 27:37). En su segunda venida es descrito como «REY DE REYES Y SEÑOR DE SEÑORES» (Ap. 19:16). Literalmente centenares de versículos en el Antiguo Testamento declaran o implican, por lo menos, que Cristo reinará sobre la tierra. Algunos de los textos más importantes son especialmente claros (Is. 2:1-4; 9:6-7; 11:1-10; 16:5; 24:23; 32:1; 40:1-11; 42:1-4; 52:7-15; 55:4; Dn. 2:44; 7:27; Mi. 4:1-8; 5:2-5; Zac. 9:9; 14:16-17).

Una de las características del reino milenial es que David será resucitado y reinará como príncipe bajo el mando de Cristo (Jer. 30:9; 33:15-17; Ez. 34:23-24; 37:24-25; Os. 3:5). Ciertamente esta situación no se ve en la iglesia presente y exige que ocurran la venida de Cristo y la resurrección de los santos del Antiguo Testamento antes que pueda cumplirse la profecía.

## D. CARACTERISTICAS PRINCIPALES DEL GOBIERNO DEL MILENIO

Como lo dejan ver los pasajes que hablan acerca del reino futuro, hay por lo menos tres aspectos importantes en el gobierno de Cristo durante su reinado milenial.

1. *Muchos pasajes testifican que el gobierno de Cristo será sobre toda la tierra, más allá de los límites de cualquier otro reino terrenal anterior y del reino de David mismo.* Al establecer el gobierno mundial, Dios cumplió su propósito de que el hombre debía gobernar sobre la tierra. Aunque Adán fue descalificado, Cristo, como el segundo Adán, puede cumplir esta meta como se menciona en Salmo 2:6-9. Según Daniel 7:14, al Hijo del Hombre «le fue dado dominio, gloria y reino, para que todos los pueblos, naciones y lenguas le sirvieran; su dominio es dominio eterno, que nunca pasará y su reino uno que no será destruido». El mismo pensamiento se menciona en Daniel 2:44; 4:34; 7:27. La universalidad del gobierno de Cristo sobre la tierra también se menciona en Salmo 72:8; Miqueas 4:1-2; Zacarías 9:10.

2. *El gobierno de Cristo será de autoridad y poder absolutos.* Cristo regirá «con vara de hierro» (Sal. 2:9; Ap. 19:15).

Todos los que se oponen serán castigados con la destrucción (Sal. 2:9; 72:9-11; Is. 11:4). Un gobierno tan absoluto no es la característica del gobierno de Cristo sobre su iglesia o sobre el mundo en la actual dispensación y sólo podría cumplirse si Cristo tiene un reinado literal sobre la tierra después de su segunda venida.

3. *El gobierno de Cristo en el milenio será de justicia y paz.* Esto se desprende de pasajes clásicos como Isaías 11 y Salmo 72.

Estas características poco usuales del reino sólo son posibles gracias a los juicios introductorios de Israel y los gentiles (discutidos en el capítulo anterior) y por el hecho de que Satanás está encadenado y ha sido dejado fuera de acción. La única fuente de mal en el mundo será la naturaleza pecaminosa de los hombres que están todavía en su carne humana. La separación del trigo de la cizaña (Mt. 13:24-30) y la separación de los peces buenos de los malos (Mt. 13: 47-50) son preparativos necesarios para el reinado de Cristo. El milenio comenzará con todos los adultos convertidos como verdaderos creyentes en Cristo. Los hijos que nazcan durante el milenio serán sujetos al reinado justo de Cristo y serán castigados hasta el punto de la muerte física si se rebelan contra su Rey (Is. 65:17-20; Zac. 14:16-19). El pecado abierto será castigado y nadie podrá rebelarse contra el Rey en el reino milenial.

## E. EL LUGAR ESPECIAL DE ISRAEL EN EL REINO MILENIAL

Durante el período del reino milenial Israel gozará de un lugar de privilegio y de bendición especial. En contraste con la edad actual de la iglesia, en que judíos y gentiles están en un mismo plano y tienen los mismos privilegios, el pueblo de Israel en el milenio heredará la tierra prometida y será objeto del favor especial de Dios. Será el tiempo de la reunión de Israel, su restablecimiento como nación y la renovación del reino davídico. Al fin Israel poseerá la tierra permanentemente y en forma completa.

Muchos pasajes tratan de este asunto. En el milenio los israelitas serán reunidos y restaurados a su antigua tierra (Jer. 30:3; 31:8-9; Ez. 39:25-29; Am. 9:11-15). Habiendo sido conducidos de regreso a su tierra, Israel estará formado por los súbditos del reino davídico revivido (Is. 9:6-7; 33:17, 22; 44:6; Jer. 23:5; Dn. 4:3; 7:14, 22, 27; Mi. 4:2-3, 7). Los reinos divididos de Israel y Judá volverán a unirse nuevamente (Jer. 3:18; 33:14; Ez. 20:40; 37:15-22; 39:25; Os. 1:11). Israel, como la esposa de Jehová (Is. 54; 62:2-5; Os. 2:14-23), estará en una posición de privilegio sobre los creyentes gentiles (Is. 14:1-2; 49:22, 23; 60:14-17; 61:6-7). Muchos pasajes también hablan del hecho de que Israel revivirá espiritualmente (Is. 2:3; 44:22-24; 45:17; Jer. 23:3-6; 50:20; Ez. 36:25-26; Zac. 13:9; Mal. 3:2-3). Muchos otros pasajes dan información adicional acerca del estado bienaventurado de Israel, su avivamiento espiritual y su goce de la comunión con su Dios.

Aunque los gentiles no tendrán título en la tierra prometida, también tendrán bendiciones abundantes, como se puede deducir de varios pasajes del Antiguo Testamento (Is. 2:2-4; 19:24-25; 49:6, 22; 60:1-3; 62:2; 66:18-19; Jer. 3:17; 16:19). La gloria del reino para Israel y para los gentiles sobrepasará en mucho cualquier cosa que el mundo haya experimentado antes.

## F. BENDICIONES ESPIRITUALES EN EL MILENIO

Aunque el milenio se describe correctamente como el gobierno político de Cristo sobre la tierra, las características del reino proveerán un contexto para una vida espiritual abundante en tal grado que ninguna dispensación anterior había podido lograrlo. Por cierto, esto se debe al hecho de que Satanás está encadenado, el pecado es juzgado de inmediato y se logra el conocimiento universal del Señor. Según Isaías 11:9: «La tierra será llena del conocimiento de Jehová como las aguas cubren el mar.»

Se dan muchas promesas de bendiciones espirituales interiores que provienen del nuevo pacto. Jeremías 31:33, 34 declara: «Este es el pacto que haré con la casa de Israel después de aquellos días, dice Jehová: Daré mi ley en su mente, y la escribiré en su corazón; y yo seré a ellos por Dios, y ellos me serán por pueblo. Y no enseñará más ninguno a su hermano, diciendo: Conoce a Jehová; porque todos me conocerán, desde el más pequeño de ellos hasta el más grande, dice Jehová; porque perdonaré la maldad de ellos, y no me acordaré más de su pecado.» Será un período de justicia (Sal. 72:7; Is. 2:4). Las condiciones espirituales también harán posible un gozo y una bendición no acostumbrados para el pueblo de Dios (Is. 12:3, 4; 61:3, 7).

Aunque no hay evidencias de que el Espíritu de Dios vaya a bautizar creyentes en una nueva unidad espiritual como ocurre en la iglesia actual, habrá, sin embargo, el poder y presencia interior en los creyentes durante el milenio (Is. 32:15; 44:3; Ez. 39:29; Jl. 2:28-29). Debido a la situación especial, indudablemente habrá una mayor bendición espiritual en todo el mundo durante el milenio que en cualquier otra dispensación anterior.

Como un centro para la adoración, se describe un templo milenial en Ezequiel 40-46. En este templo se ofrecen sacrificios que difieren algo de los sacrificios mosaicos. Los intérpretes han diferido en cuanto a si deben ser tomados literalmente o deben recibir otro tipo de explicación. No hay razones sólidas para no aceptar el templo y el sistema sacrificial como una profecía literal.

Aunque la muerte de Cristo ha puesto fin a la ley mosaica y al sistema de sacrificios, los mencionados por Ezequiel parecen tener un carácter conmemorativo, mirando hacia atrás, hacia la cruz, así como los sacrificios del Antiguo Testamento miraban hacia adelante al sacrificio de la cruz.

En el milenio, con su extraordinaria bendición espiritual, lo terrible del pecado y la necesidad del sacrificio de Cristo serán más difíciles de comprender que en las dispensaciones anteriores. En consecuencia, parece que el sistema de sacrificios se introduce como un recordatorio de la necesidad que hubo del sacrificio de Cristo, único que puede quitar el pecado. Si los sacrificios del Antiguo Testamento eran un anuncio adecuado de la muerte de Cristo, un medio similar podría emplearse en el milenio como un modo de conmemorarlo.

En todo caso, hay claras evidencias de que el milenio será un tiempo de bendiciones espirituales mayores que lo acostumbrado, período en que la tierra estará caracterizada por la justicia, el gozo y la paz.

La abundancia de las bendiciones espirituales traerá importantes progresos sociales y económicos que superarán a todo lo conocido en dispensaciones previas. El hecho de que todos tendrán justicia y que los mansos serán protegidos asegurará la equidad en asuntos económicos y sociales. Probablemente la mayoría de las personas conocerán al Señor. La tierra misma se verá liberada de la maldición que hay sobre su productividad (Is. 35:1-2), y habrá lluvias abundantes (Is. 30:23; 35:7). En general, habrá prosperidad, salud y bendiciones físicas y espirituales como nunca antes el mundo había conocido.

La situación milenial también incluirá importantes cambios en la tierra, algunos de ellos producidos por las grandes catástrofes de la Gran Tribulación y otros relacionados con la segunda venida de Cristo. Donde ahora está el Monte de los Olivos en Jerusalén, se extenderá un gran valle de este a oeste (Zac. 14:4). Otro rasgo especial del período es que Jerusalén será exaltada por sobre el territorio que la rodea (Zac. 14:10). Como un todo, la tierra prometida será una vez más el jardín del mundo, el centro del reino de Dios en la tierra y el lugar de bendiciones especiales. En muchos respectos, el reino milenial será una edad de oro, el clímax de la historia de la tierra y el cumplimiento del propósito de Dios de establecer a su Hijo como el supremo gobernador del universo.

## PREGUNTAS

1. En general, ¿cuál es el significado del reino de Dios?
2. ¿En qué sentido es el reino de Dios eterno y universal?
3. ¿En qué forma la entrada del pecado sirvió para introducir el concepto de reino teocrático?
4. ¿En qué sentido la caída de Adán dio como resultado el que Dios entregara a ciertos hombres el derecho de reinar?
5. ¿En qué sentido fue el reino de Israel una demostración especial del principio teocrático?
6. ¿En qué sentido es el reino de Dios en el corazón diferente de su reino teocrático?
7. ¿Qué distinciones han hecho algunos entre las expresiones «reino de los cielos» y «reino de Dios»?

8. ¿Qué distinciones importantes debieran hacerse entre la forma presente del reino y la forma futura del reino en el milenio?
9. ¿Qué se quiere decir por interpretación premilenial de las Escrituras?
10. ¿Qué se quiere decir por interpretación amilenial de las Escrituras?
11. ¿Qué se quiere decir por interpretación postmilenial de las Escrituras?
12. ¿Cuál es el principio de interpretación comprometido en estos diversos puntos de vista?
13. ¿Cuál es la contribución del Salmo 2 a la idea de un reino literal sobre la tierra?
14. ¿Qué se revela en Isaías 11 acerca del reino terrenal?
15. ¿Por qué es irrazonable hacer que la palabra «tierra» represente al cielo en estos pasajes?
16. ¿Qué revela el Antiguo Testamento acerca de Cristo como el supremo gobernador sobre la tierra como Hijo de David?
17. ¿Qué pasaje apoya el concepto de que David será resucitado y gobernará como príncipe bajo el mandato de Cristo en el reino milenial, y por qué exige esto un reino futuro sobre la tierra?
18. Comprobar por las Escrituras que Cristo reinará sobre toda la tierra, sobrepasando en mucho los límites del reino davídico del Antiguo Testamento.
19. ¿Qué evidencia se puede presentar para demostrar que el gobierno de Cristo será de poder y autoridad absolutos?
20. ¿Qué evidencia se encuentra en las Escrituras de que el reino sobre la tierra será de justicia y paz?
21. ¿En qué forma preparan el camino para un reinado justo los juicios sobre Israel, los gentiles y Satanás que se realizan al principio del milenio?
22. ¿Qué lugar especial se da a Israel en el reino milenial, y cuáles serán las características de las bendiciones conferidas?
23. ¿Qué bendiciones especiales serán dadas a los gentiles en el reino milenial?
24. ¿Qué evidencia hay de bendiciones espirituales poco usuales para todos en el reino milenial?

25. ¿Qué ministerio del Espíritu se hallará en el milenio?
26. ¿Qué se enseña acerca de un templo milenial y un sistema de sacrificios en el milenio?
27. En vista del hecho de que Cristo murió en la cruz, ¿cómo pueden explicarse esos sacrificios?
28. ¿Qué avances sociales y económicos de importancia se verán en el milenio?
29. ¿En qué sentido cambiará la productividad de la tierra en el milenio?
30. ¿Qué cambios topográficos de importancia ocurrirán en la tierra en el milenio?
31. Hacer un resumen de las bendiciones extraordinarias que caracterizarán el reino milenial.

# 50

# El juicio de Satanás y los ángeles caídos

## A. EL JUICIO DE SATANAS EN LA CRUZ

El conflicto entre Dios y Satanás comenzó con la caída de Satanás de su estado original de santidad mucho antes que Adán y Eva fueran creados (véase capítulo 22). A través de la historia del hombre, cayeron sobre Satanás varios juicios, incluyendo el juicio del Huerto de Edén que fue infligido a la serpiente y el pronunciamiento de Génesis 3:15 que anunciaba la caída definitiva de Satanás. Allí Satanás fue informado de que la simiente de la mujer «te herirá en la cabeza y tú le herirás el calcañar». Esto se refería al conflicto entre Satanás y Dios que trajo como resultado la crucifixión de Cristo. Aunque Cristo murió en la cruz, fue levantado de entre los muertos, y a esto se refiere el «tú le herirás el calcañar». Por contraste, Satanás sufrió una herida mortal que le significará su derrota total, expresada en la frase «te herirá en la cabeza». Cristo, en su muerte, logró una victoria duradera sobre Satanás.

En Juan 16:11 se hace referencia a esta misma verdad, donde Cristo señala que el Espíritu Santo, cuando venga, convencerá al mundo «de juicio, por cuanto el príncipe de este mundo ha sido ya juzgado». El juicio de Satanás fue pronunciado en la cruz, y Satanás fue declarado culpable de rebelión contra Dios, lo que hizo necesario el sacrificio de Cristo con el fin de salvar a los hombres caídos.

Un incidente anterior en la vida de Cristo también anunció la victoria de Cristo sobre Satanás. Cuando regresaron los setenta que había enviado a predicar, ellos dijeron en Lucas 10:17: «Señor, aun los demonios se nos sujetan en tu nombre.» Cristo les respondió: «Yo veía a Satanás caer del cielo como un rayo» (10:18). Este era un anuncio profético de la derrota final de Satanás.

## B. SATANAS, EXPULSADO DEL CIELO

En el comienzo de la Gran Tribulación, cuarenta y dos meses antes de la segunda venida de Cristo, según Apocalipsis 12:7-9, ocurre una guerra en el cielo entre Miguel, el jefe de los santos ángeles, y Satanás, descrito como el dragón, y sus ángeles (llamados ángeles caídos). Satanás y los ángeles caídos son derrotados, y «fue lanzado fuera el gran dragón, la serpiente antigua, que se llama diablo y Satanás, el cual engaña al mundo entero; fue arrojado a la tierra y sus ángeles fueron arrojados con él» (Ap. 12:9).

Como se dice en Apocalipsis 12:10, Satanás ha estado incesantemente ocupado en acusar a los hermanos, y «los acusaba delante de nuestro Dios día y noche». La obra acusadora de Satanás se presenta por primera vez en las Escrituras en el libro de Job, y llega a su fin con el anuncio del juicio definitivo que habrá en su contra. A partir de este punto en el programa profético, aproximadamente cuarenta y dos meses antes de la segunda venida de Cristo (cf. Ap. 12:6), Satanás y los ángeles impíos quedan por fin excluidos del cielo. La derrota de Satanás, que comenzó cuando fue incapaz de tentar exitosamente a Cristo, hecha evidente por la expulsión de demonios realizada por Cristo y sus seguidores y asegurada por la muerte de Cristo en la cruz, ahora se acerca rápidamente a su clímax. Satanás, ya juzgado y declarado culpable, ahora está a punto de ver ejecutado el juicio en su contra.

## C. SATANAS, ATADO Y ECHADO EN EL ABISMO

En la segunda venida de Cristo se ejecuta el juicio condenatorio no sólo sobre un mundo blasfemo y sus gobernadores, sino también sobre Satanás y los ángeles caídos. En Apocalipsis 20:1-3 Juan escribe: «Vi a un ángel que descendía del cielo, con la llave del abismo, y una gran cadena en la mano. Y prendió al dragón, la serpiente antigua, que es el diablo y Satanás, y lo ató por mil años; y lo arrojó al abismo y lo encerró, y puso su sello sobre él, para que no engañase más a las naciones, hasta que fuesen cumplidos mil años; después de esto debe ser desatado por un poco de tiempo.»

En esta gráfica visión se registra un nuevo avance en el juicio de Satanás. Juan no solamente ve a Satanás atado y arrojado en el abismo siendo confinado allí, sino que se da también la razón de esta acción. El propósito es que Satanás sea incapaz de engañar a las naciones hasta que se hayan cumplido mil años y haya llegado a su término el reino milenial. Aunque esta verdad se le da a Juan en una visión, la interpretación es clara. Satanás es incapacitado para que no engañe más al mundo como lo hizo desde que Adán y Eva fueron creados.

La presentación vívida de Satanás atado durante mil años —lo que dura el reinado de Cristo— es otra evidencia importante de que el reino milenial todavía es futuro y que no debe ser identificado con ningún reinado presente de Dios. En las Escrituras es muy obvio que Satanás ahora no está atado, como se vio en el estudio previo de Satanás (véase el capítulo 23). Cualquier cumplimiento literal de Apocalipsis 19 - 20 exige que ocurra primero la venida de Cristo e inmediatamente después sea atado Satanás. En Apocalipsis 20 se menciona seis veces el período de mil años, señalando los acontecimientos que la preceden y los que la suceden. El encadenamiento de Satanás ocurre, muy claramente, antes del comienzo de los mil años.

Aunque nada se dice en este pasaje acerca de los ángeles caídos, se puede suponer que en este punto también son confinados, así como también fueron expulsados del cielo junto con Satanás cuarenta y dos meses antes. En ningún pasaje milenial se habla de actividad satánica hasta el mismo fin, cuando Satanás es desatado por un poco de tiempo.

## D. EL JUICIO FINAL DE SATANAS

Apocalipsis 20:7 dice: «Cuando mil años se cumplan, Satanás será suelto de su prisión.» El versículo siguiente declara que «saldrá a engañar a las naciones que están en los cuatro ángulos de la tierra, a Gog y a Magog, a fin de congregarlos para la batalla; el número de los cuales es como la arena del mar». Conducidos por Satanás, muestran ahora su verdadero color una multitud de personas que habían profesado sólo exteriormente seguir a Cristo. Estos son hijos nacidos en el milenio, forzados por las circunstancias a profesar fe en Cristo, pero realmente jamás habían tenido el nuevo nacimiento. Ahora, en abierta rebelión, «rodean el campamento de los santos y la ciudad amada», Jerusalén. Su suerte es un juicio inmediato y, según Apocalipsis 20:9, «de Dios descendió fuego del cielo, y los consumió».

Según el versículo 10, inmediatamente después, «el diablo que los engañaba fue lanzado en el lago de fuego y azufre, donde estaban la bestia y el falso profeta; y serán atormentados día y noche por los siglos de los siglos». Esta es la condenación final de Satanás, porque su destino es el fuego eterno preparado por Dios para el diablo y sus ángeles (Mt. 25:41).

Los ángeles caídos también son juzgados, porque siguieron la rebelión original de Satanás contra Dios (Is. 14:12-17; Ez. 28:12-19). Según 2 Pedro 2:4, «Dios no perdonó a los ángeles que pecaron, sino que arrojándolos al infierno los entregó a prisiones de oscuridad, para ser reservados al juicio». El infierno aquí se refiere al Tártaro, lugar de castigo eterno, y no al Hades, donde van los muertos impíos antes de ser arrojados en el lago de fuego (Ap. 20:13, 14).

El juicio de los ángeles también se menciona en Judas 6, donde se hace la siguiente revelación: «Y a los ángeles que no guardaron su dignidad, sino que abandonaron su propia morada, los ha guardado bajo oscuridad, en prisiones eternas, para el juicio del gran día.» Cuando esta afirmación se pone al lado de otros pasajes que se refieren a la caída y el juicio de Satanás y los ángeles impíos, se ve claramente que —aunque Satanás y algunos de los ángeles tienen una cierta medida de libertad y debido a ello conduce a una guerra incesante contra los santos ángeles y el pueblo de Dios sobre la tierra— hay ángeles que están encadenados y no tienen libertad. Sin embargo, todos están destinados para el juicio del gran día, refiriéndose al juicio de Satanás y todos los ángeles caídos que ocurrirá al final del reino milenial.

Aunque en la providencia de Dios Satanás y los ángeles caídos han ejercido gran poder e influencia en el mundo y se han opuesto incesantemente a Dios, su derrota final es cierta y el juicio eterno la seguirá. Sin embargo, los cristianos afligidos por Satanás, como Job en el Antiguo Testamento, pueden descansar en el hecho de que su victoria final está asegurada y que los enemigos de Dios serán juzgados a su debido tiempo. El hecho de que la bestia y el falso profeta hayan sido echados en el lago de fuego al iniciarse el milenio y aún estén allí cuando éste termina, demuestra que el castigo es sin fin. Las Escrituras enseñan claramente que hay sólo dos resultados finales en los juicios, uno la eterna bienaventuranza del cielo y el otro el tormento sin fin en el lago de fuego.

## PREGUNTAS

1. ¿Qué predicción de la derrota final de Satanás se dio en Edén?
2. ¿Qué indicación hizo Cristo acerca de la derrota final de Satanás en Lucas 10:18 y Juan 16:11?
3. Describir la guerra que ocurre en el cielo entre Miguel y Satanás, y su resultado.
4. ¿Qué ha estado haciendo Satanás en el cielo a través de la historia del hombre?
5. Describir la caída de Satanás al comienzo del milenio.
6. ¿Cuán literalmente debemos tomar el encadenamiento de Satanás, y cómo afecta al reino milenial?
7. ¿Cuál es el resultado de haber desatado a Satanás al final del milenio?
8. Describir a los que se unen a Satanás en contra de Cristo al final del milenio.
9. ¿Cuál es el resultado de la rebelión?
10. Describir el juicio final de Satanás y el de los ángeles caídos.
11. ¿Cómo pueden estar seguros de la victoria final los cristianos en medio de los conflictos espirituales?

# 51

# El juicio del gran trono blanco

## A. EL ULTIMO JUICIO DEL GRAN TRONO BLANCO

Como el clímax final de la historia humana al final del reino milenial, las Escrituras registran el gran juicio del gran trono blanco (Ap. 20:11-15). En contraste con los juicios previos de los justos, y los diversos juicios de Dios sobre israelitas y gentiles que viven en el mundo, éste es el juicio final; en el contexto se puede ver que se refiere solamente al juicio de los impíos.

## B. LA DESTRUCCION DE LOS CIELOS Y LA TIERRA

Antes del juicio del gran trono blanco se declara en Apocalipsis 20:11: «huyeron el cielo y la tierra; y ningún lugar se encontró para ellos». Cumplida la carrera de la historia humana, se destruye la antigua creación, como se expresa en Apocalipsis 21:1: «el primer cielo y la primera tierra pasaron, y el mar ya no existía más». 2 Pedro 3:10-12 se refiere a este acontecimiento y describe la dramática destrucción con estas palabras: «Los cielos pasarán con gran estruendo, y los elementos ardiendo serán deshechos, y la tierra y las obras que hay en ella serán quemadas» (v. 10). En el versículo siguiente declara: «todas estas cosas han de ser deshechas» (v. 11); y en el versículo 12 estos conceptos se combinan cuando dice: «los cielos, encendiéndose, serán deshechos, y los elementos, siendo quemados, se fundirán». Debido a la destrucción de la tierra y el cielo actuales, parece que el juicio del gran trono blanco se realiza en el espacio.

## C. LA RESURRECCION DE LOS IMPIOS MUERTOS

Según Apocalipsis 20:12, Juan vio «los muertos, grandes y pequeños, de pie ante Dios». Apocalipsis 20:13 agrega: «Y el mar entregó los muertos que había en él; y la muerte y el Hades entregaron los muertos que había en ellos.» Todos los impíos muertos aquí han sido resucitados y están de pie delante de Dios para ser juzgados. De Juan 5:27 se desprende que el juez será el Señor Jesucristo mismo, porque se afirma que el Padre «le dio autoridad de hacer juicio, por cuanto es el Hijo del Hombre».

## D. SE ABRE EL LIBRO DE LAS OBRAS HUMANAS

Apocalipsis 20:12 declara: «los libros fueron abiertos, y otro libro fue abierto, el cual es el de la vida; y fueron juzgados los muertos por las cosas que estaban escritas en los libros, según sus obras». El versículo siguiente repite este hecho condenador: «según sus obras». Aquí se expresa el resultado del rechazo de la gracia en términos absolutos. No hay perdón aparte de Cristo (Hch. 4:12), y los que rechazan la gracia inevitablemente deben ser juzgados por sus pecados.

Después de consultar sus obras se examina el libro de la vida en busca de sus nombres. Ya sea, como algunos creen, que el libro de la vida es sencillamente el registro de todos los que tienen vida eterna, o como otros sostienen, que es la lista de todos los que han vivido y de ella se han eliminado los nombres de los inconversos, el resultado será el mismo. Si sus nombres no aparecen en el libro de la vida, es que no han recibido vida eterna. Se declara que están condenados, y en Apocalipsis 20:14-15 está escrito: «Y la muerte y el Hades fueron lanzados al lago de fuego. Esta es la muerte segunda. Y el que no se halló inscrito en el libro de la vida fue lanzado al lago de fuego.»

Algunos de los condenados pueden haber sido relativamente buenos en comparación con otros que eran comparativamente malos, pero la falta de vida eterna es el hecho condenatorio. Todos los que no tienen vida eterna son juzgados sobre la base de sus obras y del rechazo de Cristo, y son echados al lago de fuego. La tragedia es que, según las Escrituras, Cristo murió por ellos y por los que son salvos.

Según 2 Corintios 5:19, «Dios estaba en Cristo, reconciliando consigo al mundo, no tomándoles en cuenta a los hombres sus pecados». En 1 Juan 2:2 se declara que Cristo es la «propiciación por nuestros pecados; y no solamente por los nuestros, sino también por los de todo el mundo». Los que han sido lanzados al castigo eterno pudieran haber sido salvos si se hubieran vuelto a Cristo. Su estado de perdición no se debe a la falta de amor de Dios ni a la falta de disponibilidad de la gracia de Dios, sino al hecho de que no han querido creer. Los que nunca han tenido una oportunidad de oír el evangelio se condenan por el rechazo del testimonio de Dios en el mundo natural (Ro. 1:18-20). También rechazaron la luz que tenían y son justamente condenados por su incredulidad. El juicio del gran trono blanco es el triste final de todos los que no tienen a Cristo como su Salvador y Señor.

## PREGUNTAS

1. ¿Qué diferencia importante se puede ver entre el juicio del gran trono blanco y los juicios anteriores?
2. ¿Dónde se celebra el juicio del gran trono blanco, y cómo contrasta esto con los juicios anteriores?
3. Describir la destrucción de la tierra actual.
4. ¿Qué revela la Escritura acerca de la resurrección de los impíos muertos?
5. ¿Cuál es la base del juicio de los impíos muertos?
6. ¿Cuál es la tragedia del juicio de los impíos muertos?
7. ¿En qué sentido constituye un incentivo para ganar almas la revelación del fin de los perdidos?

# 52

# El cielo nuevo y la tierra nueva

## A. EL CIELO NUEVO Y LA TIERRA NUEVA

Después del juicio del gran trono blanco y de la destrucción del primer cielo y la primera tierra, Juan escribe en Apocalipsis 21:1: «Vi un cielo nuevo y una tierra nueva; porque el primer cielo y la primera tierra pasaron, y el mar ya no existía más.» El cielo nuevo no se describe, y todo lo que se dice acerca de la nueva tierra es: «el mar no existía ya más» (Ap. 21:1). El extraño silencio de las Escrituras sobre la apariencia de la tierra nueva y del cielo nuevo no se explica en ninguna parte. En cambio nuestra atención es dirigida hacia la ciudad santa, la nueva Jerusalén.

## B. LA DESCRIPCION GENERAL DE LA NUEVA JERUSALEN

Juan escribió su visión en estas palabras: «Yo Juan vi la santa ciudad, la nueva Jerusalén, descender del cielo, de Dios, dispuesta como una esposa ataviada para su marido» (Ap. 21:2). El problema inmediato que enfrentan todos los intérpretes es el significado de lo que Juan vio. Si uno acepta la declaración tal como la expresa, Juan vio una ciudad santa llamada nueva Jerusalén, en contraste con la vieja Jerusalén terrenal que había sido destruida cuando la tierra fue arrasada. Se dice que la ciudad desciende del «cielo, de Dios». Es significativo que no se diga que la ciudad fue creada, y aparentemente existía durante el período previo del reino milenial, posiblemente como una ciudad satélite sobre la tierra; como tal, pudiera haber sido el hogar milenial de los santos resucitados y arrebatados. Por la descripción de la tierra milenial se ve claramente que no había sobre la tierra ninguna ciudad como la nueva Jerusalén durante el milenio. Algunos creen que Cristo se refería a la nueva Jerusalén cuando dijo en Juan 14:2: «voy, pues, a preparar lugar para vosotros». Aquí en Apocalipsis se ve a la nueva Jerusalén descendiendo del cielo y ciertamente con el destino de posarse sobre la nueva tierra.

Juan, además, describe la ciudad como «una esposa ataviada para su marido». Sin embargo, como lo muestran revelaciones posteriores, la nueva Jerusalén incluye santos de todas las dispensaciones, y es, por lo tanto, preferible considerar ésta como una frase descriptiva y no como una referencia típica. La nueva Jerusalén es hermosa, como la novia ataviada para su marido es hermosa. Consecuentemente, aunque la ciudad es literal, su hermosura es la de una novia.

Aun cuando comparativamente pocos pasajes de la Biblia tratan el tema del nuevo cielo y la nueva tierra, no es en Apocalipsis donde esta verdad aparece por primera vez. En Isaías 65:17 Dios anunció: «Porque he aquí que yo crearé nuevos cielos y nueva tierra; y de lo primero no habrá memoria, ni más vendrá al pensamiento.» Este versículo ocurre en el contexto de la tierra milenial y algunos piensan que se está refiriendo a una Jerusalén renovada que habrá durante el milenio. Sin embargo, sería preferible considerarla como una referencia a la nueva Jerusalén que estará en la tierra nueva que se ve en el trasfondo, mientras la Jerusalén renovada en el milenio se ve en el primer plano, como en Isaías 65:18.

Otra referencia se encuentra en Isaías 66:22, donde afirma: «Porque como los cielos nuevos y la tierra nueva que yo hago permanecerán delante de mí, dice Jehová, así permanecerá vuestra simiente y vuestro nombre.» Mientras la Jerusalén terrenal será destruida al final del milenio, la nueva Jerusalén permanecerá para siempre así como la simiente de Israel permanecerá para siempre.

En 2 Pedro 3:13 se hace otra predicción de nuevos cielos y nueva tierra, caracterizados como lugares donde morará la justicia. En consecuencia, se puede concluir que a través de las Escrituras se consideran el cielo nuevo y la tierra nueva como la meta final de la historia y como el lugar final de reposo de los santos.

Habiendo introducido el nuevo cielo y la tierra nueva y la nueva Jerusalén, Juan procede a describir sus características principales en Apocalipsis 21:3-8. Allí Dios habitará con los hombres y será su Dios. El llanto, la muerte y el dolor serán abolidos, como Juan afirma, «porque las primeras cosas pasaron» (v. 4). Esto es confirmado en el versículo 5 por la afirmación: «He aquí yo hago nuevas todas las cosas.»

En la nueva Jerusalén, Cristo, como el Alfa y la Omega, promete: «Al que tuviere sed, yo le daré gratuitamente de la fuente del agua de la vida. El que venciere heredará todas las cosas, y yo seré su Dios, y él será mi hijo» (vv. 6-7). Por contraste, los inconversos descritos por sus obras y por la falta de fe «tendrán su parte en el lago que arde con fuego y azufre, que es la muerte segunda» (v. 8). En contraste con la primera muerte, que es física y espiritual, la muerte segunda es separación eterna de Dios.

## C. VISION DE LA NUEVA JERUSALEN

Juan es invitado a mirar a «la desposada, la esposa del Cordero» y lo llevan «en el Espíritu a un monte grande y alto» (Ap. 21:9-10). Aquí Juan ve la nueva Jerusalén descendiendo del cielo, de Dios.

En la descripción que sigue en Apocalipsis 21 se declara que la nueva Jerusalén tiene «la gloria de Dios»; la ciudad es brillante con un «fulgor semejante al de una piedra preciosísima como piedra de jaspe, diáfana como el cristal» (v. 11). Aunque el jaspe suele ser el nombre de piedras de diversos colores, y son opacos, la piedra con la que se compara es preciosa y clara como el cristal. Debe de haber dado una impresión de increíble belleza y brillantez.

Los versículos que siguen describen la ciudad misma como que está rodeada por un muro de unos 70 metros de alto, con doce puertas en el muro guardadas por doce ángeles. En las puertas están los nombres de las doce tribus de Israel. La ciudad es de forma cuadrada y mira hacia el norte, el sur, el este y el oeste, indicando aparentemente que en la nueva tierra hay puntos cardinales como en la tierra actual. El muro está sobre doce cimientos que, según el versículo 14, llevan los nombres de los doce apóstoles.

La ciudad es medida y se ve que tiene 12.000 estadios, o aproximadamente 2.400 kilómetros por lado, con una altura igual. Esto ha hecho surgir la pregunta acerca de la forma de la ciudad, si es un cubo o una pirámide. Probablemente sea mejor considerarla una pirámide, puesto que esto explica cómo podría el río fluir por sus costados, según se presenta en Apocalipsis 22:1, 2.

En general, todos los materiales de la ciudad son diáfanos y permiten el paso de la luz sin impedimentos. Aun el oro es como el vidrio limpio (21:18). Los cimientos del muro llevan los nombres de los doce apóstoles, y representan la iglesia, y están adornados con doce piedras preciosas que dan todos los colores del arco iris, y a la luz brillante de la ciudad proveen una visión hermosamente sobrecogedora (vv. 19, 20).

Las puertas de la ciudad son de una sola perla grande, y la calle de la ciudad es de oro puro y cristalino (v. 21). La ciudad no tiene templo porque Dios está en ella (v. 22), y no tiene necesidad de la luz del sol, de la luna o de las estrellas, porque la gloria de Dios y del Cordero proveen la luz (v. 23). Los salvados entre los gentiles (las naciones) caminan en la luz de la ciudad y entran libremente por sus puertas, que no se cierran porque allí no hay noche (v. 25).

Según esta descripción los habitantes de la ciudad son santos de todas las dispensaciones. No solamente Israel y los gentiles se mencionan, sino también los doce apóstoles que representan la iglesia. Esto está en conformidad con la descripción de Hebreos 12:22-24, que enumera a los habitantes de la nueva Jerusalén como que incluye a «la compañía de muchos millares de ángeles, la congregación de los primogénitos que están inscritos en los cielos, Dios el juez de todos, a los espíritus de los justos hechos perfectos, a Jesús el mediador del nuevo pacto». De esto se puede deducir que la iglesia estará en la nueva Jerusalén, al igual que los «espíritus de los justos hechos perfectos» —refiriéndose a todos los santos no incluidos en la iglesia, judíos y gentiles—, y los ángeles, y a Jesús como el mediador del nuevo pacto.

Continuando la descripción de la nueva Jerusalén, Juan habla de un «río limpio de agua de vida, resplandeciente como cristal, que salía del trono de Dios y del Cordero» (Ap. 22:1). El árbol de la vida, que da doce tipos de frutos, está en medio de la calle de la ciudad y cada lado del río proveyendo sanidad para las naciones (Ap. 22:2).

Se pregunta por qué es necesaria la sanidad de las naciones si ésta es una descripción del estado eterno. La dificultad se resuelve si se acepta la traducción «para la salud de las naciones». Puede ser que el fruto del árbol de la vida y el agua de la vida sean la explicación de la existencia sin fin que los cuerpos de los santos tendrán en la eternidad.

Continuando la descripción de la ciudad, Juan dice: «Y no habrá más maldición; y el trono de Dios y del Cordero estará en ella, y sus siervos le servirán» (v. 3). El estado bendito de ellos consistirá en que podrán ver a Dios cara a cara y llevarán su nombre en sus frentes (v. 4). Juan repite el hecho de que la nueva ciudad será resplandeciente y no necesitará luz artificial, y concluye con la palabra de Dios: «¡He aquí, vengo pronto! Bienaventurado el que guarda las palabras de la profecía de este libro» (v. 7).

Considerado el hecho de que los nuevos cielos y la nueva tierra serán la morada eterna de los santos, es notable que haya pocas descripciones de ellos en la Escritura. Es cierto que la Biblia tiene el propósito principal de darnos luz para nuestro actual sendero diario. Al mismo tiempo se nos da un vistazo suficiente de la gloria venidera, a fin de animarnos a avanzar en nuestra vida de fe. Sin lugar a dudas, hay mucho más que se nos puede revelar que el breve vistazo que se nos ha concedido en estos capítulos finales del libro de Apocalipsis.

Aunque Dios ha revelado a su pueblo una cierta medida de lo que «ojo no vio, ni oído oyó, ni han subido en corazón de hombre» (1 Co. 2:9), indudablemente hay mucho más que Dios revelará al hombre en la eternidad. No se ha dicho aún la mitad, y nuestro gran Dios se complacerá hasta la eternidad sin fin en manifestar su amor y gracia a quienes han recibido a Cristo como Salvador y Señor.

La Biblia, que es lo único que revela las maravillas del cielo, es igualmente explícita en sus declaraciones acerca de las condiciones según las cuales los pecadores de esta raza caída pueden entrar allí. Sin embargo, hay multitudes que acarician la idea de poder entrar en el cielo y que al mismo tiempo no prestan atención a los consejos de Dios en que expone el único camino dado a los hombres en que puedan ser salvos. No toda persona entrará en el cielo; aquella gloria y bienaventuranza es para los redimidos. La redención depende en forma absoluta de la aceptación del Redentor. Esa aceptación es una transacción de lo más sencilla y, sin embargo, tan vital y conclusiva que el alma que confía recibirá la seguridad por sobre todas las cosas de que está dependiendo solamente de Cristo para su salvación.

## PREGUNTAS

1. ¿Qué se ha revelado acerca del nuevo cielo y la nueva tierra?
2. ¿Por qué se describe a la nueva Jerusalén como a una esposa ataviada para su marido?
3. ¿Cuál es la importancia del hecho de que la nueva Jerusalén no haya sido creada en ese tiempo?
4. ¿Qué luz arroja esto sobre la posibilidad de que la nueva Jerusalén pueda ser la morada, durante el milenio, de los santos resucitados y arrebatados?
5. ¿Qué revelan Isaías 65:17 y 66:22 acerca de los nuevos cielos y la nueva tierra?
6. ¿Cómo caracteriza al nuevo cielo y la nueva tierra 2 Pedro 3:13?
7. Según Apocalipsis 21:3-8, ¿cuáles son algunas características principales del nuevo cielo y la nueva tierra en lo espiritual?
8. ¿Cuál es la descripción general de la nueva Jerusalén, según Juan la ve en Apocalipsis 21:11?

9. Describir la forma, muros y puertas de la nueva Jerusalén.
10. ¿Qué evidencia hay de que Israel y los ángeles estarán en la nueva Jerusalén?
11. ¿Cuáles son las dimensiones, largo, ancho y alto, de la ciudad?
12. ¿Qué explicación es posible en cuanto a la forma de la ciudad?
13. ¿Qué caracteriza a todos los materiales de la ciudad, y cómo se relaciona esto con su fulgor?
14. Describir la belleza sobrecogedora de las piedras preciosas del fundamento de la ciudad.
15. ¿Cuál es el significado del hecho de que los nombres de los doce apóstoles estén en los cimientos de la ciudad?
16. ¿Por qué la ciudad no tiene templo y no necesita luz del sol, de la luna ni de las estrellas?
17. ¿Están también en la ciudad los gentiles salvados?
18. ¿Qué evidencia puede presentarse para demostrar que todos los santos de todas las edades estarán en la nueva Jerusalén?
19. ¿Qué contribución hace Hebreos 12:22-24 para la identificación de los habitantes de la nueva Jerusalén?
20. ¿Cuál es la forma en que posiblemente se relaciona a la existencia sin fin de los cuerpos de los santos en la nueva Jerusalén el agua de la vida y el árbol de la vida?
21. ¿Qué harán los santos en la nueva Jerusalén?
22. ¿Cómo explica usted el hecho de que fuera de estos capítulos finales del libro de Apocalipsis haya poca revelación del estado eterno en la Biblia?
23. A la luz de las Escrituras, ¿por qué es tan importante estar seguro de que uno ha sido salvado por la fe en Cristo?

# Indice de Temas

# Indice de Textos Bíblicos

ROMANOS

2 CORINTIOS



GALATAS



EFESIOS

FILIPENSES



COLOSENSES



1 TESALONICENSES

2 TESALONICENSES



1 TIMOTEO



2 TIMOTEO



TITO



FILEMON



HEBREOS

✱ ✱ ✱